하이패스!
비즈니스 중국어 통번역 중한편

머리말

1992년 한중 수교 이후 양국간 교역 규모는 지속적으로 증가하여 현재 그 규모는 33배가 성장하였고 한국의 대중 수출 비중은 25%를 차지하게 되었다.(2017년 기준) 이렇게 중국의 영향력이 커지는 상황에서 기업 및 사회에서 필요로 하는 인재는 바로, 비즈니스 중국어 구사 능력을 갖추어 현장에서 바로 활용 가능한 실무 능력을 갖춘 인재이다. 범세계적으로 경쟁이 심한 국제 비즈니스의 험난한 벽을 넘어 성공할 수 있는 지름길 중 하나는 바로 "유창한 중국어 실력"이라 하겠다. 오늘날 일상생활이 다변화되고 복잡해짐에 따라 전 세계적으로 가장 많이 사용되고 있는 언어(약 12.2%)인 중국어의 중요성은 나날이 더욱 커지고 있으며, 이에 따라 비즈니스 현장에서 많은 직장인들이 자신감 있게 중국어로 소통할 수 있는 능력의 필요성을 절실히 느끼고 있다. 외국어로 업무 소통을 한다는 것은 쉬운 일이 아닐 테지만, 외국어에 서툴러 중요한 회의 자리에 참석하지 못한다거나 승진 기회를 잃어버리고, 협상에 실패하는 등의 불행한 일을 겪지 않기 위해선 외국어 업무 능력은 필수이다. 외국어로 세련되게 작성된 비즈니스 이메일 한 통이 여러분의 장래를 결정할 수 있는 시대에 살고 있는 오늘날, 비즈니스 전화 및 이메일, 미팅, 협상, 프레젠테이션 등을 중국어로 잘 이끌어 나갈 수 있도록 여러분을 준비시키기 위해 본서가 출간되었다.

본서는 비즈니스 현장에서 바로 활용 가능한 어휘와 비즈니스 상황별로 가장 빈번하게 사용되는 문장을 중심으로 저술되었으며, 특히 비즈니스 실무에 도움이 되는 중국의 기업 문화, 글로벌 에티켓, 경제 상식 등을 소개하고 공부할 수 있도록 구성하여 실전에 바로 적용할 수 있도록 하였다. 또한 본서에서는 일반적인 비즈니스 표현들뿐만 아니라 현지 중국에서 이슈가 되는 주제 및 관용적인 표현들까지 제공함으로써 독자들이 보다 실용적인 중국어를 습득할 수 있도록 배려하였다. 특히 외국어의 관용어는 실제 대화를 통해서만 가장 적절하게 습득할 수 있다는 사실을 바탕으로, 본서는 다양한 상황에서의 대화 표현들을 수록하였다. 하지만 한 가지 염두에 둘 점은 본서에 수록된 표현만 습득하면 모든 것이 해결될 것이란 생각을 해선 안 된다는 점이다. 왜냐하면 언어적 표현은 시대와 상황에 따라서 항상 변화하기 때문이며, 따라서 이러한 언어 학습엔 독자 개개인의 관심이 항상 따라 주어야 한다.

만약 독자들이 어느 정도 상당한 양의 어휘 구축이 이루어진 상태이며 기본적인 문법적 틀이 마련된 상태에서 본서의 학습을 시작한다면 단시일 내에 비즈니스 중국어 구사 능력을 높은 수준까지 끌어올릴 것으로 확신한다. 비록 본서는 중급 이상의 중국어 실력을 갖춘 독자들에게 적합하도록 구성되었으나 중국어 초보자들도 얼마든지 활용할 수 있는 학습서라 자부한다. 외국어를 배운다는 것은 어학적인 재능보다, 학습하는 데에 투자하는 "시간과 노력"이 여러분이 원하는 수준만큼 외국어 실력을 쌓는 것을 가능하게 한다는 점을 꼭 기억해두기 바란다. 아울러 본서는 현대 직장인과 취업 준비생, 대학생들이 꼭 취득해야 하는 ITT 비즈니스 통번역 시험 준비서로도 손색이 없으므로 본서를 탐독하면 반드시 합격의 길로 들어 설 수 있으리라 믿는다.

사단법인 국제통역번역협회

비즈니스 중국어 통번역이란?

1. 현대 사회에 필요한 진정한 "실용 비즈니스 중국어"

우리는 바야흐로 중국어 상용화 시대를 맞이하고 있습니다. 이 시점에서 우리가 갖추어야 하는 능력은 기초적인 중국어 회화 능력에서 더 나아가 유창한 중국어 회화 능력, 그리고 다양한 분야를 아우르는 중국어 통번역 능력입니다. 오늘날 거의 모든 기술과 정보가 영어로 되어 있어 영어 능력이 가장 중요하게 여겨져 왔지만 중국과 직접 비즈니스를 하는 기업에서 만일 영어 통번역을 거쳐서 중국 기업과 소통한다면 시간과 비용 면에서 상당히 비효율적일 것입니다. 따라서 이제는 보다 전문적이고 다양한 분야의 지식을 통번역할 수 있는 중국어 전문가가 점점 더 요구되고 있습니다.

이에 현재 수많은 기업들은 탁월한 중국어 통번역 능력을 갖춘 인력을 확보하기 위해 노력하고 있으며, 통번역 작업에 소요되는 시간과 돈을 아깝게 생각하지 않습니다. 특히 중국과 무역을 하거나 기술 및 정보 교류를 하는 기업에서는 중국어 능력, 특히 중국어 통번역 능력이 아주 중요합니다. 분초를 다투며 회사의 정책을 결정해야 하는 임원은 각종 정보를 신속하게 읽고 이해할 수 있어야 하는데 만약 회사의 통번역 팀이 매일같이 쏟아지는 회사와 관련된 정보를 신속 정확하게 통번역해서 보고를 해 줄 경우와, 그렇지 못할 경우 회사의 효율성에는 상당한 차이가 있을 것입니다. 다시 말해 통번역을 얼마나 정확하고 신속하게 하느냐에 따라 기업의 경쟁력이 결정되는 시대가 된 것입니다.

중국어 통번역의 중요성

- 대학 입시, 학점 및 졸업 인정 자격, 공무원 시험 등 각종 전문 영역에서 중국어 시험을 시행하고 있음
- 30대 그룹, 외국계 기업, 외국 투자 기업, 정부 투자 기업 등 모든 기업에서 중국어 능력이 신입직원 채용, 직무 평가(진급), 해외 파견 선발 등의 판단 기준으로 활용
- 대한민국 법무부는 번역문 인증 공증제도(2013. 10. 1)를 시행하면서 ITT 전문 통번역 자격증을 공인 자격증으로 인정

2. "다양한 분야"의 비즈니스 중국어 통번역

기본적인 비즈니스	거래, 주문, 배송, 계약, 협상, 마케팅, 세일즈, 무역, 클레임, 초청, 초대, 사례, 방문
생산	공장 관리, 조립 라인, 품질 관리, 기술 관리, 생산 관리
재정	금융, 투자, 세금, 회계, 청구, 송금, 은행 업무
연구 개발	기술 연구, 제품 연구, 시장 개척, 시장 연구, 제품 개발
오피스	회의, 편지, 메모, 전화, 팩스, E-mail, 컴퓨터, 복사기
인사 관리	구인, 채용, 퇴직, 휴가, 급여, 승진, 사내 교육, 취업 지원, 자기 소개
건물/부동산	건물 관리, 구입 및 임대, 전기 및 가스, 냉난방
출장	기차, 비행기, 대중교통, 유람선, 티켓, 일정, 공항 안내, 차량 렌트, 숙소 예약, 연기 및 취소
문화 및 예술	드라마 및 예능 프로그램 자막, 인터뷰, 공연 및 콘서트 진행, SNS 관리, 동영상 스트리밍
미래 IT 기술	로봇 공학, 드론, 3D프린팅, 자율 주행 자동차, 스마트 빌딩, 스마트 농업, 인공 지능, 증강 현실, 나노기술, 보안, 3차원 엔터테인먼트

통번역 시험 ITT 소개

1. 시험기관 소개

사단법인 국제통역번역협회(IITA, International Interpretation & Translation Association of Korea)는 1999년 국제통번역사절단 협회로 출범하여 그간 매년 통번역사절단 선발대회 및 외국어 경연대회를 통해 다수의 통번역사를 선발하여 한일 월드컵, 부산 아시안 게임, 세계 합창 올림픽, 부산 국제 영화제, 부천 애니메이션 페스티벌, 평창 동계 올림픽 유치 활동 등과 같은 각종 국제 행사를 지원하는 등 비영리 단체로서 국가 위상을 높이는데 기여해 왔습니다.

2009년 ITT시험 위원회를 구성하여 공식적으로 외국어 능력 평가시험 시행기관으로 활동하기 시작했으며 문화체육관광부 인가 사단법인 국제통역번역협회로 단체명을 개명하는 한편 UNESCO 자문기관인 국제번역가연맹(FIT) 준회원 기관으로 가입하여 국제적인 번역 활동에 동참하고 있습니다. 2013년 10월 1일 대한민국 법무부가 번역문에 대한 인증을 통한 공증제도를 제정 시행함에 따라 ITT 시험의 전문 번역 1, 2급 자격증 소지자를 공식 자격으로 인정하게 되면서 다시 한 번 IITA는 전문 기관으로서의 전문성과 시험의 공신력을 확보하는 계기가 되었습니다.

IITA는 한국의 통역 번역 표준을 선도하는 것은 물론이고 통번역 교육의 활성화를 통한 국민의 외국어 능력을 극대화하여 글로벌 시장에서 손색이 없는 외국어 인재를 발굴 육성함은 물론 통역사와 번역사의 권익을 보호하는데 앞장서며 공신력 있는 시험을 시행함으로써 통역사와 번역사를 꾸준히 발굴하여 국가 지식기반 산업을 육성하는데 이바지하고 있습니다. 아울러 실용적인 ITT시험을 개발 시행함으로써 실용적인 외국어 평가도구로 자리매김하여 기업의 인력 채용과 승진 등에 필요한 자료로 활용할 수 있도록 함으로써 산업 발전에 기여하고 있습니다.

2. "ITT"란 어떤 시험?

ITT는 Interpretation & Translation Test의 약자로 외국어 듣기, 말하기, 읽기, 쓰기 능력을 종합적으로 평가하는 통역 및 번역 시험입니다. ITT는 실제 생활에서 얼마나 유창하고 적절하게 외국어를 사용할 수 있는지를 측정하는 객관적인 외국어 평가 도구입니다. 국내에서는 2010년에 시작되어 삼성테크윈, 포스코엔지니어링, 현대로템, 대우루컴즈, 대림아이엔에스, SK하이닉스, 대성산업, 한국투자증권, SK건설 등 대기업 계열사에서 ITT 자격증을 공채 시 인정하는 등 약 2,000여 개 기업에서 채용과 승진, 인사 고과 자료로 활용되고 있을 뿐만 아니라 2013년 10월 1일 대한민국 법무부가 번역문 인정 공증제도를 제정 시행함에 따라 전문 통역사와 전문 번역사로 활동하는 공식 자격으로 인정을 받고 있습니다. 평가 언어 및 평가 기준은 아래와 같습니다.

주관사		ITT 시험위원회 (The Committee of ITT, 홈페이지: www.itt.or.kr)
평가 언어	통역	영어, 중국어, 일어, 베트남어
	번역	영어, 중국어, 일본어, 베트남어
평가 기준	통역	발음 및 억양, 표현의 적합성, 문장 분석 및 변환 능력, 재구성 능력, 연관성 및 일관성, 순발력 및 대응력, 조정력, 의미전달 능력, 유창성, 정확성
	번역	원문 이해력, 문장 구성력, 대응력, 교정력, 의미 전달력, 삭제와 보충력, 배경 지식, 순발력, 호소력, 창조력, 구성력

3 평가 내용

전문 급수	1급	해당 한국어와 외국어를 능수능란하고 유창하게 구사할 수 있습니다. 배경 지식이 포함된 내용을 거의 완벽하게 이해하여 이를 적절한 어휘를 대입하여 다른 언어로 완전하게 표현함으로써 다른 사람이 쉽게 이해할 수 있는 수준입니다.
	2급	해당 한국어와 외국어를 제법 정확하게 이해하고 구사할 수 있습니다. 배경 지식이 포함된 내용을 원만하게 잘 표현함으로써 이를 다른 사람이 읽고 이해하는 데 별 무리가 없는 문장 수준입니다.
비즈니스 급수	1급	비즈니스와 관련된 한국어와 외국어를 능수능란하게 구사할 수 있습니다. 이해한 언어를 다른 언어로 완전하게 표현하여 다른 사람이 쉽고 정확하게 그 지식을 이해할 수 있는 수준입니다.
	2급	비즈니스와 관련된 한국어와 외국어를 무난하게 이해하고 구사할 수 있습니다. 이해한 내용을 다른 사람이 이해하는 데 큰 문제가 없을 정도로 표현한 수준입니다.
	3급	가장 기본적인 비즈니스 관련 지문에 대한 중문 독해력과 기본적인 이메일을 작성할 수 있는 중국어 능력을 평가합니다.

4 시험 구성

아래 각 자격증에 해당하는 1, 2급은 출제 지문이 같으며 획득한 점수에 따라 1급과 2급 자격증을 교부합니다.

구분	시험 구성	문제당 단어수	문제 유형
전문 통역 1, 2급 자격증	50분/7문제	외국어 : 150단어 내외 한국어 : 50단어 내외	외국어지문 3문제 + 한국어지문 3문제 + 윤리 1문제
전문 번역 1, 2급 자격증	180분/4문제	외국어 : 300단어 내외 한국어 : 100단어 내외	영어 외 언어 3개지문 + 윤리 1문제
비즈니스 통역 1, 2급 자격증	40분/10문제	외국어 : 50단어 내외 한국어 : 10단어 내외	외국어지문 3문제 + 한국어지문 7문제
비즈니스 번역 1, 2급 자격증	120분/15문제	외국어 : 50~100단어 내외 한국어 : 20단어 내외	외국어지문 5문제 + 한국어지문 10문제
비즈니스 통역 3급 자격증	40분/20문제	외국어 : 10단어 내외 한국어 : 10단어 내외	외국어지문 10문제 + 한국어지문 10문제
비즈니스 번역 3급 자격증	90분/40문제		외국어지문 20문제 + 한국어지문 20문제

* 90점 이상은 1급, 80점 이상은 2급

* 본 교재는 ITT 시험 중에서도 비즈니스 급수의 통번역 시험 분야를 다루고 있습니다.

* 반드시 시행처 공지사항을 확인하시기 바랍니다.

5 시험 응시 방법 및 절차

- 통역 시험 : 스마트폰 앱을 활용한 녹음 처리 방식(UBT, Ubiquitous Based Test)으로 시행합니다.
- 번역 시험 : 오프라인 시험장에서 PBT(Paper Based Test)방식으로 시행합니다.
  (페이퍼 사전, 전자사전, 스마트 폰 사전(비행기 모드, 유심칩 제거 후 사용)을 사용할 수 있습니다. 지정된 휴식 시간에 화장실에 갈 수 있으며 커피나 음료수를 마실 수 있지만 휴대전화나 이메일을 사용할 수 없습니다.)
- 자격증 유효 기간 : ITT 자격증의 유효 기간은 2년이며 유효 기간이 종료되기 전에 보수 교육을 통해 직업 윤리 교육을 이수해야 유효 기간이 갱신됩니다.
- 절대 평가 방식으로 평가하되 성적 발표 시 원하는 사람에 한해 유선으로 점수를 공개합니다.

통역 시험 절차	1) 통역 스마트폰 앱 접속 응시 후 답안 제출 → 2) 보안 시험 서버 저장 → 3) 평가자 시험 서버 접속 → 4) 시험 평가 및 급수 판정 후 저장 → 5) 합격자 조회 → 6) 합격자 확인
번역 시험 절차	1) 고사장 시험 응시 후 답안 제출 → 2) 평가자 시험 평가 및 급수 판정 → 3) 데이터 베이스 입력 → 4) 합격자 조회 → 5) 합격자 확인

6 그 밖의 ITT 자격증

특별 통역 1급 자격증	특별 번역 1급 자격증
국내외에서 2년 이상 통역을 수행한 실적이 있거나, 10건 이상의 실적을 증빙할 실적증명서 제출을 통해 이를 통역사정위원회가 평가하여 전문통역 1급 자격증을 교부한다.	200페이지 이상의 책을 번역한 실적이 있거나, 200페이지 이상의 번역물 실적이 있거나, 해당 언어를 강의하는 사람으로 번역 관련 논문 실적물이 있을 경우 실적물을 번역사정위원회가 평가하여 전문번역 1급 자격증을 교부한다.

7 시험 활용도

대학교	학업 성취도 평가, 졸업 인정 자격, 어학 성적 우수자 장학 제도 반영, 학점 반영 및 학사 관리 자료
일반 기업 및 공공 기관	신입 직원 채용, 근무 평가 및 직무 평가, 인사 배치 자료, 실무 비즈니스 어학 능력자 선발, 해외 파견 직원 선발, 해외 마케팅 직원 선발, 연수 성과 평가, 교육 성과 평가, 어학능력 우수자 선발
번역 공증 변호사 사무실	번역 공증 번역사로 활동 가능
통번역 회사	통역 프리랜서 활동 가능, 번역 프리랜서 활동 가능, 통번역 투잡 활동 가능

* "ITT 통번역 자격증" 공채 반영 기업 예시 (2,000여 개의 기업 채택)
삼성그룹, 현대차그룹, SK그룹, 롯데그룹, 한화그룹, 현대그룹, 현대중공업그룹, 효성그룹, 두산그룹, SK건설, SK하이닉스, 대우건설, 대우루컴즈, 코레일, 삼성중공업, 삼성테크윈, 포스코엔지니어링, 애경, 한국가스공사, (주)한화, 한국투자증권, 한화테크엠, 한화L&C, 두산엔진, 두산전자BG, 현대자동차, 현대로템

책의 구성 및 특징

1. 오랜 역사의 통번역 전문 교육기관 "타임스미디어" 연구진 집필

타임스미디어는 1997년에 평생교육원을 설립한 이래로 통번역 교육 및 통번역 시험 시행뿐만 아니라 TESOL 과정, 영어회화 전문강사 양성 과정 설립 등 어학 교육에 있어 깊은 역사를 자랑하는 교육 그룹입니다. 본 교재는 이러한 타임스미디어의 연구진들이 비즈니스 중국어 분야를 오랜 시간에 걸쳐 연구하여 비즈니스 통번역 지문들을 엄선, 집대성한 학습서입니다. 따라서 본 교재는 실무 비즈니스 통번역 실력 함양과 더불어 ITT 비즈니스 통번역 시험 대비까지 할 수 있는 전문 교재입니다.

2. 핵심만 쏙쏙! 21개 비즈니스 필수 주제별 통번역 집중 훈련

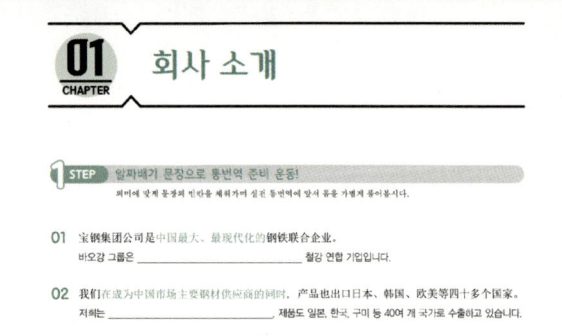

회사 소개, 인력 관리, 문의 및 답변, 홍보 및 광고, 가격 협상 등 중국 비즈니스 업무 현장에서 가장 빈번하게 등장하는 상황들을 총 21개 주제로 압축하여 보다 효율적으로 학습할 수 있도록 구성하였습니다. 각 주제별로 "STEP 1. 알짜배기 통번역 어휘 학습 〉 STEP 2. 통번역 맛보기 〉 STEP 3. 통번역 실전 훈련"의 3단계 흐름을 따라가며 학습을 하도록 유도, 독자들이 체계적인 단계를 밟아가며 실력을 점진적으로 발전시켜 나갈 수 있도록 구성하였습니다.

3. 실전 연습으로 실력 UP! 420여 개의 실용 비즈니스 문장 통번역 훈련

어학 실력을 쌓는 가장 빠른 지름길은 바로 "끊임없는 연습"입니다. 따라서 본 교재는 21개로 분류해 놓은 비즈니스 통번역 주제마다 약 20여 개에 이르는 통번역 문장들을 통해 실력을 쌓을 수 있도록 구성하였습니다. 이 420여 개의 통번역 문장들은 소개, 광고, 오퍼, 클레임, 협상 등 풍부한 형태의 비즈니스 표현들을 아우를 수 있도록 다양한 내용을 담은 주제들로 구성하였습니다.

4. 실무에서 시험까지 한 방에! *ITT 시험 예상문제 100제* 수록

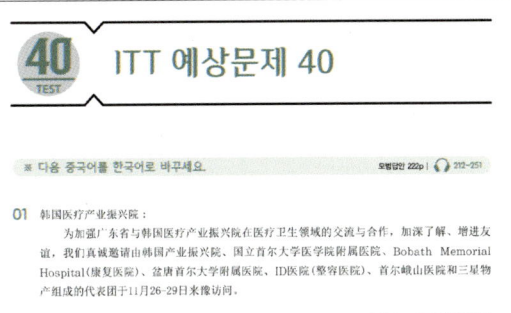

비즈니스 통번역 실무에 필요한 스킬을 집중적으로 갈고 닦은 것에 이어, 통번역 시험(ITT) "비즈니스 급수"에서도 좋은 성적을 올릴 수 있도록 시험 출제 예상문제 100제를 추가로 수록, 이를 풀어보며 시험까지 완벽히 대비할 수 있도록 하였습니다. 소개된 ITT 100제는 다양한 비즈니스 서신을 중심으로 구성되어 있으며, 서신들은 감사 메시지, 컴플레인, 일정 잡기, 업무 협조 요청, 가격 협상, 선적 및 배송, 제품 소개 등 다양한 주제들을 아우릅니다.

5. 한 눈에 훑어보는 *통번역 핵심 문장 & 어휘 & 무역 서식* 제공

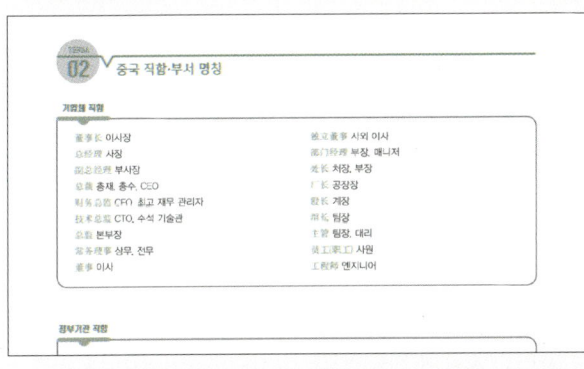

앞서 학습한 비즈니스 통번역 지문 중 가장 활용도가 높은 표현들을 포함하고 있는 문장들만 따로 엄선하여, 한 눈에 쉽게 훑어볼 수 있도록 한데 모아 놓은 "통번역 핵심 문장 모음집"을 부록으로 제공합니다. 또한 "주임, 팀장, 비서, 사장" 등과 같은 "직함/부서 표기 용례 모음집"과 "주요 경제·무역 용어" 및 "비즈니스 무역 서식"을 함께 제공합니다.

6. 각 지문별 통역 연습에 필요한 🎧 *MP3 파일 무료* 제공

본 교재에 수록된 지문을 읽고 번역 학습을 진행하는 것과 더불어, MP3를 직접 듣고 이를 통역해보는 연습까지 할 수 있도록 "교재 MP3 파일 무료 다운로드 서비스"를 제공해 드립니다. MP3 다운로드 방법은 ❶ www.edusd.co.kr을 방문한 뒤, ❷ 홈페이지 상단에 있는 항목 중 "MP3"를 클릭, ❸ 클릭 후 들어간 페이지의 검색창에서 "하이패스 비즈니스 중국어 통번역 [중한편]"을 검색한 뒤 다운로드 받으시면 됩니다.

목차

PART 1 비즈니스 중국어 통번역 기초 다지기
- chapter 01 통번역의 정의 · 14
- chapter 02 통번역 테크닉 · 16

PART 2 비즈니스 중국어 통번역 주제별 집중 훈련
- chapter 01 회사 소개 · 22
- chapter 02 구인 구직 및 인력 관리 · 28
- chapter 03 경영 전략 및 기업 경영 · 34
- chapter 04 조직 관리 · 40
- chapter 05 비즈니스 회의 · 46
- chapter 06 시장 조사 및 기획 · 52
- chapter 07 기업 홍보 및 광고 · 58
- chapter 08 제품 소개 및 마케팅 · 64
- chapter 09 무역 업무1 – 협상 및 거래 · 70
- chapter 10 무역 업무2 – 문의, 오퍼, 카운터 오퍼 · 78
- chapter 11 무역 업무3 – 상품 검사, 포장, 발송 · 86
- chapter 12 무역 업무4 – 클레임, 사과, 손해 배상 · 94
- chapter 13 전자 상거래 (e-비즈) · 102
- chapter 14 비즈니스 서신1 – 일상적인 내용 · 108
- chapter 15 비즈니스 서신2 – 업무 관련 내용 · 116
- chapter 16 계약서 · 122
- chapter 17 시사 · 130
- chapter 18 사교 · 138
- chapter 19 여행/호텔/교통 · 144
- chapter 20 쇼핑 · 150
- chapter 21 비즈니스 문화 및 예절 · 156

PART 3 비즈니스 중국어 통번역 시험 ITT 예상문제 40 · 164

PART 4 비즈니스 중국어 통번역 모범 답안
- PART2 주제별 집중 훈련 STEP 3 모범 답안 · 186
- PART3 ITT 예상문제 40 모범 답안 · 222

부록 비즈니스 중국어 통번역 핵심 문장 & 어휘
- 비즈니스 주제별 핵심 문장 · 232
- 주요 경제·무역 용어 · 253
- 중국 직함·부서 명칭 · 264
- 주요 시사 약어 · 265

수준별 학습 플랜

3개월 학습 플랜 (10주)

한국인인 경우 중국어 학습 기간이 2년 이상이거나 신HSK 5급을 보유한 학습자, 중국인인 경우 한국어 학습 기간이 2년 이상이거나 TOPIK 2 5급을 보유한 학습자를 대상으로 한 플랜입니다.

	Monday	Tuesday	Wednesday	Thursday	Friday
Week 1	Part 2 Chapter 01	Part 2 Chapter 01	Part 2 Chapter 02	Part 2 Chapter 02	Part 2 Chapter 03
Week 2	Part 2 Chapter 03	Part 2 Chapter 04	Part 2 Chapter 04	Part 2 Chapter 05	Part 2 Chapter 05
Week 3	Part 2 Chapter 06	Part 2 Chapter 06	Part 2 Chapter 07	Part 2 Chapter 07	Part 2 Chapter 08
Week 4	Part 2 Chapter 08	Part 2 Chapter 09	Part 2 Chapter 09	Part 2 Chapter 10	Part 2 Chapter 10
Week 5	Part 2 Chapter 11	Part 2 Chapter 11	Part 2 Chapter 12	Part 2 Chapter 12	Part 2 Chapter 13
Week 6	Part 2 Chapter 13	Part 2 Chapter 14	Part 2 Chapter 14	Part 2 Chapter 15	Part 2 Chapter 15
Week 7	Part 2 Chapter 16	Part 2 Chapter 16	Part 2 Chapter 17	Part 2 Chapter 17	Part 2 Chapter 18
Week 8	Part 2 Chapter 18	Part 2 Chapter 19	Part 2 Chapter 19	Part 2 Chapter 20	Part 2 Chapter 20
Week 9	Part 2 Chapter 21	Part 2 Chapter 21	Part 3 ITT 문제 01~05	Part 3 ITT 문제 06~10	Part 3 ITT 문제 11~15
Week 10	Part 3 ITT 문제 16~20	Part 3 ITT 문제 21~25	Part 3 ITT 문제 26~30	Part 3 ITT 문제 31~35	Part 3 ITT 문제 36~40

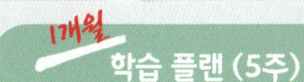
1개월 학습 플랜 (5주)

한국인인 경우 중국어 학습 기간이 3년이거나 신HSK 6급을 보유한 학습자, 중국인인 경우 한국어 학습 기간이 3년이거나 TOPIK 2 6급을 보유한 학습자를 대상으로 한 플랜입니다.

	Monday	Tuesday	Wednesday	Thursday	Friday
Week 1	Part 2 Chapter 01	Part 2 Chapter 02	Part 2 Chapter 03	Part 2 Chapter 04	Part 2 Chapter 05
Week 2	Part 2 Chapter 06	Part 2 Chapter 07	Part 2 Chapter 08	Part 2 Chapter 09	Part 2 Chapter 10
Week 3	Part 2 Chapter 11	Part 2 Chapter 12	Part 2 Chapter 13	Part 2 Chapter 14	Part 2 Chapter 15
Week 4	Part 2 Chapter 16	Part 2 Chapter 17	Part 2 Chapter 18	Part 2 Chapter 19	Part 2 Chapter 20
Week 5	Part 2 Chapter 21	Part 3 ITT 문제 01~10	Part 3 ITT 문제 11~20	Part 3 ITT 문제 21~30	Part 3 ITT 문제 31~40

비즈니스 중국어 통번역

중·한·편

PART 1

비즈니스 중국어 통번역 기초 다지기

Chapter 01. 통번역의 정의
Chapter 02. 통번역 테크닉

통번역의 정의

1. 통번역이란?

본래 통번역이란, 출발언어(source language)를 도착언어(target language)로 옮기는 것을 말한다. 중-한 통번역의 예를 들면 중국어를 한국어로 옮기는 것이라 할 수 있다. 하지만, 중국어를 한국어로 '어떻게' 옮기느냐가 중요하고, 그렇게 하기 위해서는 중국어 자체를 잘 이해할 수 있어야 할 뿐만 아니라 한국어 또한 정확하게 구사할 수 있어야 한다. 거꾸로 한-중 통번역의 경우도 마찬가지이다.

여기서 중요한 것은 한 나라의 말과 글은 그 나라의 정서와 문화를 내포하고 있어서 곧이곧대로 옮길 경우 무슨 말을 하는지 알 수 없는 경우가 많다는 것이다. 따라서 말하고자 하는 바를 잘 정리하여 그 내용을 옮길 때는 신중하게 해야 한다. 모든 언어가 표층구조(surface)와 심층구조(meaning)로 되어 있다는 것을 감안하여 표층구조, 즉 문법구조를 통하여 말하고자 하는 의미를 이해하고, 이해한 의미를 재구성하여 도착언어로 표현하는 것이 가장 바람직한 통번역 방법이라 할 수 있다. 다시 말하자면 통번역은 출발언어의 메시지를 양방향으로 제대로 해석한 뒤 그 의미를 도착언어로 재구성하는 작업이다.

통번역의 완성도를 평가하는 가장 큰 기준은 무엇인가? 통번역의 완성도를 평가하는 가장 큰 기준은 바로 등가성 매칭(equivalence-matching)과 가독성(readability)이다. 여기서 말하는 등가성 매칭이란 '출발언어와 도착언어가 얼마만큼 같은 스토리를 말하고 있는가'를 말하며, 가독성이란 '도착언어를 듣거나 읽고 얼마만큼 청자와 독자가 쉽게 그 내용을 이해할 수 있는가'이다. 통번역의 완성도를 평가하는 데는 등가성과 가독성 이외에도 많은 요소가 있지만, 대체적으로 등가성과 가독성이 좋으면 좋은 통번역이라 할 수 있다.

그렇다면 통역과 번역의 차이는 무엇인가? 통역은 실제 상황에서 의사소통을 하는 것이며 그 표현 수단이 '말'이지만, 번역은 시간과 공간이 다를 뿐만 아니라 신중하게 내용을 파악해서 전달해야 하는 '글'이 표현 수단이다. 즉, 어떤 '말'을 다른 '말'로 바꾸어 표현하는 것이 통역이라면, 번역은 '글'을 다른 '글'로 바꾸어 표현하는 것이라고 볼 수 있다. 하지만 이 둘의 공통점은 앞서 말한 바와 같이 출발언어를 도착언어로 옮기는 것이다.

2. 통번역에 대한 유진 나이다(Eugene Nida)의 정의

다른 언어로의 재구성	통번역 과정은 기본적으로 '출발언어(source language) ➡ 분석(analysis) ➡ 전환(transfer) ➡ 재구성(reconstruction) ➡ 도착언어(target language)'로 구성된다. 번역사는 단순히 언어적인 속성만을 적용해서 번역하는 것이 아니라, 어떤 기준을 적용하여 원문을 해독하고, 해독한 내용을 다른 언어로 재구성하는 사람이다.

적절한 번역어의 올바른 선택	한국어 어휘 중에 한자어의 비중이 높다보니 중국어 어휘를 그대로 번역하여 생기는 오류가 많다. 예를 들어서, '合作', '汽车', '作业' 등은 중국어와 한국어의 의미에 다소 차이가 있다. 즉, '합작', '기차', '작업' 등으로 번역해서는 안 되며, '협력', '자동차', '숙제' 등으로 의미에 맞게 번역해야 한다. 또한 한국어의 '성과'는 중국어로 '成果', '成就', '效果' 등 세부적인 의미에 따라 다르게 번역해야 한다. 이와 같이 통번역가는 상황과 문맥에 따른 적절한 번역어를 잘 선택해야 한다.
문맥에 따른 적합한 해석	중국어에서 '容'은 우리말로도 '내용'의 의미를 갖는다. 하지만 중국어의 '容'은 한 단계 더 나아가 IT 분야에서의 '콘텐츠'를 뜻하기도 한다. 따라서 '容'을 번역할 때는 어휘적 차원을 넘어서 문맥에 따른 번역을 해야 한다.
2차 문화권에 대한 이해	언어적인 이해만으로는 1차 언어의 어구를 2차 언어로 번역할 수 없다는 사실을 번역사는 인정해야 한다. 2차 언어 문화권에 1차 언어 문화권과 유사한 문화 관습이 없을 수도 있다는 사실을 번역사는 인정해야 한다. 번역사는 1차 언어의 사용자가 누구이며, 지위, 연령, 성별, 청자 등을 고려해야 할 뿐만 아니라 1차 언어의 문맥적 상황에 적합한 2차 언어를 선택할 수 있어야 한다. 번역사는 1차 언어의 문맥 속에 들어 있는 특정 어구가 어떤 의미를 내포하고 있는지 알아낼 수 있어야 한다. 번역사는 1차 언어의 어구가 가지고 있는 작품 속에서의 의미와, 그 작품이 속해 있는 문화 체계를 잘 이해하여 2차 언어로 바꾸어야 한다.

3. 통역의 종류

번역은 모두 동일한 방식으로 하지만, 통역은 하는 방식에 따라 여러 종류가 있다. 통역의 종류는 하단의 표에 나와 있는 것과 같으며, 비즈니스 통역은 동시통역을 해야 하는 경우도 있기는 하지만 통상적으로 순차통역이 주를 이루고 있다고 보면 된다.

순차통역	화자가 짧게는 3~4분에서 길게는 20여 분까지 일정한 분량을 말하는 동안 통역사가 말하는 것을 기억하거나 노트 테이킹을 한 다음에 말이 끝나면 통역하는 형식이다.
동시통역	화자와 거의 동시에 통역부스 안에서 헤드셋으로 듣고 통역하는 형식이다. 동시통역의 경우 화자의 말을 청취하는 동시에 통역을 해야 하기 때문에 신체적, 정신적으로 긴장할 수밖에 없는 작업이라고 볼 수 있다.
문장구역	문장을 눈으로 읽으면서 동시에 말로 통역하는 방식이다.
위스퍼링	문장구역과 함께 넓은 의미에서 동시통역에 해당하는 것으로 화자의 뒤에서 상대방의 언어를 작은 소리로 통역하는 방식이다.
릴레이 통역	동시통역에서 3개 국어 이상을 통역해야 할 때 사용하는 방식이다. 예를 들어 중국어로 한 말을 중-한 통역사가 한국어로 동시통역을 하면 한-영 통역사가 이 말을 듣고 다시 영어로 동시통역 하는 식이다. 여러 가지 언어를 사용하는 회의에서 모든 언어를 통역할 수 있는 통역사를 확보할 수 없는 경우 사용하는 방식이다.
화상회의 통역	멀리 떨어져 있는 사람들과 화상회의를 할 때 사용하는 통역을 말한다. 서울에 있는 통역사가 지구 반대편에서 하는 회의를 통역하는 식이다.

통번역 테크닉

1. 반드시 알아야 할 20가지 통번역 기본 테크닉

앞서 통번역의 정의에서 언급한 바와 같이 통번역에 있어 중요한 것은 적절한 번역어를 선택하여 문맥을 잘 살펴 그 의미를 정확히 전달하는 것이다. 단순 직역이 아닌 '제대로 된 의미 전달'을 하기 위해 필요한 통번역 테크닉을 20가지로 압축 요약해 놓았으니, 이를 잘 살펴보고 통번역에 임할 수 있기를 바란다.

① 꼭 필요한 주어 외에는 주어를 생략하고 표현하라. (예 한국어에서 주어 자리에 오는 인칭대명사)
② 한 문장 안에서 용어를 통일하라. (예 '엄마'와 '어머니' 중에서 하나로 통일)
③ 때로는 긴 문장은 자르고, 짧은 문장은 연결하라.
④ 명사 중심 표현을 서술적인 표현으로 바꾸라. (예 만족을 느끼다 ➡ 만족하다)
⑤ 어려운 한자를 쓰지 말고 쉬운 표현을 고르라. (예 작별을 고하다 ➡ 헤어지다)
⑥ 대명사는 가능하면 생략하라. (예 인칭대명사 혹은 지시대명사)
⑦ 가능하다면 직접 화법을 간접 화법으로 바꾸라.
⑧ 번역문은 항상 한국어 어순(주어+목적어+서술어)대로 재정리하라.
⑨ 청각–시각 언어, 큰말–작은말, 표준어–사투리를 구분하여 표현하라.
⑩ 번역문을 읽고 의미 전달이 잘 안될 경우 의미를 중심으로 과감하게 의역하라.
⑪ 의미를 중심으로 전체 문장을 두 번 이상 읽고 전체적인 논리를 중심으로 번역하라.
⑫ 한국어 조사를 정확하게 활용하라.
⑬ '~에 대하여, ~에 관하여, ~에 대해, ~에 관해' 등에 해당하는 표현을 목적어로 삼아 표현하라.
　(예 이 집에 대해서 좋게 생각한다 ➡ 이 집을 좋게 생각한다)
⑭ '아무리 ~해도 지나치지 않다, ~함에 틀림없다, ~라 아니할 수 없다'와 같은 번역 어투를 삼가고 '아주 중요하다, 사실이다, 정말 무엇이다' 등으로 간단히 표현하라.
⑮ 원문의 품사에 얽매이지 말고 품사를 전환하여 번역하라.
　(예 지원을 제공하기 위해 노력하다 ➡ 지원하기 위해 노력하다)
⑯ 겹친 말을 피하고 이중으로 서술하지 말라. (예 어제 무척 걱정이 됐다 ➡ 어제 무척 걱정했다)
⑰ 부사가 이미 시제를 암시하고 있으므로 동사의 시제에 얽매이지 말고 자연스럽게 표현하라.
　(예 그해 5월 초에 그 여자를 만났던 적이 있었다 ➡ 그해 5월에 그 여자를 만난 적이 있다)
⑱ 화자 관점으로 일관되게 서술하라. (1인칭, 2인칭, 3인칭 관점인지 구분하여 표현하라.)
⑲ 가능하면 수동태 문장은 능동태로 바꾸어 표현하라. (예 제공됐다 ➡ 제공했다)
⑳ 다른 뜻으로 표현하면 안 되지만, 원문을 이해할 수 있으면 원문의 어순을 무시하고 과감하게 통번역하라.

2. 통역은 '전향식'으로 번역은 '비전향식'으로 하라

통역 예시	专家认为，随着城市化进程加快，城市垃圾日趋成为环境的主要污染源。 전향식 통역 : 전문가들은 도시화 진행 속도가 빨라지면서 도시 쓰레기가 날로 환경의 주요 오염원이 되고 있다고 언급하였다. 비전향식 통역 : 도시화 진행 속도가 빨라지면서 도시 쓰레기가 날로 환경의 주요 오염원이 되고 있다고 전문가들은 언급하였다. 직접 말을 듣고 다시 말로 전달하는 통역을 할 경우엔 첫 번째 통역과 같은 '전향식 통역'이 좀 더 수월하다고 볼 수 있다.
번역 예시	那晓琳教授表示，尽管城市生活垃圾近年来不断增加，但无害化处理量却没有得到显著提升。 전향식 번역 : 나샤오린 교수는 비록 도시 생활 쓰레기가 최근 몇 년간 지속적으로 증가하고 있지만, 무해 처리량은 오히려 현저한 상승을 보이지 않는다고 밝혔다. 비전향식 번역 : 비록 도시 생활 쓰레기가 최근 몇 년간 지속적으로 증가하고 있지만, 무해 처리량은 오히려 현저한 상승을 보이지 않는다고 나샤오린 교수는 밝혔다. 통역과는 다르게 번역을 하는 경우에는 한국어 문장구조의 '사람 주어+술어' 어순으로 된 비전향식 번역이 더 바람직하다고 볼 수 있다.

3. 번역을 할 때는 '가독성'을 충분히 고려하라

번역 예시	这件事让我很高兴。 번역 A : 이 일은 나로 하여금 아주 기쁘게 하였다. 번역 B : 나는 이 일로 아주 기뻤다. 위의 예에서 알 수 있듯이, 번역 A처럼 중국어 통사 구조대로 한국어 문장을 배열하는 방식은 한국어 문장답지 못한 반면에 번역 B와 같은 문장은 한국어 문장답다는 것을 알 수 있다. 통번역에서 등가성과 가독성을 중요시한다고 할 때 이 두 문장의 등가성이 같다고 본다면, 가독성 측면에서는 번역 B가 훨씬 자연스럽다는 것을 알 수 있다.

4. '창의성'과 '어휘력'을 충분히 발휘하라

통번역을 할 때는 표현의 방법론이 중요한 것이 아니라, 어떻게 해서든 자신의 문장 표현력을 살려 쉽고 정확하게 화자의 말이나 원문의 의미를 전달하는 것이 중요하다. 이런 의미에서 보면 무엇보다도 통번역사의 순발력 있는 의미 캐치 능력과 자유자재로 구사할 수 있는 언어능력이 중요하다고 하겠다.

통번역 예시 1	可能是生活压力太大了，你看最近社会上暴力事件、自杀事件频繁地发生，人们的心理上出了问题。 통번역 A : 아마도 생활에서의 스트레스가 너무 커서 그런 것 같아요. **한번 보세요**. 최근 사회에 폭력 사건, 자살 사건이 **빈번하게 발생하니** 사람들의 마음에 문제가 생긴 거예요. 통번역 B : 아마도 생활에서의 스트레스가 너무 커서 그런 것 같아요. 최근 사회에 **빈번하게 일어나는** 폭력 사건, 자살 사건을 **보면** 사람들의 마음에 문제가 생긴 거예요.
	한번 보세요 ~ 빈번하게 발생하니 ➡ 빈번하게 일어나는 ~을 보면
통번역 예시 2	为更好地把握社会热点、了解民情民意，根据国家的要求，最近完成的上海第五次群众安全感抽样调查显示，市民对九大社会热点问题的关注程度与前几年相比有涨有落。 통번역 A : 사회적 이슈를 더욱 더 잘 파악하고 민심을 이해하기 위해서 **국가의 요구에 따라서** 최근에 완성된 상해 제5차 대중 안전감 **표본 조사에서 나타나기를** 시민들이 9가지 사회 관심사에 대한 관심도를 몇 년 전과 비교했을 때 상승한 것도 있고 하락한 것도 있었다. 통번역 B : 사회적 이슈를 더 잘 파악하고 민심을 이해하기 위해서 **국가의 요구로** 최근에 완성된 상하이 제5차 대중 안전감 **표본 조사에 따르면** 시민들이 9가지 사회적 이슈에 대한 관심도를 몇 년 전과 비교했을 때 상승한 것도 있고 하락한 것도 있었다.
	국가의 요구에 따라서 ➡ 국가의 요구로 ‖ 표본 조사에서 나타나기를 ➡ 표본 조사에 따르면
통번역 예시 3	1927年5月，美国电影界知名人士在好莱坞发起组织了一个"非赢利组织"，定名为电影艺术与科学学院。它的宗旨是促进电影艺术和技术的进步。 통번역 A : 1927년 5월 미국 영화계 인사들이 할리우드에서 '비영리 조직'을 결성했는데 '영화 예술과 과학 학원'이라고 이름을 지었다. 그것의 취지는 영화예술과 기술의 발전을 촉진하는 것이었다. 통번역 B : 1927년 5월 미국 영화계 인사들이 할리우드에서 **'영화 예술과 과학 학원'이라는 이름의 '비영리 조직'**을 결성하였다. 이 조직의 설립 취지는 영화 예술과 기술의 발전을 촉진하는 것이었다.
	'비영리 조직'을 결성했는데, '영화 예술과 과학 학원'이라고 이름을 지었다. ➡ '영화 예술과 과학 학원'이라는 이름의 '비영리 조직'을 결성하였다. ‖ 그것의 취지는 ➡ 이 조직의 설립 취지는

5. 번역을 할 때는 글의 '성격과 어조'를 고려하라

특히 번역을 할 때는 항상 번역을 하기 전에 원문 전체를 꼼꼼히 읽어본 후 글의 성격과 어조를 대략적으로 파악해야 한다. 글이란 것은 내용적인 측면뿐만 아니라 그 글이 담고 있는 '색깔'이 있기 때문에 이를 반드시 염두에 두고 번역에 임해야 본래의 뜻을 더욱 효과적으로 전달할 수 있다.

> 驱动梦想，绽放青春，爱上汽车，你我同行。／ 如果有方向，就能吸取到营养。／ 如果有能量，就能茁壮成长。／ 每一个人，都有自己的梦想，如果您的梦想正好与我们不谋而合，请与我们携手。／ 每一个人，都有权要求更高，如果您的渴求与我们的希望一样，请与我们携手。／ 每一个人，都在走自己的路，如果你的征途正是我们的未来之路，请与我们携手。
>
> **번역 A** : 꿈에 시동을 **걸어라**. 청춘의 에너지를 **발산하라**. 자동차와 사랑에 **빠져라**. 당신과 내가 함께 **갈 것이다**. ／ 만약 목표가 있다면, 몸에 힘이 될 영양분을 **흡수할 수 있다**. ／ 만약 스스로 에너지를 가지고 있다면 건강하게 **성장할 수 있다**. ／ 사람마다 자기의 꿈이 있는데 만약 당신의 꿈이 우리와 약속이나 한 것 같이 같다면 우리와 **손을 잡자**. ／ 사람마다 더 큰 요구를 할 권리가 있는데 만약 당신의 권리에 대한 목마름이 우리의 희망과 같다면 우리와 **손을 잡자**. ／ 사람마다 자기의 길을 가는데 만약 당신의 여정이 우리의 앞날의 길과 같다면 우리와 **손을 잡자**.
>
> **번역 B** : 꿈에 시동을 **걸고** 청춘의 에너지를 **발산하세요**. 자동차와 사랑에 **빠지세요**. 당신과 저는 함께 **갈 것입니다**. ／ 만약 목표가 있다면, 몸에 힘이 될 영양분을 **흡수할 수 있을 거예요**. ／ 만약 스스로 에너지를 가지고 있다면 건강하게 **성장할 수 있을 겁니다**. ／ 사람마다 자기의 꿈이 있는데 만약 당신의 꿈이 우리와 약속이나 한 것 같이 같다면 우리의 **손을 잡으세요**. ／ 사람마다 더 큰 요구를 할 권리가 있는데 만약 당신의 권리에 대한 목마름이 우리의 희망과 같다면 우리의 **손을 잡으세요**. ／ 사람마다 자기의 길을 가는데 만약 당신의 여정이 우리의 앞날의 길과 같다면 우리의 **손을 잡으세요**.
>
> 걸어라 ➡ 걸고 ‖ 발산하라 ➡ 발산하세요 ‖ 빠져라 ➡ 빠지세요 ‖ 갈 것이다 ➡ 갈 것입니다 ‖ 흡수할 수 있다 ➡ 흡수할 수 있을 거예요 ‖ 성장할 수 있다 ➡ 성장할 수 있을 겁니다 ‖ 손을 잡자 ➡ 손을 잡으세요

6. 결론

이제는 통번역을 전문가들의 영역이라고만 생각할 것이 아니라, 누구나 보편적으로 갖추어야 할 소양으로 받아들여야 하는 시대에 접어들었다. 또한 최근 중국이 급부상하면서 우리 사회 각 분야에서 중국어 의사소통 능력이 매우 중요해졌고 단순한 중국어 문장 이해 능력을 넘어서 고급 수준의 중국어 통번역 능력이 점차 요구되고 있다. 특히 글로벌 시대를 살고 있는 직장인이라면 영어 이외에 중국어 통번역 능력을 갖추고 있다는 것은 다른 사람들과 차별화될 수 있는 중요한 요건이 된다고 하겠다.

비즈니스 중국어 통번역

중·한·편

PART 2

비즈니스 중국어 통번역 주제별 집중 훈련

Chapter 01. 회사 소개
Chapter 02. 구인 구직 및 인력 관리
Chapter 03. 경영 전략 및 기업 경영
Chapter 04. 조직 관리
Chapter 05. 비즈니스 회의
Chapter 06. 시장 조사 및 기획
Chapter 07. 기업 홍보 및 광고
Chapter 08. 제품 소개 및 마케팅
Chapter 09. 무역 업무1 – 협상 및 거래
Chapter 10. 무역 업무2 – 문의, 오퍼, 카운터 오퍼
Chapter 11. 무역 업무3 – 상품 검사, 포장, 발송
Chapter 12. 무역 업무4 – 클레임, 사과, 손해 배상
Chapter 13. 전자 상거래 (e-비즈)
Chapter 14. 비즈니스 서신1 – 일상적인 내용
Chapter 15. 비즈니스 서신2 – 업무 관련 내용
Chapter 16. 계약서
Chapter 17. 시사
Chapter 18. 사교
Chapter 19. 여행/호텔/교통
Chapter 20. 쇼핑
Chapter 21. 비즈니스 문화 및 예절

회사 소개

1 STEP 알짜배기 문장으로 통번역 준비 운동!

의미에 맞게 문장의 빈칸을 채워가며 실전 통번역에 앞서 몸을 가볍게 풀어봅시다.

01 宝钢集团公司是中国最大、最现代化的钢铁联合企业。
바오강 그룹은 _____ 철강 연합 기업입니다.

02 我们在成为中国市场主要钢材供应商的同时，产品也出口日本、韩国、欧美等四十多个国家。
저희는 _____, 제품도 일본, 한국, 구미 등 40여 개 국가로 수출하고 있습니다.

03 我们公司不仅是目前全球钢铁企业中的最高长期信用等级，也是中国制造业中的最高等级。
저희 회사는 현재 전 세계 철강 기업 중에서 _____ 중국 제조업 중에서도 가장 높습니다.

04 我们公司是中国油气行业占主导地位的最大油气生产商和销售商。
저희 회사는 중국 오일 가스 업계에서 _____입니다.

05 本公司注册资金3千亿人民币，资产规模达到万亿人民币，基站总数超过220万个，客户总数超过8亿户。
저희 회사는 자본금 3,000억 위안, 자산 규모 1조 위안, 기지국 220만 개 이상, _____.

06 我们公司是全球网络规模、客户规模最大的移动通信运营商。
저희 회사는 _____ 이동 통신 운영 업체입니다.

07 本公司位居《财富》杂志"世界500强"排名第55位，并连续七年入选道琼斯可持续发展指数。
본사는 「포춘」지가 선정한 '세계 500대 기업'에서 55위를 차지했으며, _____.

08 我们是北京一家AAA级物流公司，能够承接发往世界50多个国家的大型设备及集装箱运输。
저희는 _____, 세계 50여 개국을 대상으로 _____ 운송 업무를 담당할 수 있습니다.

09 海尔集团创办于1984年，是全球大型家电第一品牌。

하이얼 그룹은 1984년에 설립된 _____ 입니다.

10 现向贵公司介绍一下我们公司，我们公司专门经营轻工业品，并且经营这项业务已有多年。

이제 저희 회사를 소개하겠습니다. _____, 이 분야에서 수년간 경영해왔습니다.

11 我们公司是中国受欢迎的网购零售平台，拥有近1亿的注册用户数。

저희 회사는 _____ 1억 명에 가까운 회원 수를 보유하고 있습니다.

12 截至2017年年底，我公司单日交易额峰值达到20亿元。

2017년 연말까지 _____ 에 달합니다.

정답 확인

01 중국에서 가장 크고 현대적인
02 중국 시장에서 주요 철강 공급 업체로 부상하고 있으며
03 장기 신용 등급이 가장 높을 뿐 아니라
04 주도적인 위치를 차지하는 최대 오일 가스 생산 및 판매 기업
05 고객 수 8억 명 이상을 보유하고 있습니다
06 세계에서 글로벌 네트워크 규모와 고객 규모가 가장 큰
07 7년 연속 다우존스 지속 가능성 지수에 선정되었습니다
08 베이징 AAA급 물류 회사로서 ‖ 대규모 장비 및 컨테이너
09 세계 최고의 대형 가전제품 브랜드
10 저희는 경공업품을 전문적으로 취급하며
11 중국에서 인기 있는 인터넷 쇼핑몰로
12 저희 회사의 일일 거래액 최고치가 20억 위안

주요 어휘 정리

现代化 xiàndàihuà [명] 현대화
供应商 gòngyìngshāng 공급 업체
信用等级 xìnyòngděngjí 신용 등급
油气 yóuqì 오일 가스
销售商 xiāoshòushāng 판매 업체
规模 guīmó [명] 규모
运营商 yùnyíngshāng 운영 업체, 운영사
道琼斯 dàoqióngsī 다우존스
可持续发展 kěchíxùfāzhǎn 지속 가능성

承接 chéngjiē [동] 담당하다, 맡다
集装箱 jízhuāngxiāng [명] 컨테이너
创办于 chuàngbànyú ~에 설립되다
轻工业品 qīnggōngyèpǐn [명] 경공업품
经营 jīngyíng [동] 경영하다
网购 wǎnggòu 인터넷 쇼핑
平台 píngtái [명] 플랫폼
交易额 jiāoyì'é [명] 거래액
峰值 fēngzhí [명] 최고치, 최대치

2 STEP 비즈니스 중한 통번역 맛보기 🎧 001~004

핵심 문장들로 구성된 중문 통번역 예시를 보며, 실전 연습에 앞서 몸을 가볍게 풀어봅시다.

01 宝钢集团公司是中国最大、最现代化的钢铁联合企业。宝钢股份以其诚信、人才、创新、管理、技术诸方面综合优势，奠定了在国际钢铁市场上世界级钢铁联合企业的地位。

> 바오강 그룹은 중국에서 가장 크고 현대적인 철강 연합 기업입니다. 바오강 주식회사는 정직, 인재, 혁신, 관리, 기술 분야에서 종합적 우위로, 국제 철강 시장에서 세계적 수준의 철강 연합 기업의 지위를 확고히 했습니다.

宝钢集团 Bǎogāngjítuán Baosteel Group Corporation, 바오강 그룹 | 诚信 chéngxìn 형 성실하다, 신용을 지키다 | 钢铁 gāngtiě 명 강철, 철강 | 奠定 diàndìng 동 다지다, 닦다

02 海尔集团创办于1984年，是全球大型家电第一品牌。目前已从传统制造家电产品的企业转型为面向全社会培养尖端技术开发的平台。

> 하이얼 그룹은 1984년에 설립된 글로벌 대형 가전제품 브랜드입니다. 이제는 전통적인 가전제품 제조 기업에서 전 사회적인 첨단 기술 개발의 플랫폼으로 변화하고 있습니다.

海尔集团 Hǎi'ěrjítuán Haier Group, 하이얼 그룹 | 创办于 chuàngbànyú ~에 창립하다 | 转型 zhuǎnxíng 동 (사회 경제 구조·문화 형태·가치관 등을) 전환하다 | 尖端技术 jiānduānjìshù 명 첨단 기술

03 上汽集团是中国A股市场上最大的汽车上市公司，总股本达到110亿股。目前，上汽集团主要业务涵盖整车、零部件的研发、生产、销售，物流、车载信息、二手车等汽车服务贸易业务，以及汽车金融业务。

> 상하이 자동차 그룹은 중국 A주식 시장에서 규모가 가장 큰 자동차 상장 회사로 총 주식 자본이 110억 주에 이릅니다. 현재 상하이 자동차 그룹의 주요 사업은 완성차 및 부품의 연구 개발, 생산, 판매, 물류, 텔레매틱스, 중고차 등 자동차 서비스 무역업 및 자동차 금융업을 포함합니다.

上汽集团 Shàngqìjítuán SAIC Motor Corporation, 상하이 자동차 그룹 | 总股本 zǒnggǔběn 총 주식 자본 | 涵盖 hángài 동 포함하다, 포괄하다 | 整车 zhěngchē 완성차 | 零部件 língbùjiàn 명 부품 | 车载信息 chēzǎixìnxī 텔레매틱스 | 二手车 èrshǒuchē 명 중고차

04 中国海洋石油总公司是国务院国有资产监督管理委员会直属的特大型国有企业，是中国最大的海上油气生产商。中国海油已发展成为主业突出、产业链完整、业务遍及40多个国家和地区的国际能源公司。

> 중국해양석유총공사는 국무원 국유 자산 관리 감독 위원회 직속의 대규모 국유 기업으로 중국 최대 해양 오일 가스 생산 기업입니다. 회사는 주요 산업을 정상에 올려놓았고 산업 체인을 완비했으며 40여 개 국가 및 지역으로 업무를 확장하여 국제적 에너지 기업으로 발전하였습니다.

中国海洋石油总公司 Zhōngguóhǎiyángshíyóuzǒnggōngsī China National Offshore Oil Corporation, 중국해양석유총공사 | 直属 zhíshǔ 형 직속의 | 主业 zhǔyè 명 주업, 주요 산업 | 产业链 chǎnyèliàn 명 산업 체인 | 遍及 biànjí 동 두루 미치다, 골고루 퍼지다

3 STEP 비즈니스 중한 통번역 실전 트레이닝

다양한 비즈니스 상황에서의 중국어 표현을 통번역 해보며 실력을 한 단계 높여 보도록 합시다.

모범답안 186p | 005~010

01 本公司2011年由阿里巴巴集团投资创办，是中国受欢迎的网购零售平台，拥有近1亿的注册用户数。每天有超过3,000万的固定访客，同时每天的在线商品数已经超过了5亿件，平均每分钟售出3万件商品。截至2017年年底，我们公司单日交易额峰值达到20亿元。随着本公司规模的扩大和用户数量的增加，我们也从单一的C2C网络集市变成了包括C2C、团购、分销、拍卖等多种电子商务模式在内的综合性零售商圈。

_____

_____

_____

_____

由A创办 yóu A chuàngbàn A가 창립하다 | 受欢迎 shòu huānyíng 인기 있다, 환영 받다 | 零售 língshòu 동 소매하다 | 注册 zhùcè 동 회원가입하다, 등록하다 | 访客 fǎngkè 명 방문 고객 | 峰值 fēngzhí 명 최대치, 최고치 | 网络集市 wǎngluòjíshì 명 온라인 마켓 | 团购 tuángòu 명 공동 구매 | 分销 fēnxiāo 동 나누어 팔다, 소매하다 | 拍卖 pāimài 동 경매하다

02 中国移动通信集团公司(CMCC)于2000年4月20日成立，注册资本3千亿人民币，资产规模达到万亿人民币，基站总数超过220万个，客户总数超过8亿户，是全球网络规模、客户规模最大的移动通信运营商。2014年，中国移动位居《财富》杂志"世界500强"排名第55位，并连续七年入选道琼斯可持续发展指数。2014年，中国建成全球规模最大的4G网络，基站数量超过70万个，客户数超过9,000万。中国移动多年来一直坚持"质量是通信企业的生命线"和"客户为根，服务为本"的理念，不断提升质量，改善服务，客户满意度保持行业领先。

_____

_____

_____

_____

中国移动通信集团公司 zhōngguóyídòngtōngxìnjítuángōngsī China Mobile Communications Corporation, 중국이동통신그룹 | 基站 jīzhàn 명 기지국 | 超过 chāoguò 동 초과하다 | 《财富》 cáifù 「포춘」지 | 道琼斯 dàoqióngsī 다우존스 | 可持续发展指数 kěchíxùfāzhǎnzhǐshù 지속 가능 경영 지수 | 客户满意度 kèhùmǎnyìdù 고객 만족도 | 行业 hángyè 명 업계 | 领先 lǐngxiān 동 선두에 서다, 앞장서다

03 宝钢集团公司是中国最大、最现代化的钢铁联合企业。宝钢股份以其诚信、人才、创新、管理、技术诸方面综合优势，奠定了在国际钢铁市场上世界级钢铁联合企业的地位。在汽车用钢、造船用钢等领域，宝钢股份在成为中国市场主要钢材供应商的同时，产品出口日本、韩国、欧美等四十多个国家和地区。标准普尔宣布将宝钢集团和宝钢股份长期信用等级从"BBB+"提升至"A-"。这是目前全球钢铁企业中的最高长期信用等级，也是中国制造业中的最高等级。

创新 chuàngxīn 명 창의성, 혁신 | 奠定 diàndìng 동 다지다, 안정시키다 | 供应商 gòngyīngshāng 공급 업체 | 标准普尔 biāozhǔnpǔ'ěr 스탠다드 푸어스, S&P | 提升至 tíshēngzhì ~까지 끌어올리다 | 长期信用等级 chángqīxìnyòng děngjí 장기 신용 등급

04 中国海洋石油总公司(CNOOC)是国务院国有资产监督管理委员会直属的特大型国有企业，是中国最大的海上油气生产商。公司成立于1982年，总部设在北京。经过30多年的改革与发展，中国海油已发展成为主业突出、产业链完整、业务遍及40多个国家和地区的国际能源公司。公司形成了油气勘探开发、炼化与销售、金融服务等业务板块，可持续发展能力显著提升。2016年，公司在《财富》杂志"世界500强企业"排名中位列第109位；在《石油情报周刊》杂志"世界最大50家石油公司"排名中位列第32位，比2014年下降1位。截至2015年底，公司的穆迪评级为Aa3，展望稳定；标普评级为AA-，展望稳定。

成立于 chénglìyú ~에 설립되다 | 突出 tūchū 동 돌파하다 형 뛰어나다, 두드러지다 | 产业链 chǎnyèliàn 명 산업 사슬 | 遍及 biànjí 동 파급하다, 골고루 퍼지다 | 勘探开发 kāntànkāifā 탐사 및 개발 | 炼化 liànhuà 석유 정제 | 穆迪 mùdí 무디스, Moody's | 评级为 píngjíwéi ~로 평가하다 | 板块 bǎnkuài 명 (전체 속의 한) 방면, 분야 | 位列 wèiliè ~위치를 차지하다 | 国有企业 guóyǒuqǐyè 명 국유 기업

05　中国石油天然气股份有限公司（CNPC）是中国油气行业占主导地位的最大的油气生产商和销售商，是中国销售收入最大的公司之一，也是世界最大的石油公司之一。中国石油致力于发展成为具有较强竞争力的国际能源公司，成为全球石油石化产品重要的生产商和销售商之一。

中国石油天然气股份有限公司 Zhōngguóshíyóutiānránqìgǔfènyǒuxiàngōngsī China National Petroleum Corporation, 중국석유천연가스 주식회사 | 主导 zhǔdǎo 동 주도의 | 销售商 xiāoshòushāng 판매 업체 | 致力于 zhìlìyú (어떤 일을 하거나 이루기 위해) 애쓰다, 힘쓰다 | 能源 néngyuán 명 에너지

06　海尔集团创业于1984年，是全球大型家电第一品牌。创业以来，海尔坚持以用户需求为中心的创新体系驱动企业持续健康发展，从一家资不抵债、濒临倒闭的集体小厂发展成为全球最大的家用电器制造商之一。创业伊始，海尔提出"真诚到永远"的理念，以高质量、高品质实现企业对用户的诚信承诺。1985年，海尔通过"砸冰箱"砸出了质量意识，1988年，海尔冰箱斩获中国电冰箱史上的第一枚金牌。产品的高质量，成为海尔创业的基石。进入互联网时代，海尔探索从传统的科层制企业转型成为共创共赢的创业平台，其目的是通过组织变革让每个人直面用户，让每个创客能够与"用户零距离"，打造出互联网时代的诚信品牌。目前已从传统制造家电产品的企业转型为面向全社会培养尖端技术开发的平台。在互联网时代，海尔致力于成为互联网企业，颠覆传统企业自成体系的封闭性，正在转变成网络时代的核心。

驱动 qūdòng 동 추진하다, 촉진하다 | 资不抵债 zībùdǐzhài 성 빚이 자산을 초월하다 | 濒临 bīnlín 동 인접하다, 가까이 가다 | 倒闭 dǎobì 동 도산하다 | 伊始 yīshǐ 동 시작하다 | 面向 miànxiàng 동 직면하다, 향하다 | 尖端技术 jiānduān jìshù 첨단 기술 | 致力于 zhìlìyú 애쓰다, 힘쓰다 | 颠覆 diānfù 동 뒤엎다, 뒤집다 | 封闭性 fēngbìxìng 명 폐쇄성 | 核心 héxīn 명 핵심

구인 구직 및 인력 관리

1 STEP 알짜배기 문장으로 통번역 준비 운동!
의미에 맞게 문장의 빈칸을 채워가며 실전 통번역에 앞서 몸을 가볍게 풀어봅시다.

01 本公司面向社会公开招聘，公开、公平、公正，择优录用。
저희 회사는 투명하고 공평하며 공정하게 _____.

02 招聘流程为按招聘公告个人报名、资格审查、笔试面试、体检、聘用等环节实施。
채용 과정은 채용 공고에 따라 _____ 순서로 실시합니다.

03 任职要求是思想品德好，具有坚定的理想信念，诚实守信，责任心强。
재직 요건은 _____, 정직하고 신용이 있고 _____.

04 在薪酬待遇方面，工资、保险及福利等待遇按本公司薪酬规定执行。
임금 및 대우에서 임금, 보험 및 복지 혜택 등의 대우는 _____.

05 具有良好心理素质，身体健康，体检符合国家公务员录用标准。
인성이 바르고 신체 건강하며, _____.

06 有较强手机、移动设备行业背景的优先。
휴대폰 및 모바일 설비 업계에서 _____.

07 公司尊重和保护员工的合法权益，为员工发展创造更大空间，促进员工和企业的共同发展。
회사는 _____, _____, 직원과 기업의 공동 성장을 도모합니다.

08 公司从员工融合、团队合作、管理能力和领导力等多方面开展培训。
회사는 _____ 교육을 하고 있습니다.

09 公司致力于建设多渠道的职业发展通道，<u>帮助员工规划职业生涯</u>。

당사는 다방면으로 경력 개발 루트 마련에 최선을 다하여, _____.

10 请查看主页发布的公告信息，然后<u>直接登录主页并下载主页的"我的简历"样式</u>，填写后提交。

홈페이지에 발표된 공고 내용을 확인하시고 _____ 작성 후 제출하십시오.

11 最终聘用前，您还必须通过<u>体检和背景调查</u>。

최종적으로 채용 전에 _____ 을/를 통과해야 합니다.

12 您<u>可</u>以在本网站的"职位空缺"中<u>找到相应的招聘信息</u>。

본사 홈페이지의 '채용 공고'란에서 _____.

정답 확인

01 우수한 인재를 공개 채용합니다
02 개별 지원, 자격 심사, 필기 및 면접시험, 신체검사, 채용 등
03 생각과 인성이 바르고 확고한 신념을 가지며 ‖ 책임감이 강해야 합니다
04 본사의 임금 규정에 따라 처리됩니다
05 신체검사는 국가 공무원 채용 기준에 부합해야 합니다
06 탁월한 경력을 가진 분을 우대합니다
07 직원의 합법적 권익을 존중하고 보호하며 ‖ 직원의 성장을 위해 더 큰 공간을 만들어
08 직원 간의 통합, 팀워크, 관리 능력, 리더십 등 다방면에서
09 직원들이 진로를 계획하도록 돕고 있습니다
10 직접 홈페이지에 로그인하여 홈페이지 상의 '나의 이력서' 양식을 다운로드한 뒤
11 신체검사와 신원 조회
12 관련 채용 정보를 찾을 수 있습니다

주요 어휘 정리

公开招聘 gōngkāizhāopìn 공개 채용하다
择优 zéyōu 통 우수한 것을 선택하다
审查 shěnchá 통 심사하다
实施 shíshī 통 실시하다
诚实守信 chéngshíshǒuxìn 정직하고 신용을 지키다
薪酬 xīnchóu 명 급여, 임금
优先 yōuxiān 통 우선하다, 우대하다
录用标准 lùyòngbiāozhǔn 채용 기준

融合 rónghé 통 융합하다
培训 péixùn 통 교육하다, 양성하다
致力于 zhìlìyú ~에 최선을 다하다, 힘쓰다
渠道 qúdào 명 경로, 방법, 채널
职业生涯 zhíyèshēngyá 직업 경력
下载 xiàzǎi 통 다운로드하다
背景调查 bèijǐngdiàochá 신원 조회
招聘信息 zhāopìnxìnxī 채용 정보

2 STEP 비즈니스 중한 통번역 맛보기 🎧 011~014

핵심 문장들로 구성된 중문 통번역 예시를 보며, 실전 연습에 앞서 몸을 가볍게 풀어봅시다.

01 您可以在本网站的"职位空缺"中找到相应的招聘信息，其中包括来自上汽股份旗下企业的空缺岗位。如您认为自己适合某个岗位，可以下载"我的简历"填写并在网上直接投递。

홈페이지의 '채용 공고'란에서 관련 채용 정보를 찾을 수 있으며, 이곳에는 상하이 자동차 그룹 계열사의 채용 공고도 포함되어 있습니다. 만약 자신이 어떤 직위에 적합하다고 생각하시면 '나의 이력서'를 다운로드하여 작성한 후 인터넷으로 직접 지원할 수 있습니다.

网站 wǎngzhàn 명 웹사이트 | 招聘信息 zhāopìnxìnxī 채용 정보 | 空缺 kòngquē 명 공석, 빈자리, 결원 | 岗位 gǎngwèi 명 근무처, 부서, 직장 | 下载 xiàzǎi 동 다운로드하다 | 投递 tóudì 동 보내다, 송부하다

02 公司基于事业计划制定了人力资源规划，建立了基于员工能力发展的培训体系，从员工融合、团队合作、管理能力和领导力等多方面开展培训。

회사는 사업 계획에 따라 인적 자원 계획을 수립하였으며 직원 역량 개발을 기반으로 하는 교육 시스템을 구축하여 직원 통합, 팀워크, 관리 능력, 리더십 등 다방면에서 교육을 실시하고 있습니다.

基于 jīyú 개 ~에 근거하여, ~을 기초로 | 人力资源 rénlìzīyuán 인적 자원 | 员工 yuángōng 명 직원

03 应聘人员必须符合以下条件：
1) 年满18周岁，能提供真实、有效的身份证、学历证书等相关证明。
2) 身体健康，无各类传染性疾病或身体缺陷。

입사 지원자는 반드시 아래의 조건에 부합해야 합니다.
1) 만 18세 이상으로 유효한 신분증, 학력 증명서 등 관련 서류를 제출할 수 있어야 합니다.
2) 신체 건강하며 각종 전염성 질병이나 신체 결함이 없어야 합니다.

符合 fúhé 동 부합하다 | 疾病 jíbìng 명 질병 | 身体缺陷 shēntǐquēxiàn 신체 결함

04 如何投递我的简历？请查看主页发布的公告信息，然后直接登录主页并下载主页的"我的简历"样式，填写后提交。关于职位空缺，我们在网站上已详细说明，因此谢绝来电来访。

이력서는 어떤 방법으로 제출할까요? 홈페이지에 발표된 공고 내용을 확인하고 직접 홈페이지에 로그인하여 홈페이지 상의 '나의 이력서' 양식을 다운로드하여 작성한 후 제출하십시오. 채용 공고에 관해서는 홈페이지에 자세한 설명이 있으며 전화나 방문 문의는 받지 않습니다.

如何 rúhé 대 어떻게 | 公告信息 gōnggàoxìnxī 공고, 공지 사항 | 主页 zhǔyè 명 홈페이지 | 来电来访 láidiàn láifǎng 전화를 하거나 방문하다

3 STEP 비즈니스 중한 통번역 실전 트레이닝

모범답안 187p 015~020

다양한 비즈니스 상황에서의 중국어 단문 및 문단들을 통번역 해보며 실력을 한 단계 높여 보도록 합시다.

01 本公司面向社会公开招聘。公开、公平、公正，择优录用。招聘流程为按招聘公告个人报名、资格审查、笔试面试、体检、聘用等环节实施。任职要求是思想品德好，具有坚定的理想信念，诚实守信，责任心强，具有较强的服务意识、团队协作意识，具有良好心理素质，身体健康，体检符合国家公务员录用标准，具备履行岗位职责所必需的专业知识、政策把握能力、判断分析能力。在薪酬待遇方面，工资、保险及福利等待遇按本公司薪酬规定执行。

招聘流程 zhāopìnliúchéng 채용절차 | **审查 shěnchá** 동 심사하다 | **笔试面试 bǐshìmiànshì** 필기시험과 면접 | **聘用 pìnyòng** 동 임용하다 | **坚定 jiāndìng** 형 확고부동하다 | **理想信念 lǐxiǎngxìnniàn** 신념 | **诚实守信 chéngshíshǒuxìn** 정직하고 신용이 있다 | **服务意识 fúwùyìshí** 서비스 정신, 봉사 정신 | **履行 lǚxíng** 동 이행하다 | **薪酬 xīnchóu** 명 보수, 봉급 | **待遇 dàiyù** 명 동 대우(하다), 대접(하다)

02 尊敬的应聘者：

您好！非常高兴地通知您，经过我们认真筛选，您基本符合我们公司市场部经理的职位要求，希望您于2018年1月10日上午11时来我们公司参加面试。

1. 面试时请带上以下证件：身份证原件及复印件一份、学历证书原件及复印件一份、个人简历一份
2. 面试地点：北京市朝阳区黄木厂路1号 新世纪公司

感谢您的配合，期待与您会面！

新世纪公司 人事部

应聘者 yìngpìnzhě 지원자 | **筛选 shāixuǎn** 동 걸러 내다, 선별하다 | **会面 huìmiàn** 동 만나다, 대면하다

03 任职要求：有较强手机、移动设备行业背景的优先。熟悉车载系统或与车相关的APP交互设计者优先。

1. 有较强的UI界面设计能力、优秀的美术功底、美术专业院校毕业优先。
2. 有三年以上信息产品界面设计相关工作经验，需有实际案例或相关设计作品；并且熟练应用相关的图形设计软件和动画设计软件。
3. 具备良好的沟通能力，以及设计师的创造力、想象力、激情和进取精神。
4. 具备较强设计展现能力，以及界面设计的执行能力。

优先 yōuxiān 통 우선하다 | 车载系统 chēzǎi xìtǒng 차량 탑재 시스템 | 交互设计 jiāohùshèjì 인터랙션 디자인 | 界面设计 jièmiànshèjì 인터페이스 디자인 | 功底 gōngdǐ 명 기초 | 图形设计软件 túxíngshèjìruǎnjiàn 그래픽 디자인 소프트웨어 | 动画设计软件 dònghuàshèjìruǎnjiàn 애니메이션 디자인 소프트웨어

04 公司致力于建设多渠道的职业发展通道，帮助员工规划职业生涯，通过阶梯培训帮助员工提升自身的技术及管理水平，实现人才发展的多元化、专业化。公司的行政发展通道和专业发展通道分别可以满足有较强管理能力和专业技术能力的人才在各自擅长的领域晋升，由此拓宽员工的发展空间。

渠道 qúdào 명 경로, 방법, 채널 | 通道 tōngdào 명 통로, 경로 | 阶梯培训 jiētīpéixùn 능력별 교육 | 提升 tíshēng 통 올리다, 진급하다 | 擅长 shàncháng 통 뛰어나다, 잘하다 | 晋升 jìnshēng 통 승진하다 | 由此 yóucǐ 부 이에 따라, 이에 근거하여 | 拓宽 tuòkuān 통 넓히다, 확장하다

05　　　　招聘时，由人事部负责收集资料及证件审核，然后再会同用人部门对应聘者进行初试考核，同时在应聘者履历表或面试测试表签置意见，报总经理进行复试，并确定录用人选。

- 应聘人员必须符合以下条件：年满18周岁，能提供真实、有效的身份证、学历证书等相关证明。；身体健康，无各类传染性疾病或身体缺陷。；属本市外人员须提供有效流动人口计划生育证明。
- 应聘人员如有下列情况者不予录用：被剥夺公民权，尚未恢复者；被宣告破产，尚未撤消者；吸毒或其它毒品使用者；受到有期徒刑宣告或通缉尚未结案者；贪污公款，尚有在案者；品质恶劣、曾被公、私企业开除者；患有精神病及传染病者；年龄未满18周岁以上者。

招聘 zhāopìn 동 채용하다, 모집하다 | 审核 shěnhé 동 심사하다 | 考核 kǎohé 동 심사하다 | 履历表 lǚlìbiǎo 명 이력서 | 传染性疾病 chuánrǎnxìngjíbìng 전염성 질병 | 身体缺陷 shēntǐquēxiàn 신체적 결함 | 剥夺 bōduó 동 법에 따라 취소하다 | 撤销 chèxiāo 동 없애다, 취소하다 | 有期徒刑 yǒuqītúxíng 명 유기 징역 | 宣告 xuāngào 동 선고하다 | 通缉 tōngjī 지명 수배하다 | 贪污 tānwū 동 횡령하다 | 公款 gōngkuǎn 명 공금 | 恶劣 èliè 동 아주 나쁘다, 악랄하다

06

| 招聘职位：外贸业务专员 |
| 要求：大专以上学历；28-40岁之间；至少有两年以上工作经验；不要求有外贸行业工作经验，有销售和管理经验者优先；具有良好的沟通能力，有积极进取精神，能接受挑战；户口不限。 |

| 招聘职位：国际销售 |
| 要求：本科以上学历；国际贸易专业毕业；英语达到六级或相当于六级水平；本行业从业经历2年以上；有进取心和创业能力，勤奋自律，善于和他人沟通；有北京户口。 |

大专 dàzhuān 명 전문 대학 | 优先 yōuxiān 동 우선하다 | 户口 hùkǒu 명 호구 | 进取心 jìnqǔxīn 명 진취적인 생각 | 勤奋自律 qínfènzìlǜ 근면 성실하다

경영 전략 및 기업 경영

1 STEP 알짜배기 문장으로 통번역 준비 운동!

의미에 맞게 문장의 빈칸을 채워가며 실전 통번역에 앞서 몸을 가볍게 풀어봅시다.

01 公司的企业精神是与时俱进，开拓创新和科学发展。
회사의 기업 정신은 _____ 혁신을 만들고 과학 발전을 도모하는 것입니다.

02 本公司坚持以人为本、共同成长的社会责任准则。
본사는 _____ 을/를 지킵니다.

03 本公司坚持追求企业发展、社会服务和企业社会责任面面俱到。
본사는 _____ 을/를 철저히 추구합니다.

04 公司经营目标为到2020年，进一步巩固国内领先地位，国际化经营获得质的飞跃。
회사의 경영 목표는 2020년까지 국내 선도 기업의 위치를 더욱 공고히 하고, _____.

05 公司扩大高效市场，开拓战略市场，发展国际市场，不断增强在国内外市场的竞争能力。
_____ 전략적 시장을 개척하여 국제 시장을 발전시킴으로써 _____.

06 本公司将实行稳健的经营策略，不断提升公司成长性，打造绿色、国际、可持续的中国石油。
본사는 앞으로도 견실한 경영 전략을 고수하여 기업의 성장을 도모함으로써 _____ 중국 석유를 만들 것입니다.

07 核心价值观是企业遵循的基本信仰和价值追求，体现了企业的经营哲学。
핵심 가치란 _____ 추구하는 가치이며 _____.

08 本公司以以人为本的经营理念和企业的社会地位给员工带来的自豪感与满足感而倍受尊敬。
본사는 사람 중심의 경영 철학 및 기업의 사회적 지위를 통해 _____ 더욱 존경을 받습니다.

09 我们培养员工能力，激发员工潜力，在企业中发展并实现自我价值。

저희는 _____ 기업에서 개인의 가치를 발전시키고 실현시킵니다.

10 本公司积极参与各类社会公益活动，自觉回报社会。

본사는 여러 사회 공익 활동에 적극적으로 참여하여 _____.

11 本公司面向未来发展，做好人才梯队建设。

본사는 _____ 인재 양성에 힘씁니다.

12 我们通过组织各类专业知识与管理培训，以提升员工的经营管理技能与水平。

저희는 각 분야의 전문 지식 구축 및 관리 교육을 통하여 _____.

정답 확인

01 시대의 흐름에 맞춰
02 사람 중심, 동반 성장이라는 사회적 책임 규범
03 기업의 발전, 사회에 대한 봉사, 그리고 기업의 사회적 책임
04 국제화 경영이 질적 도약을 할 수 있도록 하는 것입니다
05 회사는 고효율 시장을 확대하고 ‖ 국내외 시장에서의 경쟁력을 끊임없이 강화합니다
06 친환경적이고 국제적이며 지속 가능한
07 기업이 따르는 가장 근본적인 신념이자 ‖ 기업의 경영 철학을 나타냅니다
08 직원에게 자부심과 만족감을 갖게 하여
09 직원 역량을 키우고 잠재력을 끌어올려
10 자발적으로 사회에 보답합니다
11 미래지향적 발전을 위해
12 직원의 경영 관리 기술과 수준을 향상시킵니다

주요 어휘 정리

与时俱进 yǔshíjùjìn 성 시대와 같이 전진하다	信仰 xìnyǎng 명 신앙, 믿음
准则 zhǔnzé 명 규칙, 규범	经营哲学 jīngyíngzhéxué 경영 철학
以人为本 yǐrénwéiběn 사람을 근본으로 삼다	自豪感 zìháogǎn 명 자부심, 긍지
巩固 gǒnggù 동 공고하게(견고하게) 하다	激发 jīfā 동 불러일으키다
质的飞跃 zhìdefēiyuè 질적 성장	公益活动 gōngyìhuódòng 공익 활동
开拓 kāituò 동 개척하다	回报 huíbào 동 보답하다
增强 zēngqiáng 동 강화하다	梯队 tīduì 명 후진, 뒷 세대
稳健 wěnjiàn 형 견실하다, 굳건하다	专业知识 zhuānyèzhīshi 전문 지식
绿色 lǜsè 형 친환경적이다, 오염되지 않다	提升 tíshēng 동 진급하다, 진급시키다

STEP 2 비즈니스 중한 통번역 맛보기

🎧 021~024

핵심 문장들로 구성된 중문 통번역 예시를 보며, 실전 연습에 앞서 몸을 가볍게 풀어봅시다.

01 本公司坚持以人为本、共同成长的社会责任准则。公司切实维护员工的根本利益，充分尊重员工的价值和愿望，保证员工与企业共同发展。

> 본사는 사람 중심, 동반 성장이라는 사회적 책임 규범을 지킵니다. 아울러 임직원들의 기본적인 권익을 보장하고 직원의 가치와 열망을 존중하여 회사와 기업이 함께 발전할 수 있도록 보장합니다.

坚持 jiānchí 〖동〗 단호히 지키다, 견지하다 | 切实 qièshí 〖형〗 성실하게, 착실하게 | 维护 wéihù 〖동〗 유지하고 보호하다, 지키다 | 保证 bǎozhèng 〖동〗 보장하다, 확실히 책임지다 | 愿望 yuànwàng 〖명〗 바람, 소망

02 "奉献社会"是指关爱社会、服务社会、履行社会责任。本公司坚持追求企业发展、社会服务和企业社会责任面面俱到。

> '사회 공헌'이란 사회에 관심을 가지고 봉사하며 기업의 사회적 책임을 다하는 것을 의미합니다. 본사는 기업이 발전하고 사회에 봉사하며 사회적 책임까지 다할 수 있도록 전방위적인 노력을 기울입니다.

奉献 fèngxiàn 〖동〗 공헌하다, 이바지하다 | 是指 shìzhǐ ~(을)를 뜻하다 | 履行责任 lǚxíngzérèn 책임을 이행하다 | 坚持追求 jiānchízhuīqiú 끊임없이 추구하다 | 面面俱到 miànmiànjùdào 〖성〗 빈틈없이 배려하다, 구석구석까지 고려하다

03 工作理念是全体员工做事的基本准则，需要共同遵守，身体力行。第一，凡事都周密策划；第二，凡事都按流程开展；第三，凡事都持续提升追求卓越。

> 업무 철학은 전 직원이 일할 때 지켜야 하는 기본적인 규범으로, 함께 준수하며 몸소 실천해야 합니다. 첫째, 모든 업무를 치밀하게 계획합니다. 둘째, 업무는 프로세스에 따라 수행합니다. 셋째, 모든 업무에서 끊임없이 발전하여 탁월성을 추구합니다.

共同遵守 gòngtóngzūnshǒu 함께 지키다, 함께 준수하다 | 身体力行 shēntǐlìxíng 〖성〗 몸소 체험하고 힘써 실천하다 | 凡事 fánshì 〖명〗 모든 일, 만사, 매사 | 周密 zhōumì 〖형〗 주도면밀하다, 꼼꼼하다 | 卓越 zhuóyuè 〖형〗 출중하다, 탁월하다

04 本公司积极参与各类社会公益活动，通过捐款、提供免费服务等方式，扶危济贫、传播爱心，自觉回报社会。

> 본사는 여러 사회 공익 활동에 적극적으로 참여하는데 기부 및 무료 봉사 등의 방식으로 가난한 사람들을 구제하고 사랑을 전함으로써 자발적으로 사회에 보답하고 있습니다.

积极参与 jījícānyù 적극적으로 참여하다 | 捐款 juānkuǎn 〖동〗 기부하다 | 扶危济贫 fúwēijìpín 빈민을 구제하다 | 自觉 zìjué 〖형〗 자발적인, 자진하여 | 回报 huíbào 〖동〗 보답하다

STEP 3 비즈니스 중한 통번역 실전 트레이닝

다양한 비즈니스 상황에서의 중국어 단문 및 문단들을 통번역 해보며 실력을 한 단계 높여 보도록 합시다.

모범답안 188p | 025~030

01 公司经营目标为到2020年，进一步巩固国内领先地位，国际化经营获得质的飞跃，世界石油公司综合排名进一步提升，利润增长和投资回报达到同行业国际水平；国际市场竞争力明显增强，成为全球石油石化产品重要的生产商和销售商之一；综合跨国指数大幅提升，建成具有较强竞争力的国际能源公司。

巩固 gǒnggù 동 튼튼히 다지다, 견고하게 하다 | 领先地位 lǐngxiāndìwèi 선두적 위치 | 飞跃 fēiyuè 동 비약적으로 발전하다 | 利润增长 lìrùnzēngzhǎng 이윤이 증가하다 | 投资回报 tóuzīhuíbào 투자 수익 | 跨国 kuàguó 동 국적을 뛰어넘다

02 本公司按照互利双赢的原则，资源、市场、技术和资本相结合的思路，以发展油气业务为主，加大国际合作和资本运作力度，重点加强海外油气勘探开发，扩大国际油气贸易的规模，形成国际竞争力较强的跨国公司。公司谋求持续的市场主导地位和最大效益，充分利用规模经济优势和上下游一体化的优势，巩固成熟市场，扩大高效市场，开拓战略市场，发展国际市场，不断增强在国内外市场的竞争能力。

按照 ànzhào 개 ~에 따라 | 互利双赢 hùlìshuāngyíng 윈윈 | 以……为主 yǐ……wéizhǔ ~위주로 | 力度 lìdù 명 역량 | 形成 xíngchéng 동 형성하다 | 谋求 móuqiú 동 강구하다, 모색하다 | 规模经济 guīmójīngjì 규모의 경제 | 上下游 shàngxiàyóu 명 상하류, 업스트림과 다운스트림

03 本公司积极参与各类社会公益活动，通过捐款、提供免费服务等方式，扶危济贫、传播爱心，自觉回报社会。并且聚焦战略发展重点，持续加强人才队伍建设，积极促进经营管理人才、专业人才和技能人才的能力提升。面向未来发展，做好人才梯队建设。

传播 chuánbō 동 전파하다, 널리 퍼뜨리다 | 聚焦 jùjiāo 동 초점을 모으다, 집중하다 | 回报 huíbào 동 보답하다 | 人才队伍 réncáiduìwu 인재 팀 | 梯队 tīduì 명 후진, 뒷 세대

04 1. 企业愿景：成为中国最受用户欢迎的鞋服品牌企业。公司将以长远的眼光、诚信负责的运作、共同成长的理念，发展公司的品牌事业。与公司相关利益共同体和谐发展，以受到用户、员工、股东、合作伙伴和社会的尊敬为自身的追求；坚持"用户第一"理念，从创造用户价值、社会价值开始，从而提升企业价值，同时促进社会文明的繁荣。
2. 经营文化：同心同德、艰苦奋斗、敬业自律、海纳百川、敢为人先。
3. 企业宗旨：为顾客提供与众不同的服务·品质·价值。
4. 企业价值观：正直、尽责、合作、创新

愿景 yuànjǐng 명 전망, 비전 | 同心同德 tóngxīntóngdé 성 한마음 한뜻이 되다 | 艰苦奋斗 jiānkǔfèndòu 성 힘든 상황에서 분투하다 | 敬业自律 jìngyèzìlǜ 맡은 일에 최선을 다하다 | 海纳百川 hǎinàbǎichuān 성 넓은 마음을 갖다 | 敢为人先 gǎnwéirénxiān 성 용감하게 앞장서다 | 宗旨 zōngzhǐ 명 종지, 취지, 목적 | 与众不同 yǔzhòngbùtóng 성 남다르다, 남보다 뛰어나다

05　人才是GCL最宝贵的资源，更是保持GCL基业长青的动力所在。我们期望通过"无边界"合作文化建立公平的人才选拔机制。GCL视人才为企业第一资源，视员工为公司第一财富。我们致力于构建规范、有序、公正的人力资源运作体系，力求人尽其才、才尽其用。我们尊重员工的职业生涯规划，有计划地组建了人才梯队。我们通过组织各类专业知识与管理培训，以提升员工的经营管理能力与水平。我们定期通过团队拓展活动，增强员工的团队意识，以打造智慧、高效、团结和不断创新的团队。我们积极开展丰富的文化活动，以构建和谐的文化氛围，增强员工的归属感。

基业长青 jīyèchángqīng 사업이 오래도록 지속되다, 끝까지 살아남다(Built to Last) | **无边界 wúbiānjiè** 경계가 없다 | **人才选拔机制 réncáixuǎnbájīzhì** 인재 선발 매커니즘 | **扩展 kuòzhǎn** 동 확장하다, 넓히다 | **人尽其才 rénjìnqícái** 성 사람마다 자신의 능력을 발휘하다 | **才尽其用 cáijìnqíyòng** 재능에 맞게 배치하여 쓰다 | **组建 zǔjiàn** 동 조직하다, 편성하다 | **团队意识 tuánduìyìshí** 단체 의식 | **构造 gòuzào** 동 짓다, 세우다 | **增强 zēngqiáng** 동 강화하다 | **归属感 guīshǔgǎn** 명 소속감

06　"以人为本、忠诚企业和奉献社会"的企业理念，是本公司处理与员工、客户、合作伙伴及社会之间关系的基本信条和行为准则。本公司视人才为企业的第一资源，坚持以人为本、共同成长的社会责任准则。公司切实维护员工的根本利益，充分尊重员工的价值和愿望，保证员工与企业共同发展。公司通过建立完善规范有序、公正合理、互利共赢的劳动关系，为员工发展提供机遇和舞台，充分调动员工的积极性、主动性和创造性，赢得员工对企业的忠诚。

忠诚 zhōngchéng 형 충성하다, 충실하다 | **奉献 fèngxiàn** 동 공헌하다, 이바지하다 | **合作伙伴 hézuòhuǒbàn** 협력 파트너 | **切实 qièshí** 형 실용적이다, 실질적이다 | **完善 wánshàn** 형 완벽하다, 완전하다 | **机遇 jīyù** 기회, 찬스 | **调动 diàodòng** 동 동원하다, 자극하다, 불러 일으키다 | **赢得 yíngdé** 동 얻다, 획득하다

조직 관리

 STEP 1 알짜배기 문장으로 통번역 준비 운동!

의미에 맞게 문장의 빈칸을 채워가며 실전 통번역에 앞서 몸을 가볍게 풀어봅시다.

01 企业的核心部门有总经办和营销中心。
　　 기업의 핵심 부서는 _____입니다.

02 员工必须维护企业纪律。
　　 직원들은 반드시 _____.

03 公司为员工提供平等的竞争环境和晋升机会。
　　 회사는 사원들에게 _____을/를 제공합니다.

04 公司为员工提供具有行业竞争力的薪酬和福利、舒适的工作环境及配套设备。
　　 회사는 직원에게 _____ 및 편안한 업무 환경과 부대시설을 제공합니다.

05 中国政府法定的保险有养老保险、医疗保险、工伤保险、雇佣保险、生育保险、住房公积金。
　　 중국 정부가 법으로 정한 보험은 _____입니다.

06 公司为员工提供收入和福利保证，并随着经济效益的提高逐步提高员工各方面待遇。
　　 회사는 직원에게 소득과 복지를 제공하고, _____ 점차적으로 직원에게 다양한 분야의 대우을 향상시킵니다.

07 企业推行岗位责任制，实行考勤、考核制度，评先树优，对做出贡献者予以表彰、奖励。
　　 기업은 직무 책임제를 시행하여 _____, 우수한 부서를 선정하며, _____.

08 人事考核通常是由三种考核项目组合而成的，包括绩效考核、操行考核和能力考核。
　　 인사 고과는 일반적으로 _____라는 세 가지 고과 항목으로 이루어집니다.

09 国家法定节假日按规定放假，法定假日期间，薪资正常给付。
　　　국가 법정 휴일은 _____, 법정 휴일 기간에 _____.

10 病假全年累计不得超过30天，病假期间给予发放70%的基本工资。
　　　병가는 한 해에 _____, 병가 기간에는 _____을/를 지급합니다.

11 每位在职员工累计工作已满1年不满10年的，年休假5天。
　　　근무 기간이 _____ 모든 재직자는 연차 휴가 5일을 쓸 수 있습니다.

12 凡请假者必须提前一天填写请假条。
　　　모든 휴가 신청자는 _____.

정답 확인

01　총괄 경영 부서와 마케팅 부서
02　기업의 규율을 지켜야 합니다
03　평등하게 경쟁할 수 있는 환경과 승진할 수 있는 기회
04　업계에서 경쟁력 있는 임금과 복리 후생
05　연금 보험, 의료 보험, 산재 보험, 고용 보험, 출산 보험, 주택 기금
06　경제적 이익이 높아짐에 따라
07　출근 체크와 심사 평가 제도를 실행하고 ‖ 공헌한 사원에게 표창과 상을 수여합니다
08　실적 고과, 품행 고과, 능력 고과
09　규정에 따라 쉬며 ‖ 급여는 정상적으로 지급합니다
10　누적 30일을 초과할 수 없으며 ‖ 기본 급여의 70%
11　1년 이상 10년 미만인
12　반드시 하루 전에 결근계를 작성해야 합니다

주요 어휘 정리

总经办 zǒngjīngbàn　총괄 경영 부서
企业纪律 qǐyèjìlǜ　기업 기율, 기업 법도
晋升 jìnshēng 동 승진하다
福利 fúlì 명 복지
舒适 shūshì 형 쾌적하다
养老保险 yǎnglǎobǎoxiǎn 명 양로 보험, 연금 보험
工伤保险 gōngshāngbǎoxiǎn 명 산재 보험
住房公积金 zhùfánggōngjījīn 명 주택 기금
经济效益 jīngjìxiàoyì 명 경제적 이익
推行 tuīxíng 동 보급하다, 시행하다

岗位责任制 gǎngwèizérènzhì 명 직무 책임제, 부서 책임제
表彰 biǎozhāng 동 표창하다
人事考核 rénshìkǎohé　인사 고과
绩效 jìxiào 명 업적과 성과
操行 cāoxíng 명 품행, 행실
薪资 xīnzī 명 급여
给付 jǐfù 동 급부하다, 교부하다
病假 bìngjià 명 병가
年休假 niánxiūjià　연차 휴가
请假条 qǐngjiàtiáo 명 결근계, 휴가 신청서

2 STEP 비즈니스 중한 통번역 맛보기 🎧 031~034

핵심 문장들로 구성된 중문 통번역 예시를 보며, 실전 연습에 앞서 몸을 가볍게 풀어봅시다.

01 公司实行"岗薪制"的分配制度，为员工提供收入和福利保证。公司鼓励员工积极参与公司的决策和管理，鼓励员工发挥才智，提出合理化建议。

> 회사는 '성과급'이라는 소득 분배 제도를 실시하여 직원에게 소득과 복지를 제공하고 있습니다. 또한 회사는 직원이 회사의 정책 결정과 관리에 적극적으로 참여하도록 하고 재능을 발휘하며 합리적인 의견을 낼 수 있도록 격려합니다.

岗薪制 gǎngxīnzhì 성과급 제도 | 实行 shíxíng 동 실행하다 | 福利 fúlì 명 복지, 복리 후생 | 决策 juécè 명 결정된 책략, 정책

02 由其部门经理对被考核人就工作绩效、工作态度、管理能力予以鉴定，并签署意见后报人事部审核。人事考核的汇报、评定相关材料应存入员工个人档案，作为员工晋升、调级、加薪、评优的重要依据。

> 해당 부서장이 피고과인의 업무 성과, 업무 태도, 관리 능력에 대해 평가하고 서명하여 의견을 남긴 후 인사부에 감사를 보고합니다. 인사 고과의 보고서와 평가 관련 자료는 직원의 승진, 진급, 급여 인상, 우수성 평가의 중요한 근거로써 직원 개인 문서로 보관됩니다.

部门经理 bùménjīnglǐ 부서장 | 鉴定 jiàndìng 동 평가하다 | 工作绩效 gōngzuòjìxiào 명 업무 성과, 업무 능력 | 依据 yījù 근거 | 晋升 jìnshēng 동 승진하다 | 调级 tiáojí 동 등급을 조정하다, 진급하다 | 加薪 jiāxīn 동 임금이 오르다 | 评优 píngyōu 동 우수한 사람을 선정하다

03 除提供国家法定的保险（养老保险、医疗保险、工伤保险、雇佣保险、生育保险、住房公积金）和法定带薪假日外，公司提供的福利待遇有：年金、车贴、交通补贴、餐贴等。

> 중국 정부가 법으로 정한 보험(연금 보험, 의료 보험, 산재 보험, 고용 보험, 출산 보험, 주택 기금) 및 법정 유급 휴일을 제공하는 것 외에도 회사가 제공하는 복리 후생으로는 연금, 자동차 보조금, 교통비 보조금, 식비 보조금 등이 있습니다.

养老保险 yǎnglǎobǎoxiǎn 명 양로 보험, 연금 보험 | 工伤保险 gōngshāng bǎoxiǎn 명 산재 보험 | 雇佣保险 gùyōng bǎoxiǎn 명 고용 보험 | 生育保险 shēngyùbǎoxiǎn 명 출산 보험 | 住房公积金 zhùfánggōngjījīn 명 주택 기금 | 带薪假日 dàixīn jiàrì 유급 공휴일 | 年金 niánjīn 명 연금

04 总经办负责企业战略规划、资金运作、后勤保障等核心营运工作；营销中心负责品牌规划、推广、销售、售后服务等核心营销工作。

> 총괄 경영 부서는 기업 전략 기획, 자금 운용, 물자 조달·관리 등 핵심 경영 업무를 담당합니다. 마케팅 부서는 브랜드의 기획, 홍보, 판매, A/S 등 핵심 마케팅 업무를 담당합니다.

营销 yíngxiāo 동 판매하다, 마케팅하다 | 战略规划 zhànlüèguīhuà 전략 기획 | 运作 yùnzuò 동 활동하다, 운영하다 | 后勤 hòuqín 명 물자 조달·관리 업무 | 营运 yíngyùn 동 경영하다, 운영하다 | 推广 tuīguǎng 동 널리 보급하다

3 STEP 비즈니스 중한 통번역 실전 트레이닝

모범답안 190p　035~040

다양한 비즈니스 상황에서의 중국어 단문 및 문단들을 통번역 해보며 실력을 한 단계 높여 보도록 합시다.

01　总经理每周一下午14：00召开工作进度会议，各部门主管汇报上周工作进展，上交工作总结，协商沟通工作问题，并确定下周工作计划。季度会议于次季第一个月25日下午14：00召开，由总经理宣布上一个季度全国销售业绩，市场问题，总结计划执行情况，及下季度工作安排，由各部门负责人沟通讨论，提交详细工作计划。所有人员须每周一上午向上级提交《周工作计划总结》，每月5号之前提交《月工作总结》。

召开 zhàokāi 동 개최하다, 소집하다 | 主管 zhǔguǎn 명 팀장 동 주관하다 | 上交 shàngjiāo 동 올리다, 위에 넘겨주다 | 季度会议 jìdùhuìyì 분기별 회의 | 销售业绩 xiāoshòuyèjì 판매 실적 | 宣布 xuānbù 동 발표하다, 선언하다 | 提交 tíjiāo 동 회부하다, 제출하다

02　企业的核心部门有总经办和营销中心：总经办负责企业战略规划、资金运作，后勤保障等核心营运工作；营销中心负责品牌规划、推广、销售、售后服务等核心营销工作。企业的主要部门有销售部、培训部、客户部、市场部、采购部、人事部、财务部。销售部负责市场开拓、网络建设、客情维护等渠道管理工作。培训部制定培训计划，还负责各种培训开展及管理。客户部负责客户订单，发货，信息发布等售后服务工作。市场部负责品牌塑造、开发，规划，推广及相关营销策划工作。采购部负责客户准确发货，成品包装周转等后勤保障工作。人事部负责人事招聘，档案管理，薪资福利等行政人事工作。财务部负责企业账务核算、成本控制、财务报表等财务工作。

核心部门 héxīnbùmén 핵심 부서 | 总经办 zǒngjīngbàn 총괄 경영 부서 | 后勤 hòuqín 명 물자 조달·관리 업무 | 客情维护 kèqíngwéihù 고객 유지 관리 | 品牌塑造 pǐnpáisùzào 브랜드 개발 | 准确 zhǔnquè 형 확실하게, 정확하게 | 核算 hésuàn 동 정산하다 | 成本控制 chéngběnkòngzhì 원가 관리

PART 2 주제별 집중 훈련　43

03 人事考核通常是由三种考核项目组合而成的，包括绩效考核、操行考核和能力考核。绩效考核是针对员工考核期间完成任务的质与量为主要依据；操行考核是担负着成绩与能力考核的桥梁；其主要内容有：责任心、自觉性、积极性和团体协调意识等方面；能力考核是对员工考核阶段工作能力的综合评价；主要可概括为基本能力和经验能力两种。由其部门经理对被考核人工作绩效、工作态度、管理能力予以鉴定，并签署意见后报人事部审核。人事考核的汇报、评定相关材料应存入员工个人档案，作为员工晋升、调级、加薪、评优的重要依据。

考核 kǎohé 동 심사하다 | **绩效 jìxiào** 명 업적과 성과 | **操行 cāoxíng** 명 품행, 행실 | **针对 zhēnduì** 동 겨누다, 조준하다 | **依据 yījù** 근거 | **桥梁 qiáoliáng** 명 교량, 매개 | **签署 qiānshǔ** 동 서명하다 | **审核 shěnhé** 동 심사하여 결정하다 | **汇报 huìbào** 동 종합하여 보고하다 | **评定 píngdìng** 동 평가하여 결정하다 | **调级 tiáojí** 동 진급하다, 승진하다 | **评优 píngyōu** 동 우수한 사람을 선정하다

04 行政奖励分类及内容：
- 表扬：通报表扬，予以1,000元的奖励。
- 嘉奖：通报嘉奖并记入个人或部门档案，予以2,000元的奖励。
- 记功：通报记功并记入个人或部门档案，予以3,000元的奖励。
- 记大功：通报记大功并记入个人或部门档案，予以5,000元以上的奖励，并发给荣誉证书，奖励金额由总经理确定。

奖励 jiǎnglì 동 장려하다, 표창하다 | **通报 tōngbào** 동 통보하다, 통고하다 | **表扬 biǎoyáng** 동 표창하다 | **嘉奖 jiājiǎng** 명 표창과 장려 | **记功 jìgōng** 동 공적을 기록하다 | **荣誉证书 róngyùzhèngshū** 영예 증서

05 行政惩罚分类及内容：
- 批评：通报批评，予以1,000元的罚款。
- 警告：通报警告并记入个人档案，予以2,000元的罚款。
- 记过：通报记过并记入个人档案，予以3,000元的罚款。
- 记大过：通报记大过并记入个人档案，予以5,000元以上的罚款。
- 降级：降低行政（或工资）级别。
- 辞退：解除用工关系，结算全部或部分工资。
- 开除：通报开除并解除用工关系，所有工资不予结算，勒令离职。

惩罚 chéngfá 몡통 징벌(하다) | 批评 pīpíng 통 질책하다 | 罚款 fákuǎn 통 벌금을 부과하다 | 警告 jǐnggào 몡 경고 (행정 처분에 있어서 징계에 해당함) | 记过 jìguò 통 과실을 기록하다 | 降级 jiàngjí 통 강등되다 | 开除 kāichú 통 해고하다 | 解除 jiěchú 통 없애다, 제거하다 | 用工关系 yònggōngguānxì 고용 관계 | 勒令离职 lèlìnglízhí 강제로 퇴직시키다

06 每位在职员工累计工作已满1年不满10年的，年休假5天；已满10年不满20年的，年休假10天，国家法定休假日、休息日不计入年休假假期。凡请假者必须提前一天填写请假条，请假3天以上的，由经部门主管同意后报副总审核，由总经理批准。没有办理请假手续的一律按旷工论处。

累计 lěijì 통 누계하다, 합계하다 | 已满 yǐmǎn 이미 기간이 차다 | 不满 bùmǎn 기간이 아직 안 차다 | 年休假 niánxiūjià 연차 휴가 | 批准 pīzhǔn 통 비준하다 | 一律……论处 yīlù……lùnchù 일괄적으로 ~처리하다 | 请假条 qǐngjiàtiáo 몡 결근계, 휴가 신청서 | 旷工 kuànggōng 통 무단 결근하다

비즈니스 회의

1 STEP 알짜배기 문장으로 통번역 준비 운동!

의미에 맞게 문장의 빈칸을 채워가며 실전 통번역에 앞서 몸을 가볍게 풀어봅시다.

01 开幕式马上就要开始了，请各位来宾入场就坐，稍作等待。
개막식이 곧 시작될 예정이니, _____ 잠시 기다려 주시기 바랍니다.

02 大家先休息10分钟，会议室门口我们准备了一些茶点，11点开始继续开会。
먼저 10분간 쉬도록 하겠습니다. _____. 회의는 11시에 이어서 진행하겠습니다.

03 各位来宾，请注意！韩国大田市投资环境说明会马上就要开始了。
내빈 여러분께 안내 말씀드립니다. _____.

04 感谢大家在百忙之中抽出时间来参加本次论坛。
_____ 이번 포럼에 참석해 주셔서 감사합니다.

05 感谢上海第一服装公司对本次论坛的大力支持和赞助。
상하이 제일 패션에서 _____ 감사드립니다.

06 接下来我很荣幸地将嘉宾介绍给大家。请大家以热烈掌声欢迎。
이어서 여러분께 귀빈을 소개해 드리겠습니다. _____.

07 今天的论坛到此结束。衷心感谢今天的所有来宾。
_____. 오늘 참석해 주신 모든 내빈 여러분께 진심으로 감사드립니다.

08 原定于7月21日下午2点的会议，因时间冲突，调整至7月23日下午2点召开。
7월 21일 오후 2시에 개최하려 했던 회의는 _____ 7월 23일 오후 2시에 _____.

46 하이패스 비즈니스 중국어 통번역

09 我们在临时会议上决定无限期延迟本次会议。

우리는 임시 회의에서 _____ 결정했습니다.

10 请通知所有人会议取消了。

모든 사람들에게 _____고 알려주시기 바랍니다.

11 接下来的15分钟将由黄经理来说明我们的计划。

이어서 15분 동안 _____ 설명하시겠습니다.

12 女士们先生们，如果你们有什么问题的话请随时提出。

신사 숙녀 여러분, _____바랍니다.

정답 확인

01 내빈 여러분께서는 입장하여 착석해 주시고
02 회의실 입구에 다과가 마련되어 있으며
03 잠시 후 한국 대전시 투자 환경 설명회를 시작하겠습니다
04 바쁘신 와중에 시간을 내서
05 이번 포럼에 대대적인 지지와 후원을 주신 데
06 모두 큰 박수로 환영해 주시기 바랍니다
07 오늘 포럼은 여기서 마치겠습니다
08 시간이 겹치는 관계로 ‖ 개최하는 것으로 조정되었습니다
09 이번 회의를 무기한 연장하기로
10 회의가 취소되있다
11 황 부장님께서 우리의 계획에 대해서
12 궁금한 점이 있으시면 언제든지 질문하시길

주요 어휘 정리

开幕式 kāimùshì 명 개막식
茶点 chádiǎn 명 다과
百忙之中 bǎimángzhīzhōng 바쁘신 와중에
论坛 lùntán 명 포럼
接下来 jiēxiàlái 부 이어서, 다음으로
嘉宾 jiābīn 명 귀빈
掌声 zhǎngshēng 명 박수 소리

衷心 zhōngxīn 형 충심의, 진심으로
时间冲突 shíjiānchōngtū 시간이 겹치다
调整 tiáozhěng 동 조정하다, 조절하다
无限期 wúxiànqī 형 무기한
延迟 yánchí 동 연장하다
取消 qǔxiāo 동 취소되다
女士们先生们 nǚshìmen xiānshēngmen 신사 숙녀 여러분

2 STEP 비즈니스 중한 통번역 맛보기

🎧 041~044

핵심 문장들로 구성된 중문 통번역 예시를 보며, 실전 연습에 앞서 몸을 가볍게 풀어봅시다.

01 兹定于2017年9月20日(星期三)上午9点30分，在公司二楼会议室，召开联络员工作会议，布置重要工作，敬请准时出席。

> 2017년 9월 20일(수요일) 오전 9시 30분에 회사 2층 회의실에서 통신원 업무 회의를 개최하여 주요 업무 배치를 할 예정이니 시간을 엄수하여 참석해 주시기 바랍니다.

兹 zī 명 현재, 지금 | 定于 dìngyú 동 예정하다 | 敬请 jìngqǐng 동 삼가 바랍니다 | 准时 zhǔnshí 부 정시에, 제때에 | 出席 chūxí 동 출석하다, 회의에 참석하다

02 原定于7月16日(星期三)下午14点30分组织开展的"让生命更精彩——浅谈有效沟通的技巧"女性讲座，因时间冲突，调整至7月23日(星期三)下午14点30分召开，其他事项不变。

> 7월 16일(수요일) 오후 2시 30분에 개최하려 했던 여성 강좌 '생명을 더욱 멋지게—효과적인 소통 기법에 대하여'가 시간이 중복되는 관계로 7월 23일(수요일) 오후 2시 30분에 열리는 것으로 조정되었습니다. 그 밖의 사항은 변동이 없습니다.

调整至 tiáozhěngzhì ~로 조정하다 | 召开 zhàokāi 동 (회의를) 열다, 개최하다 | 时间冲突 shíjiānchōngtū 시간이 겹치다

03 参加会议的人员应准时到会，不得迟到。与会人员应做好会议记录，认真听讲，积极发言。有特殊情况不能准时参加会议的，当事人应事先向会议主持人说明原因。会议内容未经公司领导许可，不得泄漏。

> 회의 참가자는 반드시 시간을 엄수하여 늦지 말아야 합니다. 참가자는 회의록을 작성하고 열심히 경청하며 적극적으로 발언해야 합니다. 특별한 상황으로 인해 제시간에 회의에 참석하지 못할 경우 당사자는 반드시 사전에 회의 진행자에게 사유를 설명해야 합니다. 회의 내용은 회사 대표의 허락 없이 누설해서는 안 됩니다.

不得 bùdé 동 ~할 수 없다, ~해서는 안 된다 | 当事人 dāngshìrén 명 당사자 | 未经 wèijīng 동 (어떤 과정을) 거치지 않다 | 泄漏 xièlòu 동 누설되다, 새나가다

04 各位来宾，韩国大田市投资环境说明会马上就要开始了。为保持活动秩序，请各位将手机调至关机或静音状态，谢谢合作。我是今天说明会的主持人，韩国大田市贸易投资振兴科科长金东辉。

> 내빈 여러분께 안내 말씀드립니다. 잠시 후 한국 대전시 투자 환경 설명회를 시작하겠습니다. 원활한 행사 진행을 위해 휴대폰을 끄거나 무음 모드로 바꿔주시기 바랍니다. 협조에 감사드립니다. 저는 오늘 설명회 사회를 맡은 한국 대전시 무역 투자 진흥과 과장 김동휘입니다.

来宾 láibīn 명 손님, 내빈 | 秩序 zhìxù 명 질서 | 静音 jìngyīn 명 무음 모드 | 主持人 zhǔchírén 명 사회자, 진행자

STEP 3 비즈니스 중한 통번역 실전 트레이닝

모범답안 191p | 045~050

다양한 비즈니스 상황에서의 중국어 단문 및 문단들을 통번역 해보며 실력을 한 단계 높여 보도록 합시다.

01 会议定于6月18日在南京双门楼宾馆(南京市虎踞北路185号)召开，会期1天。各市出席会议人员于6月17日下午到双门楼宾馆报到；省级机关各部属和部属各有关单位出席会议人员于6月18日上午8：15直接到双门楼宾馆开会。各市限带车2辆。

_____
_____
_____
_____

会期 huìqī 명 회의 기간 | 报到 bàodào 동 도착하였음을 보고하다, 참석 등록을 하다 | 省级机关 shěngjíjīguān 성급 기관 | 部门 bùmén 명 부문, 부서 | 部属 bùshǔ 명 중국 국무원 산하의 각 부에 직속된 | 单位 dānwèi 명 기관, 단체

02 各位来宾，请注意！韩国大田市投资环境说明会马上就要开始了。为保持活动秩序，请各位将手机调至关机或静音状态，谢谢合作。我是今天说明会的主持人，韩国大田市贸易投资振兴科科长金东辉。那么，韩国大田市投资环境说明会现在正式开始。今天说明会的日程如下：大连市副市长致欢迎词；大田市市长致词；介绍大田市的投资环境；介绍大田市的产业；问答时间；签订关于投资及出口的谅解备忘录，最后共进午餐。

_____
_____
_____
_____

保持秩序 bǎochízhìxù 질서를 유지하다 | 静音状态 jìngyīnzhuàngtài 무음 모드 | 主持人 zhǔchírén 명 사회자 | 如下 rúxià 동 다음과 같다, 아래와 같다 | 致词 zhìcí 동 인사말을 하다, 축사를 하다 | 问答时间 wèndáshíjiān 질의 답변 시간 | 签订 qiāndìng 동 체결하다, 서명하다 | 谅解备忘录 liàngjiěbèiwànglù 양해각서, MOU | 共进午餐 gòngjìnwǔcān 점심 식사를 같이 하다

03 本次论坛得到了韩国政府多位领导和老师的关注,给予了足够的重视和大力支持,并且从百忙之中抽出时间来到开幕式。同时,感谢东方贸易公司对本次论坛的赞助。接下来我很荣幸地将嘉宾介绍给大家。请大家以热烈掌声欢迎。

论坛 lùntán 몡 포럼 | 关注 guānzhù 몡 관심 | 抽出时间 chōuchūshíjiān 시간을 내다 | 开幕式 kāimùshì 몡 개막식 | 赞助 zànzhù 동 찬조하다, 후원하다 | 接下来 jiēxiàlái 다음으로, 이어서 | 嘉宾 jiābīn 귀빈, 내빈

04 由宏美公司举办的欢迎招待会现在开始,我是今天的主持人,名叫王洋洋,希望和大家共同度过一个美好的夜晚。今天承蒙代表团的各位代表和各位来宾前来出席此次宴会,我们对此表示深切的谢意。值此大会举行之际,有机会在此向各位表示热烈的欢迎,我感到无比荣幸。

下面由我介绍一下今天出席会议的几位主要人士。今天各位在百忙之中特意抽出宝贵的时间前来,对此我们再次表示衷心的感谢。今晚虽然时间有限,也没有什么美酒佳肴,但是我们希望利用这难得的机会互相结识、开怀畅谈,进而使我们之间的贸易关系更加密切。

举办 jǔbàn 동 거행하다, 개최하다 | 招待会 zhāodàihuì 몡 환영회, 리셉션 | 承蒙 chéngméng 동 받다, 입다 | 共同度过 gòngtóngdùguò 함께 보내다 | 前来 qiánlái 동 다가오다, 이쪽으로 오다 | 深切 shēnqiè 형 깊다, 심심한, 마음에서 우러나는 | 值此……之际 zhícǐ……zhījì ~즈음하여, ~에 맞이하여 | 美酒佳肴 měijiǔjiāyáo 좋은 술과 안주 | 互相结识 hùxiāngjiéshí 서로 교류하다 | 畅谈 chàngtán 동 터놓고 이야기하다, 마음껏 얘기하다

05 校内各单位：

　　原定于10月14日（周五）下午13:30举行的学习辅导报告因故改至当日上午9:00进行，原定上午9:00的校庆工作推进会改为当日下午13:30开始，两个会议时间对调，地点不变。请相互转告，准时出席。

　　特此通知。

因故改至 yīngùgǎizhì 이로 인해 ~로 바꾸다 | **改为** gǎiwéi 동 ~로 바꾸다 | **对调** duìdiào 동 (서로) 교환하다, 맞바꾸다 | **准时** zhǔnshí 부 정시에, 제때에 | **特此通知** tècǐtōngzhī 이에 특별히 알려 드립니다

06　　根据贵公司提出的考察意向，经与有关方面协商，我们初步拟定了商务考察方案。现在我来简单地介绍一下。考察的路线是这样的：首先，考察团先在北京集合，并与中国政界、商界人士见面座谈。然后乘汽车到天津，参观经济技术开发区及保税区，为时两天。然后乘火车到青岛，在那里将由青岛方面安排一个招商引资洽谈会。其后将实地考察青岛与投资相关的软件及硬件环境。

意向 yìxiàng 명 의향, 의사 | **拟定** nǐdìng 동 초안을 세우다 | **路线** lùxiàn 명 노선, 코스 | **集合** jíhé 동 집합하다, 모으다 | **保税区** bǎoshuìqū 명 보세 구역 | **为时** wéishí 동 시기로 보아 ~하다 | **引资洽谈会** yǐnzīqiàtánhuì 투자 유치 상담회 | **软件** ruǎnjiàn 명 소프트웨어, 구성원의 자질이나 관리 수준, 서비스의 질 | **硬件** yìngjiàn 명 하드웨어, (생산, 연구, 학습, 경영 등의) 기계 설비 및 장비

시장 조사 및 기획

1 STEP 알짜배기 문장으로 통번역 준비 운동!
의미에 맞게 문장의 빈칸을 채워가며 실전 통번역에 앞서 몸을 가볍게 풀어봅시다.

01 市场调查包括市场环境调查、销售可能性调查，还可对消费需求、企业产品、产品价格、销售渠道等进行调查。
시장 조사는 시장 환경 조사와 판매 가능성 조사를 포함하여, _____을/를 진행합니다.

02 为了正确了解市场的现状及其发展趋势，要进行在线问卷调查。
_____ 온라인 설문 조사를 실시해야 합니다.

03 中国化妆品市场是一个充满活力的市场。
중국 화장품 시장은 _____.

04 化妆品及美容行业在中国一直保持着快速增长的趋势，化妆品市场备受青睐。
화장품 및 미용 업계는 _____, 화장품 시장이 크게 각광을 받고 있습니다.

05 按照消费者的经济情况、年龄、品牌爱好、个人价值观等等，对化妆品的需求层次不一致。
소비자의 _____ 화장품의 수요 등급이 다릅니다.

06 报告显示，美国消费者在亚马逊网站上订购量最大的商品种类为电子产品。
보고에 따르면 미국 소비자가 아마존 사이트에서 _____.

07 据工信部的介绍，1月-11月，通信设备行业实现销售值同比增长13.9%。
_____, 1월~11월 통신 설비 분야는 _____이/가 증가했습니다.

08 在当今的商业社会，倾听顾客的意见是很关键的。
오늘날 비즈니스 사회에서는 _____ 매우 중요합니다.

09 2017年上半年进口影片票房占国内票房的61%。
　　　＿＿＿＿＿＿＿＿＿＿＿＿＿＿＿＿＿＿＿＿은/는 국내 박스오피스의 61%를 차지합니다.

10 从顾客的意见和建议当中寻找解决顾客不满的针对性方法。
　　　고객의 의견과 건의에서 ＿＿＿＿＿＿＿＿＿＿＿＿＿＿＿＿＿＿＿＿ 찾을 수 있습니다.

11 产品策划可以分为两类：一类是产品研发策划，另一类是产品营销策划。
　　　제품 기획은 ＿＿＿＿＿＿＿＿＿＿＿＿＿＿＿＿＿＿＿＿ 두 가지로 구분할 수 있습니다.

12 虽然在技术、专利等实力上仍然难敌国际巨头，但是也已经发展成一股不容易小觑的力量。
　　　비록 기술이나 특허 등의 실력에 있어서 ＿＿＿＿＿＿＿＿＿＿＿＿＿＿＿＿＿＿＿＿ 무시할 수 없는 힘을 키워냈습니다.

정답 확인

01 소비 수요, 기업 제품, 제품 가격, 판매 루트 등에 대한 조사
02 시장의 현황과 발전 추세를 정확하게 이해하기 위해서
03 활기가 넘치는 시장입니다
04 중국에서 줄곧 급성장 추세를 유지하고 있어서
05 경제적 여건, 연령, 선호 브랜드, 개인의 가치관 등에 따라
06 가장 많이 주문하는 상품 종류는 전자 제품입니다
07 공업·정보화부의 소개에 따르면 ‖ 매출이 전년도 동기 대비 13.9%
08 고객의 의견에 귀 기울이는 게
09 2017년 상반기 수입 영화 박스오피스
10 고객의 불만을 해결할 수 있는 정확한 방법을
11 제품 R&D 기획과 제품 마케팅 기획
12 아직 세계 최고를 제치지는 못했지만

주요 어휘 정리

市场调查 shìchǎngdiàochá 시장 조사	倾听 qīngtīng 동 귀 기울이다
销售渠道 xiāoshòuqúdào 명 판매 경로, 판매 루트	上半年 shàngbànnián 상반기
问卷调查 wènjuàndiàochá 명 설문 조사	票房 piàofáng 명 박스오피스
充满活力 chōngmǎnhuólì 활기가 넘치다	产品策划 chǎnpǐncèhuà 상품 기획
备受青睐 bèishòuqīnglài 각광을 받다	研发 yánfā 명 연구 개발, R&D
品牌爱好 pǐnpáiàihào 브랜드 선호	营销 yíngxiāo 동 마케팅하다
价值观 jiàzhíguān 명 가치관	专利 zhuānlì 명 특허
销售值 xiāoshòuzhí 명 판매치	难敌 nándí 대적하기 힘들다
同比 tóngbǐ 동 전년도 동기와 대비하다	巨头 jùtóu 명 거두, 우두머리

2 STEP 비즈니스 중한 통번역 맛보기

🎧 051~054

핵심 문장들로 구성된 중문 통번역 예시를 보며, 실전 연습에 앞서 몸을 가볍게 풀어봅시다.

01 市场需求调查包括消费者为什么购买、购买什么、购买数量、购买频率、购买时间、购买方式、购买习惯、购买偏好和购买后的评价等。

> 시장 수요 조사는 소비자가 왜 구매하는지, 무엇을 구매하는지, 구매 수량, 구매 빈도, 구매 시간, 구매 방식, 구매 습관, 구매 선호도 및 구매 후의 평가 등을 포함합니다.

市场需求调查 shìchǎngxūqiúdiàochá 시장 수요 조사 | 包括 bāokuò 图 포함하다 | 频率 pínlǜ 圀 빈도 | 购买 gòumǎi 图 구매하다 | 偏好 piānhǎo 图 특히 좋아하다, 선호하다

02 面对日益激烈的竞争，越来越多的企业发现定期对他们的顾客做满意度调查是保持和改进企业市场努力的关键。

> 갈수록 경쟁이 심해지면서 점점 많은 기업들은 정기적으로 하는 고객 만족도 조사가 기업의 시장에 대한 노력을 유지하고 발전시키는 데 중요하다는 것을 알게 되었습니다.

面对 miànduì 图 직면하다, 마주 대하다 | 激烈 jīliè 圀 격렬하다, 치열하다 | 满意度调查 mǎnyìdùdiàochá 만족도 조사 | 关键 guānjiàn 圀 관건, 키포인트, 결정적 요인

03 最新数据显示，上半年全国电影票房收入共计271.7亿元，其中进口影片167.1亿元，国产影片104.56亿元。进口影片票房占国内票房的61%，其中票房过亿的影片达到41部，国产片17部，进口片24部。

> 최신 데이터에 따르면 상반기 전국 영화 박스오피스 수입은 총 271.7억 위안이며, 그 중에서 수입 영화는 167.1억 위안이고 국산 영화는 104.56억 위안입니다. 수입 영화 박스오피스는 국내 박스오피스의 61%이며, 흥행 매출이 억대가 넘는 영화는 총 41편으로 국산 영화가 17편, 수입 영화가 24편입니다.

数据 shùjù 圀 데이터 | 显示 xiǎnshì 图 뚜렷하게 나타나다 | 票房 piàofáng 圀 박스오피스, 매표소, 흥행 수입 | 共计 gòngjì 图 합계하다 | 进口影片 jìnkǒuyǐngpiàn 圀 수입 영화 | 国产影片 guóchǎnyǐngpiàn 圀 국산 영화

04 除了电子产品外，书籍依旧是亚马逊的主要热卖产品之一，这也是近来亚马逊一直努力争取和更多出版商达成合作协议的原因，但是在虚拟物品中，消费者更倾向于付费下载音乐而非电子书。

> 전자 제품 외에도 도서는 여전히 아마존의 주요 인기 상품 중 하나인데 이는 최근 아마존이 계속해서 더 많은 출판업체와 협약하려는 이유이기도 합니다. 하지만 비실물 상품 중에서 소비자는 전자책이 아닌 음악을 다운로드하는 데 돈을 지불하는 경향이 있습니다.

书籍 shūjí 圀 서적, 책 | 依旧 yījiù 图 여전히 | 热卖 rèmài 圀 (물건이) 잘 팔리다 | 争取 zhēngqǔ 图 쟁취하다, ~하려고 힘쓰다 | 虚拟 xūnǐ 圀 가상의 | 倾向 qīngxiàng 图 (한쪽으로) 기울다, 치우치다

STEP 3 비즈니스 중한 통번역 실전 트레이닝

모범답안 192p | 055~060

다양한 비즈니스 상황에서의 중국어 단문 및 문단들을 통번역 해보며 실력을 한 단계 높여 보도록 합시다.

01 中国智能手机在这一年中的成长有目共睹，虽然在技术、专利等实力上仍然难敌国际巨头，但是也已经发展成一股不容小觑的力量，通讯行业增速明显。据工信部的介绍，1月-11月，通信设备行业实现销售值同比增长13.9%。1月-11月，全行业生产手机161197.4万台，同比增长2.9%；移动通信基站27589.7万信道，同比增长15.5%。

智能手机 zhìnéngshǒujī 몡 스마트폰 | 有目共睹 yǒumùgòngdǔ 셩 누구나 다 볼 수 있다 | 专利 zhuānlì 몡 특허, 특허권 | 难敌 nándí 대적하기 힘들다 | 不容小觑 bùróngxiǎoqù 무시할 수 없다, 만만치 않다 | 同比 tóngbǐ 동 전년도 동기와 대비하다 | 工信部(工业和信息化部) gōngxìnbù(gōngyèhéxìnxīhuàbù) 공업 정보화부, 공신부 | 移动通信基站 yídòng tōngxìn jīzhàn 이동 통신 기지

02 中国化妆品市场是一个充满活力的市场，跨国企业的大举进入，本土企业的崛起，使这个行业更加变化多端。产品结构变化，市场更加细分，概念日渐翻新，营销也各有高招。这促进了国内化妆品行业的发展，又加剧了行业品牌之争。特别是国外品牌的介入，更加使竞争升级。从策略上讲，国际品牌化妆品主要采用广告开道，品牌专柜销售策略、自我销售策略和网络销售策略进行市场销售。不同的策略适合不同的企业需要，满足不同的消费者需求，目的只有一个，以最巧的方式，将产品销售出去。

充满活力 chōngmǎnhuólì 활력이 넘치다 | 大举进入 dàjǔjìnrù 대거 들어오다 | 崛起 juéqǐ 동 우뚝 솟다, 흥기하다 | 日渐翻新 rìjiànfānxīn 나날이 새로워지다 | 高招 gāozhāo 몡 좋은 생각, 상책 | 介入 jièrù 동 개입하다, 끼어들다 | 升级 shēngjí 동 향상시키다, 승급하다 | 开道 kāidào 동 앞서 인도하다, 선도하다 | 自我销售策略 zìwǒxiāoshòucèluè 셀프 마케팅 전략

03　面对日益激烈的竞争，越来越多的企业发现定期对他们的顾客做满意度调查是保持和改进企业市场努力的关键。顾客满意度调查可以发现提升产品或服务的机会，同时从顾客的意见和建议当中寻找解决顾客不满的针对性方法。在当今的商业社会，倾听顾客的意见是很关键的。解释清楚你的公司与顾客期望的差距有多大，也许意味着你的企业离成功或是失败距离有多远。因此，顾客满意度可评价一个企业的产品质量、服务质量、经营绩效，可评价一个行业、产业乃至国家宏观经济整体运行质量和状况。

改进 gǎijìn 동 개선하다 | 顾客满意度 gùkèmǎnyìdù 고객 만족도 | 商业社会 shāngyèshèhuì 명 비즈니스 사회 | 倾听 qīngtīng 동 경청하다, 귀를 기울여 듣다 | 期望 qīwàng 동 기대하다, 바라다 | 差距 chājù 명 격차, 차이 | 绩效 jìxiào 명 업적과 성과

04　美国知名调查公司CIRP相继发布了最新的针对亚马逊用户的市场调查分析报告。这份报告是基于CIRP对于过去八个月内的1,100名亚马逊消费者的调查结果。报告显示，美国消费者在亚马逊网站上订购量最大的商品种类为电子产品，而非大家一直以来认为的书籍。除了电子产品外，书籍依旧是亚马逊的主要热卖产品之一，这也是近来亚马逊一直努力争取和更多的出版商达成合作协议的原因。但是在虚拟物品中，消费者更倾向于付费下载音乐而非电子书。数据还显示，在付费下载方面，大约1/3的书籍和游戏消费者最终选择下载虚拟电子版，只有1/6的电影消费者选择下载付费电子版电影来完成购买，这也说明了大多数电影消费者还是倾向实物DVD电影。

知名 zhīmíng 형 잘 알려진, 저명한 | 调查公司 diàochágōngsī 리서치 회사 | 相继 xiāngjì 부 잇따라, 연이어 | 发布 fābù 동 선포하다 | 订购量 dìnggòuliàng 명 주문량 | 依旧 yījiù 부 여전히 | 热卖产品 rèmàichǎnpǐn 인기 상품 | 倾向于 qīngxiàngyú 동 ~에 치우치다, ~로 쏠리다 | 虚拟 xūnǐ 형 가상의

05　　中国网络游戏玩家大多以男性为主，年龄分布在主要在19-25岁之间，以上班族和学生为主力军。对游戏风格偏重于拟真风格，角色扮演类游戏仍是中国网络游戏用户钟爱的游戏类型，46.4%的游戏用户更偏爱道具收费。游戏活动玩家对游戏的不满之处主要为服务器差、外挂猖獗以及道具价格，而绝大多数玩家的消费意愿为向游戏购买点卡。由此可知，如果游戏拥有可玩性，那么无论多寡，玩家必定会向游戏中投入资金，从而起到游戏开发上的盈利目的。

网络游戏 wǎngluòyóuxì 명 인터넷 게임 | 玩家 wánjiā 명 플레이어, 게이머 | 上班族 shàngbānzú 명 직장인 | 主力军 zhǔlìjūn 명 주력군 | 角色扮演类游戏 juésèbànyǎnlèi yóuxì 롤플레잉 게임 | 钟爱 zhōng'ài 통 특별히 사랑하다 | 道具 dàojù 명 도구, 소품, 아이템 | 多寡 duōguǎ 명 다소, 많고 적음

06　　通过化妆品市场调查，我们不难看出大学生在选择化妆品品牌时对广告宣传和品牌口碑比较看中，喜欢选购品牌形象好的产品。受口碑流传和广告宣传影响最大，我认为还是应该多增加对产品的专业知识了解，不应该盲目跟从广告宣传和口碑流传，要理性。大学生化妆品消费对于短期利益的关注比较大，尤其喜欢现场打折和送实物礼品的促销方式。大学生选购化妆品的渠道比较集中，多数于专卖店和网购。大学生对美白跟护肤产品的需求比较高，喜欢使用爽肤水，防晒霜，乳液面膜等等产品。对价格有一定的限制，在质量保障的前提下，可以开发中低端的产品满足更多的消费者。

口碑 kǒubēi 명 평, 평판 | 品牌形象 pǐnpáixíngxiàng 브랜드 이미지 | 关注 guānzhù 명 관심 | 专卖店 zhuānmàidiàn 명 전문 매장 | 护肤 hùfū 명 피부를 보호하다, 스킨 케어 | 防晒霜 fángshàishuāng 자외선 차단제 | 面膜 miànmó 명 마스크 팩

07 CHAPTER 기업 홍보 및 광고

STEP 1 알짜배기 문장으로 통번역 준비 운동!

의미에 맞게 문장의 빈칸을 채워가며 실전 통번역에 앞서 몸을 가볍게 풀어봅시다.

01 现在做什么广告宣传效果最好？
지금은 어떤 광고를 하는 것이 _____?

02 针对理智购买的消费者，我们通过类似新闻报道的手段，让消费者能够获得有益于生活的信息。
이성적인 소비자를 대상으로 저희는 관련 뉴스 보도를 통해 _____.

03 如果想在媒体上做广告的话，是应该找广告公司代理还是直接和媒体联系？
매체에 광고를 하려면 _____ 아니면 매체와 직접 연락을 해야 합니까?

04 广告语用富有感情色彩的语言来吸引受众，不仅使人们了解其商品，同时也成为一种社会文化。
광고어는 감정적인 언어로 _____ 사람들에게 상품을 이해시킬 뿐 아니라 _____.

05 植入式广告是随着电影、电视、游戏等的发展而兴起的一种广告形式。
간접 광고는 _____ 생겨난 광고 형식입니다.

06 水溶C是能在水中溶解的一组维生素，包括复合维生素B以及一些其他维生素(如维生素C和维生素P)。
쉐이롱C는 _____, 복합 비타민B 및 다른 비타민(예를 들어 비타민C와 비타민P)을 포함합니다.

07 社交网络营销模式的迅速发展恰恰符合了网络用户的真实需求，参与、分享和互动。
SNS 마케팅 모델의 급속한 발전은 _____ 에 꼭 맞아떨어졌습니다.

08 目前企业形象广告使用最为广泛的一种是社会公益型宣传。
최근 기업의 이미지 광고에서 _____ 바로 사회 공익형 광고입니다.

09 用户既是百度知道内容的使用者，同时又是百度知道的创造者，在这里累积的知识数据可以反映到搜索结果中。

고객은 _____. 이곳에 누적된 지식 데이터는 검색 결과에 반영됩니다.

10 我们公司主要通过报纸广告、电视广告、网络广告、招贴广告等各种传播媒体手段来进行广告。

저희 회사는 신문 광고, TV 광고, 인터넷 광고, 포스터 광고 등 _____.

11 百威啤酒的巨大成功，除了它是美国首屈一指的高品质啤酒外，与其卓越的广告营销策略也有着重要关系。

버드와이저의 대성공은 _____ 뛰어난 광고 전략과도 중요한 관련이 있습니다.

12 根据年报数据统计，近1,500家上市公司今年累计推广宣传费用在千亿元以上。

연간 보고서의 통계에 따르면 _____ 천억 위안 이상이라고 합니다.

정답 확인

01 효과가 가장 좋습니까
02 소비자가 생활에 도움이 되는 정보를 얻을 수 있도록 합니다
03 광고 회사에 대행을 해야 합니까
04 대중의 눈길을 끌어서 ‖ 일종의 사회 문화가 되기도 합니다
05 영화, TV, 게임 등이 발전함에 따라
06 물에 잘 녹는 비타민으로서
07 인터넷 이용자의 실질적 필요인 참여, 공유, 상호 작용
08 가장 광범위하게 사용하는 것은
09 바이두 지식 컨텐츠의 사용자이면서 창조자이기도 합니다
10 각종 매체를 통해서 광고를 진행합니다
11 미국에서 으뜸가는 고품질 맥주라는 것 외에
12 1,500개에 가까운 상장 회사의 올해 누적 광고 비용이

주요 어휘 정리

针对 zhēnduì 동 겨누다, 조준하다
富有 fùyǒu 동 충분히 가지다, 다분하다
植入式广告 zhírùshìguǎnggào 명 간접 광고
兴起 xīngqǐ 동 일어나기 시작하다
降低 jiàngdī 동 내리다, 낮추다
社交网络 shèjiāowǎngluò 명 소셜 네트워크, SNS
符合 fúhé 동 부합하다

企业形象 qǐyèxíngxiàng 명 기업 이미지
社会公益 shèhuìgōngyì 명 사회 공익
企业标识 qǐyèbiāoshí 명 기업 로고
招贴广告 zhāotiēguǎnggào 명 포스터 광고
百威 bǎiwēi 버드와이저
首屈一指 shǒuqūyīzhǐ 으뜸가다, 제일이다
卓越 zhuóyuè 형 탁월하다, 출중하다

STEP 2 비즈니스 중한 통번역 맛보기

🎧 061~063

핵심 문장들로 구성된 중문 통번역 예시를 보며, 실전 연습에 앞서 몸을 가볍게 풀어봅시다.

01 社交网络营销模式的迅速发展恰恰是符合了网络用户的真实需求，参与、分享和互动，它代表了现在网络用户的特点，也是符合网络营销发展的新趋势，没有任何一个媒体能够把人与人之间的关系拉得如此紧密。

> SNS 마케팅 모델의 급속한 발전은 인터넷 이용자의 실질적인 필요인 참여, 공유, 상호 작용에 꼭 부합합니다. 이는 현재 인터넷 사용자의 특징을 나타내며 온라인 마케팅 발전의 새로운 양상과도 잘 맞습니다. 어떤 매체도 사람과 사람의 관계를 이토록 긴밀하게 연결하지 못했습니다.

符合 fúhé 동 부합하다 | 互动 hùdòng 동 상호 작용을 하다 | 拉关系 lāguānxi 관계를 맺다, 연줄을 대다

02 新一代胜达(Santafe)诞生在美国阿拉巴马州的蒙特利尔工厂，建有国家公园和滑雪场地，是美国第二古城及旅游胜地。现代以此命名，当然是希望它能伴随车主走遍城市、乡村。既然目标定位在北美市场，大部分的设计和实验也全部在美国完成，迎合美国人的口味，硬朗的外形、强劲的功率，使得它在北美市场一炮走红。

> 차세대 산타페(Santafe)는 국립 공원과 스키장이 있고, 미국에서 두 번째로 오래된 고성이자 관광지인 미국 앨라배마 주 몬트리올 공장에서 태어났다. 현대가 이 이름을 지은 것은 산타페가 차 오너와 함께 도시와 시골을 누비길 바랐기 때문이다. 주 타겟을 북미 시장으로 정한 만큼 대부분의 디자인과 실험은 모두 미국에서 완성하였다. 미국인의 입맛에 맞는 단단한 외형과 강력한 출력이 북미 시장에서 큰 인기를 끌게 할 것이다.

阿拉巴马州 ālābāmǎzhōu 앨라배마 주 | 滑雪 huáxuě 동 스키를 타다 | 取名字 qǔmíngzi 이름을 짓다 | 伴随 bànsuí 동 따라가다, 수반하다 | 迎合 yínghé 동 비위를 맞추다 | 硬朗 yìnglang 형 건강하다 | 强劲 qiángjìng 형 세다, 강력하다 | 走红 zǒuhóng 동 환영을 받다, 인기가 있다

03 这次我们公司要利用各种媒体做宣传了。按计划下个月开始，首先我们会在电视上做三个礼拜的广告，每天一次。同时，我们还会在一些大城市的电台广播中宣传，每天三次。最后还有一些户外宣传活动，在大城市的主要入口处竖立广告牌。

> 이번에 저희 회사는 각종 매체를 활용해서 홍보하려고 합니다. 계획대로 다음 달부터 시작하는데 먼저 TV에 하루 한 번씩 3주 동안 광고하고, 대도시 라디오 방송에도 하루 세 번씩 광고를 할 예정입니다. 마지막으로 야외 홍보 이벤트도 있어서 대도시 주요 입구에 광고판을 설치할 예정입니다.

媒体 méitǐ 명 매체 | 电台广播 diàntáiguǎngbō 명 라디오 방송국 | 户外 hùwài 명 집 밖, 야외 | 竖立 shùlì 동 똑바로 세우다

3 STEP 비즈니스 중한 통번역 실전 트레이닝

모범답안 193p | 064~068

다양한 비즈니스 상황에서의 중국어 단문 및 문단들을 통번역 해보며 실력을 한 단계 높여 보도록 합시다.

01 华为大数据产业园宣传片《天府云·大数据》展示华为将依托华为云计算数据中心，协助四川推进省内各领域信息系统的平台化、集约化、智能化进程，共同打造华为——四川云计算及大数据产业示范园，加快完善四川省灾备云、工业云、农业云和旅游云等公共服务云平台建设；通过整合云计算产业链上下游资源，共同打造云计算及大数据产业生态体系，构建四川省"智能制造"服务云平台，助力产业结构优化升级，共同打造华为——四川互联网、创客平台、软件和信息服务业基地。

大数据 dàshùjù 빅데이터 | 天府 tiānfǔ 땅이 비옥하고 자원이 풍부한 지역 | 云 yún 구름, 클라우드 | 依托 yītuō 의지하다, 근거로 삼다 | 集约化 jíyuēhuà 극대화하다, 집약시키다 | 示范 shìfàn 시범(하다), 모범(을 보이다) | 灾备 zāibèi 재해 복구 | 整合 zhěnghé 재통합시키다 | 优化 yōuhuà 최적화하다 | 升级 shēngjí 향상시키다, 업그레이드하다

02 你创建了非常有趣的视频内容，那么怎么去吸引人群来观看呢？有三点需要注意：第一，标题。确保你的目标关键词在你的标题的前几个位置，另一个技巧就是在你第一个关键词后面加冒号，冒号后面记得要带上关键词的强化。第二，描述。用一个完整的网址开始你的描述，描述不要太短。最好是叙述性的并且包含非常多的相关主题的关键词。这样可以让那些关注你的视频内容的用户更加容易的找到你的视频。第三，标签。确保你的标签里面包含所有有关的关键词。这些不是你的视频能被找到的全部因素，但是这几点是比较容易控制的。页面的访问量，订阅量，评论量和点赞的人数都会影响视频的曝光率。

创建 chuàngjiàn 창립하다, 창설하다 | 视频 shìpín 동영상 | 吸引 xīyǐn 끌어당기다, 유인하다 | 标题 biāotí 제목, 표제 | 关键词 guānjiàncí 키워드 | 冒号 màohào 콜론 | 描述 miáoshù 묘사하다, 기술하다 | 网址 wǎngzhǐ 웹사이트 주소 | 标签 biāoqiān 태그 | 控制 kòngzhì 통제하다, 컨트롤하다 | 页面 yèmiàn 웹페이지 | 订阅量 dìngyuèliàng 구독량 | 评论量 pínglùnliàng 댓글량 | 赞 zàn 칭찬하다, 찬송하다 | 曝光率 bàoguānglǜ 노출률

03   腾讯社交广告：注意力经济时代对于本地商户来说，如何在门店所在区域树立影响力，笼络临近客源成为每一个老板最为关切地商业目标。而过去的传统推广方式很难在当今全民低头族的时代抢得注意力，效果差强人意。

现在，腾讯社交广告基于社交数据积累及精准定向的能力，打造一个专为本地商户而生的推广方式。它就是朋友圈本地推广广告。在你每天忙碌于运营你的生意之时，它将会为你带动顾客到店消费，通过它，你将节省更多时间专心运营你的生意。

我们都知道，要想拉动潜在顾客到访线下门店，"距离感"是需要克服的重要因素，而本地推广广告在外层样式中，加入了关联实体的功能，增强了顾客对线下实体店的"地力感知"。为了帮助你更加精准地触及目标顾客，本地推广广告细化了地域定向的范围，再结合人群定向的能力，你的广告将在你需要的地方出现。

此外，根据生意体量大小的不同，本地推广广告具备更弹性的投放方式，支持小额预算，投放灵活，可随时调整，再结合自定义投放时间段的设置，帮助你轻松掌握投放的预算分配及节奏。

社交广告 shèjiāoguǎnggào 소셜네트워크 광고 | 本地 běndì 명 본고장, 현지 | 树立 shùlì 동 수립하다, 세우다 | 笼络 lǒngluò 동 (사람의 마음을) 구슬리다 | 低头族 dītóuzú 명 스마트폰만 바라보는 사람들, 스몸비 | 精准 jīngzhǔn 명 아주 정확하다 | 朋友圈 péngyouquān 명 위챗의 모멘트 | 线下门店 xiànxiàméndiàn 오프라인 매장 | 触及 chùjí 동 닿다, 언급하다, 접촉되다 | 投放 tóufàng 동 투입하다, 내놓다 | 自定义 zìdìngyì 사용자 정의

04   SNS营销的优势：首先，SNS营销可以满足企业不同的营销策略。作为一个不断创新和发展的营销模式，越来越多的企业尝试着在SNS网站上施展拳脚。因为SNS最大的特点就是可以充分展示人与人之间的互动，而这恰恰是一切营销的基础所在。其次，SNS营销可以有效降低企业的营销成本。社交网络的"多对多"的信息传递模式具有更强的互动性，受到更多人的关注。因此与传统广告形式相比，无须大量的广告投入，相反因为用户的参与性、分享性与互动性的特点更容易加深对一个品牌和产品的认知，容易形成深刻的印象，从媒体价值来分析形成好的传播效果。最后，SNS营销是真正符合网络用户需求的营销方式。SNS营销模式的迅速发展恰恰是符合了网络用户的真实需求，参与、分享和互动，它代表了现在网络用户的特点，也是符合网络营销发展的新趋势，没有任何一个媒体能够把人与人之间的关系拉得如此紧密。

营销策略 yíngxiāocèlüè 명 마케팅 전략 | 优势 yōushì 명 우세, 우위 | 恰恰 qiàqià 부 바로, 꼭 | 尝试 chángshì 동 시도해보다, 경험해보다 | 施展 shīzhǎn 동 발휘하다, 펼쳐보이다 | 拳脚 quánjiǎo 명 주먹과 발, 권법 | 有效 yǒuxiào 형 유효하다, 효과가 있다 | 降低 jiàngdī 동 내려가다, 인하하다 | 信息传递 xìnxīchuándì 정보 전달 | 分享 fēnxiǎng 동 공유하다 | 互动 hùdòng 동 상호 작용을 하다 | 无须 wúxū 부 필요없이, 쓸데없이 | 传播效果 chuánbōxiàoguǒ 전파 효과, 홍보 효과 | 紧密 jǐnmì 형 긴밀하다

05 可口可乐不愧为世界第一品牌，具有长远的战略眼光。为了长期保持在中国软饮料市场的霸主地位，它的广告策略肯放弃美国思维，主动融合中国本土观念。这种本土化策略，受到了每一位中国民众的欢迎。据中央电视台调查咨询中心数据显示，可口可乐已连续7年在市场占有率和品牌知名度上名列第一，中国现在有90%的消费者认识可口可乐。可口可乐的广告本土化策略值得所有想要进入中国市场的外国品牌借鉴，比如联合利华的力士香皂的广告代言人在以前都是国际女明星，如今坚持聘请中国女明星，如李嘉欣、张曼玉、舒淇。

不愧 búkuì 동 ~에 부끄럽지 않다, 손색이 없다 | 战略眼光 zhànlüèyǎnguāng 전략적 안목 | 霸主地位 bàzhǔdìwèi 독보적 지위 | 软饮料 ruǎnyǐnliào 명 소프트 드링크 | 借鉴 jièjiàn 동 본보기로 삼다, 거울로 삼다 | 广告代言人 guǎnggàodàiyánrén 광고 모델 | 如今 rújīn 명 오늘날, 현재 | 聘请 pìnqǐng 동 초빙하다, 모시다

제품 소개 및 마케팅

STEP 1 알짜배기 문장으로 통번역 준비 운동!

의미에 맞게 문장의 빈칸을 채워가며 실전 통번역에 앞서 몸을 가볍게 풀어봅시다.

01 本公司的产品质优价廉，一直受到业界的好评。
　　 본사 제품은 ＿＿＿＿＿＿＿＿＿＿＿ 줄곧 업계의 호평을 받고 있습니다.

02 本公司近年来一直与中国电脑零件行业排名前几位的大公司保持着良好的合作关系。
　　 본사는 최근 중국 컴퓨터 부품 업계의 상위권 회사와 ＿＿＿＿＿＿＿＿＿＿＿＿＿＿＿＿.

03 我们的产品出口到日本、新加坡、印尼等亚洲国家，以及其他欧洲国家。
　　 우리 제품은 ＿＿＿＿＿＿＿＿＿＿＿＿＿＿＿＿에 수출하고 있습니다.

04 今天我们商场举行满300送50的促销活动，多买多送。
　　 오늘 저희 상점에서는 ＿＿＿＿＿＿＿＿＿＿＿＿＿＿. 많이 구매할수록 많이 드립니다.

05 中国汽车市场处在蓬勃发展的上升阶段，市场竞争格局处于发展阶段。
　　 중국 자동차 시장은 ＿＿＿＿＿＿＿＿＿＿＿＿＿＿＿＿. 시장 경쟁 구도도 발전 단계에 있습니다.

06 作为国内领先的房车品牌，上汽大通房车在市场上受到了极大的欢迎。
　　 상하이 자동차는 ＿＿＿＿＿＿＿＿＿＿＿＿＿＿, 캠핑카 시장에서 인기가 매우 많습니다.

07 合资品牌与自主品牌之间适度的竞争，有利于提高上海汽车整体的产品市场竞争能力。
　　 합자 브랜드와 자체 브랜드 간의 적당한 경쟁은 ＿＿＿＿＿＿＿＿＿＿＿＿＿＿＿＿.

08 目前我们正在进行促销，如果你购买1000个产品，我们可以为您提供10%的折扣。
　　 현재 저희는 할인 행사를 하고 있는데, ＿＿＿＿＿＿＿＿＿＿＿＿＿＿＿.

09 国内市场需求的多样化和个性化为自主品牌走差异化道路创造了条件。
　　 국내 시장 수요의 다양화와 개성화는 ＿＿＿＿＿＿＿＿＿＿＿＿＿＿＿.

10 网红营销是当下比较热的一种영销方式。
왕훙 마케팅은 _____입니다.

11 炒作营销比一般的宣传能够起到更好的广告效应。
노이즈 마케팅은 일반적인 홍보보다 _____.

12 最近越来越多的人都用手机来看电视、电影,还有购物,因此手机营销是必不可少的。
요즘은 _____ 모두 핸드폰으로 TV 및 영화 감상, 쇼핑을 하기 때문에 _____.

정답 확인

01 품질이 좋고 가격이 저렴하여
02 좋은 협력 관계를 유지하고 있습니다
03 일본, 싱가포르, 인도네시아 등 아시아 국가 및 기타 유럽 국가
04 300위안을 구매하시면 50위안을 증정해 드리는 이벤트 행사를 하고 있습니다
05 왕성하게 발전하는 상승 단계에 있으며
06 국내 선두의 캠핑카 브랜드로서
07 상하이 자동차의 전체적인 제품 시장 경쟁력을 높이는데 도움이 됩니다
08 제품 1,000개를 구입하시면 10% 할인해 드립니다
09 자체 브랜드를 차별화하기 위한 조건을 만들어냈습니다
10 요즘 꽤 인기 있는 마케팅 방식
11 광고 효과가 더 좋습니다
12 점점 더 많은 사람들이 ‖ 모바일 마케팅은 필수적입니다

주요 어휘 정리

质优价廉 zhìyōujiàlián 품질이 좋고 가격이 저렴하다
好评 hǎopíng 명 호평
排名 páimíng 동 순위를 매기다
送 sòng 동 증정하다, 주다
蓬勃发展 péngbófāzhǎn 왕성하게 발전하다
格局 géjú 명 구도, 짜임새
房车 fángchē 명 캠핑카

上汽大通 shàngqìdàtōng 상하이 자동차
适度 shìdù 명 적당하다, 적절하다
差异化 chàyìhuà 차별화
网红营销 wǎnghóngyíngxiāo 왕훙 마케팅
炒作营销 chǎozuòyíngxiāo 노이즈 마케팅
广告效应 guǎnggàoxiàoyìng 명 광고 효과
手机营销 shǒujīyíngxiāo 모바일 마케팅

2 STEP 비즈니스 중한 통번역 맛보기

🎧 069~071

핵심 문장들로 구성된 중문 통번역 예시를 보며, 실전 연습에 앞서 몸을 가볍게 풀어봅시다.

01 网红(网络红人：被网民追捧而走红的人) 营销，也叫网红经济，是当下比较热的一种营销方式。网红营销传播速度非常快，流动率也很高。目前很多大品牌依然是网红营销的主要广告主，他们核心目标是扩大品牌的影响范围。随着广告技术的不断更新，广告主对网红营销的绩效预期也在提高。

왕홍(인터넷 스타 : 네티즌의 추종을 받아 인기를 끄는 사람) 마케팅은 왕홍 경제라고도 하며 요즘 꽤 인기 있는 마케팅 방식입니다. 왕홍 마케팅은 전달 속도가 매우 빠르고 유동률이 아주 높습니다. 현재 많은 유명 브랜드가 왕홍 마케팅의 광고주이며 그들의 핵심 목표는 브랜드의 영향력을 넓히는 것입니다. 광고 기술이 끊임없이 발전하면서 광고주의 왕홍 마케팅의 성과에 대한 기대도 높아지고 있습니다.

| 网红 wǎnghóng 图 왕홍, 인터넷 스타 | 红人 hóngrén 图 인기인, 잘 나가는 사람 | 追捧 zhuīpěng 图 열렬히 추종하다 | 走红 zǒuhóng 图 인기를 끌다 | 当下 dāngxià 图 바로, 즉각, 그때

02 2017年11月12日-25日开展了七周年大型促销活动，由于占了一定的天时和人和，再加上有吸引力的季节性商品和促销活动，总体效果较好，给我们以后的工作开展留下了一个很好的教材。

2017년 11월 12일~25일 7주년 대형 프로모션을 열었는데 시기적으로도 좋았고 협조도 잘 되었으며 인기 있는 계절상품과 프로모션 행사를 진행해 전체적인 효과가 좋았습니다. 앞으로의 업무 전개에 아주 좋은 본보기가 되었습니다.

| 由于 yóuyú 图 ~때문에, ~로 인해서 | 季节性商品 jìjiéxìngshāngpǐn 图 계절 상품 | 促销活动 cùxiāohuódòng 프로모션, 판촉 활동

03 iPhone8主要变化是后盖嵌入了玻璃面板，提供包括黑、银和传说中的腮红金配色。背面的钢化玻璃由7层染色工艺完成，比以前深50%的涂层。

아이폰8의 주요 변화는 뒷면 덮개에 유리 패널을 삽입한 것으로, 블랙, 실버, 그리고 전설에 나오는 블러시 골드로 색을 맞췄습니다. 뒷면의 강화 유리는 일곱 층의 염색 공정으로 완성하여 예전보다 50% 정도 두꺼워진 코팅층입니다.

| 嵌入 qiànrù 图 삽입하다, 끼워 넣다 | 面板 miànbǎn 图 패널 | 腮红金 sāihóng jīn 옅은 붉은 색을 담은 금색, Blush Gold | 钢化玻璃 gānghuàbōli 강화 유리 | 涂层 túcéng 图 코팅층

STEP 3 비즈니스 중한 통번역 실전 트레이닝

모범답안 195p | 072~077

다양한 비즈니스 상황에서의 중국어 단문 및 문단들을 통번역 해보며 실력을 한 단계 높여 보도록 합시다.

01 苹果采用了通用的Qi无线充电标准，可以兼容现在市面上使用最广的Qi标准，包括三星Note8在内的大部分安卓手机和智能硬件用的都是这个标准，它们极有可能可以通用。新的无线充电板，甚至可以同时为AirPods和Apple Watch进行无线充电。

充电 chōngdiàn 통 충전하다 | 兼容 jiānróng 통 겸용하다, 동시에 받아들이다 | 安卓手机 ānzhuóshǒujī 안드로이드폰 | 通用 tōngyòng 통 보편적으로 사용하다, 두루 쓰이다

02 中国汽车市场处在蓬勃发展的上升阶段，市场竞争格局处于发展阶段，为新产品发展提供了广阔空间。国内市场需求的多样化和个性化，为自主品牌走差异化道路创造了条件。中国汽车市场长期、稳定的增长潜力，为合资品牌与自主品牌共存共荣，互相促进创造了良好的外部条件。合资品牌与自主品牌之间适度的竞争，有利于提高上海汽车整体的产品市场竞争能力。我们将始终坚持差异化的总体战略，在大力发展自主品牌的同时，继续坚定不移地深化合资合作，巩固并扩大市场领先优势。

增长潜力 zēngzhǎngqiánlì 성장 잠재력 | 共存共荣 gòngcúngòngróng 공존공영하다 | 有利于 yǒulìyú ~에 유리하다 | 适度 shìdù 형 적당한, 적절한 | 总体战略 zǒngtǐzhànlüè 전체적인 전략 | 坚定不移 jiāndìngbùyí 성 확고부동하여 조금도 흔들림이 없다

03 　2017年11月12日-25日开展了七周年大型促销活动，由于占了一定的天时和人和，再加上有吸引力的季节性商品和促销活动，总体效果较好，给我们以后的工作开展留下了一个很好的教材。在促销方面，我们应用了针对家庭主妇为主的消费群的促销活动，达到了应有的效果，消费者反响热烈，完全达到了聚集人气的目的。在商品方面，我们配合季节性进行了"劲爆生鲜，仅限1天"，"疯狂特价，限时抢购"的商品促销活动，达到了既配合着整体快速收费的目的，又运用商品进行拉动人气和销售的目的。

人和 rénhé 몡 인화, 화합 | 针对 zhēnduì 동 겨누다, 초점을 맞추다 | 聚集 jùjí 동 한데 모으다, 집중하다 | 配合 pèihé 동 서로 맞추다, 호흡을 맞추다 | 劲爆 jìngbào 폭발적인, 강력한 | 生鲜 shēngxiān 신선 식품 | 仅限 jǐnxiàn ~에 한하다 | 限时 xiànshí 한정된 시간 | 抢购 qiǎnggòu 동 다투어 구매하다 | 拉动 lādòng 동 촉진하다, 적극적으로 이끌다

04 　作为国内领先的房车品牌，上汽大通房车在市场上受到了极大的欢迎，一批批房车发烧友选择了上汽大通房车，驾车在国内进行自驾游，甚至走出国门进行东南亚、欧亚自驾游，其品质受到了时间和多种复杂地形路况的考验。随着溧阳房车生产基地的开工建设，上汽大通的房车品牌发展进入新纪元、新阶段，大规模和定制化的实施，不仅将扩大房车生产规模，满足国内日益增长的房车需求，同时也会提高标准、降低成本，令国内消费者早日享受到"消费得起"的高端品质房车。

房车 fángchē 몡 캠핑카 | 发烧友 fāshāoyǒu 몡 애호가, 마니아 | 自驾游 zìjiàyóu 몡 자동차 여행 | 甚至 shènzhì 부 심지어 | 复杂地形 fùzádìxíng 복잡한 지형 | 路况 lùkuàng 몡 도로 상황 | 考验 kǎoyàn 동 시험하다 | 新纪元 xīnjìyuán 몡 신기원 | 定制化 dìngzhìhuà 맞춤화 | 高端品质 gāoduānpǐnzhì 높은 퀄리티, 고품질

05   统帅是海尔集团在互联网时代背景下推出的定制家电品牌。秉承"你设计，我制造；你需要，我送到"的品牌理念以及"只为需要的功能买单，为不需要的功能免单"的价值主张。统帅通过虚拟融合模式，线上快速获取用户个性化需求，线下快速满足用户需求。在这里，用户才是产品的"设计者"。统帅品牌目标人群主要是倡导个性、时尚、简约生活方式的年轻消费群体。

推出 tuīchū 동 내놓다, 추천하다 | 秉承 bǐngchéng 동 계승하다, 받아들이다 | 买单 mǎidān 동 계산하다, 지불하다 | 免单 miǎndān 동 계산을 면제하다, 무료로 하다 | 倡导 chàngdǎo 동 앞장서서 제창하다, 선도하다 | 时尚 shíshàng 명 트렌드 | 简约生活方式 jiǎnyuēshēnghuófāngshì 간결한 생활 방식 | 消费群体 xiāofèi qúntǐ 명 소비자층

06   为了刺激消费，商家常常在过节的时候搞很多活动，想让消费者一看到这些活动就失去理性，然后掏钱买东西。以前一般是商场、超市在节日期间推出活动吸引消费者，但是因为地域、时间的限制，影响力不大。随着电子商务的发展，电商们不仅利用传统节日刺激消费，还开始创造节日。比如2009年淘宝网把11月11日命名为"光棍节"，并在这一天推出大量的促销活动，受到消费者欢迎。之后每年的11月11日，消费者积极参与"双11"促销活动，商品成交额一年比一年高。2013年的"双11"，成交额是350亿元人民币，大大超过了2012年的191亿元人民币。"双11"可以说是淘宝网打造的网购狂欢节，他们把销售活动做到了极致。仔细观察会发现，"双11"的销售模式在不断变化。2009年的"双11"，只是用超低价打折销售的方式吸引顾客。但是消费者慢慢开始理性，不再对低价商品感兴趣。2013年，一些商家组织了很多有趣、有价值的活动，比如"双11"女装类销售冠军"茵曼"，推出了放鸽子游戏和编麻花辫的比赛。这些活动不仅吸引了很多顾客参与，也很好地宣传了品牌。

刺激 cìjī 동 자극하다, 고무하다 | 理性 lǐxìng 명 이성 | 掏钱 tāoqián 돈을 꺼내다 | 光棍节 guānggùnjié 솔로의 날 | 促销活动 cùxiāohuódòng 판촉 활동, 이벤트 | 成交额 chéngjiāo'é 거래액 | 狂欢节 kuánghuānjié 명 페스티벌 | 极致 jízhì 명 극치, 최고의 경지

무역 업무1 - 협상 및 거래

1 STEP 알짜배기 문장으로 통번역 준비 운동!

의미에 맞게 문장의 빈칸을 채워가며 실전 통번역에 앞서 몸을 가볍게 풀어봅시다.

01 从中国国际贸易促进会获悉，你们有意采购电器用品。
중국 국제 무역 추진회를 통해서 귀하께서 _____고 들었습니다.

02 据了解，你们是家电潜在买家，而该商品正属于我们的业务经营范围。
귀하께서는 가전제품의 잠재 구매 고객이라고 알고 있는데 _____.

03 我们欣然寄出这封自荐信，希望能成为我们建立互利关系的前奏。
기쁜 마음으로 저희를 소개하는 편지를 보내드리며, 이번 기회가 _____.

04 我们有幸自荐，盼望能有机会与你们合作，扩展业务。
저희를 소개하게 되어 행운으로 생각하며, _____을/를 바랍니다.

05 我们的价格虽然是贵一点儿，但是品质比别的厂商好，而且我们产品的外形美观，公司的信誉很好，过去二十年从来没有出过问题。
가격이 다소 비싸지만 _____ 게다가 _____ 과거 20년간 아무런 문제도 일어나지 않았습니다.

06 我们专门经营中国美术工艺品的出口业务，希望能与你们建立交易关系。
저희는 전문적으로 중국 미술 공예품 수출을 하고 있으며, _____.

07 我们愿意在平等互利、互通有无的基础上与贵公司建立业务关系。
저희는 _____ 귀사와 업무 협력 관계를 맺고자 합니다.

08 相信以我们公司的对外贸易经验以及对国际市场情况的熟悉，可以使我们有资格得到你们的信任。
_____ 귀하의 신뢰를 얻을 만한 자격이 된다고 생각합니다.

09 本公司与此地可靠的批发商有密切联系，能与贵公司进行可观的进口业务往来。
　　　본사는 ＿＿＿＿＿＿＿＿＿＿＿＿＿＿＿＿＿＿ 귀사와 상당한 수입 업무를 진행할 수 있습니다.

10 承蒙贸易协会的介绍，获悉你们是中国具有代表性的进口商之一。
　　　＿＿＿＿＿＿＿＿＿＿＿＿＿＿＿＿＿＿ 귀사가 중국의 대표적인 수입 회사 중 하나라는 것을 알게 되었습니다.

11 有关电脑产品打折一事，我们公司恐怕很难遵办，主要是因为生产成本高、利润低，实在无法削价出售，恳请谅解。
　　　＿＿＿＿＿＿＿＿＿＿＿＿＿＿＿ 저희 회사가 그대로 처리하기가 다소 어려울 듯합니다. 생산 원가가 높기 때문에 이윤이 낮아서 ＿＿＿＿＿＿＿＿＿＿＿＿＿＿＿＿＿＿.

12 我们的价格与其他电脑公司相比是最优惠的。
　　　저희 가격은 다른 컴퓨터 회사 가격과 비교했을 때 ＿＿＿＿＿＿＿＿＿＿＿＿＿＿＿＿＿＿.

정답 확인

01 전기용품을 구매하고자 한다
02 이 상품은 마침 저희가 취급하는 품목입니다
03 상호 이익 관계를 맺는 서막이 되기를 바랍니다
04 귀사와 협력하여 업무를 확장할 수 있는 기회가 있기
05 다른 업체에 비해 품질이 좋고 ‖ 상품의 외관도 아름다울 뿐만 아니라 회사의 신용도 아주 좋아서
06 귀사와 거래할 수 있기를 희망합니다
07 호혜 평등, 유무상통의 원칙 위에
08 우리 회사의 대외 무역 경험과 국제 시장 정세에 대한 이해가
09 이 지역의 믿을만한 도매업체와 긴밀한 관계를 맺고 있어서
10 무역 협회의 소개를 받아
11 컴퓨터 제품의 할인에 관한 일은 ‖ 가격을 낮추어 판매할 수가 없는 점을 양해해 주시길 바랍니다
12 가장 우대해 드린 것입니다

주요 어휘 정리

获悉 huòxī 동 알게 되다, 정보를 얻다
有意 yǒuyì 동 ~할 마음이 있다
潜在买家 qiánzàimǎijiā 잠재 구매 고객
欣然 xīnrán 부 기쁘게, 기꺼이
自荐信 zìjiànxìn 명 자기소개서
前奏 qiánzòu 명 전주곡, 서막
盼望 pànwàng 동 간절히 바라다
信誉 xìnyù 명 신용, 평판

平等互利 píngděnghùlì 성 호혜 평등
互通有无 hùtōngyǒuwú 성 유무상통하다
熟悉 shúxī 형 잘 알다, 이해하다
批发商 pīfāshāng 명 도매상
承蒙 chéngméng 동 (보살핌을) 받다, 입다
遵办 zūnbàn 동 명령대로 처리하다
削价 xuējià 동 (상품의) 가격을 내리다
谅解 liàngjiě 동 양해하다

2 STEP 비즈니스 중한 통번역 맛보기

🎧 078~081

핵심 문장들로 구성된 중문 통번역 예시를 보며, 실전 연습에 앞서 몸을 가볍게 풀어봅시다.

01 贵公司是信誉卓著的照相机进口商，我公司极愿与贵公司建立业务关系。为此，我们现在寄去商品目录和价目单，用以向贵公司毛遂自荐。

> 귀사는 신용이 좋은 카메라 수입 업체이므로, 저희 회사는 귀사와 업무 관계를 맺기를 원합니다. 따라서 저희 회사를 소개할 상품 카달로그와 가격표를 보내 드립니다.

卓著 zhuózhù 〔형〕 뛰어나다 | 为此 wèicǐ 〔접〕 이 때문에 | 毛遂自荐 máosuìzìjiàn 〔성〕 스스로 자기를 추천하다

02 通过贵国最近来访的贸易代表团，我们了解到你们是信誉良好的进口商，现给你们发此信，盼能不断地接到你们的定单。

> 최근 귀국에서 내방한 무역 대표단을 통해 귀사가 신뢰할만한 수입 업체라는 것을 알게 되어 이 편지를 보내 드립니다. 앞으로 지속적으로 귀사의 주문을 받을 수 있기를 바랍니다.

良好 liánghǎo 〔형〕 좋다 | 盼 pàn 〔동〕 바라다 | 定单 dìngdān 〔명〕 주문서

03 从中华人民共和国驻韩国大使馆商务参赞处获悉贵公司名称和地址，现借此机会与贵方通信，意在达成一些实际交易，以此为开端建立业务关系。

> 주한 중국대사관 상무참사관처에서 귀사의 이름과 주소를 알게 되었으며 이번 기회를 통해서 귀사와 실질적인 거래를 이루어 이것을 계기로 업무 관계를 맺을 수 있기를 바랍니다.

从……获悉 cóng……huòxī ~에서 소식을 접하다(듣다) | 商务参赞处 shāngwùcānzànchù 상무참사관처 | 通信 tōngxìn 〔동〕 소식을 전달하다, 연락을 취하다 | 意在 yìzài ~하는 데 뜻이 있다

04 很抱歉我们不能给您更低的议价。事实上，我们的上市价格是经过精心计算且合理的，对我公司而言，已经是最低利润了。

> 죄송하지만 협상 가격을 더 이상 낮출 수 없습니다. 사실 저희의 제품 출시 가격은 세밀하고 합리적인 계산을 거친 것으로, 저희 회사 입장에서는 이미 최저 이윤만 남긴 것입니다.

议价 yìjià 〔명〕 협상 가격 | 精心计算 jīngxīnjìsuàn 세밀하게 계산하다 | 对A而言 duì A éryán A에게 있어서는 | 最低利润 zuìdīlìrùn 최저 이윤

3 STEP 비즈니스 중한 통번역 실전 트레이닝

다양한 비즈니스 상황에서의 중국어 단문 및 문단들을 통번역 해보며 실력을 한 단계 높여 보도록 합시다.

모범답안 196p | 082~088

01 A : 我们投入了大量时间和财力改进产品的质量。我们从不以质量为代价牟取暴利。这个型号的质量远胜过同种类型其他任何型号。它在许多市场受到欢迎，客户评价甚高。
B : 哦，这我知道。不过价格这么高，我们很难销售。
A : 我想您肯定是知道的，最近产品成本不断提高。但我们的价格与其他电脑公司的价格相比还是最优惠的。而且我们努力在改善电脑的效率和稳定性，增添了先进的性能。因此操作更加方便，用户易于使用。
B : 尽管如此，你们的报价比起我们从别处得到的报价要高。
A : 这也有可能。但是我们的质量确实更好。考虑到质量，您就会发现我们的价格是合理的。
B : 我不否认你们电脑系统的质量是出色的。但价格也不能如此悬殊呀！贵方必须减价10%，否则我们只好撤销这笔买卖。
A : 10%？您要求的太过分了。我们最多让步5%，怎么样？
B : 考虑到产品的质量，我接受你的价格。

投入 tóurù 동 투입하다, 뛰어들다 | 牟取暴利 móuqǔbàolì 폭리를 취하다 | 远胜过 yuǎnshèngguò 한참 앞서다 | 增添 zēngtiān 동 더하다, 보태다 | 操作 cāozuò 동 조작하다, 다루다 | 易于 yìyú 동 ~하기 쉽다, 쉽게 ~할 수 있다 | 尽管如此 jǐnguǎnrúcǐ 그럼에도 불구하고 | 报价 bàojià 동 가격을 제시하다 | 出色 chūsè 형 대단히 뛰어나다 | 悬殊 xuánshū 형 차이가 크다, 큰 차이가 있다 | 撤销 chèxiāo 동 없애다, 취소하다 | 过分 guòfèn 동 지나치다

02 A：这已是我方的最低价格了。我们的价格不能降到贵方提出的水平，因为差距实在太大了。

B：我认为双方都坚持自己的价格是不明智的。能不能双方都做些让步？

A：您是说让我们在价格上再减百分之二十吗？这可办不到。我们只能每套再减百分之十，这可是最低价了。您也知道，这几年各种费用不断上涨，所以生产成本涨得很多，因此，价格也不得不做些调整。

B：这点我们理解。不过，我们的还盘是符合国际市场行情的。

A：如果把各种因素都加以考虑，您会发现我们的报价比别处的报价要低。

B：有关服装的行情，我想您是清楚的。目前这种商品是供过于求，而且这种情况还要延续很长一段时间。如果贵方接受我们的还盘，我们就劝我们的客户向贵方购买。

A：那么您能告诉我贵方需要的数量吗？

B：大约一千套左右。

A：行。我们接受贵方对一千套的还盘。也就是说每套三百美元FOB上海。

明智 míngzhì 형 현명하다 | 办不到 bànbúdào 동 해낼 수 없다. 할 수 없다 | 上涨 shàngzhǎng 동 (물가가) 오르다 | 调整 tiáozhěng 동 조정하다, 조절하다 | 还盘 huánpán 명 카운터 오퍼 | 行情 hángqíng 명 시세, 시장가격 | 供过于求 gōngguòyúqiú 성 공급이 수요를 초과하다

---

03 A：如果不愿意减价出售，你们能不能够提供其他的优惠？

B：哪一类的优惠？

A：例如由你们公司承担运费、广告费等等。

B：依照公司的惯例，运费一向由买房负责，广告费方面我方可以考虑考虑。

A：你们如果愿意支付六个月的广告费来推销新上市的产品，或许我们愿意订购。

B：我看这样好了，广告制作费用我们各自负担一半，而你们必须订购二百件以上的货物，你看怎么样？

A：如果付款的期限延长一个月，而不用付款交货的方式，我们公司可以接受这样的条件。

B：好吧！但是你们公司必须在一个月内订货，逾期无效。你们打算订购哪一种的电脑呢？我们的产品在价格和品质方面都具有绝对的竞争优势。

A：好，一言为定。我公司有意订购你们公司产品目录第十五页的手提型笔记本电脑。

承担 chéngdān 동 맡다, 담당하다 | 运费 yùnfèi 명 운송비, 운임 | 惯例 guànlì 명 관례, 관행 | 负担 fùdān 동 부담하다 | 逾期 yúqī 동 기한을 넘기다 | 笔记本电脑 bǐjìběndiànnǎo 명 노트북 컴퓨터

04 A : 您好！协调的结果如何？

B : 昨天与您通话之后，我们立即跟生产部进行协调，看能不能将贵公司的生产计划靠前安排。但是由于今年金融危机影响，好多中小服装加工厂倒闭，所以很多订单集中到我们几个大服装加工企业，生产任务很重。

A : 是这样啊。可是我们是十几年的交易伙伴关系，再说我们这次订单数量可不少啊。而且接下来我们马上还有一个更大的订单。

B : 这一点我们也非常清楚。为了满足客户的需求，我们决定从下个月起再增加一条流水线，提高生产量。这样一来，我们完全可以满足贵公司提出的交期提前的要求。

A : 是吗？也就是说我们提出的还盘要求，贵司全部接受了？

B : 是的。我们是老朋友了嘛。

A : 非常感谢王经理的积极协助。希望这次交易能一如既往，合作愉快。

协调 xiétiáo 동 어울리다, 조화를 이루다 | 靠前 kàoqián 전방의, 앞쪽의 | 金融危机 jīnróngwēijī 금융 위기 | 倒闭 dǎobì 동 도산하다 | 伙伴关系 huǒbànguānxì 파트너 관계 | 流水线 liúshuǐxiàn 명 생산 라인 | 提前 tíqián 동 앞당기다 | 协助 xiézhù 동 적극적으로 협조하다 | 一如既往 yìrújìwǎng 성 지난 날과 다름없다

05　您上星期寄来的目录和价目单都收到了，电脑样品也于昨天空邮运到，万分感谢。贵公司的产品性能好、品质高，而且容易操作，相信能够得到顾客的喜爱，唯一的缺点就是价格太高，恐怕很难在市场上竞争，因此，在目前的价格下，我们难以接受。不知是否能够打百分之二十的折扣，以便配合市场营销策略，广为推销。您认为如何，请早日惠知。

空邮 kōngyóu 图 항공 우편으로 보내다 | **操作 cāozuò** 图 조작하다, 다루다 | **缺点 quēdiǎn** 图 결점, 단점 | **推销 tuīxiāo** 图 마케팅 하다, 널리 팔다

06　谢谢订购本公司的LXT1000最新型袖珍电脑二百五十台。我现在写这封信的目的是确认贵公司订货单A123号的预付定金，经我们双方同意由百分之三十减为百分之二十。根据我们公司的惯例，凡是新顾客第一次订货时，均需预付百分之三十的订金，但是由于贵公司的信誉一向很好，而且订货的数量也很大，我们公司很愿意提供这类的优惠。现附上修改后的售货确认书两份，请两份都签名，自己保留一份，另一份尽快寄还给我，不胜感激。

袖珍 xiùzhēn 图 소형의, 휴대형의 | **定金 dìngjīn** 图 계약금, 예약금 | **附上 fùshàng** 图 함께 동봉하여 보내다

07 A：李总，您好！上周我们发送的10个打印机的样品收到了吧？

B：是的，已经收到，并且已送付厂家。

A：不知试用结果怎样？

B：我们刚刚才收到通知，说在两个企业的产品中，对我们的样品最满意。不过在试用的过程中，为了提高产品的稳定性，又提出了几点改进方案，希望我们能够做得更完美。

A：这是好消息啊。两个月的心血总算没有白费。

B：王经理辛苦了。而且客户还提供其他两家的样品做参考，希望我们能扬长避短。最终样品希望在一周之内完成。

A：好的，没问题。

B：最终样品确定的话，首次订货量大约10万个，价格也将是此前同类产品的两倍左右。

A：真是个令人振奋的消息。我们一定会乘胜追击，争取拿下这个订单。

打印机 dǎyìnjī 명 프린터 | 试用 shìyòng 동 테스트하다, 시험적으로 사용하다 | 稳定性 wěndìngxìng 명 안정성 | 白费 báifèi 동 헛되이 낭비하다, 괜한 노력을 하다 | 扬长避短 yángchángbìduǎn 성 장점은 살리고 단점은 피하다 | 令人振奋 lìngrénzhènfèn 기분 좋게 하다, 고무시키다 | 乘胜追击 chéngshèngzhuījī 승승장구하여 진격하다

CHAPTER 10 무역 업무2 – 문의, 오퍼, 카운터 오퍼

STEP 1 알짜배기 문장으로 통번역 준비 운동!

의미에 맞게 문장의 빈칸을 채워가며 실전 통번역에 앞서 몸을 가볍게 풀어봅시다.

01 您对我们的产品感兴趣，我们不胜荣幸。这是我们公司的产品宣传样本，请您过目。
저희 제품에 관심을 가져 주셔서 영광입니다. _____ 한번 살펴봐 주시기 바랍니다.

02 如果贵公司的交易条件合适的话，我们打算要一万台，希望贵公司能报最优惠的价格。
만약 _____ 1만 대를 주문할 생각이니, 귀사에서 _____ 을/를 제시해 주십시오.

03 考虑到贵公司定量比较多，我们可以给5%的优惠，即FOB上海每台5,000元。
귀사는 _____. 즉 FOB 상하이 1대당 5,000위안입니다.

04 库存大约2,000台，其余的我们可以在12月装船。
재고가 2,000대 정도 있고, _____.

05 请注意，这是我方的最优惠报价，我们不接受任何还盘。
이것은 저희 쪽에서 가장 할인해드린 견적이기 때문에 _____ 을/를 유념해 주십시오.

06 感谢您的询盘。正式发盘我们会在明天提出。
_____. 정식 오퍼는 내일 내겠습니다.

07 为了能够与贵公司达成交易，我们做出了最大的让步。
귀사와의 거래를 성사시키기 위해 _____.

08 谢谢你的询价。我们将仔细研究贵方需求单，并尽量满足贵方要求。
가격 문의에 감사드립니다. _____. 귀사의 요구를 최대한 만족시킬 수 있도록 하겠습니다.

09 贵公司发盘的有效期一般是多长时间？
　　 귀사의 _____ 보통 얼마인가요?

10 就价格而言，2018型比2017型还要便宜8%，因为我们采用新技术降低了成本。
　　 가격으로 봤을 때 _____ 2018년 모델은 2017년 모델보다 8% 더 저렴합니다.

11 我们考虑一下，会在三天之内予以答复。
　　 저희가 생각을 좀 해보고 _____.

12 我们公司与贵公司合作以来一直非常顺利，非常感谢贵公司对我们公司的支持与信任。
　　 저희 회사와 귀사는 협력한 이래 계속 순조롭게 거래해왔습니다. 귀사의 _____.

정답 확인

01　이것은 저희 회사 제품 홍보 카탈로그인데
02　귀사와의 거래 조건이 맞는다면 ∥ 최대로 우대한 가격
03　주문량이 많으니 5% 우대해 드릴 수 있습니다
04　나머지는 12월에 선적할 수 있습니다
05　어떠한 카운터 오퍼도 받아들일 수 없다는 점
06　귀사의 문의에 감사드립니다
07　저희는 최대한 양보했습니다
08　저희는 귀사의 요구서를 상세하게 검토해서
09　오퍼 유효 기간은
10　새로운 기술을 이용해 원가를 낮추었기 때문에
11　3일 이내에 답을 드리겠습니다
12　저희 회사에 대한 지지와 신뢰에 감사드립니다

주요 어휘 정리

不胜荣幸 búshèngróngxìng 대단히 영광입니다.
宣传样本 xuānchuányàngběn 명 홍보 카탈로그
过目 guòmù 동 살펴보다
定量 dìngliàng 명 주문량
库存 kùcún 명 재고
装船 zhuāngchuán 동 선적하다
还盘 huánpán 명 카운터 오퍼, 반대 신청

询盘 xúnpán 명 문의, 조회
正式发盘 zhèngshìfāpán 정식 오퍼
需求单 xūqiúdān 명 요구서
有效期 yǒuxiàoqī 명 유효 기간
降低 jiàngdī 동 낮추다
予以答复 yǔyǐdáfù 답변하다, 답을 주다
支持 zhīchí 동 지지하다

2 STEP 비즈니스 중한 통번역 맛보기
🎧 089~092

핵심 문장들로 구성된 중문 통번역 예시를 보며, 실전 연습에 앞서 몸을 가볍게 풀어봅시다.

01 贵公司的服装种类齐全，质量上乘，客户有意购买。然而很遗憾，客户们普遍认为贵方的报价偏高。因此目前的报价，我们难以接受。

> 귀사의 의류는 종류도 다양하고 품질도 우수해서 고객들의 구매 의사가 높습니다. 그러나 유감스럽게도 고객들은 귀사의 견적가가 다소 높은 편이라고 생각합니다. 이 때문에 저희는 현재 가격을 수용하기 힘들 것 같습니다.

齐全 qíquán 형 완전히 갖추다. 완비하다 | 上乘 shàngchéng 형 상등. 높은 수준 | 偏高 piāngāo 형 너무 높다

02
1. 品名及规格：一级西瓜籽，清洗、打磨。
2. 价格：CIF上海每公吨5,000美元。
3. 数量：起订量10公吨。
4. 包装：塑料袋包装，每袋装10千克，5袋装一纸箱。
5. 装运期：收到订单后两个月装运。
6. 支付方式：不可撤销即期信用证。

> 1. 품명 및 규격 : 1급 수박 종자, 세척하여 다듬은 것 | 2. 가격 : CIF 상하이 5,000달러/톤 | 3. 수량 : 주문량 10톤부터 | 4. 포장 : 비닐봉투 포장, 한 자루에 1,000그램을 담고 한 상자에 5 자루 포장 | 5. 선적 시기 : 주문서를 받은 후 2개월 내 선적 | 6. 지불 방식 : 취소 불능 신용장

籽 zǐ 명 종자 | 打磨 dǎmó 동 갈아서 윤을 내다 | 公吨 gōngdūn 양 톤(ton) | 塑料袋 sùliàodài 명 비닐봉지 | 装运 zhuāngyùn 동 적재하여 운송하다

03 我方仍有意达成这笔交易，故经公司董事会商议决定，将原报价降低2.5%（即每套儿童成衣100元，含包装费，CIF仁川到岸价），并含贵方3%的佣金，以示诚意。

> 저희는 이번 거래를 성사시키기 위해 이사회 회의를 거쳐 원래 견적가에서 2.5%를 낮추기로 결정하였으며(즉 아동복 한 세트당 포장 비용 포함, CIF 인천항 도착 가격으로 100위안), 그리고 귀측의 3% 수수료를 포함시켜 성의를 표하였습니다.

有意达成 yǒuyìdáchéng 달성하고자 하다 | 仁川到岸价 rénchuāndàoànjià 인천항 도착 가격 | 佣金 yòngjīn 명 중개수수료, 커미션 | 以示诚意 yǐshìchéngyì 성의 표시를 하다

04 这是我们公司的正式发盘内容。显示器A01，颜色有黑色、银色两种；付款方式为不可撤销信用证。如果贵司没有意见，我们可以采取分批装船。第一批1,000台收到信用证后一周内装船，其余1,000台12月末发货。

> 이건 저희 회사의 정식 오퍼 내용입니다. 모니터 A01, 색은 블랙과 실버 두 종류, 지불 방식은 취소 불능 신용장입니다. 귀사에서 다른 의견이 없으시다면, 분할 선적 방식을 택하려고 합니다. 첫 오퍼 1,000대는 신용장을 받은 후에 선적하고, 나머지 1,000대는 12월 말에 선적하겠습니다.

发盘 fāpán 동 오퍼를 내다 | 显示器 xiǎnshìqì 명 모니터 | 分批 fēnpī 여러 무리로 나누다 | 装船 zhuāngchuán 동 선박에 적재하다 | 其余 qíyú 대 나머지, 남은 것

3 STEP 비즈니스 중한 통번역 실전 트레이닝

모범답안 198p | 093~099

다양한 비즈니스 상황에서의 중국어 단문 및 문단들을 통번역 해보며 실력을 한 단계 높여 보도록 합시다.

01 A : 我是美联公司的总经理。通过电视广告得知贵公司来此参观，特意过来看看。

B : 您对我们的产品感兴趣，我们不胜荣幸。这是我们公司的产品宣传样本，请您过目。我们公司主要经营现代化教学用电子器材，不知您对什么产品比较感兴趣？

A : 最近随着教育现代化程度的加深，我国各级学校纷纷开展多媒体教学，市场对显示器的需求倍增。因此我们想大量进口一批教学用显示器。

B : 您来得正是时候。这是最近新开发的教学用显示器A01，技术一流，环保材料，操作方便，相信您一定会满意。

A : 还不错。如果贵公司的交易条件合适的话，我们打算要一万台。希望贵公司能报最优惠的价格。

B : 这是我们的报价单。考虑到贵公司定量比较多，我们可以给5%的优惠，即FOB上海每台5,000元。

得知 dézhī 동 알게 되다 | 不胜荣幸 búshèngróngxìng 대단히 영광스럽다 | 产品宣传样本 chǎnpǐnxuānchuán yàngběn 제품 홍보 카탈로그 | 过目 guòmù 동 훑어보다, 한번 보다 | 加深 jiāshēn 동 깊어지다, 심화하다 | 纷纷开展 fēnfēnkāizhǎn 앞다투어 전개하다 | 多媒体 duōméitǐ 명 멀티미디어 | 显示器 xiǎnshìqì 명 모니터 | 倍增 bèizēng 동 배로 증가하다 | 报价单 bàojiàdān 명 가격 리스트, 견적서

02 A : 昨天您询盘的显示器的价格，我们已经算出。请您过目。
　　 B : 好的。我看一下。
　　 A : FOB上海每台4,000元人民币，这是我们能够给出的最优惠的价格。为了能够与贵司达成交易，我们做出了最大的让步。
　　 B : 好。价格方面没有问题。其他的交易条件是怎样的？
　　 A : 请您稍候。这是我们公司的正式发盘内容。显示器A01，颜色有黑色、银色两种；付款方式为不可撤销信用证。
　　 B : 没有问题。但是交期怎么定呢？
　　 A : 如果贵司没有意见，我们可以采取分批装船。第一批1,000台收到信用证后一周内装船，其余1,000台12月末发货。
　　 B : 好的。贵司发盘的有效期一般是多长时间？
　　 A : 一般是三天。

询盘 xúnpán 图 문의, 매매 상담 | 算出 suànchū 통 산출하다 | 不可撤销信用证 bùkěchèxiāoxìnyòngzhèng 취소 불능 신용장 | 采取 cǎiqǔ 통 채택하다, 취하다 | 分批装船 fēnpīzhuāngchuán 분할 선적 | 发盘 fāpán 통 오퍼를 내다

03 A : 我们对你们的激光打印机很感兴趣。
　　 B : 谢谢。请问您想要哪种型号？
　　 A : 在看过好几种型号，选定了2018型。
　　 B : 2018型是最新流行款式。与2017型相比，增添了一些先进的功能。因此，更容易操作，效率更高。
　　 A : 这是我的询价单。如果你们价格合理，我打算订购1,000台。
　　 B : 就价格而言，2018型比2017型还要便宜8%。因为我们采用新技术降低了成本。
　　 A : 供货状况如何？
　　 B : 我们有现货供应。贵方信用证一到就可以发货。
　　 A : 好。请报上海到岸价(CIF)和釜山离岸价(FOB)。
　　 B : 好的。

激光打印机 jīguāngdǎyìnjī 명 레이저 프린터 | 型号 xínghào 명 모델 | 选定 xuǎndìng 동 선정하다 | 流行款式 liúxíngkuǎnshì 유행 스타일 | 订购 dìnggòu 동 주문하다 | 供货状况 gònghuòzhuàngkuàng 납품 상황 | 现货供应 xiànhuògòngyīng 현물로 공급하다 | 到岸价 dàoànjià 명 수입항 도착 가격, CIF | 离岸价 líànjià 명 본선 인도 가격, FOB

04 A: 这张是到岸价(CIF), 下面这张是离岸价(FOB), 含贵方佣金百分之三。
B: 如果我方订单数量大, 能否打些折扣?
A: 为了成交我们可以作些让步, 不过请你说明你们大概要订购的数量, 以便我们对价格作相应的调整。
B: 我们要订的数量在很大程度上取决于价格, 还是让我们先解决价格问题吧。
A: 好吧, 如果你们订货数量很大, 我们准备折扣百分之二。
B: 为了促成交易, 我认为至少得让百分之五才行。
A: 如果订货量超过5,000台我们能降价百分之三, 不能再多了。
B: 好吧。我将仔细考虑你们的报盘, 明天给你答复。谢谢你的报盘。
A: 希望我们的贸易条件能被你们接受。相信通过你我合作, 我们之间能做成这笔大生意。

打折扣 dǎzhékòu 할인하다 | 取决 qǔjué 동 ~에 달려 있다 | 答复 dáfù 동 답변하다

05 A：家庭型锅炉每台多少钱？

B：每台三百五十美元，是釜山离岸价(FOB)，有现货供应。

A：价格太高了。我得到类似产品的另一种报价，价格低得多。如果你能稍降点儿价，我马上就可以订货。你瞧，我手头有位客户打算买5,000台，可他给我的价格是三百美元一台。

B：300美元一台？这个价格根本行不通。你在哪儿也买不到这个价。

A：可300美元是他们的最低价格，我也没办法。我希望你能再考虑一下。5,000台可不是小数目，是吧？

B：好吧。既然是个大订单，我愿意让步百分之五。

A：我想至少得折扣百分之十这样比较合理。

B：10%！这绝对不可能。我们要亏大本了，更别谈什么获利了。让步5%，也就是说每台332.50美元，这可真是非常便宜了，我们的利润就微乎其微了，希望你能体会到这一点。

家庭型锅炉 jiātíngxíngguōlú 가정용 보일러 | 类似产品 lèisìchǎnpǐn 동종 상품 | 行不通 xíngbutōng 동 해낼 수 없다, 불가능하다 | 亏本 kuīběn 동 손해를 보다, 밑지다 | 获利 huòlì 동 이익을 얻다 | 体会 tǐhuì 동 체득하다, 경험하여 알다

06 　　　　　　　　还盘函

　　兹收到贵方6月23日按惯常条款报给我方的有关1,000套儿童系列服装的"报盘函"，谨致谢意！贵公司的服装种类齐全，质量上乘，客户极有意购买。然而很遗憾，客户们普遍认为贵方的报价偏高。因此目前的报价，我们难以接受。希望贵方能适当地降低价格，以便我方能说服客户，达成交易。为了促成此交易，我方现还盘如下：（以贵方7月15日的答复为有效标准）

　　儿童系列服装，每套80元（含包装费），CIF仁川到岸价，并含我方3%的佣金。其他条款按贵方6月23日来函办理。不知贵方意下如何？敬盼回复！

兹 zī 대 이, 지금 | 报盘函 bàopánhán 오퍼 서신 | 谨致谢意 jǐnzhìxièyì 삼가 감사의 뜻을 표하다 | 齐全 qíquán 형 완전히 갖추다, 완비하다 | 上乘 shàngchéng 명 높은 수준, 높은 등급 | 极 jí 부 아주, 극히, 매우 | 偏高 piāngāo 형 높은 편이다 | 至盼 zhìpàn 동 간절히 바라다 | 早复 zǎo fù 조속한 회답 | 敬祝 jìngzhù 동 축복하다, 축원하다, 삼가 ~바라다

07　　　　　　　　　返还盘函

　　贵方7月2日"还盘函"已收阅。从信函中获悉贵方不能接受我方的报价，我们表示非常遗憾。我方的儿童系列服装，不仅质量上乘，而且价格也合理。因目前原材料的上涨，致使成衣制作的成本费用提高，我们的利润已经是微乎其微了。如若再降低价格，我方恐怕很难遵办，恳请谅解。但我方仍有意达成这笔交易，故经我公司董事会商议决定，将原报价降低2.5%，（即每套儿童成衣100元，含包装费，CIF仁川到岸价），并含贵方3%的佣金，以示诚意。

　　专此奉复，恭候佳音。

成本 chéngběn 명 원가 | 微乎其微 wēihūqíwēi 성 매우 적다, 극히 미미하다 | 遵办 zūnbàn 동 명령대로 처리하다 | 恳请 kěnqǐng 동 간청하다 | 以示 yǐshì 동 ~로서 ~을 나타내다 | 专此奉复 zhuāncǐfèngfù 각별히 답장을 올리다 | 恭候 gōnghòu 삼가 기다리다 | 佳音 jiāyīn 명 좋은 소식, 희소식

 무역 업무3 – 상품 검사, 포장, 발송

STEP 1 알짜배기 문장으로 통번역 준비 운동!

의미에 맞게 문장의 빈칸을 채워가며 실전 통번역에 앞서 몸을 가볍게 풀어봅시다.

01 我们公司要在中国做生意，进出口货物是不是都要报请商检？
저희 회사가 중국에서 사업을 하려고 하는데 ＿＿＿＿＿＿＿＿＿＿＿＿＿＿＿＿？

02 如果中方和韩方商检的结果不一致的话，我们应该如何处理呢？
만약 한국과 중국 양측의 ＿＿＿＿＿＿＿＿＿＿＿＿＿＿＿＿ 어떻게 처리해야 하나요?

03 我们将在承诺的2天内发货，发货后，我们将告知你货运单号。
우리는 ＿＿＿＿＿＿＿＿＿＿＿＿＿＿＿＿, 상품 발송 후 운송장 번호를 알려드리겠습니다.

04 您的产品将通过EMS的方式，在7天后到达您那里。
귀하께서 구입하신 제품은 EMS방식을 통해 ＿＿＿＿＿＿＿＿＿＿＿＿＿＿＿＿.

05 您的产品正在被悉尼邮局派送。您的物流单号为ABC12345，您可以在www.abc.com查询物流信息。
귀하의 상품은 ＿＿＿＿＿＿＿＿＿＿＿＿＿＿＿＿. 운송장 번호는 ABC12345이고, www.abc.com에서 물류 정보를 확인할 수 있습니다.

06 如果你们公司的产品已经获得了CCC认证标志就没有必要报请商检了。
만약 귀사의 제품이 ＿＿＿＿＿＿＿＿＿＿＿＿＿＿＿＿ 상품 검사를 신청할 필요가 없습니다.

07 请你放心，我们采用的是国际标准运输标志。
저희는 ＿＿＿＿＿＿＿＿＿＿＿＿＿＿＿＿ 그 부분에 대해선 안심하셔도 됩니다.

08 要办理报关注册登记手续，需要什么文件？
＿＿＿＿＿＿＿＿＿＿＿＿＿＿＿＿, 어떤 서류가 필요합니까?

09 贵方订购货物的<u>出口许可证已获批准</u>。
　　 귀하께서 주문한 물품의 _____.

10 质量标准是依据中国大蒜分类标准进行，<u>一定要确保质量符合规定的标准</u>。
　　 품질 기준은 중국 마늘 분류 표준에 따르며, _____.

11 我们一直秉承<u>质量至上，信誉至上的原则</u>。
　　 저희는 _____을/를 고수하고 있습니다.

12 包装的材料有很多种，比方有<u>纸箱、木箱、板条箱、瓦楞纸盒、泡沫材料</u>等等。
　　 포장 재료는 여러 가지인데, _____ 등이 있습니다.

정답 확인

01 수출입 화물 모두 상품 검사를 신청해야 합니까
02 상품 검사 결과가 다를 경우에는
03 약속대로 2일 내에 상품을 발송할 예정이고
04 7일 후에 배송될 예정입니다
05 시드니 우체국에서 배송 중에 있습니다
06 이미 CCC 인증마크를 획득했다면
07 국제 표준 화인을 사용하고 있으니
08 제가 통관 등록 수속을 하려 하는데
09 수출 허가증이 이미 비준을 받았습니다
10 반드시 품질이 규정된 기준에 맞아야 합니다
11 품질 제일, 신용 제일의 원칙
12 종이 상자, 나무 상자, 틀나무 상자, 골판지 상자, 스티로폼 재료

주요 어휘 정리

做生意 zuòshēngyì 동 사업을 하다
报请 bàoqǐng 동 서면으로 요청하다
商检 shāngjiǎn 동 상품 검사
承诺 chéngnuò 동 약속하다, 승낙하다
货运单 huòyùndān 명 운송장
物流 wùliú 명 물류
CCC认证标志 CCC rènzhèngbiāozhì CCC 인증마크
运输标志 yùnshūbiāozhì 화인, Shipping Mark

报关注册 bàoguānzhùcè 통관 등록
获批准 huòpīzhǔn 비준을 얻다
质量标准 zhìliàngbiāozhǔn 명 품질 기준
秉承 bǐngchéng 동 계승하다, 받아들이다
信誉至上 xìnyùzhìshàng 신용 제일
板条箱 bǎntiáoxiāng 명 틀나무 상자
瓦楞纸箱 wǎléngzhǐxiāng 명 골판지 상자
泡沫材料 pàomòcáiliào 명 스티로폼 재료

2 STEP 비즈니스 중한 통번역 맛보기 🎧 100~102

핵심 문장들로 구성된 중문 통번역 예시를 보며, 실전 연습에 앞서 몸을 가볍게 풀어봅시다.

01 贵方订购货物的出口许可证已获批准。货物即将于8-10天内制作完成，特此奉告。我方建议，请在收到由中华人民共和国中国银行开出的不可撤销信用证时付款。

> 귀사에서 주문한 물품의 수출허가증이 이미 승인을 받았습니다. 물품은 8~10일 내에 제작될 예정임을 알려드립니다. 귀하께서는 중화 인민 공화국 중국 은행에서 발행하는 취소 불능 신용장을 받으신 후 판매 대금을 지불해 주시기를 바랍니다.

订购货物 dìnggòu huòwù 상품을 주문하다 | 出口许可证 chūkǒuxǔkězhèng 명 수출 허가증, 수출 면장 | 批准 pīzhǔn 동 허가하다, 승인하다 | 即将 jíjiāng 부 곧, 머지않아 | 特此奉告 tècǐfènggào 특별히 알려 드립니다

02 我是告诉您订单的最新进展情况，最新的信息显示，您的产品已经在6月19日到达贵国海关。物流单号为：ABC12345，您可以在www.abc.com查询物流信息。您将马上收取到您的产品，邮递时间有点耽搁，敬请谅解，希望这不影响您对产品的使用。

> 귀하의 주문에 관한 최근 진행 상황을 알려 드립니다. 귀하께서 주문하신 상품은 이미 6월 19일에 귀국의 세관에 도착했습니다. 운송장 번호는 ABC12345이고 www.abc.com에서 물류 정보를 확인하실 수 있습니다. 곧 상품을 받아 보실 수 있습니다. 시간이 다소 지연된 점 양해 부탁드리며 상품 사용에 지장이 없기를 바랍니다.

进展情况 jìnzhǎnqíngkuàng 진행 상황, 진척 상황 | 海关 hǎiguān 명 세관 | 物流单号 wùliúdānhào 운송장 번호 | 查询 cháxún 동 문의하다, 조회하다 | 物流信息 wùliúxìnxī 명 물류 정보 | 耽搁 dānge 동 지연하다

03 最早的集装箱船预定大后天，也就是星期四下午起程开往纽约，我们现在正好有一个四十尺的集装箱。我们公司的运费可以按重量计算，也可按体积或尺码计算。您将所有包装的货物转运到香港轮船公司的集装箱码头。

> 가장 빠른 컨테이너 선박은 글피 예정되어 있는데 목요일 오후 뉴욕으로 가는 편입니다. 저희가 마침 13 미터짜리 컨테이너 한 대가 있습니다. 저희 회사의 운송비는 중량에 따라 계산할 수도 있고 부피 또는 길이에 따라 계산할 수도 있습니다. 귀하께서는 포장한 물품을 홍콩 기선 회사의 컨테이너 부두로 운반해 주십시오.

集装箱 jízhuāngxiāng 명 컨테이너 | 大后天 dàhòutiān 명 글피 | 起程 qǐchéng 동 출발하다 | 尺 chǐ 양 자, 척(1丈의 1/10로 약 33.3cm) | 体积 tǐjī 명 체적, 부피 | 转运 zhuǎnyùn 동 운반되어 온 화물을 다시 다른 곳으로 운송하다 | 轮船 lúnchuán 명 기선

3 STEP 비즈니스 중한 통번역 실전 트레이닝

모범답안 201p | 103~110

다양한 비즈니스 상황에서의 중국어 단문 및 문단들을 통번역 해보며 실력을 한 단계 높여 보도록 합시다.

01 A : 元总，根据我们交易协商达成的一致意见，我们公司制订了一份大蒜出售合同草案，为防止出错，就交易条件，我们再仔细核对一下吧。
B : 好的。质量标准是依据中国大蒜分类标准进行，一定要确保质量符合规定的标准。
A : 这点请您放心。我们一直秉承质量至上，信誉至上的原则。再说我们也不想交付违约赔偿金。
B : 有张经理这句话，我们就放心了。交货期定在4月底，一次性装船。
A : 装货条款没有问题。下面看看付款方式，由于是初次交易，采用不可撤销信用证来支付，贵司在装船15~20天前开证。
B : 好的。我来仔细看一看。质量条款提到：质量以中国商检局的检查证明书为准。
A : 如果中方和韩方商检的结果不一致的话，我们应该如何处理呢？
B : 这种情况，我们应该委托公认的第三国商检机构进行再检查，相关费用也是买卖双方平摊。
A : 没问题。那么，可以说所有的交易条件都达成意见一致了，是吧？
B : 是的。

出售合同 chūshòuhétóng 매도 계약 | 草案 cǎo'àn 명 초안 | 出错 chūcuò 동 차오가 생기다 | 核对 héduì 동 대조 확인하다 | 秉承 bǐngchéng 동 삼가 받들다, 계승하다 | 至上 zhìshàng 형 최고이다, 가장 높다 | 违约赔偿金 wéiyuēpéichángjīn 위약 배상금 | 商检机构 shāngjiǎnjīgòu 상품 검사 기관 | 双方平摊 shuāngfāngpíngtān 양측이 균등히 부담하다

02 A : 纸板箱体积多大？

B : 26厘米高，32厘米宽，37厘米长。体积约0.3立方。

A : 重量呢？

B : 毛重26.5公斤，净重25公斤。

A : 也就是说皮重1.5公斤。

B : 是的。外面用世界市场上广泛采用的塑料带加固，又轻又结实，易于处理。

A : 这是长途运输，又是海运，请你们特别注意唛头。

B : 请你放心，我们采用的是国际标准运输标志。

纸板箱 zhǐbǎnxiāng 몡 종이 박스 | 体积 tǐjī 몡 체적, 부피 | 厘米 límǐ 양 센티미터 | 立方 lìfāng 몡 세제곱 | 毛重 máozhòng 몡 화물의 총 중량 | 净重 jìngzhòng 몡 순량, 실중량 | 皮重 pízhòng 몡 포장 무게 | 塑料带 sùliàodài 몡 비닐 테이프, 비닐끈 | 加固 jiāgù 동 단단하게 하다, 견고하다 | 易于处理 yìyúchǔlǐ 처리하기 편리하다 | 唛头 màtóu 몡 마크, 상표, 라벨 | 运输标志 yùnshūbiāozhì 화인, shipping mark

---

03 A : 张先生，我们想咨询一些商检问题。我们公司要在中国做生意，进出口货物是不是都要报请商检？

B : 是的。依据中国《商检法》的规定，法定检验商品必须报请商检。法定检验以外的进出口商品，外贸合同规定必须由我们商检机构检验的，也要依据有关规定报请商检。

A : 哪些商品是法定检验商品呢？

B : 列入《种类表》的商品。

A : 那么，非法定检验的商品就可以不报商检吗？

B : 一般来说是这样的。但商检机构可以抽查检验并实施监督管理。

A : 听张先生的意思，有些非法定检验的商品也要报请商检？

B : 对！当非法定检验的进口商品，收货人发现质量不合格或者残损短缺时，需要持商检证索赔，应当向商检机构申请检验证。

咨询 zīxún 동 상의하다, 의논하다 | 报请 bàoqǐng 동 서면으로 요청하다, 신청하다 | 法定检验商品 fǎdìngjiǎnyànshāngpǐn 법정 상품 검사 품목 | 列入 lièrù 동 집어넣다, 끼워넣다 | 抽查 chōuchá 동 추출하여 검사하다 | 监督管理 jiāndūguǎnlǐ 관리 감독 | 残损 cánsǔn 동 파손되다 | 短缺 duǎnquē 동 부족하다, 모자라다 | 索赔 suǒpéi 동 배상을 요구하다

04 A : 现在我们来谈谈交货时间。你们最早什么时候能装货？
B : 根据工厂情况，最早交货日期可能是5月初。
A : 那太晚了。你知道这是季节性产品，我们必须在4月末投放市场以便赶上季节。而且海关手续也需要很长时间。你们能否将船期提前到2月份？
B : 可问题是我们工厂手头上订单很多。恐怕提前交货很困难。
A : 3月份交货对我们很重要。如果其他进口商早已卖出他们的商品盈利而归，我们却才投放市场，那我们就要亏本了。因此，如果3月份不能交货，我们就只好被迫撤销这笔订单了。
B : 你看这样行不行？我们再和厂商协商要求他们提前交货，即使不能提到3月份，至少提到4月初。也就是说，提前30天或更多。这样工人们就得三班倒了。目前我们最多只能如此。
A : 行。最晚就定在4月初。你一定要落实下来。我一到公司就开出信用证，其他条款与过去一样。

投放市场 tóufàngshìchǎng 시장에 내놓다, 출시하다 | 赶上 gǎnshàng 동 시간에 대다, 따라잡다 | 盈利 yínglì 명 이윤, 이익 | 被迫 bèipò 동 어쩔 수 없이 ~하다 | 落实 luòshí 동 실현되다, 구체화되다

05 A：你好，我们是来办理报关注册登记的。办理此项手续，需要什么文件？
　　　B：你们写的书面申请，有关部门批准开业的文件和营业执照副本。
　　　A：需要银行的经济担保吗？
　　　B：海关认为必要时才提交。为了保护投资方的利益，外商投资企业，必须提供会计事务所出具的验资报告。
　　　A：好的，我知道了。
　　　B：这些文件经海关检查合格后，准予注册登记，海关就发给报关人员一个黑本。
　　　A：黑本？
　　　B：就是《报关注册登记证明书》，俗称"黑本"。
　　　A：有了黑本，就有报关权，对吧？
　　　B：是的。不过，必须由专职报关员报关。
　　　A：知道。谢谢你的提醒。

营业执照 yíngyèzhízhào 영업 집조, 사업자 등록증 | **副本** fùběn 图 복사본, 사본 | **经济担保** jīngjìdānbǎo 图 재정 보증, 대출 담보 | **出具** chūjù 图 발급하다, 발부하다 | **验资报告** yànzībàogào 자산 점검 보고 | **准予** zhǔnyǔ 图 허가하다, 동의하다 | **报关权** bàoguānquán 통관 권한 | **提醒** tíxǐng 图 조심시키다, 일깨우다

06 　　发货审核是什么？仓库人员告知客服人员客户发货明细，开具《发货单》签字传真至商务部经理。商务部经理在发货前与客户再次确定发货金额，货品明细，及代收托收安全。商务部经理审核无误后签字盖章，将《发货单》传真至仓库人员发货。仓库人员将签字盖章《发货单》当放行条发货。

仓库 cāngkù 图 창고 | **告知** gàozhī 图 고지하다, 알리다 | **开具** kāijù 图 (영수증, 증명서 따위를) 작성하다 | **代收** dàishōu 图 대신 받다 | **托收** tuōshōu 图 대리 징수하다

07 您好。我想知道你们海运公司最近有没有货船到天津新港,我们的一位客户现在有一批货急于发运,希望赶在春节前上市,他们原来预定的太平洋轮船公司最近因码头工人怠工的问题,货物很可能不能够及时运出,恐怕延误上市的日期。你们公司的码头工人受不受怠工的影响?现在先给您写这封电子邮件,希望您能够先查一查船期,等下午开完会后,我会给您打电话。

急于 jíyú 동 ~하기 위해 급히 서두르다 | 怠工 dàigōng 동 태업하다 | 延误 yánwù 동 (시기를) 놓치다

08 A:要缴的税款为关税和增值税。如果是国家鼓励的进口设备,享受免税待遇,如果是政府同意购买的产品,一般只免关税。
B:据我了解,中国与美国在国际贸易方面享受最惠国的待遇,多半的产品符合政府制定的互惠关税条件。你知道关税是怎么确定的吗?
A:关税通常是按照货物的价值来征收的,并在进口的海关确定,征税的基础是CIF价。
B:确定关税后,在什么时间、到什么地方去缴呢?
A:从海关签发税单的第二天起,进口商应该在十四个工作日内到报关的海关缴纳税款。如果超过了十四个工作日(星期天和节假日除外),从第十五天起到缴纳日止,按天征收货值总额万分之一的滞纳金。
B:海关的事也很复杂,那以后就多麻烦你了。
A:没问题,请随时指教。

缴 jiǎo 동 납부하다, 지급하다 | 关税 guānshuì 명 관세 | 增值税 zēngzhíshuì 명 부가 가치세 | 鼓励 gǔlì 동 격려하다, (용기를) 북돋우다 | 免税 miǎnshuì 동 면세하다 | 最惠国 zuìhuìguó 명 최혜국 | 征收 zhēngshōu 동 (세금을) 징수하다 | 滞纳金 zhìnàjīn 명 체납금

CHAPTER 12 무역 업무4 – 클레임, 사과, 손해 배상

STEP 1 알짜배기 문장으로 통번역 준비 운동!

의미에 맞게 문장의 빈칸을 채워가며 실전 통번역에 앞서 몸을 가볍게 풀어봅시다.

01 对贵公司的损失，本公司再次深表歉意。
귀사의 손실에 대해서 _____.

02 本公司将以最快的速度按实际损失给予无条件赔偿。
본사는 최대한 빨리 _____.

03 本公司将采取一定的法律途径维护我公司的合法权益及相应经济损失。
본사는 _____ 저희의 합법적인 권익과 _____ 을/를 보호할 것입니다.

04 你们上次发运的货太令人失望，我不得不向贵方提出索赔。
귀사에서 지난번 발송한 화물을 보고 크게 실망하여 _____.

05 我认为你应当处理这一问题并给我们赔偿。
저는 _____ 저희 쪽에 손해 배상을 해야 한다고 생각합니다.

06 我们一直在努力改善对客户的服务。
저희는 늘 _____ 최선을 다하고 있습니다.

07 考虑到我们之间的友好关系，我们准备满足贵方4.50公吨短重索赔。
_____ 귀사의 4.50톤 중량 미달에 대한 손해 배상 요구를 받아들이겠습니다.

08 我们因此遭受了巨大经济损失。
저희는 이번 일로 인해 _____.

09 我们的客户表示不满，强烈要求你们赔偿损失。

_____ 귀사에게 손해를 배상하라고 강력하게 요구하고 있습니다.

10 按目前的情况看，这不属于我们的责任，我恐怕只能拒绝贵方索赔。

현재의 상황으로 봐서 이는 _____을/를 받아들일 수 없을 것 같습니다.

11 我们会研究有关问题，找出问题的原因，及尽力避免同样不幸的事再次发生。

저희는 관련된 문제를 연구하여 원인을 밝혀내고, _____.

12 对双方的违约责任及相关赔偿进行了明确约定。

_____ 명확하게 약정되어 있습니다.

정답 확인

01 다시 한번 깊이 사과를 드립니다
02 실제 손실에 대해 조건 없이 배상하겠습니다
03 일정한 법적 절차를 취해서 ‖ 상응하는 경제적 손실
04 부득이하게 귀사에 손해 배상을 청구하게 되었습니다
05 귀사가 반드시 이 문제를 처리하고
06 고객 서비스 개선에
07 우리의 우호적인 관계를 생각하여
08 막대한 경제적 손실을 입었습니다
09 저희 고객이 불만을 나타내며
10 저희의 책임이라고 볼 수 없기 때문에 귀사의 손해 배상 요구
11 동일한 사고가 재차 발생하지 않도록 최선을 다하겠습니다
12 양측의 위약 책임 및 관련 배상에 관해서

주요 어휘 정리

损失 sǔnshī 동 손실
表歉意 biǎoqiànyì 사과의 뜻을 표하다
采取 cǎiqǔ 동 채택하다, 취하다
发运 fāyùn 동 발송하다
提出索赔 tíchūsuǒpéi 손해 배상을 청구하다
赔偿 péicháng 동 배상하다, 보상하다

改善 gǎishàn 동 개선
短重 duǎnzhòng 중량 미달
遭受 zāoshòu 동 입다, 당하다
拒绝 jùjué 동 거절하다
避免 bìmiǎn 동 피하다, 면하다
违约 wéiyuē 동 위약하다, 약속을 어기다

2 STEP 비즈니스 중한 통번역 맛보기

🎧 111~114

핵심 문장들로 구성된 중문 통번역 예시를 보며, 실전 연습에 앞서 몸을 가볍게 풀어봅시다.

01 对贵公司的损失，本公司再次深表歉意，并请贵公司尽快提供电脑桌受损的详细数量及破损程度，以及公证人证明和检验证明书。

> 귀사의 손실에 대해 다시 한번 깊이 사과드리며, 손상된 컴퓨터 책상의 정확한 숫자와 파손 정도, 공증인 증명서와 검사 증명서를 가능한 한 빨리 보내주시기 바랍니다.

损失 sǔnshī 명 통 손실(되다) | 深表歉意 shēnbiǎoqiànyì 깊은 유감을 표하다 | 受损 shòusǔn 통 손실을 입다, 손해를 보다 | 破损程度 pòsǔnchéngdù 파손 정도

02 致使近半年来我们公司花费大量的人力、物力而刚建立起来的中小网点冷链市场全部乱套，并严重影响了我司多年来积累起来的信誉度，使我们公司损失特别惨重。

> 최근 반년 동안 저희 회사가 막대한 인력과 물자를 들여 구축해 놓은 중소 판매망 저온 유통 시스템 시장이 전부 엉망이 되었습니다. 게다가 우리 회사가 수년간 쌓아온 신용도에 심각한 영향을 끼쳐 회사의 손실이 매우 심각합니다.

致使 zhìshǐ 통 ~를 초래하다, 야기하다 | 中小网点 zhōngxiǎowǎngdiǎn 중소 판매망, 중소 점포망 | 冷链市场 lěngliànshìchǎng 저온 유통 시스템 시장 | 乱套 luàntào 통 혼란스러워지다, 엉망이 되다 | 信誉度 xìnyùdù 신용도, 신망도 | 惨重 cǎnzhòng 형 극심하다, 막급하다

03 我们公司本着长期合作及友好妥善处理纠纷的原则，再次去函请贵公司于2017年12月22日之前为我们公司完成3C认证，否则我们公司将采取一定的法律途径维护我们公司的合法权益及相应经济损失。

> 저희 회사는 장기적인 협력 관계와 우호적인 분쟁 처리의 원칙에 따라 귀사에 2017년 12월 22일 전까지 3C 인증을 완료해 주실 것을 재차 요청합니다. 그렇지 않을 시 저희 회사는 법적 절차를 통해서 회사의 합법적인 권익과 상응하는 경제적 손실을 보호할 것입니다.

妥善 tuǒshàn 형 적절하다, 타당하다 | 纠纷 jiūfēn 명 다툼, 분쟁 | 函请 hánqǐng 서신으로 요청하다 | 法律途径 fǎlǜtújìng 법률적 절차 | 维护 wéihù 통 보호하다, 지키다 | 合法权益 héfǎquányì 합법적인 권익 | 经济损失 jīngjìsǔnshī 경제적 손실

04 很抱歉听到发给您的货物有残损，我在发货时再三确定了包装没有问题才给您发货的。残损可能发生在运输过程中，但我仍然为给您带去的不便深表歉意。

> 귀사로 발송된 제품이 훼손되었다는 보고를 받고 매우 죄송스럽게 생각하고 있습니다. 저희 회사는 제품을 발송할 때 제품을 거듭 살펴보고 문제가 없음을 확인한 후 귀사에 발송했습니다. 훼손은 아마도 운송 과정에서 발생한 것 같으나 귀사에 불편을 드려 죄송하게 생각합니다.

残损 cánsǔn 형 파손되다, 부서지다 | 运输 yùnshū 통 운송하다 | 仍旧 réngjiù 부 여전히, 변함없이 | 歉意 qiànyì 명 미안한 마음

3 STEP 비즈니스 중한 통번역 실전 트레이닝

다양한 비즈니스 상황에서의 중국어 단문 및 문단들을 통번역 해보며 실력을 한 단계 높여 보도록 합시다.

01
A : 我有件很不愉快的事情要和你谈谈。我们因此遭受了巨大经济损失。所以我决定来和你当面谈一谈。

B : 我们诚恳地接受您对我们产品提出的所有批评。

A : 上个月医疗器械到达我港。重新检验后我们惊讶地发现15台严重锈损。我们的客户表示不满，强烈要求你们赔偿损失。

B : 能否请你谈一谈货损确切原因呢？要知道，货损可能由各种因素造成。

A : 这儿有份北京进出口商品检验局所签发的检验报告。它证明检验时货物包装良好无损。显而易见，锈损是装船前就存在了。

B : 但是有关货物装船前经过我方检验机构严格检验，贵方代理人也在现场。如果当时发现货物锈损，贵方代理人会在检验单上注明这点。按目前的情况看，这不属于我们的责任。我恐怕只能拒绝贵方索赔。

A : 那么你认为谁应该负责任呢？

B : 这笔交易是按离岸价(FOB)条款成交。贵方负责订舱、保险。依我看，你应该向保险公司或船务公司提出索赔。

遭受 zāoshòu 图 당하다, 입다 | 经济损失 jīngjìsǔnshī 경제적 손실 | 严重 yánzhòng 형 심각하다, 엄중하다 | 锈损 xiùsǔn 녹손 | 显而易见 xiǎn'éryìjiàn 성 똑똑히 보이다, 분명하고 뚜렷하게 보이다 | 订舱 dìngcāng 선복 예약 | 船务公司 chuánwùgōngsī 선박 회사

02 A : 你们上次发运的货太令人失望，我不得不向贵方提出索赔。

B : 有什么毛病？

A : 货物一到达我方巷口，我们立即进行重新检验。然而，让我们惊讶的是，我们发现货物远远低于标准，与样品不符。

B : 这太遗憾了。我们厂商从来都很重视产品的质量。

A : 这儿有份检验局递交的检验报告，证实我方投诉的问题。我认为你应当处理这一问题并给我们赔偿。

B : 我非常理解你的心情。我将立即了解此事，并给你一个满意的答复。但在此之前我无法给你任何许诺。

A : 好的。希望你尽早给予解决。

索赔 suǒpéi 동 클레임을 요구하다, 배상을 요구하다 | 毛病 máobìng 명 고장, 결점 | 远远低于 yuǎnyuǎndīyú ～보다 훨씬 못 미치다, ～보다 한참 밑돌다 | 递交 dìjiāo 동 직접 건네다 | 投诉 tóusù 동 고발하다, 불평하다, 제소하다 | 许诺 xǔnuò 동 허락하다, 승낙하다

---

03 A : 李先生，我有件事，还是直截了当地说吧。很遗憾我们之间这笔买卖出了点意外。我这次来也就是想澄清一些问题。

B : 我们一直努力改善对客户的服务，特别是对像你这样的老客户。

A : 上一批货物上周到达我方港口后，我们进行了过磅。结果表明货物短重。与合同规定的总重量100公吨相比，实际到货重量为95.50公吨。差异为4.50公吨。

B : 那真是没办法理解了。4.50公吨可不是个小数字，不可能在运输途中丢失呀。这4.50吨到哪儿去了呢？

A : 鉴于货物是按到岸价条件款成交，贵方要为短重负责。

B : 你有证明吗？

A : 那当然了。这是新加坡一家著名实验室签发的报告，证实短重4.50公吨。该报告还进一步证明短重是由于包装不当所造成。15只袋子运输途中破损，袋中货物无可挽回地损失。

B : 赵经理，我们合作不是一两年了。我完全相信你的话，考虑到我们之间友好关系，我们准备满足贵方4.50公吨短重索赔。

直截了当 zhíjiéliǎodàng 형 단도직입적으로 | 澄清 chéngqīng 형 분명히 하다 | 改善 gǎishàn 동 개선하다 | 过磅 guòbàng 동 무게를 달다 | 短重 duǎnzhòng 중량 미달 | 签发 qiānfā 동 서명하여 발급하다 | 无可挽回 wúkěwǎnhuí 구제할 수 없다, 만회할 수 없다

04 　　首先，谢谢你将问题告知我们。对于我们未能提供让你满意的货品，本人衷心向你致歉。我们向你保证，我们会立即向你免费提供另一件经检定的货品，以作更换。我们营业部的李约翰先生会尽快和你联络，安排有关事宜。我们会研究有关问题，找出问题的原因，及尽力避免同样不幸事情出现。我们希望你明白这只是商品上市后第一次出现的意外事件，我们会极力维护及不断提升我们产品的质量及声誉，我们更珍惜与您长久建立的友谊，同时，我们亦会不断努力，为你提供价廉物美的产品及售后服务。如有任何问题，欢迎你致电本人。

告知 gàozhī 동 알리다, 고지하다 | 致歉 zhìqiàn 동 사과의 뜻을 표하다 | 更换 gēnghuàn 동 교체하다 | 事宜 shìyí 명 일, 사항 | 声誉 shēngyù 명 명성, 명예 | 价廉物美 jiàliánwùměi 상품의 질이 좋고 값도 저렴하다

05 A：去年我们从贵公司进口的小麦，由于贵方迟迟不能交货，造成我们5万美元的损失。
   B：这怎么可能？
   A：根据合同，贵公司应当是7月10日以前交货，总金额是25万美元。可你们实际呢，是在8月10日才交货。
   B：我不明白。
   A：这批货7月10日之前的价格是28万美元，如果你们能够按期交货，我们本来可以获得3万美元的利润。可7月10日以后，小麦市场价格下跌，售价是22万美元，这样我们一共损失了6万美元。这完全是你们没有按期交货造成的。
   B：按照我们的法律，这种市场差价损失是不予考虑的。
   A：但是在中国法中，贵方是应当承担迟延赔偿的。
   B：我们所根据的法律不同，怎么能说一定的我们赔偿呢？
   A：那么，我们只能根据合同，提交我国的仲裁委员会仲裁了。
   B：可以。我们同意。

迟迟 chíchí 부 천천히, 느릿느릿 | 价格下跌 jiàgéxiàdiē 가격 인하 | 差价损失 chājiàsǔnshī 가격 차이로 인한 손실 | 承担 chéngdān 동 맡다, 담당하다, 부담하다 | 迟延 chíyán 동 지체하다, 끌다, 지연하다 | 仲裁委员会 zhòngcáiwěiyuánhuì 중재 위원회

06 贵公司7月5号的跳票问题，影响了我们公司的生产进度和客户送样，导致了整个项目的中断，后果十分严重。我司特别提出以下要求：首先，尽快安排剩余100kg的出货，务必于8月20号前到货。再次，我方对断线造成的损失和我方终端客户的关联赔偿进行了核算，即将正式提出赔偿要求。

跳票 tiàopiào 동 납품 연기, 부도 수표 | 送样 sòngyàng 샘플을 보내다 | 中断 zhōngduàn 동 중단되다, 끊기다 | 剩余 shèngyú 동 남기다 명 나머지 | 出货 chūhuò 동 출고하다 | 务必 wùbì 부 반드시, 꼭 | 终端客户 zhōngduānkèhù 최종 소비자

07 国际贸易情况复杂，产生争议和索赔的原因是多种多样的。争议和索赔并不局限于买卖双方，有的还涉及运输、保险等方面，而且各方往往有着密切的关系。因此必须根据实际情况，分清原因和责任方。从索赔对象来分，大致有以下几种原因：

在买卖双方之间可以发生的贸易索赔，首先是买方违约。例如不按时开立信用证以及故意开立不完全的信用证或过高要求的信用证，致使卖方无法履行合同；不按时付款；无理拒收货物；或在买方负责运输的情况下不按时派船接货。

第二、卖方违约。例如不按时交货；不按合同规定的品质、规格、包装、数量、重量交货；不提供合同、信用证规定的合适单证等。

第三、合同条款不够明确，买卖双方对合同的条款的理解不一致引起争议索赔。

除此之外，还可以发生向承运人提出的索赔。货物短卸。货物短卸即货物未卸净，或货物误卸在其他港口造成短卸。；货物在运输过程中被盗窃，或因破损撒漏而使货物短小。；属于承运人责任的货物损毁，包括破损、污染等。

局限 júxiàn 동 국한하다, 제한하다 | 涉及 shèjí 동 관련되다, 미치다 | 运输 yùnshū 동 운송하다 | 拒收 jùshōu 동 거절하고 받지 않다 | 单证 dānzhèng 서류 | 承运人 chéngyùnrén 계약 운송업자 | 卸 xiè 동 짐을 내리다 | 盗窃 dàoqiè 동 도둑질하다 | 撒漏 sǎlòu 흘리다

CHAPTER 13 전자 상거래 (e-비즈)

STEP 1 알짜배기 문장으로 통번역 준비 운동!
의미에 맞게 문장의 빈칸을 채워가며 실전 통번역에 앞서 몸을 가볍게 풀어봅시다.

01 现在越来越流行网购，但是还是有大部分的人不知道怎么在网上买东西。
_____, 아직 많은 사람들이 온라인에서 어떻게 물건을 사는지 모릅니다.

02 从数据来看，电子商务的确已经很火热了。
데이터를 보면 _____는 확실히 아주 인기가 많아졌습니다.

03 人们不再是单单用微信聊天了，有的用微信发红包，有的用微信付款。
사람들은 위챗으로 대화만 나누지 않고, _____ 어떤 사람은 위챗으로 결제합니다.

04 使用淘宝购物，首先要注册一个淘宝账号。
타오바오로 물건을 사려면 _____해야 합니다.

05 随着网络与生活水平的提高，现在越来越多的商店与购物中心都可以使用支付宝与微信付款。
_____ 최근 갈수록 많은 상점과 쇼핑 센터에서 쯔푸바오나 웨이신 결제를 사용할 수 있습니다.

06 目前中国的网上银行用户超过1,700万。
최근 중국의 인터넷 뱅킹은 _____.

07 网络银行的用户可以不受空间、时间的限制，无论在家里，还是在旅途中都可以登陆银行。
인터넷 뱅킹 이용자는 _____, 집에서든 여행 중이든 은행에 로그인할 수 있습니다.

08 滴滴出行降低空驶率，最大化节省司机与乘客双方资源与时间。
띠띠추싱은 공차율을 낮췄고 _____.

09 2017年中国电子商务市场交易规模预测，将达24亿元，增长16.7%。
2017년 중국 전자 상거래 시장 규모는 _____.

10 滴滴出行优惠券红包的领取方法：下载安装滴滴出行，在领取红包界面输入手机号就可以领取了。
띠띠추싱 할인 쿠폰 수령 방법 : _____ 홍빠오 수령 페이지에서 _____ 받을 수 있습니다.

11 利用互联网进行网络购物并以银行卡付款的消费方式已日渐流行。
인터넷을 이용하여 온라인 쇼핑을 하고 _____이/가 점점 유행하고 있습니다.

12 无论是交易量、交易笔数、用户人群，我们都已经超越了亚马逊。
거래량, 거래 횟수, 이용자군 등 모든 면에서 _____.

정답 확인

01 요즘 온라인 쇼핑이 갈수록 유행하고 있지만
02 전자 상거래
03 어떤 사람은 홍빠오를 보내고
04 먼저 타오바오 계정을 등록
05 인터넷과 생활 수준이 향상됨에 따라
06 이용자가 1,700만을 넘었습니다
07 공간과 시간의 제약을 받지 않고
08 기사와 승객 간의 자원과 시간을 최대한 절감하였습니다
09 24억 위안에 달해 16.7%가 증가할 것으로 예측됩니다
10 띠띠추싱을 다운로드해서 설치하고 ∥ 휴대폰 번호를 입력하면
11 은행 카드로 결제하는 소비 방식
12 우리는 이미 아마존을 넘어섰습니다

주요 어휘 정리

网购 wǎnggòu 온라인 쇼핑	降低 jiàngdī 동 내리다, 낮추다
电子商务 diànzǐshāngwù 명 전자 상거래	空驶率 kōngshǐlǜ 공차율
火热 huǒrè 형 열렬하다, 정열적이다	节省 jiéshěng 동 아끼다, 절약하다
付款 fùkuǎn 동 돈을 지불하다	优惠券 yōuhuìquàn 할인권, 쿠폰
账号 zhànghào 명 계정	领取 lǐngqǔ 동 받다, 수령하다
网上银行 wǎngshàngyínháng 인터넷 뱅킹	下载 xiàzǎi 동 다운로드하다
限制 xiànzhì 명 동 제한(하다), 한정(하다)	安装 ānzhuāng 동 설치하다
旅途 lǚtú 명 여정, 여행 도중	输入 shūrù 동 입력하다
滴滴出行 dīdīchūxíng 디디추싱, 중국 택시 O2O어플	亚马逊 yǎmǎxùn 아마존

STEP 2 비즈니스 중한 통번역 맛보기 🎧 122~125

핵심 문장들로 구성된 중문 통번역 예시를 보며, 실전 연습에 앞서 몸을 가볍게 풀어봅시다.

01 从阿里巴巴集团的电子商务来看，无论是交易量、交易笔数、用户人群，我们都已经超越了Ebay，超越了亚马逊。

> 알리바바 그룹의 전자 상거래를 보면 거래량, 거래 횟수, 이용자군 등 모든 면에서 이미 이베이와 아마존을 넘어섰습니다.

交易笔数 jiāoyìbǐshù 거래 횟수 | 超越 chāoyuè 동 넘어서다, 초월하다

02 现在玩手机微信的人越来越多，人们不再是单单用微信聊天了，有的用微信发红包，有的用微信付款，但是还有部分人不会用微信付款。

> 요즘 휴대폰으로 위챗을 하는 사람이 점점 많아지면서 사람들은 위챗으로 대화만 나누지 않고 어떤 사람은 홍빠오를 보내고 어떤 사람은 결제합니다. 하지만 아직 일부 사람들은 위챗 결제를 사용할 줄 모릅니다.

单单 dāndān 부 오직, 단지, 홀로 | 红包 hóngbāo 명 홍빠오, 금일봉

03 互联网用户规模4.85亿，网上支付、网购用户1.7亿，电子商务服务企业12.5亿家。从数据来看，电子商务的确已经很火热了，整个行业依然会快速发展，但也存在一些泡沫。

> 인터넷 이용자 규모는 4.85억 명이고 온라인 결제와 온라인 쇼핑 이용자는 1.7억 명이며 전자 상거래 서비스 기업은 12.5억 개입니다. 데이터로 보면 전자 상거래는 확실히 인기가 많아져서 전체 업계가 여전히 빠른 속도로 발전하고 있으나 어느 정도의 거품도 있습니다.

火热 huǒrè 형 불처럼 뜨겁다, 열렬하다, 격렬하다 | 泡沫 pàomò 명 거품

04 随着网络与生活水平的提高，现在越来越多的商店与购物中心都可以使用支付宝与微信付款，出门也不用再带钱了。不过，方便的同时，也带来了弊端，比如，无意识地消费，安全隐患等等。

> 인터넷과 생활 수준이 향상됨에 따라 최근 갈수록 많은 점포와 쇼핑 센터에서 쯔푸바오나 웨이신 결제를 사용할 수 있어 외출 시 돈을 챙길 필요가 없습니다. 하지만 편리함과 동시에 무의식적으로 소비를 한다든가 보안이 취약하다든가 등의 단점도 있습니다.

随着 suízhe 동 (~에) 따르다 | 提高 tígāo 동 제고하다, 향상시키다 | 弊端 bìduān 명 폐단, 폐해 | 安全隐患 ānquányǐnhuàn 안전 방면의 잠복해 있는 위험

STEP 3 비즈니스 중한 통번역 실전 트레이닝

다양한 비즈니스 상황에서의 중국어 단문 및 문단들을 통번역 해보며 실력을 한 단계 높여 보도록 합시다.

01 电子商务涵盖的范围很广，一般可分为企业对企业，企业对消费者，个人对消费者，企业对政府，线上对线下，商业机构对家庭，供给方对需求方等模式。随着国内互联网使用人数的增加，利用互联网进行网络购物并以银行卡付款的消费方式已日渐流行，市场份额也在迅速增长，电子商务网站也层出不穷。

涵盖 hángài 동 포괄하다, 포함하다 | 线上 xiànshàng 온라인 | 线下 xiànxià 오프라인 | 市场份额 shìchǎngfèn'é 시장 점유율 | 层出不穷 céngchūbùqióng 성 끊임없이 나타나다

02 据调查显示，中国的网上银行用户超过1,700万。目前中国网络银行已经得到越来越多网民的认可。网络银行的优点是可以减少固定网点数量、降低经营成本，而用户却可以不受空间、时间的限制，只要一台电脑、一根电话线，无论在家里，还是在旅途中都可以登陆银行，享受每周7天、每天24小时的不间断服务。由于网上银行运营成本比较低，可将节省的成本与客户共享，通过提供较传统银行高的存款利率、低收费、部分服务免费等方法争夺客户和业务市场。不仅如此，通过网络电子确认系统，还可避免诈骗和损失。

认可 rènkě 동 인가하다, 허락하다 | 限制 xiànzhì 동 제한하다, 한정하다 | 相连 xiānglián 동 연결되다, 접하다 | 享受 xiǎngshòu 동 누리다, 즐기다

03　从阿里巴巴集团的电子商务来看，无论是交易量、交易笔数、用户人群，我们都已经超越了Ebay，超越了亚马逊。当然无论阿里巴巴也好，淘宝也好，能够快速崛起不是因为我们有多厉害，而是符合了这个时代中国的需要。相比而言，美国的电子商务很难做，因为美国整个的信用体系、物流体系，包括线下零售的沃尔玛已经把整套商品流通体系做得非常完善，电子商务只是美国经济的重要补充。中国正因为信用体系、物流体系比较糟糕，整体配送和商店体系比较落后，才使得电子商务能短期内创造奇迹。

崛起 juéqǐ 동 우뚝 일어서다, 흥기하다 | 相比而言 xiāngbǐ'éryán 이에 비하면 | 信用体系 xìnyòngtǐxì 신용 체계 | 物流体系 wùliútǐxì 물류 체계 | 线下零售 xiànxiàlíngshòu 오프라인 판매 | 流通体系 liútōngtǐxì 유통 체계 | 糟糕 zāogāo 형 엉망이다, 망치다 | 落后 luòhòu 동 뒤떨어지다

04　微商，英语名称We business。微商是基于移动互联网的空间，借助于社交软件为工具，以人为中心，社交为纽带的新商业。中国电子商会微商专委会秘书长冯凌凛于2017年4月11日在第三届世界微商大会上对这一概念进行了补充说明，微商是包括消费者、传播者、服务者以及创业者的概念。微商经历了速度为王、产品为王、品牌为王的阶段，接下来将朝着构建完整生态系统的趋势发展，形成完整的商业闭环，上中下游相互协作、推进。中国电子商会微商专委会发布的《2016-2020年中国微商行业全景调研与发展战略研究报告》显示，截至2016年底，微商从业者近3,000万人，微商品牌销售额达到5,000亿元。2017年将保持70%以上的增速，创造出8,600亿元的销售额奇迹。

纽带 niǔdài 명 유대, 연결, 공감대 | 秘书长 mìshūzhǎng 명 사무총장, 사무국장 | 朝 cháo 개 ~을 향하여 | 构建 gòujiàn 동 구축하다, 세우다 | 生态系统 shēngtàixìtǒng 명 생태계 | 闭环 bìhuán 명 폐쇄 루프 | 推进 tuījìn 동 추진하다 | 全景 quánjǐng 명 전경 | 截至 jiézhì 동 ~까지 마감이다, ~에 이르다 | 增速 zēngsù 동 속도를 높이다 | 奇迹 qíjì 명 기적

05 使用淘宝购物，首先要注册一个淘宝账号。登陆淘宝网首页，点击页面上"免费注册"，进入注册账号页面，根据提示完成注册。还需要开通支付宝，也是在淘宝登陆界面点击"支付宝登陆"，下面有免费注册，点击即可进入申请支付宝账号页面，也是根据提示完成注册，注册都需要验证才能激活。激活后，支付宝可以和银行卡绑定，开通快捷支付功能，购物时支付更快捷。

注册 zhùcè 동 등록하다, 회원가입하다 | 登陆 dēnglù 동 로그인하다 | 账号 zhànghào 명 계정, 계좌 번호 | 首页 shǒuyè 명 처음 페이지, 홈페이지 초기 화면 | 点击 diǎnjī 동 클릭하다 | 页面 yèmiàn 명 웹페이지 | 开通 kāitōng 동 개통하다 | 验证 yànzhèng 동 인증하다, 검증하다 | 激活 jīhuó 동 활성화하다 | 绑定 bǎngdìng 동 바인딩하다, 연동하다 | 快捷 kuàijié 형 빠르다, 신속하다

06 随着微博、微信为代表的移动互联网的兴起，微商作为一个新名词诞生了，很多人想了解微商怎么做，并不是在朋友圈发个产品图片就是微商了。做好微商需要哪些条件，微商将是商界一匹黑马，对此感兴趣的朋友，我们期待与您互动交流，希望能帮到您，哪怕是抛砖引玉。首先是推广方面，推广是前期工作，也是最重要的环节，做法很简单，就是让更多人来关注你，所以要全力千方百计的推广，引流到一个或多个平台，可以是微博、微信、QQ空间等。其次，粉丝很重要。卖给谁？粉丝就是关注我们的人，只有有一定数量的关注者（或者叫粉丝），才会有人买单。粉丝数量越多、质量越高，卖货成交率也就越高，粉丝需要一个过滤机制，经过沉淀的才是真粉丝。最后是卖货方面。这个就简单了，提供产品给粉丝们，粉丝付钱，这就实现了商业活动。卖货虽然是一句话，需要做好相关一系列工作才能卖出去货，最重要的是高品质，这是基础，否则，速成必速死。

朋友圈 péngyouquān 위챗의 모멘트(글과 사진을 올리는 곳) | 黑马 hēimǎ 동 (비유) 다크호스, 복병 | 抛砖引玉 pāozhuānyǐnyù 성 다른 사람의 훌륭한 의견을 듣기 위해 먼저 자기의 미숙한 의견을 내놓다 | 千方百计 qiānfāngbǎijì 성 갖은 방법을 다 쓰다 | 关注 guānzhù 동 주시하다, 관심을 갖다 | 粉丝 fěnsī 명 팬 | 过滤 guòlǜ 동 필터링하다, 거르다 | 机制 jīzhì 명 메커니즘, 시스템 | 沉淀 chéndiàn 동 (비유) 모이다, 쌓이다

 비즈니스 서신1 - 일상적인 내용

1 STEP 알짜배기 문장으로 통번역 준비 운동!

의미에 맞게 문장의 빈칸을 채워가며 실전 통번역에 앞서 몸을 가볍게 풀어봅시다.

01 随着信息技术和网络通讯的发展，电子邮件在经贸、商务交往中的作用已被人们认识。
_____, 경제 무역 및 비즈니스 거래에서 이메일의 역할이 중요하게 인식되고 있습니다.

02 承蒙您的热情帮助，我顺利完成了任务。
_____, 제가 순조롭게 업무를 완수할 수 있었습니다.

03 回复对方邮件时，应当根据回复内容需要更改标题，不要RE一大串。
상대방에게 회신할 때는 _____ RE를 길게 달지 않도록 합니다.

04 这些成绩的取得都应当归功于展会为我们公司和客户之间搭建了这个交流的平台。
이 성적을 얻은 것은 모두 _____ 때문입니다.

05 值此新年来临之际，请允许我和我的夫人向您及贵处全体工作人员表示新年的祝愿。
_____ 저와 제 아내는 귀하와 귀측의 모든 임직원들에게 _____.

06 企业每天都要阅读大量信函文件，商务信函不需要用华丽的词句。
기업은 매일 많은 편지와 문서를 읽어야 하므로 _____.

07 如有更进一步信息，请让我们知道。感谢您的好意，并望尽早回复。
_____ 알려주십시오. 귀하의 호의에 감사드리며, _____.

08 9月15日来函收悉，我很高兴收到你的邮件。
_____. 귀하의 편지를 받고 매우 기뻤습니다.

09 首先感谢贵司对本公司的信任，并给予工作上的大力支持。
먼저 본사에 대한 _____ 감사드립니다.

10 非常荣幸能够代表我们公司与您联系。
저희 회사를 대표하여 _____.

11 愿进一步加强联系，并候复音。
한걸음 더 가까워지는 관계가 되기를 희망하며, _____.

12 谢谢贵公司多年惠顾，盼继续合作。
귀사에서 보내주신 다년간의 지지에 감사드리며, _____.

정답 확인

01 정보 처리 기술과 인터넷 통신망의 발달에 따라
02 귀하의 열정적인 도움을 받아
03 반드시 회신 내용에 따라 제목을 다시 작성하고
04 전시회 측이 저희 회사와 고객 간에 교류할 수 있는 장을 마련해 주셨기
05 신년을 맞이하여 ‖ 신년의 축복을 기원합니다
06 비즈니스 서신은 화려한 미사여구를 쓸 필요가 없습니다
07 만약 새로운 소식이 있으면 ‖ 빠른 시일 내에 회신해 주시길 바랍니다
08 9월 15일자 편지 잘 받았습니다
09 신뢰와 사업상의 적극적인 지지에
10 귀사와 연락을 취하게 되어 매우 영광입니다
11 답장을 기다리겠습니다
12 계속적으로 협력하기를 바랍니다

주요 어휘 정리

网络通讯 wǎngluòtōngxùn 인터넷 통신망
承蒙 chéngméng 동 받다, 입다
经贸 jīngmào 명 경제 무역
标题 biāotí 명 제목
平台 píngtái 명 플랫폼

华丽 huálì 형 화려하다
大力支持 dàlìzhīchí 적극적으로 지지하다
加强 jiāqiáng 동 강화하다
复音 fùyīn 명 답장
盼 pàn 동 바라다, 희망하다

2 STEP 비즈니스 중한 통번역 맛보기

🎧 132~135

핵심 문장들로 구성된 중문 통번역 예시를 보며, 실전 연습에 앞서 몸을 가볍게 풀어봅시다.

01 新年好！值此2018新年来临之际，本公司向贵公司表示最衷心的感谢和最诚挚的祝福。

> 새해 복 많이 받으십시오! 2018년 새해를 맞이하여, 본사는 귀사에 깊이 감사드리며 진심으로 축복을 기원합니다.

值此……之际 zhícǐ……zhījì ~즈음에 | 衷心 zhōngxīn 형 충심의 | 诚挚 chéngzhì 형 성실하고 진실하다

02 新春来临，万象更新，全体员工衷心祝愿贵公司大展宏图、事业兴旺！顺祝春节愉快，身体健康，阖家欢乐！

> 새봄이 다가오며 만물이 새로워지는 지금 저희 전 직원은 진심을 담아 귀사의 발전을 기원합니다. 설 연휴 즐겁게 보내시길 기원하며 늘 건강하시고 사업이 더욱 번창하고 온 가족이 행복하시길 바랍니다.

万象更新 wànxiànggèngxīn 성 만물이 새로워지다 | 大展宏图 dàzhǎnhóngtú 성 원대한 계획을 크게 펼치다 | 事业兴旺 shìyèxīngwàng 사업이 번창하다

03 现在，我们已经跨入了2018年，希望大家在新的一年里，继续关心公司的经营发展，支持公司的各项改革，积极投身到公司的各项建设中来，使公司在为社会、为客户提供更优质服务中不断得到发展壮大。

> 현재 우리는 2018년을 맞이했습니다. 회사가 사회와 고객을 위해 더욱 양질의 서비스를 제공하여 계속적으로 건강하게 발전할 수 있도록 여러분들이 새해에는 계속 회사의 경영 발전에 관심을 가져 주시고 회사의 각 분야의 개혁을 지지해 주시며 회사의 각종 업무에 적극적으로 헌신해 주시길 바랍니다.

跨入 kuàrù 동 진입하다, 들어서다 | 投身 tóushēn 동 (어떤 일에) 헌신하다 | 壮大 zhuàngdà 형 강건하다, 튼튼하다

04 明媚的五月，灿烂的"五一"。在万物更新的春日，我们迎来了自己的节日——"五一"国际劳动节。在此之际，公司领导班子谨向辛勤耕耘、默默奉献在各个工作岗位上的全体员工致以节日的问候和崇高的敬意！各位员工，你们辛苦了！

> 아름다운 5월의 찬란한 '5월 1일'입니다. 만물이 새로워지는 봄에 저희의 날인 '5.1' 국제 노동절을 맞이했습니다. 이 날을 맞아 회사 지도부에서는 근면 성실하게 묵묵히 공헌한 각 업무 부서의 전 직원분들께 문안과 경의를 표합니다. 직원 여러분, 모두 수고하셨습니다!

明媚 míngmèi 형 맑고 아름답다 | 迎来 yínglái 맞이하다, 맞다 | 领导班子 lǐngdǎobānzi 명 지도부, 임원진 | 辛勤 xīnqín 동 부지런하다, 근면하다 | 耕耘 gēngyún 동 부지런히 일하다 | 奉献 fèngxiàn 동 공헌하다, 기여하다 | 致以 zhìyǐ 동 (상대방에게) ~를 나타내다 | 崇高 chónggāo 동 숭고하다, 고상하다

3 STEP 비즈니스 중한 통번역 실전 트레이닝

모범답안 207p | 136~143

다양한 비즈니스 상황에서의 중국어 단문 및 문단들을 통번역 해보며 실력을 한 단계 높여 보도록 합시다.

01 陈先生：

　　喜闻您在德惠贸易公司工作10年之后，于今年5月独立开办了一家四海商贸公司。作为你的老顾客、老朋友，我颇感欣慰。我代表天意服装厂全体员工对你们公司的成立表示热烈的祝贺。在德惠工作期间，你就以聪明睿智的头脑、稳重扎实的工作作风得到了公司领导层及员工的肯定，您在德惠工作10年，也为德惠做出了卓越的贡献。今天，四海公司的成立再一次证实了你的能力和魄力。我相信，凭着你的经验、为人和超人的能力，必将在商界取得令人瞩目的成绩。我也希望我们今后的合作更加顺畅、愉快！

　　祝生意兴隆，财源滚滚！

___

老顾客 lǎogùkè 단골손님 | 颇 pō 꽤, 상당히 | 欣慰 xīnwèi 기쁘고 안심이 되다 | 祝贺 zhùhè 축하하다 | 聪明睿智 cōngmíngruìzhì 총명예지 | 稳重 wěnzhòng 신중하다, 예의바르다 | 扎实 zhāshí 착실하다, 성실하다 | 作风 zuòfēng 기풍, 태도 | 肯定 kěndìng 긍정적으로 평가하다, 좋다고 인정하다 | 证实 zhèngshí 사실을 증명하다 | 魄力 pòlì 박력, 패기 | 瞩目 zhǔmù 주목하다, 주시하다 | 财源滚滚 cáiyuángǔngǔn 돈이 사방에서 들어오다

02 尊敬的客户朋友们：

　　灵猴辞岁，金鸡闹春，新春的脚步悄然而至。过去的一年，裕通报关物流全体员工与客户们精诚合作，努力拼搏，共同谱写了裕通发展的新篇章！值此新春佳节来临之际，裕通报关物流全体员工，向您们致以最诚挚的问候，祝您及您的家人新春快乐！身体健康！万事如意！

___

辞岁 císuì 섣달 그믐날 밤 가족끼리 모여 먹고 마시며 덕담을 나누다 | 金鸡 jīnjī 별 속에서 산다는 상상 속의 닭 | 悄然而至 qiāorán'érzhì 소리없이 오다 | 拼搏 pīnbó 전력을 다해 분투하다 | 谱写 pǔxiě (훌륭한 업적을) 행동으로 이루다, 새로운 장을 열다 | 万事如意 wànshìrúyì 모든 일이 뜻대로 이루어지다

03

王经理：

　　值此2012新年来临之际，我们公司向贵公司表示最衷心的感谢和最诚挚的祝福，感谢您长期以来对我们的支持和信任！

　　在过去的一年中，我们的团队在您的支持、鼓励、批评下得到了一定的成长。未来的中国是服务的王国，得服务真谛者得天下！你我携手共同为车主创造出体验更加温馨、融洽、激情的消费天空。您的标准就是我们努力的方向。在私下直言批评的是我们的真朋友！请提高您对我们的标准！让我们共同携手创造明天、后天！我们的团队还很幼稚，需要指点、批评、鼓励等各种成长的"营养素"，这是您赐予我们最有价值的礼物。

　　新春来临，万象更新，迅康全体员工衷心祝愿贵公司大展宏图、事业兴旺！顺祝春节愉快，身体健康，阖家欢乐！

迅康贸易公司

真谛 zhēndì 형 참뜻, 진리 | **携手 xiéshǒu** 동 서로 손을 잡다, 서로 협력하다 | **温馨 wēnxīn** 형 따스하다 | **融洽 róngqià** 형 사이가 좋다, 조화롭다 | **私下 sīxià** 부 비공식으로 | **幼稚 yòuzhì** 형 수준이 낮다, 미숙하다 | **指点 zhǐdiǎn** 동 지적해 주다, 바로잡아 주다, 지도하다 | **赐予 cìyǔ** 동 하사하다, 주다 | **大展宏图 dàzhǎnhóngtú** 성 원대한 계획을 크게 펼치다 | **事业兴旺 shìyèxīngwàng** 사업이 번창하다 | **阖家欢乐 héjiāhuānlè** 온 집안이 기뻐하다

04

孙总经理：

　　自上次参加广交会以来一直未能见面，您一向可好？

　　我十分荣幸地向您介绍持函人方涛先生。方涛先生是我们一位长期合作的业务伙伴，为人真诚，很讲信誉。方涛此去上海是为了在上海开拓市场，建立新的业务关系，所以我向他引荐了贵公司。如蒙您关照，在他赴上海期间，给他一个见面联络的机会，并向他提出宝贵的建议，我们将不胜感激。

广交会 guǎngjiāohuì 广州出口商品交易会 (광저우 수출 상품 교역회)의 약칭 | **引荐 yǐnjiàn** 동 추천하다 | **不胜感激 búshènggǎnjī** 감사해 마지않습니다

05

公司全体员工：

　　明媚的五月，灿烂的"五一"。在万物更新的春日，我们迎来了自己的节日——"五一"国际劳动节。在此之际，公司领导班子谨向辛勤耕耘、默默奉献在各个工作岗位上的全体员工致以节日的问候和崇高的敬意！各位员工，你们辛苦了！

　　今年以来，公司全体员工紧紧围绕经济建设中心工作，解决生产经营难题，促进企管模式转变，经营承揽工作稳步推进，重难点项目取得突破，施工生产顺利进行，取得了可喜的成绩。这些成绩的取得是靠全体员工的辛勤汗水浇铸的，是广大员工舍小家、顾大家，弃私利、求奉献的努力成果，你们用勤劳和智慧，用坚韧和信念，用顽强和汗水，开创了公司发展的新局面。

　　劳动伟大，奉献光荣。面对责任，你们义不容辞；面对事业，你们义无返顾；面对困难，你们迎难而上。你们无私奉献，铸就了普通劳动者的高贵品质和工人阶级的时代精神。

　　昔日铸就辉煌，今朝更需奋进。2018年，是我们公司立足于高起点，努力实现新跨越的奋进之年，我们要抓住施工建设的关键时刻和黄金季节，深入贯彻落实"解难题、促转变、上水平"的理念，积极应对市场新挑战，勇敢面对企业发展新难题，发挥劳动者勇于创造的光荣传统，振奋精神、迎难而上，不遗余力地做好各项工作，坚决完成年度工作目标。我们坚信：在全体员工的共同努力下，我们翔达公司一定会迎来更加灿烂美好的明天！

　　最后，祝公司全体员工节日愉快、工作顺利、身体健康、阖家幸福！向节日期间坚守岗位的员工致以诚挚的问候和敬意！

围绕 wéirào 동 둘러싸다, ~을 중심에 놓다 | 企管 qǐguǎn 企业管理(기업 관리)의 약칭 | 承揽 chénglǎn 동 맡다, 도급 맡다 | 稳步 wěnbù 부 안정되게, 점진적으로 | 突破 tūpò 동 돌파하다, 극복하다 | 施工 shīgōng 동 시공하다, 공사하다 | 辛勤 xīnqín 형 부지런하다, 근면하다 | 汗水 hànshuǐ 명 땀, 힘든 일 | 浇铸 jiāozhù 동 주조하다 | 舍 shě 동 포기하다, 버리다 | 坚韧 jiānrèn 형 강인하다, 완강하다 | 顽强 wánqiáng 형 완강하다 | 局面 júmiàn 명 국면, 양상 | 义不容辞 yìbùróngcí 성 기꺼이 나서다, 앞장서다 | 义无返顾 yìwúfǎngù 성 정의를 위해 뒤돌아보지 않고 용감하게 나아가다 | 迎难而上 yíngnán'érshàng 어려움에 굴복하지 않고 전진하다 | 无私奉献 wúsīfèngxiàn 사심 없이 헌신하다 | 铸就 zhùjiù 동 장기간의 단련이나 시련을 통해 만들어지다 | 昔日 xīrì 옛날, 이전 | 奋进 fènjìn 동 용감하게 나아가다 | 跨越 kuàyuè 동 뛰어넘다 | 贯彻 guànchè 동 철저하게 실현하다 | 落实 luòshí 동 실현시키다 | 不遗余力 bùyíyúlì 성 있는 힘을 다하다

06　企业每天都要阅读大量信函文件，商务信函不需要用华丽的词句。所以，商务信函要写得简明扼要，短小精悍，切中要点。当涉及数据或者具体的信息时，如时间、地点、价格、货号等等，要用语精确，使交流的内容更加清楚，这更有助于加快商务活动的进程。商务信函要能够充分体现真诚、礼貌。不管说什么，都要带着诚意去说。这里所说的礼貌，并不是简单用一些礼貌用语，而是体现了一种为他人考虑，多体谅对方心情和处境的态度。

_____
_____
_____
_____

信函文件 xìnhánwénjiàn 몡 편지 문건 | 华丽的语句 huálìdeyǔjù 미사여구 | 短小精悍 duǎnxiǎojīnghàn 솅 (글이) 짧지만 간결하고 날카롭다 | 切中要点 qièzhòngyàodiǎn 요점이 정확하다 | 涉及 shèjí 동 포함하다, 언급하다, 미치다 | 用语精确 yòngyǔjīngquè 용어가 정확하다

07　李先生：

　　您好！

　　我已于本月17日顺利回到家中，这次在贵国访问期间，承蒙您的热情帮助，我顺利完成了工作任务。为此谨向您表示诚挚的感谢。

　　我在贵国停留期间，您除了在业务上给予我很多帮助以外，还在生活上给予了我无微不至的关怀和照顾。特别是您在百忙之中抽出时间，陪同我参观了工厂，游览了当地的名胜古迹。临行前，尊夫人还为我准备了丰盛的晚餐。为此，我再次向您及尊夫人表示由衷的谢意。

　　希望我们以后保持联系，有机会在生意上再次合作。并同时邀请您及夫人有机会到韩国来，盼望有一天能在本国接待您。

　　此致

最诚挚的敬礼

吴建东

2005年10月20日

停留 tíngliú 동 머물다, 체류하다 | 无微不至 wúwēibúzhì 형 사소한 데까지 신경을 쓰다 | 百忙之中 bǎimángzhīzhōng 바쁜 가운데서도 | 陪同 péitóng 동 모시고 다니다, 수행하다 | 游览 yóulǎn 동 (풍경, 명승 등을) 유람하다, 관람하다, 구경하다 | 名胜古迹 míngshènggǔjì 명승고적 | 临行 línxíng 동 출발을 앞두다, 출발할 때가 되다 | 尊夫人 zūnfūrén 명 사모님, 영부인 | 丰盛 fēngshèng 형 (음식 등이) 풍성하다, 성대하다

08 尊敬的赵先生：

今天从报纸上得知您已荣升美达公司中国北方地区执行总裁，并将于9月1日来北京上任，我感到非常高兴。在此谨向您表示衷心的祝贺。

赵先生，您学生时代就以北大才子闻名，而且在最短时间内获得博士学位。二十多年来，您一直从事国际贸易方面的工作，并获得了很大的成就。自2000年我和您合作以来，您的工作精神给我留下了十分深刻的印象。

下个月您即将来北京赴任，我真诚地希望我们能进一步加强合作。预祝您在北京工作顺利，盼望早日与您见面。

敬祝

安康！

虹桥贸易公司总经理　马全军
2007年6月2日

执行总裁 zhíxíngzǒngcái 최고경영자(CEO) | 上任 shàngrèn 동 취임하다, 부임하다 | 才子 cáizǐ 명 인재 | 闻名 wénmíng 유명하다 | 赴任 fùrèn 동 부임하다 | 深刻的印象 shēnkèdeyìnxiàng 깊은 인상 | 预祝 yùzhù 동 미리 축하하다, 예축하다 | 盼望 pànwàng 동 간절히 바라다 | 安康 ānkāng 형 평안하다

비즈니스 서신2 – 업무 관련 내용

1 STEP 알짜배기 문장으로 통번역 준비 운동!

의미에 맞게 문장의 빈칸을 채워가며 실전 통번역에 앞서 몸을 가볍게 풀어봅시다.

01 该商品质地优良、制作精细。此外，我方可提供世界各地的售后服务。
이 제품은 ＿＿＿＿＿＿＿＿＿＿＿＿ 정밀하게 가공했으며 그 밖에도 저희는 ＿＿＿＿＿＿＿＿＿＿＿＿＿＿＿＿.

02 请允许我方为贵方提供最近研发的新产品报价。
저희가 ＿＿＿＿＿＿＿＿＿＿＿＿＿＿＿＿을/를 귀하께 보내드리겠습니다.

03 奉上该货品报价单，敬希查照。
해당 상품의 견적서를 보내드리니 ＿＿＿＿＿＿＿＿＿＿＿＿＿＿.

04 我们希望早日接到贵方试购订单，我方定将迅速而妥善地予以处理。
저희는 조속히 ＿＿＿＿＿＿＿＿＿＿＿＿＿＿＿＿＿. 저희가 신속하고 적절하게 처리하도록 하겠습니다.

05 感谢您的积极评价，我们真诚地希望能有更多的机会为您服务。
＿＿＿＿＿＿＿＿＿＿＿＿＿＿＿, 귀사를 위해 서비스할 수 있는 기회가 더 많아지기를 진심으로 희망합니다.

06 若这次交易成功，我们会有长期大量订购，期待贵公司成为我们长久的合作伙伴。
＿＿＿＿＿＿＿＿＿＿＿＿＿＿＿＿＿ 저희는 장기적으로 귀사의 제품을 대량 구매할 것입니다.
＿＿＿＿＿＿＿＿＿＿＿＿＿＿＿.

07 今天将您所感兴趣的本公司产品报价及相关介绍发送给您，请您查阅！
오늘 귀사에서 관심 있어 하신 ＿＿＿＿＿＿＿＿＿＿＿＿＿＿＿＿ 살펴봐 주시기 바랍니다!

08 劳烦之处，感激不尽，并保证对贵方的答复保密。
귀사의 협조에 진심으로 감사드리며, ＿＿＿＿＿＿＿＿＿＿＿＿＿＿＿＿.

09 希望贵方能试用样品，并期待贵方的订单。
_____, 귀사의 주문을 기다리겠습니다.

10 请尽早赐知，以便早作准备，款待贵客。
저희가 귀하를 맞이할 준비를 미리 할 수 있도록 _____.

11 感谢贵方10日来函，欣悉贵方对我厂的A73感兴趣。
_____, 아울러 저희 A73 제품에 관심을 보여주셔서 기쁘게 생각합니다.

12 我们要求在8月30日之前收到信用证修改。否则，我们无法如期装运货物。
저희는 8월 30일 이전에 신용장 수정안을 받고 싶습니다. 그렇지 않으면, 저희는 _____.

정답 확인

01 품질이 우수하고 ‖ 전 세계 어디에서나 A/S를 제공합니다
02 최근 개발한 신제품 견적서
03 살펴봐 주시기 바랍니다
04 귀사의 시험 주문서를 받기를 바랍니다
05 귀사의 긍정적인 평가에 감사드리며
06 만약 이번 거래가 성사된다면 ‖ 귀사가 저희의 오랜 협력 파트너가 되기를 바랍니다
07 본사 제품 견적서와 관련 소개서를 보내드리니
08 귀사의 답변은 비밀로 할 것임을 약속드립니다
09 샘플을 시범적으로 사용해 주시길 바라며
10 가능한 한 빨리 알려주십시오
11 귀하가 10일에 보내주신 편지에 감사드리며
12 기한 내에 물건을 납품할 수 없습니다

주요 어휘 정리

质地优良 zhìdìyōuliáng 품질이 우수하다
制作精细 zhìzuòjīngxì 정밀 가공을 하다
售后服务 shòuhòufúwù 명 애프터서비스, A/S
奉上 fèngshàng 동 드리다, 올리다
查照 cházhào 동 살펴보다, 참조하여 처리하다
妥善 tuǒshàn 형 적절하다
积极评价 jījípíngjià 긍정적인 평가
合作伙伴 hézuòhuǒbàn 명 협력 파트너

查阅 cháyuè 동 열람하다
劳烦 láofán 동 수고를 끼치다, 폐를 끼치다
感激不尽 gǎnjībújìn 감격하기 그지없다
保密 bǎomì 동 비밀을 지키다
赐知 cìzhī 동 알리다
款待 kuǎndài 동 환대하다, 정성껏 접대하다
欣悉 xīnxī 동 기쁘게 알다
装运货物 zhuāngyùnhuòwù 화물을 선적하다

2 STEP 비즈니스 중한 통번역 맛보기

🎧 144~147

핵심 문장들로 구성된 중문 통번역 예시를 보며, 실전 연습에 앞서 몸을 가볍게 풀어봅시다.

01 我们希望聆听贵公司的意见、要求及建议，并愿意在双方的共同努力下，本着平等互惠的原则，建立起长期、稳定、互利的业务关系。

> 귀사의 의견과 요구 및 건의 사항에 대해 경청하고 호혜 평등을 원칙으로 양측이 함께 노력하여 귀사와 장기적이고 안정적이며 서로에게 도움이 될 수 있는 비즈니스 관계를 맺어가길 희망합니다.

聆听 língtīng 동 경청하다 | 平等互惠 píngděnghùhuì 호혜 평등 | 稳定 wěndìng 형 안정되다

02 现将我们可供货物的样本印刷资料寄上。其内容包括所有型号A73的插图、仔细说明，以及尺寸、形状等信息。所有的价格均列在所附的出口价目单上，为FOB釜山港船上交货价，包括包装费在内。

> 현재 공급 가능한 제품의 카탈로그를 보내드리겠습니다. 카탈로그에는 모든 사이즈의 A73 제품 사진과 자세한 설명, 그리고 사이즈 및 형상에 대한 정보가 담겨 있습니다. 가격은 함께 첨부한 수출 가격 리스트를 참고하시기 바랍니다. 이것은 FOB 부산항 조건으로 포장 비용을 포함합니다.

可供货物 kěgònghuòwù 공급 가능한 제품 | 样本 yàngběn 명 샘플, 견본 | 印刷资料 yìnshuāzīliào 명 인쇄 자료 | 插图 chātú 명 삽화, 그림 삽입 | 交货价 jiāohuòjià 인도 가격

03 本月16日收到有关商务关系的来函，不胜欣喜。谨遵要求另函奉上最新之出口商品目录和报价单。款项烦请以不可撤销保兑之信用状支付。如欲订货，敬盼您的电子邮件或传真。

> 이번 달 16일 비즈니스 관계 요청에 관한 편지를 받고 대단히 기뻤습니다. 귀사의 요청을 정중히 받아들여 최신 수출품 목록과 견적서를 별도로 보냅니다. 번거롭더라도 비용은 취소 불능 확인 신용장으로 지불해 주시길 바랍니다. 주문하시고자 한다면 이메일이나 팩스로 알려 주시길 바랍니다.

不胜欣喜 búshèngxīnxǐ 대단히 기쁘다 | 谨遵 jǐnzūn ~를 받들다, ~를 따르다 | 款项 kuǎnxiàng 명 비용, 경비, 자금 | 烦请 fánqǐng 동 번거로우시겠지만 ~해 주세요 | 如欲 rúyù ~하려고 하면 | 盼 pàn 동 희망하다, 바라다

04 贵公司11月25日来函已收悉。我方对贵方产品的质量、价格、支付条件、交货日期等均感满意。但我方对产品的包装还有一些特别的要求。我方希望将硬纸盒包装改成聚乙烯袋包装。在包装带上请用中文、英文、韩文印刷洗涤和熨烫标志。

> 귀사의 11월 25일 편지 잘 받았습니다. 저희는 귀사 제품의 품질, 가격, 지불 조건, 물품 인도 날짜 등에 모두 만족합니다. 하지만 제품 포장에 대해서는 별도의 요구 사항이 몇 가지가 있습니다. 저희는 종이 박스 포장 대신에 폴리에틸렌 포장으로 바꾸었으면 합니다. 포장지에는 중문, 영문, 한글로 세탁과 다림질에 관한 표시를 해 주시기 바랍니다.

收悉 shōuxī 동 잘 받아보다 | 硬纸盒 yìngzhǐhé 명 하드케이스, 골판지 박스 | 聚乙烯袋 jùyǐxīdài 명 폴리에틸렌 포장 | 洗涤 xǐdí 동 세척하다 | 熨烫标志 yùntàng biāozhì 다림질 표시

3 STEP 비즈니스 중한 통번역 실전 트레이닝

다양한 비즈니스 상황에서의 중국어 단문 및 문단들을 통번역 해보며 실력을 한 단계 높여 보도록 합시다.

01 韩国三光贸易公司：

　　我们是国营公司，主要经营服装的进出口业务。我方有着多年的外贸经验，并与世界各国的许多公司建立了持久的贸易关系。由于我方与生产厂家保持着长期直接的联系，加之服装的质量上乘，价格合理，因而我们的产品十分畅销，商誉驰名。为了使贵方能了解我们经营的商品，现随函附上本公司目前可供出口的服装种类目录一份。如若有意，敬请告知。

　　我们希望聆听贵公司的意见、要求及建议，并愿意在双方的共同努力下，本着平等互惠的原则，建立起长期、稳定、互利的业务关系。

　　恭候回音。

中国东方贸易公司
2013年12月3日

持久 chíjiǔ 형 오래 유지하다, 지속되다 | **加之 jiāzhī** 접 그 위에, 게다가 | **畅销 chàngxiāo** 형 잘 팔리다, 매상이 좋다 | **商誉驰名 shāngyùchímíng** 업계에서 평판이 좋다 | **敬请告知 jìngqǐng gàozhī** 삼가 알려 드립니다 | **平等互惠 píngděnghùhuì** 호혜 평등 | **恭候回音 gōnghòuhuíyīn** 회답을 기다립니다

02 韩国世界贸易公司：

　　非常感谢贵司对我司的支持与信任！

　　由于时近圣诞节，飞往美国的航线非常紧，而且货运量很大，直接导致了我们的到货时间被延迟，希望您能谅解我们的处境，我们会时刻关注您的邮包，一旦收到任何信息，我们会马上跟您联系的！

　　再次感谢贵司的信任和理解！顺祝商祺！此致
敬礼！

上海国际贸易公司
2011年12月20日

时近 shíjìn ~이 가까워오다, ~이 다가오다 | 导致 dǎozhì 동 야기하다, 초래하다 | 处境 chǔjìng 명 처지, 환경, 상태 | 时刻 shíkè 명 시간, 시각 | 关注 guānzhù 동 주시하다, 관심을 가지다 | 邮包 yóubāo 명 소포 | 顺祝商祺 shùnzhùshāngqí 사업이 잘 되기를 바랍니다

03 亲爱的先生：

　　由美达公司王总的推荐得知您的名址。

　　贵公司在您的国家一向被尊重为最有潜力的进口商之一，在此我们写信给您诚挚地希望有机会与贵公司建立商务关系。

　　本公司在韩国多年来一直是电脑配件的制造商，基于卓越的品质以及具竞争力的价格，我们的产品赢得国内外的好评。随函附上我们公司的资料及网址谨供参考，希望您能找到一些感兴趣的产品。我们将乐于提供您最好的价格及交期。

　　如需更进一步信息，请让我们知道。感谢您的好意，并期尽早回复。

韩国国际电脑公司
2017年11月29日

名址 míngzhǐ 圐 성함과 주소 | 有潜力 yǒuqiánlì 잠재력이 있다 | 诚挚 chéngzhì 囿 성실하고 진실하다 | 电脑配件 diànnǎopèijiàn 圐 컴퓨터 부품 | 赢得 yíngdé 圄 얻다, 획득하다, 쟁취하다 | 随函附上 suíhánfùshàng 편지에 동봉하다 | 谨供参考 jǐngòngcānkǎo 참고로 제공해 드립니다 | 乐于 lèyú 圄 기꺼이 ~하다 | 敬上 jìngshàng 圄 삼가 올립니다.

04 韩国贸易公司：

　　上个月在威海举行的第二届国际渔具博览会上，得知贵司是韩国最大的钓具的进出口公司。冒昧附送一份我司的产品宣传样本。

　　我们公司是山东省最大的渔具生产商，产品远销欧洲、美国、日本等国家，质优价廉，收到用户的普遍赞誉。若贵公司对我公司的产品感兴趣，请告知，我们会即刻发送样品，并将以最优惠的条件正式发盘。

　　期待贵公司的回复。顺祝商祺！

海涛渔具有限公司
2016年5月4日

附件：海涛渔具产品宣传样本一本。

渔具 yújù 圐 낚시 도구 | 质优价廉 zhìyōujiàlián 품질은 우수하고 값은 저렴하다 | 普遍赞誉 pǔbiànzànyù 보편적인 호평, 좋은 평가 | 附件 fùjiàn 圐 첨부 파일, 부속 문건, 관련 문서

CHAPTER 16 계약서

STEP 1 알짜배기 문장으로 통번역 준비 운동!

의미에 맞게 문장의 빈칸을 채워가며 실전 통번역에 앞서 몸을 가볍게 풀어봅시다.

01 甲乙双方在平等的原则下，经过友好协商，就双方合作，取得了一致意见，特签订本协议。
_____ 우호적인 협상을 통해 합작 경영을 하기로 의견을 모아, _____.

02 本协议自签订之日起生效。
본 협정은 _____.

03 在履行本协议时，如发生分歧，双方尽量协商解决，如协商不成，任何一方均有权依法解决。
본 협정을 이행할 때, _____ 양측은 협상으로 해결하도록 하고, 협상으로도 해결이 안 될 경우 _____.

04 甲方签订本合同当日以现金预付总价款的30%为定金。
갑 측은 본 계약서에 서명한 당일 현금으로 _____을/를 지불한다.

05 甲乙双方各执一份，具有同等法律效力。
갑을 양측이 각각 한 부씩 가지며 이것은 _____.

06 本协议一式两份，由双方签订盖章后生效。
본 협정은 같은 양식으로 2부를 작성하여 _____.

07 合作经营期满，如双方均表示愿意继续合作，本合同可再延续二年。
합작 기간이 만료되었는데 _____ 합작 기한은 2년 더 연장할 수 있다.

08 合同的签章部分一般自然人直接签字或按手印即可。
계약서의 서명 부분에 자연인은 일반적으로 _____.

09 协议书与合同同属一大类的经济文书，都具有法律效力，联系也很密切。
_____ 모두 법적 효력을 가지고 관계도 아주 밀접하다.

10 简单的合同当事人可以自己去写，但对于一些复杂的合同或者标的额较大的合同，最好向专业人士咨询。

간단한 계약서는 당사자가 직접 써도 되지만, _____ 전문가에게 의견을 구하는 것이 좋다.

11 双方签订合同时要根据订立合同的目的以及双方的情况来综合考虑，做到粗细相宜。

양측이 계약을 할 때 _____ 종합적으로 고려하여 꼼꼼하고 알맞게 처리해야 한다.

12 合同的正文一般由合同目的、合同的履行程序、双方的权力义务、违约责任、争议的解决、合同的变更和解除部分组成。

계약서의 본문에는 보통 _____ 부분으로 구성된다.

정답 확인

01 갑을 양측은 평등한 원칙 하에 ‖ 본 협정서에 서명한다
02 서명한 날로부터 효력이 발생한다
03 만약 양측 의견이 대립되면 ‖ 양측 모두 법에 따라 해결할 권리가 있다
04 총 대금의 30%의 계약금
05 동등한 법적 효력을 가진다
06 양측이 서명 날인하면 효력이 발생한다
07 만약 양측이 계속해서 합작을 원하면
08 직접 서명을 하거나 지장을 찍는다
09 협정서와 계약서는 큰 의미에서 같은 분류에 속하는 경제 문서로서
10 복잡하거나 목표액이 큰 계약은
11 체결한 계약의 목적 및 양측의 상황에 근거해서
12 계약 목적, 계약의 이행 절차, 양측의 권리와 의무, 위약 책임, 분쟁의 해결, 계약서의 변경과 해지

주요 어휘 정리

协商 xiéshāng 동 협상하다
签订 qiāndìng 동 서명하다, 체결하다
起生效 qǐshēngxiào 효력이 발생하다
履行 lǚxíng 동 이행하다
发生分歧 fāshēngfēnqí 의견이 대립하다
依法 yīfǎ 동 법에 의거하다
合同 hétóng 명 계약서
预付 yùfù 동 미리 지불하다
定金 dìngjīn 명 계약금

各执一份 gèzhíyífèn 각각 한 부씩 가지다
盖章 gàizhāng 동 도장을 찍다, 날인하다
手印 shǒuyìn 명 지장, 손도장
法律效力 fǎlǜxiàolì 법적 효력
当事人 dāngshìrén 명 당사자
标的额 biāodì'é 명 목표액
相宜 xiāngyí 형 알맞다, 적합하다
争议 zhēngyì 동 쟁의하다, 분쟁하다
解除 jiěchú 동 없애다, 해제하다

2 STEP 비즈니스 중한 통번역 맛보기

🎧 152~154

핵심 문장들로 구성된 중문 통번역 예시를 보며, 실전 연습에 앞서 몸을 가볍게 풀어봅시다.

01 争议的解决：凡因本合同引起的或与本合同有关的任何争议应协商解决。若协商不成，应提交韩国国际贸易仲裁委员会(KITAC)，按照申请当时实行的仲裁规则进行仲裁。仲裁裁决是终局的，对双方均有约束力。

> 분쟁의 조정 : 본 계약으로 인해 발생하거나 관련되어 발생하는 모든 분쟁은 반드시 양측이 협상을 통해 조정한다. 만약 협상으로 해결할 수 없으면 한국 국제 무역 중재 위원회에 의뢰하여 해당 기관의 중재 규칙에 따라 중재한다. 중재 판결은 최종 결정으로 양측 모두에게 구속력을 갖는다.

争议 zhēngyì 동 쟁의하다 명 분쟁, 쟁의 | 凡 fán 부 모두, 무릇 | 协商 xiéshāng 동 협상하다, 협의하다 | 提交 tíjiāo 동 제출하다, 회부하다 | 仲裁 zhòngcái 중재하다, 조정하다 | 裁决 cáijué 동 재결하다, 판정하다 | 终局 zhōngjú 명 종국, 마지막 | 约束力 yuēshùlì 명 구속력

02 协议和合同还是有区别的。首先，角度范围不同。协议书往往较多地涉及宏观角度、总的原则。合同则较多从微观角度，就某一具体事项签约。其次，内容要求不同。协议书的内容不及合同具体细微。最后，失效长短不同。合同的有效期限一般较短，"标的"一旦实现，合同就失效了；协议书的有效期限一般较长。

> 협정서와 계약서는 몇 가지 다른 점이 있습니다. 우선, 취급하는 범위가 다릅니다. 협정서는 비교적 넓은 거시적 범위를 포함하며 총괄적인 원칙을 반영합니다. 계약서는 비교적 좁은 미시적 각도에서 하나의 구체적 사항에 대해 서명하는 것입니다. 두 번째로 내용이 요구하는 바가 다릅니다. 협정서 내용은 계약서의 구체적이고 세밀한 내용까지 다루지 못합니다. 마지막으로 유효 기간이 다른데 계약서의 유효 기간은 일반적으로 비교적 짧습니다. '목적하는 바'를 실현하면 그 계약서는 효력을 상실하지만 협정서의 유효 기간은 일반적으로 긴 편입니다.

宏观 hóngguān 형 거시적 | 微观 wēiguān 형 미시적 | 失效 shīxiào 동 효력을 잃다

03 合同的签章部分一般自然人直接签字或按手印即可。最好不要只盖印章，因为印章容易被伪造。单位则需要盖公章。最好有单位法定代表人或授权签章人的签字。另外，如果签章的不是法定代表人，一定要检查签章人的授权文件。

> 계약서의 서명 부분에는 자연인은 보통 직접 서명을 하거나 지장을 찍습니다. 도장만 찍을 수는 없는데 도장은 위조가 쉽기 때문입니다. 기관은 직인을 찍어야 합니다. 기관의 법정 대표인이나 권한을 부여받은 서명인의 서명을 받는 것이 가장 좋습니다. 만약 서명이 법정 대표인의 것이 아니라면 서명한 사람의 권한 위임 문서를 확인해야 합니다.

签章 qiānzhāng 동 서명 날인하다 | 自然人 zìránrén 명 자연인, 일반인(법인과 구별) | 伪造 wěizào 동 위조하다 | 公章 gōngzhāng 명 직인, 공인 | 授权文件 shòuquánwénjiàn 권한 위임 문서

3 STEP 비즈니스 중한 통번역 실전 트레이닝

모범답안 211p | 155~160

다양한 비즈니스 상황에서의 중국어 단문 및 문단들을 통번역 해보며 실력을 한 단계 높여 보도록 합시다.

01
合作经营协议书

甲方：　　　　　　　　　　乙方：

　　甲、乙双方本着政府认可的合法手续，资信完备，实属既有社会效益，又有经济效益。甲乙双方在平等、自愿的原则下，经过友好协商，就双方合作，取得了一致意见，特签订本协议。

1. 甲方人员工作，对此，乙方表示完全认同，无任何异议。
2. 乙方自愿参与甲方杂志社招募人员工作、经营并作为甲方下属的分支机构，甲方对此表示同意。
3. 甲乙双方议定，由甲方提供必要的盖章、文件、杂志、证件和信件协助完成。
4. 双方议定合作经营期内，乙方应接受甲方的监督管理，合作期限二年。

(다음 문제에 내용이 이어집니다.)

本着 běnzhe 개 ~에 의거하여 | 实属 shíshǔ 동 확실히 ~이다 | 签订 qiāndìng 동 체결하다 | 认同 rèntóng 동 인정하다, 승인하다 | 招募 zhāomù 동 (사람을) 모집하다 | 下属 xiàshǔ 명 부하, 하급 직원 | 议定 yìdìng 동 토의하여 결정하다

02
5. 乙方的奖励提成
(1) 在正常报价的基础上成交，按总价10%（税前）提成。
(2) 在正常报价的基础上上浮部分成交，上浮部分归乙方所有。
6. 合作经营期满，如双方均表示愿意继续合作，本合同可再延续二年。如其中一方不同意合作，本协议到期，双方协议终止，终止后，双方应按规定进行财务结算。
7. 双方在合作经营协议期间，如遇未尽事宜，经友好协商取得一致意见后，可签订补充协议，协议具有同等的法律效力。
8. 在履行本协议时，如发生分歧，双方尽量协商解决，如协商不成，任何一方均有权依法解决。
9. 本协议一式两份，由双方签订盖章后生效，甲乙双方各执一份，具有同等法律效力。

甲方：(签字盖章)　　　　　　乙方：(签字盖章)

提成 tíchéng 동 공제하다 | 上浮 shàngfú 동 상승하다 | 归 guī 동 ~에 속하다 | 期满 qīmǎn 동 만기가 되다 | 延续 yánxù 동 지속하다, 연장하다 | 未尽事宜 wèijìnshìyí 해결되지 않은 | 履行 lǚxíng 동 이행하다 | 分歧 fēnqí 명 불일치, 차이 | 生效 shēngxiào 동 효력이 발생하다

03 货物进口合同

合同编号(Contract No.)：

签订日期(Date)：

买卖双方同意按照下列条款签订本合同：

1. 货物名称、规格和质量：　　　　　　2. 数量：允许5%的溢短装
3. 单价：　　美元　　　　　　　　　　4. 总值：　　美元
5. 交货条件：FOB QINGDAO PORT / CIF INCHEON PORT
6. 原产地国与制造商：CHINA SHENGLI CO., LTD
7. 包装标准：货物应具有防潮、防锈蚀、防震并适合于远洋运输的包装，由于货物包装不良而造成的货物残损、灭失应由卖方负责。卖方应在每个包装箱上用不褪色的颜色标明尺码、包装箱号码、毛重、净重及"此端向上"、"防潮"、"小心轻放"等标记。
8. 装运唛头：装运唛头由买方提供
9. 装运期限：收到信用证后4周

(다음 문제에 내용이 이어집니다.)

编号 biānhào 명 일련번호 | 条款 tiáokuǎn 명 조항 | 溢短装 yìduǎnzhuāng 과부족 용인 | 交货 jiāohuò 동 물품을 인도하다, 납품하다 | 防潮 fángcháo 동 방습하다 | 防锈蚀 fángxiùshí 녹이나 벌레 먹는 것을 방지하다 | 防震 fángzhèn 동 지진에 대비하다, 방진하다 | 灭失 mièshī 동 멸실하다 | 褪色 tuìsè 색이 바래다, 퇴색하다

04
10. 装运口岸：QINGDAO PORT, CHINA
11. 目的口岸：INCHEON PORT, KOREA
12. 保险：由卖方按发票金额110%投保一切险和破碎、破损附加险。
13. 付款条件：信用证方式(买方应在装运期前30日，开出以卖方为受益人的即期不可撤销的信用证，信用证在装船完毕后15日内到期。)
14. 单据：
(1) 表明通知收货人的清洁的、已装船的，并注明运费已付的海运提单。
(2) 标有合同编号、信用证号（信用证支付条件下）及装运唛头的商业发票一式五份：
(3) 由厂家出具的装箱或重量单一式两份，表明没见货物的毛重、净重、尺码：
(4) 由厂家出具的质量证明书一式两份：
(5) 由厂家出具的数量证明书一式两份：
(6) 保险单正本一式一份（CIF交货条件）：
(7) 厂家申请签发的产地证一式两份：
(8) 包装声明一式样两份。
15. 装运条款：CIF交货方式(卖方须按时在装运期限内将货物由装运港装船至目的港。)
(다음 문제에 내용이 이어집니다.)

投保 tóubǎo 동 보험에 가입하다 | **即期 jíqī** 형 즉시의, 현금 지불의, 일람불 | **完毕 wánbì** 동 끝내다, 완료되다 | **单据 dānjù** 명 영수증, 증빙 서류 | **提单 tídān** 명 인수증, 출고증 | **唛头 màtóu** 명 마크, 상표 | **表明 biǎomíng** 동 분명하게 밝히다 | **毛重 máozhòng** 명 (포장까지 포함한) 화물의 총중량 | **净重 jìngzhòng** 명 실중량, 순량

05

16. 装运通知：一旦装载完毕，卖方应在48小时内以传真方式通知买方合同编号、品名、已发运数量、发票总金额、毛重、船名/车/机号及启程日期等。

17. 质量保证：货物品质规格必须符合本合同及质量保证书之规定，品质保证期为货到目的港12个月内。在保证期限内，因制造商在设计制造过程中的缺陷造成的货物损害应由卖方负责赔偿。

18. 检验：卖方须在装运前委托商品检验局对本合同之货物进行检验并出具检验证书，货到目的港后，由买方委托韩国政府检验检疫机构进行复检。

19. 索赔：买方凭其委托的检验机构出具的检验证明书向卖方提出索赔（包括换货），由此引起的全部费用应由卖方负担。若卖方受到上述索赔后30日未予答复，则认为卖方已接受买方索赔。

20. 迟交货与罚款：除合同第21条不可抗力原因外，如卖方不能按合同规定的时间交货，买方应同意在卖方支付罚款的条件下延期交货。罚款可由议付银行在议付货款时扣除，罚款率按每天收0.015%。如卖方延期交货超过合同规定60天时，买方有权撤销合同，此时，卖方仍应不迟延地按上述规定向买方支付罚款。

(다음 문제에 내용이 이어집니다.)

一俟 yīsì ~하는 즉시 | 传真 chuánzhēn 몡 팩스 | 平直 píngzhí 튱 평평하고 똑바르다 | 启程日期 qǐchéngrìqī 출발 날짜 | 目的港 mùdìgǎng 목적항, 도착항 | 缺陷 quēxiàn 몡 결함, 결점 | 委托 wěituō 튱 위탁하다, 의뢰하다 | 出具 chūjù 튱 (증명서 등을) 발급하다, 발부하다 | 复检 fùjiǎn 튱 재검사하다 | 索赔 suǒpéi 튱 배상을 요구하다 | 负担 fùdān 튱 부담하다 | 延期 yánqī 튱 (원래 정한 기간을) 뒤로 미루다, 늦추다, 연기하다 | 扣除 kòuchú 튱 공제하다, 빼다 | 撤销 chèxiāo 튱 없애다, 취소하다 | 迟延 chíyán 튱 끌다, 지연하다, 지체하다 | 罚款 fákuǎn 몡 위약금

06 21. 不可抗力：凡在制造或转船运输过程中，因不可抗力致使卖方不能或推迟交货时，卖方不负责任。在发生上述情况时，卖方应立即通知买方，并在14天内，给买方快递一份由当地民间商会签发的事故证明书。在此情况下，卖方仍有责任采取一切必要措施加快交货。如事故延续90天以上，买方有权撤销合同。

22. 争议的解决：凡因本合同引起的或与本合同有关的任何争议应协商解决。若协商不成，应提交韩国国际贸易仲裁委员会(KITAC)，按照申请当时实行的仲裁规则进行仲裁。仲裁裁决是终局的，对双方均有约束力。

23. 通知：所有通知用英文写成，并按照如下地址用传真/快件送达给各方。如果地址有变更，一方应在变更后30日内书面通知另一方。

24. 本合同使用的FOB、CFR、CIF术语系根据国际商会《2000年国际贸易术语解释通则》。

25. 附加条款：本合同上述条款与本附加条款抵触时，以本附加条款为准。

26. 本合同共2份，自双方代表签字（盖章）之日起生效。

买方代表（签字）：　　　　　　　　卖方代表(签字)：

不可抗力 bùkěkànglì 명 불가항력 | 转船 zhuǎnchuán 동 배로 갈아타다, 환적하다 | 措施 cuòshī 명 대책, 조치 | 争议 zhēngyì 명 쟁의 | 约束力 yuēshùlì 명 구속력 | 终局 zhōngjú 명 결말, 마지막 | 通则 tōngzé 명 통칙 | 抵触 dǐchù 동 저촉되다, 대립되다, 충돌되다 | 以……为准 yǐ……wéizhǔn ~을 기준으로 하다

시사

1 STEP 알짜배기 문장으로 통번역 준비 운동!

의미에 맞게 문장의 빈칸을 채워가며 실전 통번역에 앞서 몸을 가볍게 풀어봅시다.

01 专家认为，随着城市化进程加快，城市垃圾日趋成为环境的主要污染源。
전문가들은 _____ 도시 쓰레기가 갈수록 환경의 주요 오염원이 되고 있다고 합니다.

02 近日美国宇航局(NASA)和通用汽车公司联手研制出第二代人形机器人。
_____ 제2세대 인간 로봇을 연구 제작하였습니다.

03 据新华社，八国集团首脑会议8日在意大利中部城市拉奎拉正式拉开帷幕。
신화사에 따르면, _____ 이/가 8일 이탈리아 중부 도시인 라퀼라에서 _____.

04 在哥本哈根气候大会上，主办方倡导世界各国应该遵守《联合国气候变化框架公约》及其《京都议定书》的协议，减少温室气体排放。
_____ 주최측은 세계 각국이 모두「유엔 기후 협약」과「교토 의정서」협의를 준수하고, _____고 제창하였습니다.

05 为了一点儿经济利益，人们乱砍乱伐使得水土大量流失，导致了荒漠化现象的出现。
_____ 사람들은 함부로 벌목을 하여 물과 토양을 크게 유실시켰고 _____.

06 因为荒漠化现象，自然环境和农业生产都出现了恶化的趋势。
사막화 현상 때문에 자연환경과 농업 생산이 _____.

07 科技变化的确给我们带来了更为舒适的生活，但它可能也会给我们带来危险，甚至是灾难。
과학 기술의 변화는 분명 _____ 위험과 심지어는 재난을 가져다줄 수도 있습니다.

08 其实不只是电子产品，自从纳米技术问世以来，我们的生活发生了巨大的变化。
_____, 나노 기술이 세상에 나온 이후로 우리의 생활에 _____.

09 随着G2这个概念的提出，人民币升值的潜力会很大。
G2라는 개념이 나오면서 _____이/가 매우 커졌습니다.

10 纳米技术可以说是21世纪最重要的科学技术之一，它的影响不会低于计算机、微米技术给人类带来的影响。
_____, 그 영향력은 컴퓨터, 마이크로 기술이 인류에 가져온 영향력에 뒤지지 않습니다.

11 现在的科技真是太发达了，很多电子产品更新换代特别快。
현재의 과학 기술은 정말 굉장히 발달해서, _____.

12 这两年全球的经济持续低迷，今年的经济前景也不明朗。
최근 _____ 올해 경제 전망도 밝지 않습니다.

정답 확인

01 도시화 진행 속도가 빨라지면서
02 최근 미국 항공 우주국(NASA)과 GM 자동차가 제휴하여
03 G8 정상 회담 ‖ 정식으로 막을 열었습니다
04 코펜하겐 기후 회의에서 ‖ 온실가스 배출을 줄이자
05 약간의 경제적 이익을 위해 ‖ 사막화 현상을 초래했습니다
06 모두 악화되는 추세가 나타났습니다
07 우리에게 더 편안한 생활을 가져다줬지만
08 사실 전자 제품뿐만 아니라 ‖ 엄청난 변화가 생겼습니다
09 위안화 절상 잠재력
10 나노 기술은 21세기 가장 중요한 과학 기술 중 하나로
11 수많은 전자 제품의 세대교체가 빨라졌습니다
12 전 세계의 경제 불황이 계속 이어지면서

주요 어휘 정리

城市化 chéngshìhuà 명 도시화
污染源 wūrǎnyuán 명 오염원
美国宇航局 měiguóyǔhángjú 미국 항공 우주국(NASA)
通用汽车 Tōngyòngqìchē GM 자동차
人形机器人 rénxíngjīqìrén 명 인간 로봇, 안드로이드
首脑会议 shǒunǎohuìyì 정상 회담
拉开帷幕 lākāiwéimù 막을 열다
联合国 Liánhéguó 유엔(UN)
温室气体 wēnshìqìtǐ 명 온실가스
乱砍乱伐 luànkǎn luànfá 함부로 벌목하다

荒漠化现象 huāngmòhuàxiànxiàng 사막화 현상
灾难 zāinàn 명 재난
纳米技术 nàmǐjìshù 명 나노 기술
更新换代 gēngxīnhuàndài 명 세대교체하다, 낡은 것을 새 것으로 바꾸다
人民币升值 rénmínbìshēngzhí 인민폐 절상
潜力 qiánlì 명 잠재력
经济低迷 jīngjìdīmí 경기 불황, 불경기
前景 qiánjǐng 명 전망

STEP 2 : 비즈니스 중한 통번역 맛보기

🎧 161~164

핵심 문장들로 구성된 중문 통번역 예시를 보며, 실전 연습에 앞서 몸을 가볍게 풀어봅시다.

01 "金砖四国"就是指中国、巴西、印度和俄罗斯。中国是"世界工厂",巴西是"世界原料基地",印度是"世界办公室",俄罗斯是"世界加油站",它们可都蕴含着巨大的商机。

> '브릭스'는 중국, 브라질, 인도, 러시아를 가리킵니다. 중국은 '세계의 공장'이고 브라질은 '세계 자원의 기지'이며 인도는 '세계의 사무실'이고, 러시아는 '세계의 주유소'라고 합니다. 이들은 거대한 사업 기회를 보유하고 있습니다.

金砖四国 jīnzhuānsìguó 브릭스, BRICS | 基地 jīdì 몡 거점, 기지, 본거지 | 蕴含 yùnhán 동 포함하다, 내포하다 | 商机 shāngjī 몡 사업 기회

02 科技变化的确给我们带来了更为舒适的生活,但它可能也会给我们带来危险,甚至是灾难。所有的进步都是一把"双刃剑",有好的一面,肯定也会有坏的一面。

> 과학 기술의 변화는 분명 우리들에게 더 편안한 생활을 가져다줬지만 우리에게 위험, 심지어는 재난을 가져다줄 수도 있습니다. 모든 발전은 '양날의 칼'과 같아서 좋은 면이 있는가 하면 분명히 나쁜 면도 있습니다.

的确 díquè 부 확실히, 분명히 | 舒适 shūshì 형 편안하다 | 甚至 shènzhì 부 심지어, ~까지도 | 灾难 zāinàn 몡 재난 | 双刃剑 shuāngrènjiàn 몡 양날의 칼

03 中国工商银行25日发布2009年度经营业绩,截至2009年末,工行净利润1294亿元人民币,同比增加16.3%,每股盈利0.39元,较上年增加18.2%,总资产同比增加20.8%。

> 중국 공상 은행은 25일 2009년도 경영 실적을 발표했는데 2009년 말까지 공상 은행의 순이익은 인민폐 1,294억 위안이며 전년도 동기 대비 16.3% 증가하였고 주당 수익은 0.39위안으로 전년 대비 18.2%가 증가하였으며 총자산은 전년도 동기 대비 20.8%가 증가했다고 합니다.

发布 fābù 동 (명령, 뉴스 등을) 선포하다, 발포하다 | 截至 jiézhì 동 ~까지 마감이다, ~에 이르다 | 净利润 jìnglìrùn 순이익 | 同比 tóngbǐ 동 전년도 동기 대비 | 盈利 yínglì 몡 이윤, 이익 | 较上年 jiàoshàngnián 전년에 비해

04 目前我国城市的主要污染类别包括大气污染、固体废弃物污染、水污染和噪声污染。随着经济社会的高速发展、城市化进程的加快和人民生活水平的不断提高,城市生活垃圾产生量的增加已成为污染环境、影响健康、制约发展的重大社会问题。

> 최근 중국 도시의 주요 오염 종류는 대기 오염, 고체 폐기물 오염, 수질 오염 그리고 소음 공해이다. 경제 사회의 급속한 발전과 도시화의 가속화 그리고 국민 생활 수준이 성장함에 따라 도시 생활 쓰레기의 증가는 환경을 오염시키고 건강에 영향을 주며 발전을 저해하는 중대한 사회 문제가 되었습니다.

污染 wūrǎn 동 오염시키다, 오염되다 | 废弃物 fèiqìwù 몡 폐기물 | 噪声 zàoshēng 몡 소음, 잡음 | 制约 zhìyuē 동 제약하다 | 重大 zhòngdà 형 중대하다, 무겁고 크다

3 STEP 비즈니스 중한 통번역 실전 트레이닝

다양한 비즈니스 상황에서의 중국어 단문 및 문단들을 통번역 해보며 실력을 한 단계 높여 보도록 합시다.

01 社会热点是社会的一面多棱镜,不仅能聚焦时代风云,更能折射社会矛盾的消长和时代的变迁。为更好地把握社会热点、了解民情民意,根据国家的要求,最近完成的上海第五次群众安全感抽样调查显示,市民对九大社会热点问题的关注程度与前几年相比有涨有落,排在前三位的依次是就业失业(23.8%)、社会风气(18.8%)、社会治安(13.7%),对环保等社会热点的关注度有所上升。

一、就业失业问题仍居榜首,但已明显改善：据统计,2005年,上海市新增就业岗位持续增加,已从2003年的46万个逐年上升到65.1万个。总体就业环境得到明显改善,就业压力得以缓解。

二、社会风气仍是市民比较关注的问题：越来越多的市民认识到,社会风气渗透在生活的方方面面。

三、社会治安问题已不是市民关注的首要问题：随着上海市社会治安持续保持良好稳定势头,社会治安问题已不是市民关注的首要问题了。(2002年群众安全感调查中社会治安问题居首位。)

四、环境保护问题受到越来越多市民的关注：由于外来人口的大量流入,上海市常住人口数量日益庞大,加大了城市管理的难度,影响到治安,也影响到环境保护。因此对与城市环境、自身生活品质息息相关的环境保护问题越来越关注。2005年,环保问题从2003年的第9位上升至第6位,关注率达7.1%,比2003年上升了2.4个百分点,关注人数增加了三成。

社会热点 shèhuìrèdiǎn 사회적 이슈 | 榜首 bǎngshǒu 명 수석 | 多棱镜 duōléngjìng 명 프리즘 | 聚焦 jùjiāo 동 모으다, 집중시키다 | 风云 fēngyún 명 요동치는 형세 | 折射 zhéshè 동 굴절하다, 반영하다 | 消长 xiāozhǎng 명 성쇠, 흥망 | 抽样调查 chōuyàngdiàochá 명 표본 조사 | 依次 yīcì 부 순서에 따라, 차례대로 | 榜首 bǎngshǒu 명 1위, 1등 | 逐年 zhúnián 부 해마다 | 得以 déyǐ 동 ~할 수 있다 | 缓解 huǎnjiě 동 호전되다 | 渗透 shèntòu 동 침투하다, 스며들다 | 日益庞大 rìyìpángdà 날로 커지다 | 方方面面 fāngfāngmiànmiàn 명 각 방면, 여러 가지 면 | 百分点 bǎifēndiǎn 명 퍼센트

02　关于服装，有5种错觉是我们大多数人信以为真的。我们需要面对并纠正这些错觉。第一，对于不合身的衣服，可以改变尺寸规格。如果你生活在巴黎或者在《Vogue》杂志工作，当然有可能改变一切。事实上，大多数情况下，我们对于不合身的衣服是无能为力的。第二，买衣服是一种投资。买"路易·威登"的衣服与买"路易·威登&酩悦轩尼诗"的股票是两回事。大多数的服装过了季就大幅度贬值。第三，只是为了注射肉毒杆菌或是激光嫩肤，专程去伦敦哈利街，并安慰自己说只是为了度假。第四，以后会瘦的。很多女人乐于买比自己实际体型小一号的衣服，想象着减了肥再穿。可实际情况是，这些衣服大多是被闲置了。第五，留着以后穿。有些女人会在打折时购买反季服装，不过6个月对于时尚来说是一段很长的时间，等到穿它的时候，可能这件衣服已经过时了。

错觉 cuòjué 명 착각 | 纠正 jiūzhèng 동 고치다, 바로잡다 | 尺寸 chǐcun 명 치수, 사이즈 | 合身 héshēn 몸에 맞다 | 无能为力 wúnéngwéilì 형 능력이 없다 | 两回事 liǎnghuíshì 명 서로 별개의 일 | 贬值 biǎnzhí 동 평가 절하되다 | 肉毒杆菌 ròudúgǎnjūn 보톡스 | 激光嫩肤 jīguāngnènfū 피부 레이저 시술 | 闲置 xiánzhì 동 방치하다, 내버려 두다 | 反季服装 fǎnjìfúzhuāng 제철에 맞지 않는 옷

03　近日美国宇航局(NASA)和通用汽车公司联手研制出第二代人形机器人。双方希望新一代机器人在汽车制造和航天航空领域都能发挥重要作用。通过应用先进的控制、感应和影像技术，通用汽车与NASA的工程师和科学家根据太空行动协议(Space Act Agreement)在位于休斯顿的约翰逊航天中心(Johnson Space Center)共同开发出第二代人形机器人"机器宇航员2号"，简称R2。美国宇航局局长助理道格·库克(Doug Cooke)表示，"尖端的机器人技术不仅对于美国宇航局，而且对整个国家都有广阔的前景。我们很激动有这么一个全新的机会来研发新一代机器人，我们希望机器人能够在更广泛的领域内得到应用。"

联手 liánshǒu 图 제휴하다, 연합하다 | 机器人 jīqìrén 图 로봇 | 发挥作用 fāhuīzuòyòng 역할을 발휘하다 | 控制 kòngzhì 图 제어하다, 통제하다 | 感应 gǎnyīng 图 유도하다, 감응하다 | 前景 qiánjǐng 图 장래, 앞날 | 工程师 gōngchéngshī 图 엔지니어 | 研发 yánfā 图 연구 개발하다

04 　据新华社, 八国集团首脑会议8日在意大利中部城市拉奎拉正式拉开帷幕。美国总统奥巴马、德国总理默克尔、法国总统萨科齐、英国首相布朗等, 一起抵达八国峰会主会场。八国集团轮值主席意大利总理贝卢斯科尼在日前举行的记者招待会上说, 今年拉奎拉峰会有望在一些议题上取得实质性成果。在粮食安全问题上, 八国集团有望推出"拉奎拉食品安全倡议", 将承诺提供100亿至150亿美元的援助, 用于贫穷国家的农业发展。此外, 在贸易问题上, 八国集团与中国、巴西、印度、墨西哥和南非等发展中五国以及埃及有望就反对贸易保护主义达成一致, 并承诺在2010年完成多哈回合谈判。不过, 分析人士说, 在气候变化等一些敏感问题上, 八国集团内部、八国集团和发展中国家之间达成一致的难度将非常大。

八国集团 bāguójítuán G8, 주요 8개국 연맹(미국, 영국, 독일, 프랑스, 일본, 이탈리아, 캐나다, 러시아) | 首脑会议 shǒunǎohuìyì 정상 회의 | 拉奎拉 lākuílā 라퀼라(이탈리아 중부에 위치한 도시) | 帷幕 wéimù 图 장막 | 抵达 dǐdá 图 도착하다 | 轮值 lúnzhí 图 교대로 맡다 | 峰会 fēnghuì 图 정상 회담 | 多哈回合谈判 duōhāhuíhétánpàn 도하라운드 협상 | 气候变化 qìhòubiànhuà 기후 변화

05　杭州，除了有"人间天堂"美誉之外，又多了一个"G20峰会主办城市"的世界性荣誉。随着G20峰会脚步的临近，围绕杭州峰会的各项城市建设工作正在如火如荼的展开，杭州变得更加美丽，来迎接这项世界顶级经济会议。同样，峰会的用车工作事宜也在推进，7月22日上汽大通向G20峰会交付车辆，"国宾车"再度开启征程，闪耀在世界舞台，助力2016年杭州G20峰会顺利举办，展现中国汽车工业的风采。除了G20峰会外，上汽大通还将在今年助力另一大世界顶级会议秘鲁APEC峰会，形成"国内G20，海外APEC"的双峰会格局。这是上汽大通的骄傲，也是中国汽车工业的骄傲。

美誉 měiyù 명 명예, 명성 | 峰会 fēnghuì 명 정상 회담 | 主办 zhǔbàn 동 주최하다 | 临近 línjìn 동 다가오다, 접근하다 | 如火如荼 rúhuǒrútú 성 기세등등하다 | 事宜 shìyí 명 일, 사항 | 推进 tuījìn 동 추진하다 | 开启 kāiqǐ 동 열다, 개방하다, 시작하다 | 征程 zhēngchéng 명 장정, 여정 | 闪耀 shǎnyào 동 빛을 발하다 | 风采 fēngcǎi 명 풍채, 풍모 | 骄傲 jiāo'ào 형 자랑스럽다

06　作为2016年G20峰会的主席国，中国提出了"构建创新、活力、联动、包容的世界经济"的主题，将在世界经济发展的格局之中，担当重要角色，联合世界各方力量，创新增长方式、完善全球经济金融治理、促进国际贸易和投资、推动包容联动式发展。今天的杭州，拥有西湖、钱塘江等独一无二的自然美景，具有横贯南北、穿越几千年历史的大运河，一代名刹灵隐寺等深厚的中国文化韵味经典，以及互联网领军企业阿里巴巴。人间美景、历史文化和创新经济融合，使杭州成为中国最具吸引力、最具实力和最受欢迎的城市之一，同时成为2016年G20峰会主办城市的不二之选。

构建 gòujiàn 동 수립하다, 구축하다 | 治理 zhìlǐ 동 정비하다, 관리하다 | 推动 tuīdòng 동 추진하다, 촉진하다 | 独一无二 dúyīwú'èr 성 유일하다 | 横贯 héngguàn 동 가로지르다 | 穿越 chuānyuè 동 넘다, 통과하다 | 名刹 míngchà 유명 사찰 | 领军企业 lǐngjūnqǐyè 선도 기업

07　新华网哈尔滨4月6日专电：4月7日是世界卫生日。今年世界卫生日的主题为"城市化与健康"。专家认为，随着城市化进程加快，城市垃圾日趋成为环境的主要污染源。

　　哈尔滨医科大学环境卫生教研室副主任那晓琳介绍，目前我国城市的主要污染类别包括大气污染、固体废弃物污染、水污染和噪声污染。随着经济社会的高速发展、城市化进程的加快和人民生活水平的不断提高，城市生活垃圾产生量的增加已成为污染环境、影响健康、制约发展的重大社会问题。近年来，城市垃圾已经成为主要污染源之一。如何妥善处理已成为改善生存环境、实现可持续发展的重要因素。繁荣的城市制造出越来越多的垃圾，垃圾围城日益危害人们生活环境。

　　那晓琳教授表示，尽管城市生活垃圾近年来不断增加，但无害化处理量却没有得到显著提升。为了维持主城区的光鲜靓丽，大量垃圾被运到了城郊，堆放在土坑里、耕地旁，形成独特的城市周边垃圾带。未经无害化处理的城市生活垃圾不但易产生蚊蝇等危害人们健康的害虫，还会造成空气、土壤、地表水和地下水严重污染。因此，城市居民应当尽量减少制造不必要的生活垃圾。

固体废弃物污染 gùtǐfèiqìwùwūrǎn 고체 폐기물 오염 | **无害化处理** wúhàihuàchǔlǐ 무해화 처리 | **可持续发展** kěchíxùfāzhǎn 몡 지속 가능한 발전 | **显著** xiǎnzhù 혱 현저하다, 뚜렷하다 | **提升** tíshēng 동 진급하다, 올라가다 | **光鲜靓丽** guāngxiānliànglì 산뜻하고 아름답다 | **妥善** tuǒshàn 혱 적절하다, 타당하다 | **堆放** duīfàng 동 쌓아 두다 | **耕地** gēngdì 경작지 | **土壤** tǔrǎng 몡 토양

CHAPTER 18 사교

STEP 1 알짜배기 문장으로 통번역 준비 운동!

의미에 맞게 문장의 빈칸을 채워가며 실전 통번역에 앞서 몸을 가볍게 풀어봅시다.

01 欢迎您到我们公司来，这是您第一次访问本公司吗?
저희 회사에 오신 것을 환영합니다. _____?

02 我是上海华联电子公司的王晓明，认识你很高兴，这是我的名片。
저는 상하이 화롄 전자의 왕샤오밍입니다. _____.

03 原来您就是王总，久仰大名，请多多指教。
_____, 말씀 많이 들었습니다. _____.

04 中国人习惯用握手来表示欢迎、感谢或者友好。
중국 사람은 악수로 _____을/를 나타냅니다.

05 宾主见面的时候，主人应该首先跟客人握手表示问候。
손님과 주인이 만났을 때 주인이 _____.

06 我很高兴听到你那样说，您慢慢看，也欢迎您随时去我们厂里看一下。
_____. 천천히 둘러보십시오. 저희 공장을 보러 가시는 것을 언제든지 환영합니다.

07 中国人递名片给他人时，可以说 "久仰大名"、"请多多关照"、"常联系"。
중국 사람은 명함을 건넬 때 "말씀 많이 들었습니다." _____, _____
라고 말합니다.

08 与中国合作伙伴开始商务交谈时，应该选什么样的话题比较好呢?
_____ 어떤 화제를 선택하는 게 좋을까요?

09 在赠送商务礼品的时候，**不管送什么，心意最重要，而且表达**也很重要。

비즈니스 선물을 할 때 _____ 어떻게 표현하느냐도 중요합니다.

10 送礼品时一般说"**虽然这只是一件小礼物，但是我希望您喜欢它**"、"**这是一点儿心意，请收下**"。

선물을 할 때 보통 _____라고 말합니다.

11 贴切而讲究的称呼能够给对方留下一个良好的印象。

_____은/는 상대에게 좋은 인상을 남길 수 있습니다.

12 与人打交道，**不称呼是不礼貌的，称呼不当则会有失礼**。

타인과 왕래할 때 _____, _____ 실례가 될 수 있습니다.

정답 확인

01 이번이 저희 회사 첫 방문이십니까
02 만나서 반갑습니다. 제 명함입니다
03 왕 사장님이셨군요 ‖ 많이 가르쳐 주십시오
04 환영이나 감사, 또는 우호의 뜻
05 먼저 손님에게 악수를 청해 인사를 나누어야 합니다
06 선생님께서 그렇게 말씀하시니 기쁩니다
07 "잘 부탁드립니다." ‖ "자주 연락합시다."
08 중국의 협력 파트너와 업무 대화를 시작할 때
09 어떤 선물을 하든 성의가 가장 중요하며
10 "작은 선물이지만 좋아하셨으면 합니다." ‖ "작은 성의니 받아주십시오."
11 적절하게 신경 쓴 호칭
12 호칭을 부르지 않는 것은 예의에 어긋나며 ‖ 호칭이 적절하지 않으면

주요 어휘 정리

访问 fǎngwèn 동 방문하다
久仰大名 jiǔyǎngdàmíng 말씀 많이 들었습니다.
指教 zhǐjiào 동 지도하다, 가르치다
握手 wòshǒu 명동 악수(하다)
友好 yǒuhǎo 형 우호적이다
递 dì 동 넘겨주다
合作伙伴 hézuòhuǒbàn 협력 파트너
商务交谈 shāngwùjiāotán 비즈니스 대화

选 xuǎn 동 선택하다, 고르다
话题 huàtí 명 화제
送礼品 sònglǐpǐn 선물을 하다
心意 xīnyì 명 마음, 성의
表达 biǎodá 동 표현하다
贴切 tiēqiè 형 적절하다, 알맞다
讲究 jiǎngjiu 동 중요시하다, ~에 신경 쓰다

2 STEP 비즈니스 중한 통번역 맛보기

🎧 172~175

핵심 문장들로 구성된 중문 통번역 예시를 보며, 실전 연습에 앞서 몸을 가볍게 풀어봅시다.

01 握手时，如果你是晚辈，不能先伸手。一般由长辈、上级、女士、职位高者先伸出手来和晚辈、职位低者握手。

악수할 때 만약에 당신이 아랫사람이면 먼저 손을 내밀어서는 안 됩니다. 일반적으로 윗사람, 상급자, 여성, 직위가 높은 사람이 먼저 아랫사람이나 직위가 낮은 사람에게 손을 내밀어 악수를 청합니다.

握手 wòshǒu 동 악수하다 | 伸出 shēnchū 동 밖으로 내뻗다, 내밀다 | 长辈 zhǎngbèi 명 윗사람, 연장자 | 晚辈 wǎnbèi 명 아랫사람

02 有时赠送礼品不必直接交到收礼人手中，可在公司宴请时放在每个人的座位上。在赠送商务礼品的时候，不管送什么，心意最重要，而且表达也很重要。

때로는 선물을 줄 때 받는 사람에게 직접 전달할 필요가 없고 회사에서 식사 초대 때 각 사람의 자리에 놓아도 됩니다. 비즈니스 선물을 할 때는 어떤 선물을 하든지 성의가 가장 중요하며 어떻게 표현하느냐도 중요합니다.

赠送 zèngsòng 동 증정하다, 주다 | 不必 búbì 부 ~할 필요없다 | 不管 bùguǎn 접 ~에 관계없이 | 心意 xīnyì 명 마음, 성의 | 表达 biǎodá 동 표현, 나타내다

03 与人打交道，不称呼是不礼貌的，称呼不当则会有失礼节。贴切而讲究的称呼能够给对方留下一个良好的印象，从而使交往或合作在一种和谐轻松的气氛中顺利进行。

타인과 교류할 때 호칭을 부르지 않는 것은 예의에 어긋나며 호칭이 적절하지 않으면 실례가 될 수 있습니다. 적절하게 신경 쓴 호칭은 상대에게 좋은 인상을 남길 수 있기 때문에, 의사소통이나 협력하는 일이 화기애애한 분위기에서 순조롭게 진행될 수 있습니다.

打交道 dǎjiāodao 동 왕래하다, 교제하다 | 不当 búdàng 형 적당하지 않다, 적절하지 않다 | 贴切 tiēqiè 형 (어휘가) 적절하다, 타당하다 | 和谐 héxié 형 잘 어울리다, 조화롭다 | 轻松 qīngsōng 형 수월하다, 가볍다

04 与中国合作伙伴开始商务交谈时，双方都要神态专注，表情认真，用词委婉含蓄，要礼让对方，不要独白、冷场、插嘴、抬杠。

중국 협력 파트너와 비즈니스 대화를 할 때 양측 모두 마음을 집중하고 진지한 표정으로, 완곡하고 간접적인 단어를 써야 합니다. 상대방에게 예를 갖추고 혼잣말, 어색한 침묵, 말참견, 언쟁 등은 삼가도록 해야 합니다.

神态 shéntài 명 표정과 태도 | 专注 zhuānzhù 동 집중하다 | 委婉 wěiwǎn 형 완곡하다 | 含蓄 hánxù 형 쉽게 드러내지 않다 | 礼让 lǐràng 동 예의를 갖춰 사양하다 | 插嘴 chāzuǐ 동 말참견하다 | 抬杠 táigàng 동 말다툼하다, 언쟁하다

STEP 3 비즈니스 중한 통번역 실전 트레이닝

모범답안 215p 176~181

다양한 비즈니스 상황에서의 중국어 단문 및 문단들을 통번역 해보며 실력을 한 단계 높여 보도록 합시다.

01 在中国称呼对方时，以用姓加职位为原则，并要顾及上下关系。这样的称呼方式既礼貌又适当。中国人初次见面时有握手的习惯。如果你是晚辈，不能先伸手。一般由长辈、上级、女士、职位高者先伸出手来和晚辈、职位低者握手。握手时，目光要注视对方并面带微笑。握手的力道要适中，而且任何时都不要拒绝与他人握手。

以……为原则 yǐ……wéi yuánzé ~을 원칙으로 하다 | 顾及 gùjí 고려하다 | 既A又B jì A yòu B A하기도 하고 B하기도 하다 | 适当 shìdàng 〔형〕 적절하다 | 目光 mùguāng 〔명〕 시선 | 注视 zhùshì 〔동〕 주목하다 | 面带微笑 miàndàiwēixiào 얼굴에 미소를 띠다 | 力道 lìdào 〔명〕 힘, 기운 | 适中 shìzhōng 〔형〕 정도가 알맞다

02 商务社交顾名思义指的是在商务活动中进行的人与人之间的社会交往活动。在商务社交场合上接待客人时，接待人员应该主动向客人问候"一路辛苦了"、"欢迎您来到我们公司"等等。中国人习惯用握手来表示欢迎、感谢或者友好。宾主见面的时候，主人应该首先跟客人握手表示问候。这时，宾主之间互相交换名片。别人给你名片的时候，你应该用两只手接，表示礼貌。名片既可以帮助你记住对方的姓名，又便于今后互相联系。中国人递名片给他人时，可以说"久仰大名"、"请多多关照"、"常联系"或先做一下自我介绍。

社交 shèjiāo 〔명〕 사회적 교류, 사회생활 | 顾名思义 gùmíngsīyì 〔성〕 이름을 보고 그 뜻을 생각하다, 말 그대로 | 宾主 bīnzhǔ 〔명〕 손님과 주인 | 便于 biànyú 〔동〕 ~하기 쉽다 | 递名片 dìmíngpiàn 명함을 건네다 | 久仰大名 jiǔyǎngdàmíng 존함을 오래 전부터 들었습니다

03 与中国合作伙伴开始商务交谈时，应该选什么样的话题才好呢？既定的主题，内容文明，优雅脱俗的话题和轻松的话题更好。而且进行交谈时，双方都要神态专注，表情认真，用词委婉含蓄，要礼让对方，不要独白、冷场、插嘴、抬杠。另外，在交谈中要做到言之有理，注意运用礼貌用语，力求尊重对方和谦让。

神态 shéntài 명 표정과 태도 | 专注 zhuānzhù 동 집중하다, 전념하다 | 委婉 wěiwǎn 형 완곡하다, 부드럽다 | 含蓄 hánxù 동 함축하다, 완곡하다 | 礼让 lǐràng 동 예의를 갖춰 사양하다 | 冷场 lěngchǎng 동 흥이 깨져 침묵이 흐르다, 어색해지다 | 抬杠 táigàng 동 말다툼하다, 언쟁하다 | 言之有理 yánzhīyǒulǐ 성 말이 이치에 맞다 | 力求 lìqiú 동 온갖 노력을 다하다, 몹시 애쓰다 | 谦让 qiānràng 동 겸양하다, 겸손하게 사양하다

04 与人打交道，不称呼是不礼貌的，称呼不当则会有失礼节。贴切而讲究的称呼能够给对方留下一个良好的印象，从而使交往或合作在一种和谐轻松的气氛中顺利进行。那么，怎样才能称呼得体呢？最好是事先对交往对象有所了解，以选择合适的称谓。一般说来，在与政府官员或企业领导打交道时，最好称呼他们的职务。例如"经理"、"团长"等。在与文教界、科技界或医疗卫生界人士交谈时，最好采用与他们的职业相关的称谓，例如，"教授"、"老师"、"医生"、"工程师"等等。

打交道 dǎjiāodao 동 왕래하다, 교제하다 | 称呼不当 chēnghubúdàng 호칭이 적절하지 않다 | 贴切 tiēqiè 형 알맞다 | 讲究 jiǎngjiu 동 중요시하다, ~에 신경 쓰다 | 和谐轻松 héxiéqīngsōng 화기애애하다, 조화롭고 편안하다 | 气氛 qìfēn 명 분위기 | 得体 détǐ 형 (언행이) 제격이다, 알맞다 | 采用 cǎiyòng 동 적합한 것을 고르다, 채용하다

05　　商务礼物所表达的是一种职业联系,既是友好的、礼节性的,又是公务性的。在与客户交往中,礼品既可以成为"敲门砖",也可以作为告别礼。商务礼品一般不必迎合收礼人的兴趣爱好,只要与收礼人的地位、作用相符就行。有时赠送礼品不必直接交到收礼人手中,可在公司宴请时放在每个人的座位上。在赠送商务礼品的时候,不管送什么,心意最重要,而且表达也很重要。送礼品的时候一般说"虽然这只是一件小礼物,但是我希望您喜欢它"、"这是一点儿心意,请收下"或者礼物卡片上写"衷心感谢您的鼎力相助"、"谨祝您身体健康、阖家欢乐、万事如意"、"本公司愿继续与您携手合作、开创未来"。

告别礼 gàobiélǐ 고별 선물, 이별 선물 | **公务性 gōngwùxìng** 공무적인 성격 | **客户 kèhù** 명 고객 | **敲门砖 qiāoménzhuān** 명 출세의 수단 | **迎合 yínghé** 동 영합하다 | **相符 xiāngfú** 동 서로 일치하다 | **宴请 yànqǐng** 동 연회에 초청하다

06　　通过这次会晤,我知道了跟哪家公司合作对今后我们的发展更有利。我决定要跟贵公司合作。虽然贵公司的条件没别的公司好,可是金小姐在会晤中一直保持着热情且端正的姿态,给我留下了很深刻的印象。所以我选择了贵公司。中国有一句俗话:"近朱者赤,近墨者黑"。我觉得今后跟贵公司一起合作的话,我们一定会成功。

会晤 huìwù 동 회견하다, 만나다 | **端正 duānzhèng** 형 바르다, 단정하다 | **姿态 zītài** 명 태도, 자태 | **近朱者赤,近墨者黑 jìnzhūzhěchì, jìnmòzhěhēi** 성 좋은 사람을 가까이 하면 좋게 변하고, 나쁜 사람을 가까이 하면 나쁘게 변한다

CHAPTER 19 여행/호텔/교통

STEP 1 알짜배기 문장으로 통번역 준비 운동!

의미에 맞게 문장의 빈칸을 채워가며 실전 통번역에 앞서 몸을 가볍게 풀어봅시다.

01 团队旅游是指跟随旅行团出游，价格优惠，不用为旅途的食宿费心。
　　 단체 여행은 _____, 값이 저렴하고 _____.

02 商务考察是企业经营活动中一项必不可少的商务活动。
　　 비즈니스 시찰은 기업 경영 활동에서 _____.

03 我们是五星级宾馆，档次比较高，一个晚上一千元人民币。
　　 저희는 5성급 호텔로 _____ 하루에 인민폐 1,000위안입니다.

04 我们需要看您的护照，并请您填写住房登记表。
　　 저희에게 여권을 보여주시고, _____.

05 我们宾馆的商务中心不但有传真服务，而且有电脑，还可以用复印机。
　　 저희 호텔의 비즈니스 센터는 _____ 복사기도 사용할 수 있습니다.

06 旅游住宿形式主要有：饭店、招待所、保健旅馆、温泉旅馆、家庭旅馆、农家院住宿、日租房等等。
　　 여행 숙소의 종류에는 _____ 등이 있습니다.

07 一般酒店的入住时间为14点，退房时间为中午12点。
　　 일반적으로 호텔의 _____ 입니다.

08 如果提前入住或推迟退房，均须酌情加收一定的费用。
　　 만약 일찍 체크인하거나 늦게 체크아웃하게 되면 _____.

09 起飞时间准时吗？班机延误多长时间？
　　_____? 비행기가 얼마나 연착할 것 같은가요?

10 我想订两张今天韩亚航空公司到西安的机票。
　　저는 오늘 _____ 2장을 예매하고 싶습니다.

11 通过旅行社订购火车票，需要支付一定的服务费，但是购票有保证，安全可靠。
　　여행사를 통해서 기차표를 예매하면 _____ 표를 확실히 구할 수 있고 _____.

12 您可以登陆"中国铁路客户服务中心"网站在线预订火车票。
　　'중국 철도 고객 서비스 센터' 사이트에 로그인하셔서 _____.

정답 확인

01 여행 단체를 따라서 여행하는 것을 말하며 ‖ 숙소와 식사에 신경 쓸 필요가 없습니다
02 없어서는 안 될 비즈니스 활동입니다
03 등급이 높은 편이라
04 숙박 신고서를 작성해 주십시오
05 FAX 서비스뿐 아니라 컴퓨터가 있고
06 호텔, 게스트 하우스, 요양 여관, 온천 여관, 홈스테이, 팜스테이, 일일 대여방
07 체크인 시간은 14시, 체크아웃 시간은 정오 12시
08 상황에 따라 추가 요금을 내야 합니다
09 제시간에 이륙하나요
10 시안으로 가는 아시아나항공 티켓
11 서비스 요금을 지불해야 하지만 ‖ 안전하고 믿을 만합니다
12 온라인으로 기차표를 예매하실 수 있습니다

주요 어휘 정리

团队旅游 tuánduìlǚyóu 단체 여행
必不可少 bìbùkěshǎo 형 없어서는 안 되다
商务考察 shāngwùkǎochá 비즈니스 시찰
档次 dàngcì 명 (품질 등의) 등급
住宿登记表 zhùsùdēngjìbiǎo 숙박 신고서
商务中心 shāngwùzhōngxīn 명 비즈니스 센터
传真 chuánzhēn 명 팩스
招待所 zhāodàisuǒ 명 게스트 하우스
退房 tuìfáng 동 체크아웃

酌情 zhuóqíng 동 상황을 감안하다
起飞 qǐfēi 동 이륙하다
班机 bānjī 명 항공편
延误 yánwù 동 지연하다, 놓치다
支付 zhīfù 동 지불하다
可靠 kěkào 형 믿을 만하다
登录 dēnglù 동 로그인하다
客户服务中心 kèhùfúwùzhōngxīn 고객 서비스 센터
在线预订 zàixiàn yùdìng 온라인 예약

STEP 2 비즈니스 중한 통번역 맛보기

🎧 182~185

핵심 문장들로 구성된 중문 통번역 예시를 보며, 실전 연습에 앞서 몸을 가볍게 풀어봅시다.

01 团队旅游是指跟随旅行团出游，价格优惠，不用为旅途的食宿费心，但是时间比较紧张，并且不能自主选择自己感兴趣的地方游览。

> 단체 여행은 여행 단체를 따라서 여행하는 것을 말하는데, 가격이 저렴하고 여행 시 숙식에 신경 쓸 필요가 없지만 시간이 좀 빡빡하고 자신이 관심 있는 곳을 선택해서 자유롭게 여행할 수 없습니다.

出游 chūyóu 동 여행하다, 놀러 나가다 | 食宿 shísù 명 숙식 | 费心 fèixīn 동 마음을 쓰다, 걱정하다 | 自主选择 zìzhǔxuǎnzé 자율적으로 선택하다, 자주적으로 선택하다 | 游览 yóulǎn 동 유람하다, 여행하다

02 会议酒店是专门为各种商务会议、贸易展览会、学术研讨会的商旅客人提供住宿、膳食和展览厅、会议厅的一种特殊的旅游酒店。

> 컨벤션 호텔은 각종 비즈니스 회의, 무역 박람회, 학술 세미나 등에 참석하는 비즈니스 여행객들에게 숙소, 식사, 전시실 및 회의실을 제공하는 일종의 특수 목적 관광호텔입니다.

会议酒店 huìyìjiǔdiàn 컨벤션 호텔 | 商务会议 shāngwùhuìyì 비즈니스 회의 | 研讨会 yántǎohuì 명 세미나 | 为A提供B wèi A tígòng B A를 위해 B를 제공하다 | 膳食 shànshí 명 식사 | 旅游酒店 lǚyóujiǔdiàn 관광호텔

03
- 航班到达时："前来接机的各位请注意，由北京飞来本机场的507次航班，将于08点05分到达本机场。"
- 开始办理乘机手续时："前往仁川的旅客请注意，您乘坐的507次航班，现在开始办理乘机手续，请您到值机柜台办理。谢谢。"

> - 비행기가 도착했을 때 : "여행객을 마중하러 오신 분들께 안내 말씀 드립니다. 북경에서 본 공항으로 온 507편 항공기가 08시 05분에 본 공항에 도착했습니다."
> - 탑승 수속을 시작할 때 : "인천으로 가시는 승객분들께 안내 말씀 드립니다. 귀하의 탑승 예정인 507편 항공편이 현재 탑승 수속을 시작합니다. 탑승 수속 카운터에 와서 처리하십시오. 감사합니다."

迎接 yíngjiē 동 마중하다, 영접하다 | 注意 zhùyì 동 주의하다, 조심하다 | 乘机手续 chéngjīshǒuxù 탑승 수속 | 前往 qiánwǎng 동 향하여 가다, 나아가다 | 值机柜台 zhíjīguìtái 탑승 수속 카운터

04 在您到达酒店之后，报一下预订时填写的入住人姓名，酒店前台即会为客人办理入住手续。如提前入住或推迟退房，均须酌情加收一定的费用。

> 호텔에 도착한 후에 인터넷으로 예약한 방이라고 설명하면서 예약 시 기입한 투숙인의 이름을 말하면 호텔 프런트에서 바로 체크인 수속을 해줍니다. 만약 일찍 체크인하거나 늦게 체크아웃하면 상황에 따라 추가 요금을 내야 합니다.

报名 bàomíng 동 등록하다 | 前台 qiántái 명 프런트 | 办理手续 bànlǐshǒuxù 절차를 밟다 | 提前 tíqián 동 (시간, 위치를) 앞당기다 | 推迟 tuīchí 동 뒤로 미루다, 늦추다 | 酌情 zhuóqíng 동 사정(상황)을 감안하다

3 STEP 비즈니스 중한 통번역 실전 트레이닝

모범답안 217p | 186~191

다양한 비즈니스 상황에서의 중국어 단문 및 문단들을 통번역 해보며 실력을 한 단계 높여 보도록 합시다.

01 旅游按照出游形式可以分为自助旅游、团队旅游、半自助旅游。自助旅游是指独自出游，能够随心所欲地选择想去的地方，时间也可以自由支配，不过必须具有一定的旅行经验，否则要做大量的准备，还需要提前做行程计划。团队旅游是指跟随旅行团出游，价格优惠，不用为旅途的食宿费心，但是时间比较紧张，并且不能自主选择自己感兴趣的地方游览。半自助旅游将两种旅游形式折中，委托旅行社来订机票和酒店，旅游的行程自己安排，也被称为单项委托旅游。

随心所欲 suíxīnsuǒyù 성 자기 마음대로 하다 | 支配 zhīpèi 동 안배하다, 지배하다 | 否则 fǒuzé 접 그렇지 않으면 | 行程计划 xíngchéngjìhuá 스케줄 계획 | 折中 zhézhōng 동 절충하다 | 委托 wěituō 동 위탁하다

02 随着中国旅游事业的发展，出现了各种类型的旅游住宿形式，主要有：饭店、招待所、保健旅馆、温泉旅馆、体育旅馆、家庭旅馆、农家院住宿、日租房等等。旅游者可根据自己的经济实力及爱好前往投宿。按照传统分类法，旅游酒店可分为四种类型：商业型酒店是为那些从事企业活动的商业旅游者提供住宿、膳食和商业活动及有关设施的酒店。长住型酒店主要是接待长住客人。度假型酒店主要位于海滨、山城或温泉附近。会议酒店是专门为各种商务会议、贸易展览会、学术研讨会的商旅客人提供住宿、膳食和展览厅、会议厅的一种特殊的旅游酒店。

随着 suízhe 동 ~에 따라 | 旅馆 lǚguǎn 명 여관 | 日租房 rìzūfáng 일일 대여방 | 经济实力 jīngjìshílì 경제력 | 前往 qiánwǎng 앞으로 나아가다, 가다 | 投宿 tóusù 투숙하다 | 设施 shèshī 명 시설 | 海滨 hǎibīn 명 해변 | 山城 shānchéng 명 산간 도시

03　　旅客朋友，今天服务在您身边的是沈阳铁路局锦州客运段G1226次列车第一乘务组的全体工作人员。我们这趟列车是由沈阳开往到上海方向去的G1226次列车，全程走行1,720千米，运行10小时34分，下面向您介绍列车沿途经由各主要停车站的到停时间：到达济南车站的时间是14点10分，停车5分，到达终点站上海虹桥站的时间是11月21日的18点42分。旅客朋友，我们这趟列车由软坐车，硬座车和餐车组成，列车长办公席设在一车厢，主要负责解答您在旅途中的咨询、办理补票业务以及接待旅客来访等工作。如果您在旅途中出现了晕车或其它身体不适，在二号车厢的医疗点，备有常用药品，为您解决燃眉之急。如果您在旅途中有什么需求，请随时和工作人员联系，我们将尽力帮您解决。

客运段 kèyùnduàn 명 철도 승무원들로 구성된 조직 | **列车 lièchē** 명 열차 | **途径 tújìng** 명 경로, 길 | **停车站 tíngchēzhàn** 명 정류장 | **硬座 yìngzuò** 명 (기차의) 일반석 | **晕车 yùnchē** 동 차멀미하다 | **燃眉之急 ránméizhījí** 성 초미지급, 상황이 매우 긴박하다

04　　在您到达酒店之后，说明是通过网上预订好的房间，报一下预订时填写的入住人姓名，酒店前台即会为客人办理入住手续。按国际惯例，一般酒店的入住时间为14：00，退房时间为正午12：00，如提前入住或推迟退房，均须酌情加收一定的费用。一般情况下，酒店会将预订好的房间保留至入住当日的18：00，过时将不予保留。在网上订好的酒店，房费一般都是到了酒店前台直接支付的。也有少数酒店要求提前付款才能预留房间。一经付款的订房，将不接受任何形式的变更或取消，需谨慎操作。房费包含酒店服务费，不包括酒店其他费用、税收及客人额外要求的费用。

报 bào 동 알리다, 통지하다 | **填写 tiánxiě** 동 기입하다 | **前台 qiántái** 명 프런트 | **入住 rùzhù** 동 체크인하다 | **退房 tuìfáng** 동 체크아웃하다 | **推迟 tuīchí** 동 미루다 | **均 jūn** 부 모두 형 균등하다 | **酌情 zhuóqíng** 동 사정을 감안하다 | **过时 guòshí** 동 시한을 넘기다 | **不予 bùyǔ** ~하지 않는다 | **保留 bǎoliú** 동 남겨두다 | **谨慎 jǐnshèn** 형 신중하다 | **额外 éwài** 형 별도의, 정원 외의 | **税收 shuìshōu** 명 세금

05   如何购买火车票呢？首先可以通过旅行社代订，外国游客订购国内火车票可选择信誉好的正规旅行社代理，方便又省心。通过旅行社订购火车票，需要支付一定的服务费，但是购票有保证，安全可靠。订票时，乘客需提供全名和护照号等有效身份证件号码。其次，可以到铁路售票窗口(包括自动售票机和铁路客票代售点)购买火车票。购票前，务必先确认所购车次的售票日期。动车、高铁和直达车等高速列车一般发车前10天开始售票，快车和特快列车提前5天出售。此外，您可以登陆"中国铁路客户服务中心"网站在线预订火车票。乘客在线注册后选择相应车次及乘车时间，提交预订单，并在45分钟之内完成网上支付。支付成功后客户服务中心网站会往用户的邮箱和手机上分别发送购票密码，凭此密码和有效身份证件可以到火车站或者代售点换取火车票。

代订 dàidìng 동 대신 주문하다 | 信誉 xìnyù 명 신용, 평판 | 务必 wùbì 부 반드시, 꼭 | 出售 chūshòu 동 판매하다 | 登录 dēnglù 동 (컴퓨터) 로그인 | 在线注册 zàixiànzhùcè 온라인으로 회원가입하다 | 网上支付 wǎngshàngzhīfù 인터넷 결제 | 换取 huànqǔ 동 교환하다 | 凭 píng 개 ~에 의거하여

06   公共汽车也叫城市客车、巴士或大巴，是客车类中大、中型客车的典型车型。公共汽车是专门为解决城市和城郊运输而设计及装备的商用车。最初，城市公共汽车大都由载货汽车底盘改装而成，现代城市公共汽车的底盘一般都是根据客车的要求专门设计和制造而成。发达国家的城市公共汽车，均已实行无人售票，因此装有收款机或验票机，中国的公共汽车除市郊外已基本实现无人售票。

客车 kèchē 명 객차, 버스 | 运输 yùnshū 동 운송하다, 수송하다 | 载货汽车 zàihuòqìchē 명 트럭, 화물차 | 底盘 dǐpán 명 차대, 섀시 | 发达国家 fādáguójiā 명 선진국 | 收款机 shōukuǎnjī 명 요금 단말기 | 验票机 yànpiàojī 명 검표기

CHAPTER 20 쇼핑

STEP 1 알짜배기 문장으로 통번역 준비 운동!
의미에 맞게 문장의 빈칸을 채워가며 실전 통번역에 앞서 몸을 가볍게 풀어봅시다.

01 购物卡是集餐饮和购物于一体的消费卡，是代金券的一种。
기프트 카드는 _____ 일종의 상품권입니다.

02 如今手机支付真方便，出门连钱包都不用带。
요즘 휴대폰 결제는 정말 편리해서, _____.

03 手机支付市场是一个快速增长的大市场，使用手机支付的用户越来越多。
휴대폰 결제 시장은 _____ 휴대폰 결제 이용자가 점점 많아지고 있습니다.

04 各种账号的登录密码和支付密码最好用数字和字母组合的高级密码。
각종 계정의 로그인 비밀번호와 결제 비밀번호는 _____.

05 随着互联网的日益发展，网购已经成为现代人生活中不可缺少的生活方式。
인터넷이 나날이 발달함에 따라 _____ 생활 방식이 되었습니다.

06 无论是生活用品还是食材，想买的物品都可以在网上购买后快递到家。
_____ 인터넷으로 구매하면 집에서 택배로 받을 수 있습니다.

07 陪同购物的好处是，为顾客节约购买时间，买对衣服和饰品，避免不必要的浪费。
동행 쇼핑의 장점은 _____ 옷과 액세서리를 잘 사게 하고 _____.

08 一般一些大型商场、超市都会销售自己店的购物卡。
_____은/는 모두 자신들의 기프트 카드를 판매합니다.

09 根据客户的意见，适当安排娱乐购买等活动。
고객의 의견에 따라 _____.

10 有些客户希望去采购中国特色的商品，如丝绸、茶叶、瓷器等等。
어떤 고객은 실크, 차, 도자기 등과 같은 _____.

11 购物中心通常说 "shopping mall"，特指规模巨大，集购物、休闲、娱乐、饮食等于一体的商业中心。
쇼핑센터는 일반적으로 '쇼핑몰'이라고 하며, 특별히 _____ 상업의 중심지를 가리킵니다.

12 购物中心包含百货店、大卖场以及众多专业连锁零售店在内的超级商业中心。
쇼핑센터는 _____을/를 포함하는 초대형 상업 중심지입니다.

정답 확인

01 식사와 쇼핑을 모두 할 수 있는 소비 카드로서
02 외출 시 지갑조차도 챙길 필요가 없습니다
03 급속도로 성장하는 큰 시장으로서
04 숫자와 영문이 조합된 고급 단계의 비밀번호를 쓰는 게 가장 좋습니다
05 인터넷 쇼핑은 이미 현대인의 생활에서 없어서는 안 되는
06 생활용품이든 식료품이든 사고 싶은 물건은 모두
07 고객을 위해서 시간을 절약해주고 ‖ 불필요한 낭비를 막아줍니다
08 일반적으로 대형 쇼핑센터와 마트
09 오락이나 쇼핑 등의 활동을 적당하게 안배합니다
10 중국 특색의 상품을 사고 싶어 합니다
11 규모가 크고 쇼핑, 레저, 오락, 식당 등을 한데 모은
12 백화점, 대형 할인 마트, 수많은 전문 프랜차이즈

주요 어휘 정리

购物卡 gòuwùkǎ 몡 기프트 카드
集……于一体 jí……yúyìtǐ ~을 한데 모으다
增长 zēngzhǎng 동 성장하다, 늘어나다
账号 zhànghào 몡 계정
登录 dēnglù 동 로그인하다
组合 zǔhé 동·몡 조합(하다)
日益 rìyì 부 나날이, 더욱
网购 wǎnggòu 인터넷 쇼핑

不可缺少 bùkěquēshǎo 없어서는 안 되다, 필수 불가결
快递 kuàidì 택배
节约 jiéyuē 동 절약하다
避免 bìmiǎn 동 피하다, 면하다
采购 cǎigòu 동 구입하다, 구매하다
规模 guīmó 몡 규모
休闲 xiūxián 동 레저, 한가하게 지내다
连锁零售店 liánsuǒlíngshòudiàn 몡 프랜차이즈

2 STEP 비즈니스 중한 통번역 맛보기

🎧 192~195

핵심 문장들로 구성된 중문 통번역 예시를 보며, 실전 연습에 앞서 몸을 가볍게 풀어봅시다.

01 手机支付市场是一个快速增长的大市场，手机支付灵活便捷，使用手机支付的用户越来越多，相应的手机支付平台也很多，如支付宝、百度钱包、微信支付等。

> 휴대폰 결제 시장은 급속도로 성장하는 큰 시장으로 휴대폰 결제는 사용이 편리하기 때문에 이용자가 점점 많아지고 있습니다. 그래서 쯔푸바오, 바이두 치엔바오, 웨이신 쯔푸 등과 같은 휴대폰 결제 플랫폼도 아주 많이 있습니다.

手机支付 shǒujīzhīfù 명 휴대폰 결제 | 灵活便捷 línghuó biànjié 빠르고 편리하다 | 平台 píngtái 명 (컴퓨터) 플랫폼 | 如 rú 동 예를 들면

02 网购之所以流行起来一是因为价格相对便宜，再就是节省了出门购物的时间，给忙碌的现代人生活带来了极大便利。

> 인터넷 쇼핑이 유행하게 된 첫째 이유는 가격이 상대적으로 저렴하다는 것이고, 두 번째 이유는 외출해서 물건 사는 시간을 절약할 수 있어서 바쁜 현대인의 생활에 편리함을 가져다 주었기 때문입니다.

网购 wǎnggòu 인터넷 쇼핑 | 节省 jiéshěng 동 아끼다, 절약하다 | 给A带来了B gěi A dàiláile B A에게 B를 가져다 주다

03 购物中心通常说"shopping mall"，音译"摩尔"或者"销品贸"，属于一种新型的复合型商业形态。摩尔特指规模巨大，集购物、休闲、娱乐、饮食等于一体，包含百货店、大卖场以及众多专业连锁零售店在内的超级商业中心。

> 쇼핑센터는 일반적으로 '쇼핑몰', 음역으로 '摩尔(모얼)' 또는 '销品贸(샤오핀마오)'라고도 하는 새로운 유형의 복합 비즈니스 형태입니다. 몰은 특히 규모가 큰 것을 지칭하는데 쇼핑, 레저, 오락, 식당 등이 한데 모여 있으며 백화점, 대형 할인 마트, 수많은 전문 프랜차이즈가 있는 초대형 상업의 중심지를 가리킵니다.

通常 tōngcháng 명 평상시, 보통 | 音译 yīnyì 동 음역하다 | 特指 tèzhǐ 동 특별히 지칭하다 | 连锁零售店 liánsuǒlíngshòudiàn 명 프랜차이즈 매장

04 访问日程结束后，根据客户的意见，适当安排娱乐购买等活动。有些客户希望去采购中国特色的商品，如丝绸、茶叶、瓷器等等。

> 방문 일정을 마친 후 고객의 의견에 따라 오락이나 쇼핑 등 활동을 적당하게 안배합니다. 어떤 고객은 실크, 차, 도자기 등과 같은 중국 특색의 상품을 사고 싶어 하기도 합니다.

适当安排 shìdàng'ānpái 적절하게 안배하다 | 采购 cǎigòu 동 구입하다 | 丝绸 sīchóu 명 실크, 비단 | 瓷器 cíqì 명 도자기

3 STEP 비즈니스 중한 통번역 실전 트레이닝

다양한 비즈니스 상황에서의 중국어 단문 및 문단들을 통번역 해보며 실력을 한 단계 높여 보도록 합시다.

01   购物卡是集餐饮、购物于一体的消费卡，是代金券的一种。现在送客户或用作员工福利发放，这种卡有100元、200元、300元、500元、1,000元等面值的，一般一些大型商场、超市都会销售自己店的购物卡，比如大润发、金润发、苏果、农工商、金鹰等都有超市购物卡、购物券出售。当您用不完时，市场上或者网络上也有回收购物卡的地方。

购物卡 gòuwùkǎ 기프트 카드 | 福利 fúlì 복지, 복리 | 发放 fāfàng 통 보내다, 나누어 주다 | 面值 miànzhí 명 액면가 | 销售 xiāoshòu 통 팔다, 판매하다 | 出售 chūshòu 통 팔다, 판매하다 | 回收 huíshōu 통 회수하다

02   陪同购物师是一种新兴的职业，是由专业的整体形象顾问利用科学的技能为客户进行陪购购物选购和指导工作，帮助客户选购适合自己的颜色、款式、风格的服装与配饰，并教导顾客学习和掌握适合自身的服饰类型。他们通过专业科学手段对客户做相关的色彩鉴定及款式风格鉴定。根据个人色彩鉴定和款式风格鉴定结果，由客户本人的购物习惯选择购物环境，现场指导个人形象方面事务的尺度。

陪同 péitóng 통 동행하다 | 整体形象 zhěngtǐxíngxiàng 전체적인 이미지 | 选购 xuǎngòu 통 골라서 사다 | 指导 zhǐdǎo 통 지도하다, 이끌어 주다 | 款式 kuǎnshì 명 스타일, 타입 | 风格 fēnggé 명 스타일, 기질, 풍격 | 配饰 pèishì 명 액세서리 | 教导 jiàodǎo 통 가르치다, 지도하다 | 掌握 zhǎngwò 통 파악하다 | 服饰 fúshì 옷과 액세서리 | 鉴定 jiàndìng 통 평가하다, 감정하다

03　　购物中心通常说"shopping mall",音译"摩尔"或者"销品贸",属于一种新型的复合型商业形态。摩尔特指规模巨大,集购物、休闲、娱乐、饮食等于一体,包含百货店、大卖场以及众多专业连锁零售店在内的超级商业中心。购物中心是集中众多商业资源的商业地产项目,通过业态整合、长期经营,成为城市或更大范畴的商业中心场所和物业旺地,实现城市商业主体定位、城市消费文化集合和地产物业需求的多种价值。

特指 tèzhǐ 동 특별히 지칭하다, 단독으로 가리키다 | **包含** bāohán 동 포함하다 | **众多** zhòngduō 형 아주 많다 | **大卖场** dàmàichǎng 대형 할인 마트 | **专业连锁零售店** zhuānyèliánsuǒlíngshòudiàn 전문 프랜차이즈 | **物业** wùyè 명 가옥 등의 부동산 | **旺地** wàngdì 명 (돈벌이가 잘 되는) 노른자위 땅

04　　手机支付也称为移动支付,是指允许移动用户使用手机对所消费的商品或服务进行账务支付的一种服务方式。手机支付市场是一个快速增长的大市场,手机支付灵活便捷,使用手机支付的用户越来越多,相应的手机支付平台也很多,如支付宝、百度钱包、微信支付等。如今手机支付非常方便,出门连钱包都不用带,但是看似便利的手机支付其实也危机四伏。为了加强防范,养成良好的手机使用习惯。首先,支付工作尽量不要在越过狱的iphone手机和没有安全保障的安卓手机上使用。其次,登陆支付工作时,取消"记住用户名"、"十天内自动登陆"等设置。最后,别"一码走天下",各种账号的登陆密码和支付密码最好用数字和字母组合的高级密码,并且不同网站的密码要区别开来。

允许 yǔnxǔ 동 허락하다 | **相应** xiāngyìng 동 상응하다, 서로 맞다 | **危机四伏** wēijīsìfú 성 위기가 도처에 도사리고 있다 | **加强防范** jiāqiángfángfàn 보안을 강화하다 | **越狱** yuèyù 탈옥하다 | **安卓手机** ānzhuóshǒujī 안드로이드폰 | **用户名** yònghùmíng 사용자 이름 | **账号** zhànghào 명 계정

05　　随着互联网的日益发展，网购已经成为现代人生活中不可缺少的生活方式。无论是生活用品还是食材，想买的物品都可以在网上购买后快递到家。网购之所以流行起来一是因为价格相对便宜，再就是节省了出门购物的时间，给忙碌的现代人生活带来了极大的便利。从企业立场来看，网店带来了普通卖场不能比的附加价值，将来更是会扩大海外直购等多样化的网购形式。

忙碌 mánglù 〔형〕바쁘다 | 极大 jídà 〔부〕더할 수 없이 크게 | 附加价值 fùjiājiàzhí 부가가치 | 扩大 kuòdà 〔동〕확대하다 | 海外直购 hǎiwàizhígòu 해외 직구

06　　北京公交卡(市政交通一卡通)在北京使用很普遍，也很方便。公交卡的功能很多人都知道一些，但并不完全知道它还有更多的功能，还有哪些使用方法。
1. 用公交卡坐公共汽车：乘坐公交车时使用公交卡普通卡打五折，也就是说刷卡最低1元，随着里程增加，收费增加。如果不用公交卡，最低收费是2元。
2. 用公交卡坐地铁：北京的地铁很方便，可以用公交卡刷卡，比买票要方便很多，起步价是3元。
3. 用公交卡购物：现在很多大超市都可以用公交卡买东西，比如华联、物美、沃尔玛等，使用也很方便。在带的现金不足的情况下可以用公交卡应急。
4. 用公交卡吃饭：有一些餐馆、饭店也可以用公交卡支付，比如麦当劳、肯德基等。
5. 用公交卡到医院挂号：有的医院可以用公交卡挂号，比如301医院。
6. 其他可以用公交卡的地方：除了以上用法以外，公交卡还可以用于百货、书店、停车场、公园景点、药店等一些其他场合。

公交卡 gōngjiāokǎ 교통 카드 | 刷卡 shuākǎ 〔동〕카드로 결제하다 | 里程 lǐchéng 〔명〕노정, 이정 | 起步价 qǐbùjià 〔명〕기본요금 | 应急 yìngjí 〔동〕긴급 상황에 대처하다, 응급조치하다 | 挂号 guàhào 〔동〕등록하다, 수속하다

 비즈니스 문화 및 예절

STEP 1 알짜배기 문장으로 통번역 준비 운동!

의미에 맞게 문장의 빈칸을 채워가며 실전 통번역에 앞서 몸을 가볍게 풀어봅시다.

01 拜访时务必选好时机，事先约好，这是拜访别人的首要原则。
방문할 때는 시기를 잘 선택해야 하며, _____ 다른 사람을 방문할 때 _____.

02 拜访前应先写信或打电话联系，商量好双方都合适的时间和场所，并把访问的意图告诉对方。
방문 전 먼저 _____ 양측 모두에게 적합한 시간과 장소를 상의하고 _____.

03 若是进入会议室，先坐在靠近门的位置，等负责人来，再由他带你到适当的位置。
회의실에 들어가게 되면 우선 _____ 때까지 기다립니다.

04 会谈结束后也要留心细节，给对方印象更好。
_____ 상대에게 좋은 인상을 남깁니다.

05 为了对接待方表示敬重之意，拜访做客要仪表端正，衣着整洁。
접대하는 측에 예의를 갖추기 위해 _____.

06 离开前先把椅子推回原位，这也是有教养的表现。
떠나기 전에 _____ 교양 있는 태도입니다.

07 商务乘车遵循一个原则就是"把客人放在最安全的位置"。
비즈니스 상황에서 승차 시 지켜야 할 원칙은 '_____'입니다.

08 商务乘车座次的安排根据车型和驾车人身份的不同，座位的尊卑也是不一样的。
비즈니스 상황에서 승차 시 _____ 자동차 종류와 운전하는 사람의 신분에 따라 다르며 _____.

09 商业会晤时，早到等于守时。
비즈니스 회의에서 _____.

10 介绍的先后顺序则是将年青介绍给年长的，将职位低介绍给职位高的。
소개하는 순서는 _____ 소개합니다.

11 接待客户时，首先敲定客户访问时间、航班、访问人员名单、职位等信息，以便安排相应的接待。
고객을 접대할 때는 상응하는 접대를 할 수 있도록 먼저 _____을/를 결정합니다.

12 宾主双方约定了会面的具体时间，作为访问者应履约守时如期而至。
주인과 손님 양측이 회의할 구체적인 시간을 정했으면, _____.

정답 확인

01 사전에 약속하는 것은 ‖ 가장 중요한 원칙입니다
02 메일이나 전화로 연락해서 ‖ 방문 목적을 상대에게 알려야 합니다
03 문 옆자리에 앉아서 담당자가 와서 당신을 적당한 자리로 안내할
04 회의가 끝난 후에도 세심하게 주의를 기울여야
05 방문자는 복장을 단정하고 청결하게 해야 합니다
06 의자를 원래 위치로 되돌려 놓는 것도
07 손님을 가장 안전한 자리에 앉게 한다
08 좌석의 안배는 ‖ 좌석의 상석과 말석도 달라집니다
09 일찍 도착하는 것이 시간을 지키는 것입니다
10 연소자를 연장자에게, 직위가 낮은 사람을 직위가 높은 사람에게
11 고객의 방문 시간, 항공편, 방문자 명단, 직위 등 정보
12 방문자는 약속한 시간에 맞춰서 도착해야 합니다

주요 어휘 정리

拜访 bàifǎng 동 방문하다
首要原则 shǒuyàoyuánzé 가장 중요한 원칙
意图 yìtú 명 목적, 의도
负责人 fùzérén 명 담당자, 책임자
留心 liúxīn 동 주의를 기울이다
接待 jiēdài 동 접대하다
仪表端正 yíbiǎoduānzhèng 용모가 단정하다

教养 jiàoyǎng 명 교양
遵循原则 zūnxúnyuánzé 원칙을 지키다
乘车 chéngchē 동 승차하다
车型 chēxíng 명 자동차 종류, 차종
商业会晤 shāngyèhuìwù 비즈니스 회의, 비즈니스 회견
约定 yuēdìng 동 약정하다, 약속하다
履行 lǚxíng 동 이행하다, 실행하다

2 STEP 비즈니스 중한 통번역 맛보기

핵심 문장들로 구성된 중문 통번역 예시를 보며, 실전 연습에 앞서 몸을 가볍게 풀어봅시다.

🎧 202~205

01 宾主双方约定了会面的具体时间，作为访问者应履约守时如期而至。既不能随意变动时间，打乱接待方的安排，也不能迟到或早到，准时到达才最为得体。

> 주인과 손님 양측이 회의할 구체적인 시간을 정했으면 방문자는 약속한 시간에 맞춰서 도착해야 합니다. 시간을 마음대로 바꿔서 상대측 계획에 혼란을 줘서도 안 되고, 일찍 도착하거나 늦게 도착해서도 안 되며, 정확한 시간에 도착하는 것이 좋습니다.

会面 huìmiàn 통 만나다, 대면하다 | 履约 lǚyuē 통 약속을 이행하다 | 守时 shǒushí 통 (약정한) 시간을 준수하다 | 如期而至 rúqī'érzhì 어김없이 도착하다 | 随意 suíyì 부 마음대로 | 打乱 dǎluàn 통 엉망으로 만들다, 망쳐 버리다

02 会谈结束后也要留心细节，给对方印象更好。如离开前先把椅子推回原位，这也是有教养的表现。

> 회의가 끝난 후에도 세심하게 주의를 기울여야 상대에게 좋은 인상을 남깁니다. 예를 들어 떠나기 전에 의자를 원래 위치에 돌려놓는 것도 교양 있는 태도입니다.

留心 liúxīn 통 주의를 기울이다 | 细节 xìjié 명 사소한 부분

03 交换名片要谨慎。有没有拿错名片，把别处收到的名片送给对方或者拿出了优惠卡？要避免这种尴尬场面，还是用名片夹，把收到的名片与自己要发出去的名片分类放好，要改掉随手在名片上记事的习惯。

> 명함을 교환할 때는 신중해야 합니다. 명함을 잘못 꺼내서 다른 곳에서 받은 명함을 건네거나 할인 카드를 꺼낸 건 아닌가요? 이런 당혹스러운 상황을 피하기 위해서는 명함 지갑을 사용해서 받은 명함과 상대에게 줄 자신의 명함을 구분해서 놓아야 하고, 명함에 메모를 하는 습관을 고쳐야 합니다.

拿错 nácuò 잘못 꺼내다 | 谨慎 jǐnshèn 형 (언행이) 신중하다, 조심스럽다 | 避免 bìmiǎn 통 피하다 | 尴尬 gāngà 형 어색하다, 부자연스럽다 | 名片夹 míngpiànjiā 명 명함 지갑, 명함 클립 | 随手 suíshǒu 부 손이 가는 대로

04 握手一般用右手，伸手动作要大方，握手时态度要自然，眼睛要注视对方，面露笑容，手稍稍用力，上下微摇，切忌漫不经心、东张西望或点头哈腰，时间也不宜太久。

> 악수는 일반적으로 오른손으로 하고 손을 내미는 동작은 자신감 있게 하고 자연스러워야 합니다. 눈은 상대방을 바라보며 얼굴에 미소를 짓고 손은 가볍게 힘을 주어 위 아래로 흔듭니다. 너무 성의 없거나 두리번거리거나 지나치게 굽실거리는 태도를 삼가고 너무 길게 하지 않습니다.

注视 zhùshì 통 주시하다, 주의 깊게 살피다 | 面露笑容 miànlùxiàoróng 얼굴에 웃음을 띠다 | 切忌 qièjì 통 절대 삼가다 | 漫不经心 mànbùjīngxīn 형 소홀히 대하다, 신경 쓰지 않다 | 东张西望 dōngzhāngxīwàng 형 여기저기 두리번거리다 | 点头哈腰 diǎntóuhāyāo 형 굽실거리다

01

当来电说"您好,请问张丽丽小姐在吗?"时,接听者存在两种情况:(1)已经是张小姐本人接电话,应这样开头"您好!我是张小姐,请问您是哪位"。(2)张小姐不在,旁人接电话,可这样开头"不好意思,她不在,请问您是哪位?可以转告吗?"在电话里千万不能先问对方是谁,然后再告诉不在,如:"您好!请问您是哪一位?她不在",以免造成不愿意接听电话或者有意骗人的误会。

接听者 jiētīngzhě 전화 받은 사람 | **开头 kāitóu** 동 서두, 시작 | **转告 zhuǎngào** 동 전하다 | **以免 yǐmiǎn** 접 ~하지 않도록 | **造成 zàochéng** 동 야기시키다, 초래하다 | **有意骗人 yǒuyìpiànrén** 고의로 속이다

02

宴请中谈商务的时机:一般宴请最好挑有沙发的包间,如果和客人不太熟,吃饭前人没来齐时,就先把事情谈了。这样做的好处是让人家吃得心里踏实。如果和客人较熟,而且也不是什么复杂的事,只是表个态,就不要在吃的时候说,而是到最后送客时顺口说一声"帮我办一下"就行了。当然,一切要以尊重客人的要求为前提。

落座有规矩:正对门的位置是买单的位置,右手是贵宾,对面最好坐自己的助手(副主陪),催个菜跑个腿什么的方便。如果双方来的人数差不多,最好互相间隔着坐,有利于私下交流。不要自己人坐一边,对方坐一边,跟谈判似的。

敬酒规矩:一般来说,敬客人时敬多了很不尊重,但是重要客人敬多了是可以的。别人敬酒时,不要乱掺和。另外,作为副手敬酒也有技巧,一般要委婉地说"代老板敬您一杯",这样可以兼顾双方位置的微妙差别。

宴请 yànqǐng 동 주연을 베풀어 후하게 대접하다 | **心里踏实 xīnlitāshi** 마음이 든든하다 | **前提 qiántí** 명 전제 | **规矩 guīju** 명 규율, 법칙 | **催 cuī** 동 재촉하다, 독촉하다 | **掺和 chānhuo** 동 끼어들다, 개입하다 | **兼顾 jiāngù** 동 아울러 고려하다

03 商务拜访时要注重以下几方面礼仪：

① 事先预约，不做不速之客：拜访时务必选好时机，事先约好，这是拜访别人的首要原则。一般而言，拜访前应先写信或打电话联系，商量好双方都合适的时间和场所，并把访问的意图告诉对方。

② 如期而至，不做失约之客：宾主双方约定了会面的具体时间，作为访问者应履约守时如期而至。既不能随意变动时间，打乱接待方的安排，也不能迟到或早到，准时到达才最为得体。

③ 彬彬有礼，不做冒失之客：无论是办公室或寓所拜访，一般要遵守"客听主安排"的原则。

④ 衣冠整洁，不做邋遢之客：为了对接待方表示敬重之意，拜访做客要仪表端正，衣着整洁。

⑤ 举止文雅，谈吐得体，不做粗俗之客：做客的坐姿要注意文雅，同接待者谈话态度要诚恳自然。

⑥ 适时告辞，不做难辞之客：拜访要达到什么目的，事先要有打算，以免拜访时跑"马拉松"，若无要事相商，停留时间不要过长、过晚，以不超过半小时左右为宜。

不速之客 búsùzhīkè 셍 불청객 | **一般而言** yìbān'éryán 일반적으로 말해서 | **失约** shīyuē 동 약속을 어기다 | **彬彬有礼** bīnbīnyǒulǐ 셍 점잖고 예의 바르다 | **冒失** màoshi 형 경솔하다 | **寓所** yùsuǒ 거처, 기거하는 곳 | **衣冠整洁** yīguānzhěngjié 옷차림이 깨끗하다 | **邋遢** lātā 형 불결하다, 단정하지 않다 | **仪表端正** yíbiǎoduānzhèng 용모가 단정하다 | **举止文雅** jǔzhǐwényǎ 행실이 예의 바르다, 점잖다 | **谈吐得体** tántǔdétǐ 말투와 태도가 적절하다 | **粗俗** cūsú 형 교양이 없다, 품위가 없다 | **诚恳自然** chéngkěnzìrán 진솔하고 자연스럽다

---

04 打商务电话要用"您好"开头，多说"请"字，以"谢谢"收尾。通话态度要亲和，声音大小要适中，始终保持微笑。严忌通话时吃东西、喝水或与第三者交谈。商务电话要在铃响三遍前接听，否则就要道歉："对不起，让您久等了。"

开头(儿) kāitóu(r) 명 시작, 처음 | **收尾** shōuwěi 명 마지막 단계, 끝 | **亲和** qīnhé 형 상냥하다, 온화하다 | **适中** shìzhōng 형 정도가 알맞다 | **忌** jì 동 그만두다, 삼가다

05 第一步，商业会晤时，早到等于守时。世界有太多意外，搭车会迟，等电梯也会迟，所以一定要留出充分的时间。记住，准时只是下限，早到5分钟才是守时。

第二步，坐位等候安排。接待员带你坐下的地方，未必是会见负责人之处，分清楚等候室和会客室，别把文件全拿出来才知道要换地方。若是进入会议室，先坐在靠进门的位置，等负责人来，再由他带你到适当的位置。

第三步，交换名片要谨慎。有没有拿错名片，把别处收到的名片送给对方，或者拿出了优惠卡？要避免这种尴尬场面，还是用名片夹，把收到的名片与自己要发出去的名片分类放好，要改掉随手在名片上记事的习惯，名片等于是人的脸面，没有人愿意脸上被写字。

第四步，注意聆听。见客户时眼神很重要，但耳朵更要紧，不听清楚对方说什么，不明白对方想什么，见面便失去了意义。

第五步，会谈结束后也要留心细节，给对方印象更好。如离开前先把椅子推回原位，这也是有教养的表现。客户若送你到电梯前，可把握机会聊天，这是最能显露个人魅力的时刻。

商业会晤 shāngyèhuìwù 비즈니스 회의 | 意外 yìwài 형 의외의, 뜻밖의 | 搭车 dāchē 동 차를 타다 | 留出 liúchū 남겨두다 | 等候室 děnghòushì 대기실 | 靠A的位置 kào A de wèizhì A에 가까운 자리 | 未必 wèibì 부 반드시 ~한 것은 아니다 | 优惠卡 yōuhuìkǎ 할인 카드 | 尴尬 gāngà 형 입장이 곤란하다 | 脸面 liǎnmiàn 얼굴, 체면 | 聆听 língtīng 동 경청하다 | 留心细节 liúxīnxìjié 세심하게 주의를 기울이다

---

06 介绍的先后顺序则是将年青介绍给年长的；将职位低介绍给职位高的；将男士介绍女士；将本公司的人介绍给外公司的人。一般用"请允许我向您介绍……"、"让我介绍一下……"或"这位是……"等句式，其内容可以用姓名、籍贯、工作单位、职业、职称、兴趣、特长、毕业学校等。

籍贯 jíguàn 명 출생지 | 特长 tècháng 명 장기, 특기 | 毕业学校 bìyèxuéxiào 출신 학교

비즈니스
중국어
통번역

중·한·편

PART 3

비즈니스 중국어 통번역 시험 ITT 예상문제 40

ITT 예상문제 40

※ 다음 중국어를 한국어로 바꾸세요.

모범답안 222p | 212~251

01 韩国医疗产业振兴院 :

　　为加强广东省与韩国医疗产业振兴院在医疗卫生领域的交流与合作，加深了解、增进友谊，我们真诚邀请由韩国产业振兴院、国立首尔大学医学院附属医院、Bobath Memorial Hospital(康复医院)、盆唐首尔大学附属医院、ID医院(整容医院)、首尔峨山医院和三星物产组成的代表团于11月26-29日来豫访问。

加强 jiāqiáng 동 강화하다 | 友谊 yǒuyì 명 우의, 우정 | 康复 kāngfù 동 건강을 회복하다 | 豫 Yù 명 위, 허난성의 별칭

02 　　项目总投入预计需要大约4,500万元。本项目建设资金拟地方政府财政拨款，通过中央、省有关部门对环保、农业、科技创新项目补助来解决。我国目前采用的城市垃圾处理与资源化技术主要是卫生填埋、堆肥、焚烧与无害化综合处理等方法。

预计 yùjì 동 예측하다, 추산하다 | 拟 nǐ 동 기초하다, ~할 생각이다 | 拨款 bōkuǎn 동 (정부나 상급 기관이) 돈을 내주다 명 지급금 | 补助 bǔzhù 명 보조금 보조하다 동 돕다 | 填埋 tiánmái 명 매립 | 堆肥 duīféi 명 퇴비, 두엄 | 焚烧 fénshāo 동 태우다, 불사르다

03 近年来我国的垃圾堆肥技术发展很快,开始应用"二次发酵工艺"堆肥生产趋于专业化。但是,我国城市垃圾堆肥现还存在产品肥效较低、质量较差、销路不好等问题,使企业难以维持运转。

发酵 fājiào 동 발효하다, 띄우다 | 工艺 gōngyì 명 공예, 가공하는 작업 | 趋于 qūyú ~로 향하다, ~로 기울어지다 | 运转 yùnzhuǎn 동 (기구, 조직 등이) 운행되다, 돌아가다

04 金社长:

您好!

我是上海国际科技发展有限公司的CEO——黄玉荣,我们公司成立于1993年,主要从事锅炉、中央空调设备的销售、系统设计、施工安装、维修保养工作,96年开始,我们公司与贵司——水国燃烧器公司进行合作,代理销售水国品牌燃烧器,销售过程中,我司接触了很多特殊燃烧要求的燃烧器项目,通过这些项目的实施,我们的燃烧技术水平很快得到提高,我们培养了一支优秀技术队伍,能为用户提供系统与设备的设计、控制系统制作、控制软件程序编写(PLC或DCS)、系统设备供应(包括各种燃烧器以及配套设备、配件等)、设备与系统的调试、维护与修理、系统及设备的施工安装与向国家监察部门报告审批、用户操作人员培训等,通过我司近20年的努力,中国特种燃烧领域(燃氢、垃圾焚烧、大型燃烧、Low NOx燃烧、低热值燃料燃烧(如COG、BOG等)、特种可燃气/液体燃料燃烧、燃料特殊混合方式燃烧等),上海国际公司已有一定知名度。

锅炉 guōlú 명 보일러 | 安装 ānzhuāng 동 (기계, 기자재 등을) 설치하다, 장착하다 | 燃烧 ránshāo 동 연소하다, 타다 | 程序编写 chéngxùbiānxiě 프로그래밍 | 调试 tiáoshì 동 시운전하다, 성능 시험을 하다 | 氢 qīng 명 수소 | 燃料 ránliào 명 연료 | 特种 tèzhǒng 형 특별한 종류의, 특수한 | 知名度 zhīmíngdù 명 지명도

05 韩先生，你好！因我最近一段时间都在外出差，一直没顾得上看邮件。没有及时回复您的邮件，敬请谅解！目前，铜纤维的市场情况不太乐观，原因如下：
1. 中国市场经济形势不好，总体市场需求下滑。
2. 铜纤维价格较贵，使用成本较高。
3. 铜纤维不能染色，在应用上受工艺条件的限制。

在外 zàiwài 동 밖에 있다, 외출 중이다 | 出差 chūchāi 동 출장 가다 | 顾 gù 동 바라보다, 돌보다 | 铜纤维 tóngxiānwéi 명 섬유 | 乐观 lèguān 형 낙관적이다, 긍정적이다 | 下滑 xiàhuá 동 아래로 미끄러지다

06 韩先生：
您好！邮件已收到，因这周才开始上班，比较忙，未能及时回复，请见谅！
目前整个国内纺织市场不太景气，且因今年春节较晚，故大多数工厂这周才开工，导致铜纤维销售比较缓慢，且都是零星小单，去年采购的铜纤维还未销售完，有少量库存，这个月暂时没有采购计划，等下个月再确定是不是要采购40D铜纤维以备不时之需。
到现在为止，因铜纤维产品价格较高，导致成本较高，客户还只是用在袜子和手套这两大类产品上，暂时没有其他客户打算开发其他使用铜纤维的产品，如有好的产品，请将样品寄送给我，以便共同推广铜纤维产品。
如有任何疑问，请随时告知我！谢谢！

见谅 jiànliàng 동 (나를) 용서하다, 양해를 구하다 | 景气 jǐngqì 형 (경제 상황이) 활발하다, 번영하다 | 故 gù 접 그러므로, ~하기 때문에 | 缓慢 huǎnmàn 형 느리다, 완만하다 | 零星 língxīng 형 자질구레하다, 소량이다 | 库存 kùcún 명 재고 | 不时之需 bùshízhīxū 성 의외의 수요, 뜻하지 않은 수요 | 推广 tuīguǎng 동 널리 보급하다, 일반화하다

07 下半年关于WG50的计划如下：

1. 年底实现多个省份的经销商部署，现有"北京，天津，辽宁，上海，山东，海南，深圳，福建"，洽谈中的有"湖北，湖南"年底实现在重点省份都能有一家重点医院开始推荐WG50。
2. 年底实现重点省份的线下实体店的部署，现在湖南(5家实体店)，海南(4家实体店)，武汉(1家实体店)，山东(20家)，广州(1家)正在洽谈中。

年底 niándǐ 몡 연말 | 经销商 jīngxiāoshāng 몡 중개 판매상 | 部署 bùshǔ 동 배치하다, 안배하다 몡 배치, 안배 | 洽谈 qiàtán 동 협의하다, 상담하다 | 线下实体店 xiànxià shítǐdiàn 오프라인 매장

08 韩国PSM公司在中国设立代加工厂

一、按照工厂满负荷运转的情况下进行估算

- 两班倒操作5台设备，每天总共需要8名工人，每人每天工作8小时。每个工人每月的平均工资为3,000元。工厂经理1名，工资为8,000元每月。销售人员5名，按照基本工资3,000元，并外加提成的方式支付报酬。
- 设备按平均每月运行25天，全年300天估算。
- 租用厂房面积约为200平米，按1RMB/平米的价格进行计算。

满负荷 mǎnfùhè 형 (기계가) 만부하 상태이다 | 估算 gūsuàn 동 추산하다 | 外加 wàijiā 동 그 외에 더하다 | 提成(儿) tíchéng(r) 동 공제하다. 총액에서 일정한 비율만큼 빼다 | 报酬 bàochou 몡 보수, 월급 | 平米 píngmǐ 제곱(평방) 미터

09
- 时间：2012年5月18日-21日
- 地点：成都·成都世纪城新国际会展中心
- 展会信息：本届医博会以"创新科技智领医疗"为展会主题，携手来自全球20多个国家和地区的2,500多家参展企业，共同展示来自医疗科技领域的最新技术成果和创新产品，吸引来自全球100多个国家和地区的15万人次专业观众到场参观。展会同期还将举办2012中国医学影像融合战略研究高峰论坛（CSSI2012），以及围绕医疗领域创新技术和产品展开的20多场高水平专题论坛和学术会议。

展会 zhǎnhuì 명 전람회, 전시회 | 医博会 yībóhuì 의료 기계 박람회(医疗器械博览会)의 약칭 | 智领 zhìlǐng IT역량을 이용하여 기업의 경쟁력을 갖추다 | 携手 xiéshǒu 동 서로 손을 잡다, 서로 협력하다 | 参展 cānzhǎn 동 전시회에 참가하다 | 影像 yǐngxiàng 명 영상 | 高峰 gāofēng 명 고봉, 최고위층, 절정 | 围绕 wéirào 동 (문제나 일을) 둘러싸다, ~을 중심에 놓다 | 论坛 lùntán 명 논단, 포럼

10
儿童希望救助基金会是中国本土的非盈利民间机构，专门从事中国孤儿和困境儿童救助。基金会最早的儿童救助工作可以追溯到1992年，自2001年组建正式队伍以来，通过与官方机构合作，帮助了5,000多名残障孤儿和贫困家庭儿童安排手术治疗，为脑瘫儿童提供康复训练，为大龄孤儿进行职业培训，为在京治疗康复的孤儿提供寄养，并帮助上千名孤儿找到助养人。

救助 jiùzhù 동 구조하다, 도와주다 | 基金会 jījīnhuì 명 재단 | 非盈利 fēi yínglì 비영리 | 困境 kùnjìng 명 곤경, 궁지 | 追溯 zhuīsù 동 사물의 근본으로 거슬러 올라가 살피다 | 组建 zǔjiàn 동 조직하다, 편성하다 | 官方 guānfāng 정부 당국, 공식 | 残障 cánzhàng 명 장애인, 불구자 | 康复 kāngfù 동 건강을 회복하다 | 寄养 jìyǎng 동 (남에게) 양육을 맡기다 | 助养 zhùyǎng 동 (가난한 어린이, 장애인, 고아를) 도와서 부양하다

11
- 姓名：李优
- 性别：女
- 出生日期：2006年06月15日
- 籍贯：安徽省宿松县
- 病情诊断：全身多处瘢痕，烫伤后接受皮肤移植修复术

　　李优今年6岁，出生在安徽省安庆市宿松县的一个小村庄，父亲在外打工维持家庭的生计，母亲在家料理家务，照顾年迈的奶奶和优优姐弟三人。李优在两岁半的时候，不小心掉进滚烫的豆浆桶内，全身烫伤面积达到百分之四十。之后的一年李优的父亲停下了工作，开始四处借贷，带优优辗转于各大医院进行手术治疗。

籍贯 jíguàn 图 출생지, 본관 | 病情 bìngqíng 图 병세 | 瘢痕 bānhén 图 흉터 | 烫伤 tàngshāng 图 화상을 입다 | 维持生计 wéichíshēngjì 생계를 유지하다 | 料理家务 liàolǐjiāwù 가사를 돌보다 | 年迈 niánmài 图 연로하다, 나이가 많다 | 滚烫 gǔntàng 图 몹시 뜨겁다 | 四处 sìchù 图 도처, 사방 | 借贷 jièdài 图 돈을 빌리다, 돈을 빌려주다 | 辗转 zhǎnzhuǎn 图 전전하다, 여러 손(곳)을 거치다

12　　纳米粒子：纳米粒子又称超细微粒子，统指1-100nm的细微颗粒，它既不同于微观原子、分子团簇，又不同于宏观体相材料，是一种介于宏观固体和分子间的亚稳中间态物质。当粒子尺寸进入纳米量级(1-100nm)时，由于纳米粒子的表面原子与体相总原子数之比随粒径尺寸的减少而急剧增大，使其显示出强烈的小尺寸效应或体积效应、量子效应和表面效应。

纳米粒子 nàmǐlìzǐ 나노 입자 | 超细微粒子 chāoxìwēilìzǐ 초미세 입자 | 颗粒 kēlì 图 과립, 입자 | 微观 wēiguān 图 미시적, 미크로 | 团簇 tuáncù 군, 무리 | 宏观 hóngguān 图 거시적, 매크로 | 体相 tǐxiàng 벌크 | 介于 jièyú 图 ~의 사이에 있다 | 亚稳 yàwěn 준안정 | 粒径 lìjìng 图 입경 | 急剧 jíjù 凰 급격하게, 급속히 | 量子 liàngzǐ 图 양자 | 效应 xiàoyìng 图 효과와 반응

13 各位社长:

大家好!

一个月的世界杯快结束了, 很快又要见面了, 希望世界杯带来的激情推动着我们彼此事业的成功。看到你们工作的努力, 但是进展并不明显, 随着时间的流逝, 压力也越来越大。希望再次见面时, 工作能有较大的进展。以下工作需要得到你们的支援和配合。

世界杯 shìjièbēi 명 월드컵 | 激情 jīqíng 명 격정, 열정적인 감정 | 推动 tuīdòng 동 추진하다, 촉진하다 | 进展 jìnzhǎn 동 진전하다, 진행하다 | 流逝 liúshì 동 유수와 같다, 흐르는 물처럼 지나가다 | 支援 zhīyuán 동 지원하다

14 您好! 邮件已收到, 谢谢您。

1. 关于日照市的行程, 我司正在讨论及安排中。如有进一步的情况, 我的秘书蔡兰妍会联系你。
2. 关于下个季度的工作, 东北高粱酒的问题上, 我觉得他们的理解有些差异。目前我们关注点应该放在东北高粱酒进入免税店, 而不是酒类公司的谈判, 因为这样, 他们很可能连第一桶金都还没拿到, 就会自己乱了阵脚。

日照市 Rìzhàoshì 르자오시(지명) | 秘书 mìshū 명 비서 | 关注点 guānzhùdiǎn 명 관심사 | 高粱酒 gāoliángjiǔ 명 고량주 | 免税店 miǎnshuìdiàn 명 면세점 | 第一桶金 dìyītǒngjīn 첫번째 수당 | 乱阵脚 luànzhènjiǎo (어찌할 바를 몰라) 갈팡질팡하다

15 东北各位公司社长们：

你们好！

近期人参项目的工作开展遇到了许多需要东方国际贸易公司配合的事情，我特地写这封邮件与社长们详细沟通。

第一部分：我们的工作进度

7月25日凌晨我们到达沈阳

7月26日下午整理物品及广告图片，准备第二天的客户见面会

7月27日下午客户见面会第一场

7月28日下午客户见面会第二场

客户见面会主题：讨论包装物以及广告

7月29日上午和食品药品监督管理局开会

沟通 gōutōng 동 교류하다, 소통하다 | 凌晨 língchén 명 새벽녘 | 食品药品监督管理局 shípǐnyàopǐnjiāndūguǎnlǐjú 식품 의약국

16 郑社长，林社长：

你们好！距离上一封工作邮件已经2个星期了，不知道信中提及要求金先生配合的工作进展得如何了？关于产品的设计，我们在收到设计师发来的稿件后，目前正一件件的仔细比对，并针对每一个细节表现整理出我们的意见，争取星期四之前发送专项邮件给你们。

距离 jùlí 명 거리 동 ~로부터 떨어지다 | 提及 tíjí 동 언급하다, 말하다 | 配合 pèihé 동 협동하다, 협력하다 | 稿件 gǎojiàn 명 원고, 작품 | 比对 bǐduì 동 비교 대조하다 | 争取 zhēngqǔ 동 ~하려고 힘쓰다 | 专项 zhuānxiàng 명 전문적으로 설립한 항목

17 吴社长、黄社长：

你们好！

为了加快人参系列产品进入市场的进度，韩国设计师来到了沈阳。在设计师近一个星期的工作时间里，请沈阳国际贸易公司各同事放下手头繁重的工作并全力配合。期间，和设计师安排了7次的工作会议经过不断的沟通，调整设计方案。正是通过这些有效的沟通和双方不分白天黑夜的努力，人参系列产品的包装设计取得了一些进展。

放下 fàngxià 图 내버려 두다, 진행을 멈추다 | **惊醒 jīngxǐng** 통 놀라서 깨다 | **不分白天黑夜 bùfēnbáitiānhēiyè** 밤낮을 가리지 않다

18 吴社长、黄社长：

你们好！为了进口人参的工作，再次与贵司沟通需要配合的事务。

一、关于货运公司的合作谈判——我司现与中国国务院属下央企——中国中旅集团旗下中国顶尖空运代理企业—华贸公司(上海证券交易所上市公司)已基本达成合作协议，今后将由该公司负责从韩国到沈阳的人参空运和中国口岸的报关业务。选择强大的运输及报关企业，是成功的重要保障！

二、各项问题及相关文件物品——由于这是首次进口人参，为了进口的顺利，请吴社长进一步协助办理以下事项：提供韩国农协人参曾经出口到其他国家地区的证明文件。

央企 yāngqǐ 중앙 기업(중앙기업)의 약칭 | **顶尖(儿) dǐngjiān(r)** 형 최고의, 최상의 | **空运 kōngyùn** 통 항공으로 운송하다 | **口岸 kǒu'àn** 명 항구 | **报关 bàoguān** 통 세관 신고를 하다

19 尊敬的郑社长、林社长：

十分期待贵公司协同韩国官方公务员的来访。在仔细了解旅行社的安排之后，觉得非常的不妥。在总裁的同意之下，我们公司以当地地主的身份，此行的行程做了一些调整，希望令贵方北京之行更加丰富一些。

第一天：2014年12月10日

10:05	KE887，首尔到北京
12:30	抵达北京
13:00-14:30	午餐并入住国际泛太平洋大酒店（请旅行社确定该酒店，距离我公司近一些）。
15:00-17:30	访问方正集团投资公司，三方会议讨论；
18:00	方正集团宴请
20:00-21:00	晚餐结束后，散步或者咖啡，回酒店休息

不妥 bùtuǒ 형 타당하지 않다, 부적당하다 | **总裁** zǒngcái 명 (기업의) 총수 | **地主** dìzhǔ 명 지주, 본토인 | **抵达** dǐdá 동 도착하다 | **宴请** yànqǐng 동 주연을 베풀어 후하게 대접하다

20 吴社长、黄社长：

为人参项目，我们不停地加班和开会，忙碌到现在，现将会议上重要的信息发送给你们！

请金先生抽时间尽快翻译，请你们一定尽快理解邮件内容，尽快解决问题，随时和我们保持联系。谢谢！请查收附件。

张斌

人参 rénshēn 명 인삼 | **忙碌** mánglù 형 바쁘다, 눈코 뜰 새 없다 | **查收** cháshōu 동 (주로 편지에 쓰여) 확인하고 받다

21 陈女士：

您好！我是马总裁的秘书，我的名字是××(Sophie Shum)。很开心您的加入，希望我们保持良好的沟通。

关于马总前往山东省日照市参加"韩国电影周"的事情，我正在安排具体的行程。由于周董和马总接受河南洛阳市市长的邀请，将于九月下旬访问洛阳，所以很有可能会直接从洛阳前往山东。两位老板如果确定前往，那么在山东对他们的照顾就拜托给您啦！

洛阳 Luòyáng [지명] 뤄양, 낙양 | 前往 qiánwǎng [동] 앞으로 가다, 향하여 가다 | 拜托 bàituō [동] 삼가 부탁드립니다.

22 陈女士：

您好！谢谢您的回复。

山东行程，几个问题继续与您明确。

1. 请尽快告知酒店的名称。
2. 房间将预定单间(大床房)。由于您第一次发来的邮件都是标准套房，所以我不太理解您的意思。
3. 马总应曹老师的邀请而前往考察大陆电影周是为了解中韩双方在电影周的配合以及各自的分工。因此，在正常情况下，决定邀请马总裁这样有身份和地位的人，韩方也会有相关的安排和想法吧。

行程 xíngchéng [명] 노정, 여정 | 套房 tàofáng [명] 스위트룸 | 考察 kǎochá [동] 시찰하다 | 电影周 diànyǐngzhōu [명] 영화 주간 | 分工 fēngōng [동] 분업하다, 분담하다

23 您好！工作沟通如下：
　　今天下午开会，马总裁问起韩国进出口文件的事情，她询问文件是否已经翻译妥当？由于还未收到您寄送给金社长的文件，所以很担心因为您的时间无法安排妥当而导致文件翻译及发送拖延，由于目前处于和电视台需要紧急商议的时机，马总最不愿意看到的就是不及时的沟通导致客户之间不必要的误会。因此，请您尽快完成翻译并向金社长解释，由于公司紧急会议所以现在才回复邮件，还有翻译需要再多一些时间。必须避免公司之间产生误会。

妥当 tuǒdang 형 타당하다, 적절하다 | 拖延 tuōyán 동 (시간을) 끌다, 지연하다 | 商议 shāngyì 동 상의하다, 협의하다 | 误会 wùhuì 동 오해하다 | 紧急会议 jǐnjíhuìyì 긴급 회의 | 避免 bìmiǎn 동 피하다, 면하다

24 你好！今天接到冯教授秘书打来电话确认行程，但是她也完全不知道住在哪个酒店。
　　我的想法是，我在山东过完中秋节之后，飞上海开会，因为山东广电总局对我和我先生的再三邀请，我决定请我的先生和我的女儿陪同我一起前往日照市参加电影周，之后再前往济南，而且山东广电也帮我订了日照市的酒店，因为不知道电影周的酒店到底是不是同一家，所以大家都很好奇。

广电总局 guǎngdiànzǒngjú 광전총국, 国家广播电影电视总局(국가광파전영전시총국)의 약칭 | 再三 zàisān 부 거듭, 여러 번 | 济南 Jǐnán 지명 지난, 제남 | 好奇 hàoqí 형 호기심을 갖다, 궁금하게 생각하다

25 陈女士：

您好！看了您的邮件，很惊讶，也很痛心。所以今天中午我向公司之前代替我工作的同事了解，也致电老板了解情况，终于明白整个过程。我想，您应该这里面有很多误会，同时也请您换位思考吧！在这里我将事情整理一次，不对的地方请您多指正。

惊讶 jīngyà 형 의아스럽다, 놀랍다 | 痛心 tòngxīn 형 몹시 상심하다 | 了解 liǎojiě 동 자세하게 알다, 이해하다 | 致电 zhìdiàn 동 전보를 치다 | 换位 huànwèi 동 위치를 바꾸다 | 指正 zhǐzhèng 동 가르침을 주다, 지도 편달 바라다

26 首尔推介会致辞

尊敬的范主任、徐部长、王会长、赵理事长、首尔旅游界、新闻界、文化出版界的朋友们：

大家上午好！

三月的首尔春意盎然、流光溢彩。我们从冰雪消融的中国东北来到这里，感受着"亚洲魅力之都"的繁华气息，品味着新老朋友相聚的喜悦情怀。今天，我们在这里隆重举办"《中国·长春》韩文书发布仪式暨长春旅游推介会"，标志着长春与韩国在文化、旅游交流方面合作领域更加广泛、合作前景更加美好。

推介会 tuījièhuì 설명회 | 致辞 zhìcí 동 인사말을 하다, 축사를 하다 | 春意盎然 chūnyìàngrán 성 봄기운이 완연하다 | 流光溢彩 liúguāngyìcǎi 휘황찬란하다 | 消融 xiāoróng 동 녹다, 용해되다 | 气息 qìxī 명 숨, 정취 | 情怀 qínghuái 명 심정, 기분 | 暨 jì 접 및, 와, 과 | 标志 biāozhì 명 명시하다, 상징하다

27 姜科长、车社长以及诸位弘琳的社长们：

　　大家好！

　　关于忠北农协在2月份出口新鲜人参一事，我们做了全方位的努力和工作，目前情况如下：
1. 新鲜人参进口中国，一切文件齐全，正常提交中国海关以及商检局，文件合格通过。
2. 新鲜人参带着土壤进口中国，违反了国家法律，因此产品属于不合格产品，不通过。

诸位 zhūwèi 대 제위, 여러분 | 齐全 qíquán 형 완전히 갖추다 | 商检局 Shāngjiǎnjú 상품 검사 검역국 | 土壤 tǔrǎng 명 토양, 흙 | 违反 wéifǎn 동 위반하다, 어기다

28　　　　　　　　　　　　日照韩国电影节祝辞

　　我代表驻华韩国大使馆向在美丽的山东省日照市举办的韩国电影节表示祝贺，借此机会能够与各位见面我感到非常高兴。

　　去年是中韩两国建交20周年，两国的关系发展比往年更为突出。为迎接两国首都北京和首尔缔结友好城市20周年，两国举行了多种纪念活动。今年6月，韩国总统朴槿惠上任后，首次访华期间，两国领导人进行了友好互信的交谈，而且通过清华大学的演讲以及K-POP演出等一系列活动，大幅提升了两国友好的印象。

祝辞 zhùcí 명 축사 | 驻华 zhùhuá 형 중국 주재 | 建交 jiànjiāo 동 국교를 수립하다, 수교하다 | 更为 gèngwéi 부 더욱, 훨씬 | 突出 tūchū 동 두드러지다, 뛰어나다 | 缔结 dìjié (조약, 동맹 등을) 체결하다, 맺다 | 互信 hùxìn 동 서로 믿다 | 大幅 dàfú 형 대폭의, 대폭적인

29   广州绿色科技工程公司是集科、工、贸为一体的开发处理一系列生活垃圾的环保公司。公司宗旨：致力于提升人类生活品质，在生产实践中成功体现"3无管理理念"所提倡的"无二次污染"，"无能耗浪费"，以及"无额外投入"。

集料 jíliào (건설 자재용) 골재 | 宗旨 zōngzhǐ 명 취지, 목적 | 致力于 zhìlìyú 동 (어떤 일을 하거나 이루기 위해) 애쓰다, 힘쓰다 | 实践 shíjiàn 동 실천하다, 실행하다 | 提倡 tíchàng 동 제창하다 | 额外 éwài 형 정액 외의, 초과한, 별도의

30   1.0 目的：对不合格品进行控制，防止不合格的原料、半成品、成品投入生产或交付使用。
2.0 范围：公司内所有不合格品的处理。
3.0 权责：品质部负责品质的最终制定；生产部及相关单位负责不合格品的处理。
4.0 内容
　　4.1 所有不合格品均须依据《产品标识和可追溯性程序》进行标识。
　　4.2 所有不合格品均由相关人员记录在相关检验报表。
　　4.3 所有合格品与不合格品尽量分开存放、予以隔离。
　　4.4 来料不合格品之评审与处理方式：
　　　　A. 品质部主管负责评审来料不合格品。

控制 kòngzhì 동 통제하다, 규제하다 | 防止 fángzhǐ 동 방지하다 | 原料 yuánliào 명 원료 | 半成品 bànchéngpǐn 명 반제품 | 投入生产 tóurùshēngchǎn 생산에 들어가다 | 权责 quánzé 명 권한과 책임 | 可追溯性 kězhuīsùxìng 추적 가능성, 트레이서빌리티 | 标识 biāozhì 명 표지, 상징 | 报表 bàobiǎo 명 보고서 | 存放 cúnfàng 동 맡기다, 보관해 두다 | 隔离 gélí 동 분리시키다, 떼어놓다 | 来料 láiliào 명 (상대방이) 제공한 원재료 | 评审 píngshěn 동 평가하다, 심사하다

31   推荐书

　　我是在2002年在韩国首尔参加第58届国际电影资料馆联合年会上与韩国电影评论家，教授曹××结识的。当时，曹××教授和她的先生金教授一起十分热情地邀请我们代表团二人在傍晚游览美丽的汉江，其间曹教授和我广泛探讨了很多有关中国电影历史和现状的问题。从谈话中，我感觉到曹××教授是一个中国通，不仅汉语讲得好，而且对中国电影十分关注并有着深刻的见解，尤其对我国著名影星金焰的影片情有独钟。

年会 niánhuì 명 송년회, 망년회 | **结识** jiéshí 동 사귀다, 교제하다 | **傍晚(儿)** bàngwǎn(r) 명 저녁 무렵 | **探讨** tàntǎo 동 연구 토론하다, 탐구하다 | **中国通** zhōngguótōng 중국통, 중국 전문가 | **见解** jiànjiě 명 견해, 소견 | **影片** yǐngpiàn 명 영화 | **情有独钟** qíngyǒudúzhōng 성 사람이나 사물에 각별한 애정을 보이다

32   产品名称：高频手术系统

　　KFDA上市批件中说电阻感应范围(200Omega)的概念应明确，是否为设备所具体有的阻抗监测机制，如，可监测中性极板接触不良，设备有报警功能等。此外，依据KFDA上市批件中描述，在双极模式中IMP ON/OFF应该是有区别的，请明确区别。而且IMP ON模式下能够监测负载阻抗变化并自动停止输出，请明确相应的阻抗数值。请确认这两种阻抗监测功能，是否是同一种功能。

高频 gāopín 명 고주파 | **回复** huífù 동 회신하다, 답장하다 | **批件** pījiàn 회신 문서, 회답 공문 | **电阻感应** diànzǔgǎnyìng 내성 유발 | **阻抗** zǔkàng 저항, 임피던스 | **监测** jiāncè 감시하고 검측하다, 검사하다, 모니터링하다 | **极板** jíbǎn 명 극판 | **报警** bàojǐng 동 긴급(경보) 신호를 보내다 | **负载阻抗** fùzàizǔkàng 부하 임피던스 | **输出** shūchū 동 내보내다, 출력하다

33 (向北京SINOLIGHT技术人员的咨询)

问：生产的是含硼的玻璃吗？如果是微波炉用玻璃则需要含硼。

答：不含硼，普通钠钙玻璃。

问：热源切断后，可补救的时间有多长？

答：正常的窑炉操作，要求热源间断时间不超过15分钟。热源间断时间过长不但影响玻璃熔化质量，如果不采取适当的措施，耐火砖可能会出现龟裂。

硼 péng 명 붕소 | 微波炉 wēibōlú 명 전자레인지 | 钠钙玻璃 nàgàibōlí 소다 석회 유리 | 切断 qiēduàn 동 자르다, 끊다 | 补救 bǔjiù 동 교정하다, 보완하다, 만회하다 | 窑炉 yáolú 가마 아궁이, 화로 | 间断 jiànduàn 동 중단되다, 중간에서 끊어지다, 멈추다 | 熔化 rónghuà 동 녹이다, 녹다 | 耐火 nàihuǒ 형 불에 강하다, 내화성이 있다 | 龟裂 jūnliè 동 갈라지다, 균열하다

34 指静脉识别技术

最近银行卡个人信息外流事件，暴露了金融界保密系统的漏洞陆续显露出来。而且，在图书馆、桑拿房等类似的公共场所里，丢失笔记本、智能手机，甚至丢失汽车、摩托车的新闻报道层出不穷。针对此类事件，各种保安方式日异月新的登场。通过GPS定位方式来确定丢失的电脑、智能手机的位置，而且没有本人识别将无法使用等保密软件，引入到各种类型的保安系统里。

指静脉识别 zhǐjìngmàishíbié 손가락 정맥 인식 | 外流 wàiliú 동 (인구, 재산 등이) 국외로 유출되다 | 暴露 bàolù 동 폭로하다, 드러내다 | 漏洞 lòudòng 명 구멍, 허점, 빈틈 | 显露 xiǎnlù 동 밖으로 드러내다, 나타내다 | 层出不穷 céngchūbùqióng 성 끊임없이 나타나다, 꼬리를 물고 나타나다 | GPS定位方式 GPS dìngwèifāngshì GPS 위치 추적 방식

35　　　　　　　　　　　　　　委托协议书

一、委托工作内容

　　甲方委托乙方在中国承担甲方产品市场调研的服务项目。

　　对于甲方品牌在中国销售产品是否符合中国食品药品监督管理局规定调研。

二、具体要求

1. 甲方有义务配合乙方提供该市场调研项目所需的相关资料等文件

(1) 在华申报责任单位授权书及公证书。

(2) 在华申报责任单位营业执照复印件或扫描件

(3) 甲方产品申报中国食品药品监督管理局所提供的资料。

委托 wěituō 图 위탁하다, 의뢰하다 | 调研 diàoyán 图 조사 연구하다 | 公证书 gōngzhèngshū 图 공증 문서 | 营业执照 yíngyèzhízhào 图 사업자 등록증 | 扫描 sǎomiáo 图 스캐닝하다 | 申报 shēnbào 图 서면으로 보고하다

36　　　　　　　　　　　　　　中国的京剧

　　道光年间，在北京有一批为融合新徽班做出巨大贡献的艺人，可以说他们是为京剧的形成打下基础的人物。其中包括人称老生前三杰的余三胜、程长庚、张二奎等人。

　　这个时期以北京为中心的戏曲也传播到了上海。上海地区也有流传下来的徽班，为了区别上海当地的徽班与来自北京的徽班，就把北京的徽班叫做京班或京剧。后来把北京剧称为京剧也是源于这个叫法。

道光 Dàoguāng 도광(중국 청나라 선종의 연호) | 年间 niánjiān 图 연간, 시기 | 融合 rónghé 图 융합하다 | 徽班 huībān 图 휘극을 공연하는 극단 | 打基础 dǎjīchǔ 图 기초를 다지다, 기반을 닦다 | 老生 lǎoshēng 图 중국 전통극의 중년이나 노년 배역 | 杰 jié 图 재능이 출중한 사람 | 源于 yuányú 图 ~에서 발원하다, ~에서 근원하다

37 "韩国化妆品"网络销售协议书

甲方：　　　　　　　　　　　　　　乙方：
地址：　　　　　　　　　　　　　　地址：
负责人：　　　　　　　　　　　　　负责人：
电话/传真：　　　　　　　　　　　　电话/传真：
E-Mail：　　　　　　　　　　　　　E-Mail：

　　就乙方授权甲方在网上销售"韩国化妆品"的合作代理商，双方在平等互利、共同发展、诚实信用的原则下，经充分协商签订本协议。签定本协议甲方需向乙方交纳保证金。授权时间2018年3月1日至2019年2月28日(一年)，到期前3个月续签合同，如不续签合同到期即停止店铺授权。保证金在没有违反合同规定内容情况下，在合同到期后的7个工作日内会退还给甲方，如果合同期内出现违反合同内容的情况出现，按照扣钱后的金额退还。

代理商 dàilǐshāng 동 대리상 | 诚实信用 chéngshíxìnyòng 신용 | 交纳 jiāonà 동 납부하다, 내다 | 授权 shòuquán 동 권한을 부여하다 | 到期 dàoqī 동 기한이 되다, 만기가 되다 | 退还 tuìhuán 동 돌려주다, 반환하다

38

　　通过对青岛体校、安徽工业大学、淄博职业学院等高校项目的运营，美达餐饮公司也积累起了丰富的学校食堂经营管理经验。我们公司更加关注学生饮食等后勤保障工作以及由此带来的积极效应，因此准备引进更加专业规范的餐饮后勤服务管理模式。

积累 jīlěi 동 쌓이다, 누적되다 | 后勤保障工作 hòuqínbǎozhànggōngzuò 물자 조달 업무(후방 지원 업무) | 积极 jījí 형 긍정적이다, 건설적이다

39 张：听别人的故事，感受我们的人生。这里是《首尔生活加油站》第三部节目《我的首尔日记》，欢迎您继续收听。

孙：今天来到我们节目的嘉宾，可以说她的人生阅历非常丰富，她可以说是在韩华人的代表性人物了吧。让我们有请嘉宾朴老师。

朴：(问好)

张：今天的嘉宾，我也认识……

感受 gǎnshòu 图 받다, 느끼다 | 收听 shōutīng 图 (라디오를) 청취하다, 듣다 | 阅历 yuèlì 图 경험, 체험 | 问好 wènhǎo 图 안부를 묻다, 문안드리다

40 益菲国际贸易公司：

　　感谢您继续支持我们，我们正在改善我们的服务，质量，采购等。如果您可以给我们一个积极的反馈，我们会非常感激，因为这对我们来说是一个很大的鼓励。

　　如果有什么我可以帮助，请不要犹豫随时告诉我。

黄经理
2016年10月3日

反馈 fǎnkuì 图 피드백 | 感激 gǎnjī 图 감격하다 | 犹豫 yóuyù 图 주저하다, 망설이다

비즈니스 중국어 통번역

중·한·편

PART 4

비즈니스 중국어 통번역 모범 답안

Part 2 주제별 집중 훈련 Step3 모범 답안
Part 3 ITT 예상문제 40 모범 답안

CHAPTER 01 회사 소개

01 저희 회사는 2011년 알리바바 그룹이 투자해서 설립된 중국에서 인기 있는 인터넷 쇼핑몰로, 1억 명에 가까운 회원을 보유하고 있습니다. 하루 고정 방문객이 3,000만을 넘어섰고, 하루 온라인 등록 상품이 5억 개 이상이며, 평균 분당 3만 건의 상품이 판매되고 있습니다. 2017년 말까지 저희 회사의 일일거래액 최고치는 20억 위안에 달합니다. 본사의 규모가 확장되고 고객 수가 증가함에 따라 저희 역시 단일한 방식의 C2C 온라인 마켓에서 C2C, 공동구매, 판매 대리점, 경매 등의 다양한 전자 상거래 방식이 포함된 종합 소매 상권으로 변화했습니다.

02 중국이동통신 그룹은 2000년 4월 20일에 설립되어 등록 자본금 3,000억 위안, 자산 규모 1조 위안, 기지국 220만 개 이상, 고객수 8억 명 이상을 보유한 세계에서 인터넷 규모와 고객 규모가 가장 큰 이동 통신 업체입니다. 중국이동은 2014년 「포춘」지가 선정한 '세계 500대 기업'에서 55위를 차지했으며 7년 연속 다우존스 지속 가능 경영 지수에 선정되었습니다. 2014년에 중국은 전 세계에서 규모가 가장 큰 4G 네트워크를 구축하였고 기지국 수는 70만 개를 넘었으며 이용객 수도 9,000만 이상입니다. 중국 이동 통신은 오랜 시간 '품질이 통신 기업의 생명줄이다'와 '고객과 서비스가 기본이다'라는 신념으로 품질을 끊임없이 향상시키고 서비스를 개선하였으며 고객 만족도를 업계 최고 수준으로 유지해왔습니다.

03 바오강 그룹은 중국에서 가장 크고 현대화된 철강 연합 기업입니다. 바오강 주식회사는 신용, 인재, 혁신, 관리, 기술 등을 포함한 모든 영역에서 종합적으로 우수하며, 국제 철강 시장에서 세계적인 철강 연합 기업으로 자리매김하고 있습니다. 바오강은 자동차 및 선박용 철강 등의 영역에서 중국 시장의 주요 철강 공급 업체로 부상하고 있으며, 제품도 일본, 한국, 유럽과 미국 등 40여 개 국가와 지역으로 수출하고 있습니다. S&P는 바오강 그룹과 바오강 주식회사의 장기 신용 등급을 BBB+에서 A-로 상향 조정하였습니다. 이는 현재 전 세계 철강 기업 중에서 가장 높은 장기 신용 등급일 뿐만 아니라 중국 제조업 중에서도 가장 높습니다.

04 중국해양석유 총공사는 국무원 국유 자산 관리 감독 위원회 직속의 대형 국유 기업으로 중국 최대의 해양 오일 가스 생산 기업입니다. 회사는 1982년에 설립되었고 베이징에 본사를 두고 있습니다. 30여 년의 개혁과 발전을 통해 중국해양석유는 주요 산업을 정상에 올려놓았고 산업 체인을 완비했으며 40여 개 국가 및 지역으로 업무를 확장하여 국제적 에너지 기업으로 발전하였습니다. 회사는 오일 가스 탐사 및 개발, 정제와 판매, 금융 서비스 등의 업무 분야를 이루어 지속 가능한 발전 능력을 현저히 높였습니다. 아울러 회사는 2016년 「포춘」지가 선정한 '세계 500대 기업'에서 109위를 차지했으며, 「석유정보주간」지가 선정한 '세계 50대 석유회사'에서 2014년 대비 1위 하락한 32위를 차지했습니다. 2015년 말, 회사는 무디스 평가 결과 Aa3 등급을, S&P 평가 결과 AA- 등급을 받으며 안정적인 전망을 보였습니다.

05 중국석유천연가스 주식회사는 중국 오일 가스 업계에서 주도적인 위치를 차지하는 최대 생산 및 판매 기업이자 중국 최대의 판매 수익을 자랑하는 세계 최대의 석유 기업입니다. 중국 석유는 경쟁력을 갖춘 국제적 에너지 기업으로 도약하여 세계 석유 화학 제품의 주요 생산 및 판매 기업으로 부상하기 위해 최선을 다하고 있습니다.

06 하이얼 그룹은 1984년에 창업된 글로벌 대형 가전 제품 최고의 브랜드입니다. 창업 이래 하이얼은 고객의 요구를 중심으로 한 혁신 시스템으로 기업의 지속적이고 건강한 발전을 도모했습니다. 때문에 빚이 많아서 도산 위기에 처했던 작은 공장이 전 세계 최대의 가전 제조업체가 될 수 있었습니다. 창업 초기 하이얼은 '진정성을 영원히'라는 신념을 내세워서 고품질, 고품격으로 고객에 대한 믿음의 약속을 지켜왔습니다. 1985년 하이얼은 '냉장고 부수기'를 통해 품질 의식을 깨뜨렸고 1988년 하이얼 냉장고는 중국 냉장고 역사상 첫 번째 금메달을 얻었습니다. 고품질의 상품은 하이얼의 창업 기초석이 되었습니다. 인터넷 시대에 들어서서 하이얼은 전통적인 관료적 기업에서 함께 창조하고 함께 이익을 얻는 창업 플랫폼으로 변모하고자 합니다. 그 목적은 조직의 변화를 통해 각 직원이 고객을 직접 만나고, 모든 창업자가 '고객과의 무거리'를 이루어 인터넷 시대에 신뢰할 수 있는 브랜드를 만들기 위함입니다. 현재 하이얼은 전통적인 가전제품 제조 기업에서 탈피해, 전 사회적인 첨단 기술 개발의 플랫폼으로 변화하고 있습니다. 인터넷 시대에서 하이얼은 인터넷 기업이 되기 위해 힘쓰고 있으며, 전통 기업 자체 시스템의 폐쇄성을 뒤엎고, 네트워크 시대의 핵심으로 변모하고 있습니다.

CHAPTER 02 구인 구직 및 인력 관리

01 본사는 투명하고 공평하며 공정하게 우수한 인재를 공개 채용합니다. 채용 프로세스는 채용 공고에 따라 개별 신청, 자격 심사, 필기 및 면접, 신체 검사, 채용 순으로 실시합니다. 자격 요건은 성품이 좋고 신념이 확고하며, 성실하고 신뢰할 수 있으며 책임감이 강해야 합니다. 서비스 정신 및 협동 정신이 강하고, 인성이 바르고 신체가 건강해야 합니다. 신체 검사는 국가 공무원 채용 기준에 부합하고, 직무 수행에 반드시 필요한 전문 지식, 정책 파악 능력, 판단 분석력을 갖추어야 합니다. 임금 및 대우에 있어서 임금, 보험, 복지 혜택 등의 대우는 본사의 임금 규정에 따릅니다.

02 존경하는 지원자께
안녕하십니까? 귀하께서는 엄격한 심사를 거쳐 저희 회사 마케팅 부서 팀장의 직위 요건에 부합되셨음을 기쁘게 알려드립니다. 따라서 2018년 1월 10일 오전 11시에 저희 회사 면접에 참여하시길 바랍니다.
1. 면접 시 다음의 증명서를 지참하십시오 : 신분증 원본 및 복사본 1부, 학력 증명서 원본 및 복사본 1부, 이력서 1부
2. 면접 장소 : 북경시 조양구 황목광로 1호 신세기회사
협조해 주셔서 감사합니다. 귀하와의 만남을 기대하겠습니다!

신세기회사 인사부

03 자격 요건 : 휴대폰 및 모바일 설비 분야의 경력자를 우대합니다. 차량 탑재 시스템 또는 차와 연관된 앱 인터랙션 디자인 경력자를 우대합니다.
1. 뛰어난 UI 인터페이스 디자인 능력과 우수한 미술 실력을 갖춘 미술 전공자를 우대합니다.
2. 3년 이상 정보 제품 인터페이스 디자인 관련 경력이 있으며 실제 사례 또는 관련 디자인 작품이 있어야 합니다. 또한 관련 그래픽 디자인 소프트웨어와 애니메이션 디자인 소프트웨어를 숙련되게 사용할 수 있어야 합니다.
3. 뛰어난 소통 능력 및 디자이너로서의 창의력, 상상력, 열정과 진취적 사고방식을 갖추어야 합니다.
4. 우수한 디자인 표현력 및 인터페이스 디자인 실행 능력을 갖추고 있어야 합니다.

04 회사는 다양한 방면의 경력 개발 루트 마련에 최선을 다하며, 직원들이 진로를 계획하도록 도와주고 단계적 교육을 진행해 직원들 개개인의 기술 및 관리 수준을 높여 인재 개발의 다양화와 전문화를 실현하고 있습니다. 당사의 행정 개발 루트와 전문성 개발 루트는 뛰어난 관리 능력 및 전문적인 기술 능력을 갖춘 인재가 각자 자신 있는 분야에서 승진할 수 있도록 도와 직원들의 발전 가능성을 높이고 있습니다.

05 채용 시, 인사부는 자료 수집과 증명서 심사 후 채용 부서와 함께 지원자에 대해 1차 심사를 진행합니다. 또한 지원자들의 이력서나 면접 채점표에 의견을 적은 후, 총경영 책임자에게 보고하여 2차 심사를 진행하고, 채용 적임자를 결정합니다.
- 입사 지원자는 반드시 아래의 조건에 부합해야 합니다. : 연령은 만 18세 이상으로, 유효한 신분증, 학력 증명서 등을 제출합니다. / 신체 건강하며, 각종 전염성 질병이나 신체 결함이 없어야 합니다. / 본 시 밖에 소속된 외지인은 반드시 유효한 유동 인구 가족계획 증명서를 제출합니다.
- 입사 지원자가 아래의 상황에 해당하면 채용되지 못합니다. : 시민권을 박탈 당하고 아직 회복되지 못한 자 / 파산 선고를 받고 아직 철회되지 아니한 자 / 마약이나 기타 마약 제품 사용자 / 유기 징역을 선고 받았거나 지명 수배 종결을 받지 못한 자 / 공금을 횡령하여 기록으로 남아 있는 자 / 품성이 나쁘고 공·사 기업에서 해고당한 자 / 정신 질환 및 전염병이 있는 자 / 연령이 만 18세가 안 되는 자

06

채용 분야 : 대외 무역 업무 담당 자격 요건 : 전문 대학 이상의 학력, 28~40세, 최소 2년 이상의 경력, 반드시 외국 무역 분야의 업무 경력이 아니어도 됨, 판매 또는 관리 경력자 우대, 원활한 의사소통 능력, 적극적이고 진취적인 사고를 가지고 도전할 수 있는 자, 호적은 관계없음	채용 분야 : 국제 영업 자격 요건 : 4년제 대학 졸업 이상, 국제 무역학 졸업자, 영어 6급 또는 이에 준하는 실력을 갖춘 자, 해당 분야에서 2년 이상 경력이 있는 자, 진취적인 마음과 창업 능력이 있는 자, 근면 성실하고 다른 사람과 의사소통을 잘하며 베이징 호적이 있는 자

CHAPTER 03 경영 전략 및 기업 경영

01 회사의 경영 목표는 2020년까지 국내 선두 지위를 더욱 공고히 하고 국제화 경영에 질적 성장을 도모하며 세계 석유 회사 종합 순위를 높이고, 이윤 증대 및 투자 회수를 동종 업계의 세계적 수준으로 끌어올리는 것입니다. 또한 국제 시장에서의 경쟁력을 높여 전 세계의 석유 화학 제품의 주요 생산 및 판매 기업으로 부상하는 것입니다. 아울러 종합적인 다국적 지수를 대폭 끌어올려 경쟁력을 갖춘 국제적 에너지 기업으로 만드는 것입니다.

02 본사는 윈-윈의 원칙에 따라 자원, 시장, 기술과 자본을 결합하여 오일 가스 발전을 위주로 국제 협력과 자본 운용 역량을 늘리고, 해외 오일 가스 탐사 및 개발을 강화하는 한편 국제 오일 가스 무역 규모를 확대하여 국제적 경쟁력이 강한 다국적 기업이 되고자 합니다. 회사는 지속적으로 시장의 주도적인 위치와 최대 효익을 얻기 위해 규모의 경제 및 업스트림과 다운스트림의 일체화라는 우위를 십분 활용하고 있습니다. 시장을 더욱 성숙하게 하고 고효율 시장을 확대하며, 전략적 시장의 개발, 국제적 시장으로의 확대 및 국내외 시장에서의 경쟁력을 끊임없이 강화하고 있습니다.

03 본사는 여러 사회 공익 활동에 적극적으로 참여하여, 기부 및 무료 봉사 등의 방식으로 가난한 사람들을 구제하고 사랑을 전달함으로써 자발적으로 사회에 보답하고 있습니다. 또한 전략적으로 발전시킬 주요 부문에 집중할 뿐만 아니라 인재단 구축을 강화하고 경영 관리 인재, 전문 인재와 기술 인재의 역량을 적극적으로 높이고자 합니다. 또한 미래 지향적 발전을 위해 차세대 인재 양성에 힘쓰고자 합니다.

04 1. 기업 비전 : 중국에서 고객들에게 가장 인기 있는 신발 의류 브랜드 기업이 된다. 회사는 장기적인 안목과 정직하고 책임감 있는 관리, 동반 성장이라는 이념을 가지고 회사의 브랜드 사업을 발전시킨다. 또한 회사와 관련된 이익 공동체와 조화롭게 발전하고 고객, 임직원, 주주, 협력 파트너 및 사회로부터 존경을 받도록 한다. '고객 제일'이라는 이념을 가지고 고객 가치와 사회적 가치를 창출함으로써 기업 가치를 높임과 동시에 사회의 발전에 이바지한다.
2. 경영 문화 : 한 마음 한 뜻으로 어렵고 힘든 상황을 이겨내며 자신이 맡은 일에 최선을 다하고 포용력을 갖고 남이 하지 않는 일에 용감하게 도전한다.
3. 기업 취지 : 고객에게 차별화된 서비스, 품질, 가격을 제공한다.
4. 기업 가치관 : 정직, 책임, 협력, 혁신

05 인재는 GCL의 가장 고귀한 자산이자 GCL을 끝까지 살아남게 하는 원동력입니다. 저희는 '경계가 없는' 협력 문화를 통해 공정한 인재 선발 메커니즘을 구축하길 바랍니다. GCL은 인재가 기업의 최고의 자원이며 임직원이 회사의 최고의 자산이라고 생각합니다. 저희는 질서 정연하고 공정한 인력 자원 운용 메커니즘을 구축하고 인재가 본인의 능력을 충분히 발휘하고, 본인의 능력에 부합하는 직무에 배치될 수 있도록 노력하고 있습니다. 저희는 직원들의 경력 개발을 존중하며 계획적으로 인재 인프라를 세웠습니다. 저희는 조직의 다양한 전문 지식과 관리 교육을 통해 임직원의 경영 관리 역량과 수준을 향상시킵니다. 저희는 정기적인 팀 개발 활동을 통해서 임직원의 팀워크를 강화함으로써 지혜롭고 효율적이며, 단결하여 끊임없이 혁신하는 팀을 만듭니다. 저희는 다양한 문화 활동을 적극적으로 지원해 화목한 분위기를 만들어 직원들의 소속감을 높입니다.

06 '사람 중심, 성실한 기업, 사회 공헌'이란 기업 이념은 본사가 임직원, 고객, 협력 업체 및 사회와의 관계의 기본 신조이자 행동 원칙입니다. 본사는 인재를 기업의 최고의 자산으로 여기며 사람 중심, 동반 성장의 사회적 책임을 다한다는 원칙을 가지고 있습니다. 아울러 임직원들의 기본적인 권익을 보장하고 직원의 가치와 꿈을 존중하여 회사와 직원이 함께 발전할 수 있도록 합니다. 회사는 규범과 질서를 세우고 공정하고 합리적이며 원원하는 노동 관계를 구축하여 임직원들이 성장할 수 있는 기회와 무대를 제공합니다. 또한 직원의 적극성, 주도성 및 창조성을 불러일으켜서 기업에 대한 충성심을 갖도록 합니다.

CHAPTER 04 조직 관리

01 총괄 경영 책임자(CEO)는 매주 월요일 오후 2시에 업무 진행 회의를 소집하고, 각 부서별 팀장은 지난주 업무 진행 상황을 종합하여 최종 업무 결과를 상부에 알리고, 업무 문제를 서로 의논하여 다음 주 업무 계획을 정한다. 분기별 회의는 다음 분기 첫째 달 25일 오후 2시에 열며, 총괄 경영 책임자가 지난 분기 전국 판매 실적을 발표하고, 시장에서의 문제점, 계획 진행 상황을 종합한 후 다음 분기 업무를 계획한다. 각 부서별 책임자들은 논의를 하여 구체적인 업무 계획을 제출한다. 모든 인원은 매주 월요일 오전 상급자에게 「주별 업무 계획 총결산」을 제출하고, 매월 5일 전에 「월별 업무 총결산」을 제출한다.

02 기업의 핵심 부서에는 총괄 경영 부서와 마케팅 부서가 있다. 총괄 경영 부서는 기업 전략 기획, 자금 운용, 물자 조달·관리 등 핵심 운영 업무를 담당한다. 마케팅 부서는 브랜드 기획, 홍보, 판매, A/S 등 핵심적인 마케팅 업무를 담당한다. 기업의 주요 부서에는 판매부, 인력 개발부, 고객 서비스부, 마케팅부, 구매부, 인사부, 재무부가 있다. 판매부는 시장 개척, 네트워크 구축, 고객 유지 관리 등의 관리 업무를 담당한다. 인력 개발부는 교육 계획을 세우고 각종 연수를 실시하고 관리하는 일을 맡는다. 고객 서비스부는 고객 주문 접수, 상품 출하, 정보 공시 등 애프터서비스 업무를 담당한다. 마케팅부는 브랜드 제작, 개발, 기획, 보급 등 마케팅 전략 업무를 담당한다. 구매부는 고객에게 화물을 정확하게 발송하는 일과 완제품 포장 유통 등 지원 업무를 책임진다. 인사부는 인사 채용, 문서 관리, 급여, 직원 복지 등 행정 인사 업무를 담당한다. 재무부는 기업 재무 정산, 원가 관리, 재무제표 등 재무 업무를 담당한다.

03 인사고과는 일반적으로 실적 고과, 품행 고과, 능력 고과의 세 가지 고과 항목으로 나뉜다. 실적 고과는 직원이 고과 기간에 달성한 임무의 수준과 양을 주요 근거로 하여 평가한다. 품행 고과는 실적 고과와 능력 고과의 다리 역할을 하는데 주로 책임감, 자발성, 적극성과 협동 의식 등을 평가한다. 능력 고과는 직원 고과 단계에서 업무 능력을 종합적으로 평가하는데 주로 기본 능력과 경험 능력 두 종류로 요약할 수 있다. 부서장이 피고과인의 업무 실적, 업무 태도, 관리 능력에 대해 평가하고 서명하여 의견을 남긴 후 인사부에 보고하여 승인받는다. 인사 고과의 보고, 평가와 관련된 자료는 직원의 승진, 진급, 급여 인상, 우수 평가의 중요한 근거로써 직원 개인 문서로 보관된다.

04 행정 장려의 분류와 내용
- 표창 : 표창을 통보하고 1,000위안의 장려금을 지급한다.
- 포상 : 포상을 통보하고 개인과 부서의 문서에 기록하며 2,000위안의 장려금을 지급한다.
- 공로 : 공로를 통보하고 개인과 부서의 문서에 기록하며 3,000위안의 장려금을 지급한다.
- 큰 공로 : 큰 공로를 통보하고 개인과 부서의 문서에 기록하며 5,000위안 이상의 장려금을 지급한다. 또한 영예 증서를 발급하고 장려금의 액수는 총괄 경영 책임자가 정한다.

05 행정 징벌의 분류와 내용
- 주의 : 주의를 통보하고 1,000위안의 벌금을 부여한다.
- 경고 : 경고를 통보하고 개인 문서에 기록을 남기며 2,000위안의 벌금을 부여한다.
- 과실 : 과실을 통보하고 개인 문서에 기록을 남기며 3,000위안의 벌금을 부여한다.
- 중과실 : 중과실을 통보하고 개인 문서에 기록을 남기며 5,000위안 이상의 벌금을 부여한다.
- 강등 : 행정(혹은 급여) 상의 직위가 강등된다.
- 해고 : 고용 관계를 해제하며 전체 또는 부분적 급여를 결산한다.
- 제명 : 제명을 통보하고 고용 관계를 해제하며 급여 결산 없이 강제로 퇴직시킨다.

06 근무기간이 1년 이상 10년 미만인 임직원은 연차 휴가로 5일을, 10년 이상 20년 미만인 직원은 연차 휴가로 10일을 쓸 수 있으며, 국가 법정 휴일은 연차 휴가 일수에 포함되지 않습니다. 휴가 신청자는 모두 반드시 하루 전에 휴가 신청서를 작성해야 하며, 3일 이상의 휴가는 부서 책임자의 동의를 받아 부사장의 심사를 받고 사장의 비준을 받아야 합니다. 휴가 신청 절차를 밟지 않으면 일괄적으로 무단결근 처리됩니다.

CHAPTER 05 비즈니스 회의

01 회의는 6월 18일 난징 솽먼루 호텔(난징시 후쥐베이루 185호)에서 열리며 회의 기간은 하루입니다. 각 시의 회의 참석자는 6월 17일 오후 솽먼루 호텔에서 등록해 주시고, 성급 기관 각 부서와 부서 직속 관련 기관의 회의 참석자는 6월 18일 오전 8시 15분 솽먼루 호텔에 바로 오셔서 회의에 참석하시길 바랍니다. 각 시별로 차량은 2대로 제한합니다.

02 내빈 여러분께 안내 말씀드립니다. 한국 대전시 투자 환경 설명회를 곧 시작하겠습니다. 원활한 행사 진행을 위해 휴대폰을 꺼주시거나 무음으로 바꿔주시길 바랍니다. 협조에 감사드립니다. 저는 오늘 설명회 사회를 맡은 한국 대전시 무역 투자 진흥과 과장 김동휘입니다. 그러면 지금부터 한국 대전시의 투자 환경 설명회를 개최하겠습니다. 오늘 설명회는 다롄시 부시장님의 환영사, 대전시 시장님의 인사말, 대전시의 투자 환경 소개, 대전시의 산업 소개, 질의 응답, 투자와 수출 양해각서(MOU) 체결식, 마지막으로 오찬 순으로 진행하겠습니다.

03 이번 포럼은 한국 정부의 많은 지도자들과 선생님들의 관심 아래 대대적인 지원을 받아 개최되었습니다. 바쁘신 와중에 시간을 내서 개막식에 참석해 주셔서 감사합니다. 또한 이번 포럼을 협찬해 주신 동방 무역 회사에도 감사드립니다. 이어서 여러분께 귀빈을 소개해 드리겠습니다. 큰 박수로 환영해 주시길 바랍니다.

04 지금부터 홍메이 회사가 주최하는 환영회를 시작하겠습니다. 저는 오늘 사회를 맡은 왕양양입니다. 여러분과 함께 즐거운 저녁 시간을 보낼 수 있기를 바랍니다. 오늘 이 연회에 참석해 주신 대표단 여러분과 내빈 여러분께 깊은 감사를 드립니다. 대회를 개최하는 이 기회를 빌어 여러분께 깊은 환영의 뜻을 전하게 되어 무한한 영광으로 생각합니다.
다음으로 오늘 회의에 참석해 주신 주요 인사를 소개해 드리겠습니다. 오늘 바쁘신 가운데서도 귀한 시간을 내어 이 자리에 참석해 주신 여러분께 다시 한번 감사드립니다. 오늘 저녁 비록 시간이 한정되고 차려 놓은 음식도 변변치 않지만 이렇게 귀한 기회를 통해서 서로 교류하고 마음껏 이야기함으로써 서로 간의 무역 관계를 더욱 돈독히 할 수 있기를 바랍니다.

05 교내 각 부서 담당자님께
10월 14일(금요일) 오후 13시 30분에 개최하려고 했던 학습 지도 보고를 사정으로 인해 같은 날 오전 9시에 진행합니다. 원래 오전 9시에 진행하려 했던 개교 기념일 행사 회의는 같은 날 오후 13시 30분으로 조정되었습니다. 두 회의 시간이 바뀌었으며 장소는 그대로입니다. 서로 전달해 주시고 시간을 엄수하여 참석해 주시길 바랍니다.
이에 특별히 알려드립니다.

06 귀사가 주신 시찰 의견에 따라서 유관 부문과 협의를 거쳐 비즈니스 시찰 시안을 작성하였습니다. 지금부터 제가 간단하게 소개하도록 하겠습니다. 시찰 코스는 이렇습니다. 먼저 시찰단은 베이징에 모여서 중국의 정계 및 재계 인사들과 간담회를 갖습니다. 그리고 차를 타고 톈진으로 가서 이틀 간 경제 기술 개발 구역 및 보세 구역을 참관합니다. 그리고 나서 기차를 타고 칭다오로 가서 칭다오 시에서 준비한 외국인 투자 유치 상담회를 진행한 후, 칭다오 시 투자 관련 서비스와 관리, 그리고 시설 및 설비 등을 직접 시찰할 예정입니다.

CHAPTER 06 시장 조사 및 기획

01 중국의 스마트폰은 올 한 해 동안 주목할 만한 성장을 하였습니다. 비록 기술이나 특허 등 실력에 있어서 아직 세계 최고를 제치지는 못했지만 무시할 수 없는 힘을 키워냈으며, 통신 분야에서는 발전 속도가 매우 두드러졌습니다. 공업 정보화부에 따르면, 1월~11월 통신 설비업은 매출이 전년도 대비 13.9% 성장했습니다. 1월~11월 전체 업종에서 휴대폰을 161197.4만 대를 생산하였으며, 전년도 대비 2.9% 증가하였고, 이동 통신 기지는 27589.7만 채널로 전년도 대비 15.5% 증가하였습니다.

02 중국 화장품 시장은 활력이 넘치는 시장으로 다국적 기업의 대거 진입과 국내 기업의 성장으로 화장품 업계는 더욱 다양하게 변화하였습니다. 제품의 구조 변화는 시장을 더욱 세분화시켰고 또한 컨셉이 날로 새로워지면서 마케팅도 제품에 따라 고도의 전략을 쓰게 되었습니다. 이는 국내 화장품 업계의 발전을 촉진시켰으며 업계 브랜드 간의 경쟁을 심화시켰습니다. 특히 외국 브랜드가 들어오면서 경쟁은 더욱 심해졌습니다. 전략적인 측면에서 해외 브랜드 화장품은 광고를 필두로 하여 브랜드 전문 매장 전략, 셀프 마케팅 전략, 온라인 마케팅 전략으로 마케팅을 펼쳤습니다. 기업에 따라 서로 다른 전략을 써서 다양한 소비자의 필요를 만족시켰는데 그 목적은 오직 하나, 바로 최고의 방식으로 제품을 판매하는 것입니다.

03 갈수록 경쟁이 심해지면서 점점 많은 기업들이 정기적으로 하는 고객 만족도 조사가 기업의 시장에 대한 노력을 유지하고 발전시키는 데 관건이 된다는 것을 알게 되었습니다. 고객 만족도 조사로 제품이나 서비스를 업그레이드할 수 있는 기회를 알 수 있으며, 또한 고객의 의견과 건의에서 고객의 불만을 해결할 수 있는 맞춤형 솔루션을 찾을 수 있습니다. 오늘날 비즈니스 사회에서는 고객의 의견에 귀 기울이는 것이 매우 중요합니다. 당신의 회사와 고객의 희망 사항 간의 차이가 얼마나 되는지를 정확하게 설명하는 것은 기업이 성공 또는 실패와의 거리가 얼마나 되는지를 나타내줍니다. 따라서 고객 만족도는 한 기업의 상품 품질, 서비스 품질, 경영 실적을 평가할 뿐만 아니라 하나의 업계, 산업 그리고 더 나아가 국가의 거시 경제의 운영의 질과 상태를 평가하기도 합니다.

04 미국의 유명한 리서치 회사인 CIRP는 최근 아마존 고객을 대상으로 시장 조사 분석 결과를 발표하였다. 이 보고서는 CIRP에서 지난 8개월간 1,100명의 아마존 소비자를 대상으로 조사한 결과이다. 보고서에 따르면, 미국 소비자가 아마존 사이트에서 가장 많이 구매하는 상품은 전자 제품으로 대부분의 사람들이 도서라고 생각한 것과는 다른 결과였다. 전자 제품 외에도 도서는 여전히 아마존의 주요 인기 상품 중 하나이며, 이는 최근 아마존이 계속해서 더 많은 출판업체와 협약하려는 이유이기도 하다. 하지만 비실물 상품 중에서 소비자는 전자책이 아닌 음악을 다운로드하는 데 돈을 지불하는 경향이 있었다. 결제 후 다운로드 분야에서 서적과 게임을 구매하는 소비자들 중 약 1/3이 결과적으로 비실물인 전자 형식의 제품을 다운로

드한다고 데이터는 보여준다. 1/6의 영화 소비자만이 돈을 지불하고 영화를 다운로드했는데, 이는 대다수의 영화 소비자가 아직도 실물 DVD로 영화를 본다는 것을 의미한다.

05 중국 인터넷 게임 플레이어는 대다수가 남성으로서 주로 19~25세 연령대의 직장인과 학생이 그 주축을 이룬다. 게임 스타일은 현실적인 것을 선호하고 롤플레잉 게임류가 여전히 중국 인터넷 게임 유저들이 좋아하는 장르이다. 또한 46.4%의 게임 유저들이 유료 아이템을 더 선호한다. 게임 플레이어들이 게임에 대해 가지고 있는 불만 사항으로는 주로 서버가 불안정하거나 게임 수정 프로그램 오류 또는 아이템 가격 등이었다. 그리고 대다수 플레이어들의 소비 의향은 게임 포인트 카드를 구매하는 것이다. 이를 통해 게임이 만일 오락성이 있으면 금액이 크건 작건 관계없이 유저들은 게임에 반드시 자금을 투입하기 때문에 따라서 게임 개발의 영리 목적이 달성된다는 것을 알 수 있다.

06 화장품 시장 조사를 통해서 대학생들이 화장품 브랜드를 선택할 때 광고와 브랜드 입소문을 비교적 중시하고 브랜드 이미지가 좋은 상품을 구매하길 선호한다는 것을 알 수 있었다. 입소문과 광고 홍보의 영향력이 가장 큰데 상품에 대한 전문적인 지식의 이해를 늘려서 맹목적으로 광고나 입소문만 따르지 말고 이성적으로 판단해야 한다고 생각한다. 대학생들의 화장품 소비는 단기적 이익에 대한 관심이 비교적 큰데, 특히 현장 할인과 실물 증정품과 같은 이벤트 방식을 좋아하는 것으로 나타났다. 대학생들이 화장품을 구매하는 경로는 대부분 전문 매장과 인터넷 쇼핑몰로 집중되었다. 대학생들은 미백과 스킨케어 제품에 대한 수요가 높았고 스킨에센스, 자외선 차단체, 에멀전 마스크 팩 등의 상품을 즐겨 사용했다. 가격에는 한계가 있기 때문에 품질이 보장된 상품이라면 중저급 상품을 개발해서 더 많은 소비자를 만족시킬 수 있을 것이다.

07 기업 홍보 및 광고

01 화웨이 빅데이터 산업 단지 홍보 영상 '천혜의 자원 클라우드·빅데이터'는 화웨이가 화웨이 클라우드 컴퓨팅 데이터 센터를 중심으로 사천성이 성내 각 분야의 정보 시스템의 플랫폼화, 집약화, 스마트화 프로세스를 추진하는 데 협력하여 화웨이-사천 클라우드 컴퓨팅 및 빅데이터 산업 시범 단지를 함께 건설하고, 사천성의 재해 복구 클라우드, 공업 클라우드, 농업 클라우드와 여행 클라우드 등 공공 서비스 부문의 클라우드 플랫폼을 구축한다는 내용을 보여준다. 또한 클라우드 컴퓨팅 산업 사슬의 업스트림과 다운스트림 자원을 통합시켜서 클라우드 컴퓨팅 및 빅데이터 산업 생태계를 조성하고, 사천성 '스마트 제조' 서비스 클라우드 플랫폼을 구축하며, 산업 구조를 최적화 및 업그레이드시켜 화웨이-사천의 인터넷, 창업자 플랫폼, 소프트웨어와 정보 서비스업의 기지를 구축한다는 내용을 보여준다.

02 당신이 아주 재미있는 동영상을 만들었다면 어떻게 사람들의 관심을 끌어 동영상을 보게 할까요? 다음 세 가지에 주의해야 합니다. 첫째, 제목. 키워드가 제목의 앞부분에 있어야 하며, 또 다른 팁은 첫 번째 키워드 뒤에 콜론을 두고 콜론 뒤에 강조할 키워드를 써야 합니다. 둘째, 설명. 전체 사이트 주소로 설명을 시작하며 설명 내용은 너무 짧지 않게 합니다. 서술체로 작성하는 것이 좋고 관련 주제의 키워드를 많이 포함시키는 게 좋습니다. 이렇게 하면 당신의 동영상에 관심 있는 이용자가 더 쉽게 당신의 동영상을 찾을 수 있습니다. 셋째, 태그. 태그에는 모든 관련 키워드가 포함되어야 합니다. 이런 것들이 당신의 영상을 찾게 하는 모든 요소라고 할 수는 없지만 이 몇 가지는 쉽게 컨트롤할 수 있습니다. 웹페이지의 방문량, 구독량, 댓글량 그리고 좋아요를 누른 사람 수는 모두 동영상의 노출률에 영향을 미칠 수 있습니다.

03　QQ 소셜 광고 : 관심의 경제 시대에 지역 자영업자로 말하자면 어떻게 하면 그 지역에서 영향력을 가져 손님의 마음을 끌 수 있을까 하는 것이 모든 사장님들이 가장 관심을 갖는 비즈니스 목표일 것입니다. 하지만 과거의 전통적인 홍보 방식은 현대의 전인구가 스몸비가 된 시대에 관심을 끌기도 어렵고 효과도 그저 그렇습니다.

이제 QQ 소셜 광고는 SNS 데이터 누적 및 정확한 방향 설정이라는 기능을 바탕으로 특별히 지역 자영업자를 위한 홍보 시스템을 구축하였습니다. 그것은 바로 위챗의 모멘트 지역 광고입니다. 당신이 매일 바쁘게 사업을 운영할 때 이 시스템은 고객을 상점으로 이끌어 소비하게 합니다. 이것을 통해 당신은 많은 시간을 절약하여 사업을 운영하는 데 집중하게 될 겁니다.

잠재 고객을 오프라인 매장에 방문하게 하려면 '거리감'이 바로 극복해야 할 중요한 요소라는 것을 우리는 모두 압니다. 그래서 지역 광고는 표면 스타일에 관련 실물 기능을 추가하여 고객의 오프라인 실물 매장에 대한 '지리적 느낌'을 강화시켰습니다. 당신이 더 정확하게 타겟 손님과 접촉하도록 지역 광고는 방향 설정의 범위를 세분화하였습니다. 또한 군중 방향 설정 기능을 결합했기 때문에 당신의 광고가 당신이 원하는 지역에서 나올 것입니다.

이 밖에도 지역 광고는 사업의 규모가 크고 작음에 따라 더욱 탄력적으로 송출할 수 있는 방식을 사용하여 소액 예산, 유동적 송출 기능을 통해 수시로 조정할 수 있습니다. 또한 사용자 정의로 송출 시간대를 설정할 수 있어 귀하께서 편리하게 송출 예산의 배분과 흐름을 관리하도록 돕습니다.

04　SNS 마케팅의 장점 : 우선, SNS 마케팅은 기업의 서로 다른 마케팅 전략을 만족시킬 수 있습니다. 끊임없이 혁신하고 발전하는 마케팅 방식은 점점 많은 기업이 SNS 사이트에서 다양한 시도를 하고 있습니다. 왜냐하면 SNS의 가장 큰 특징은 사람과 사람 간의 상호 작용을 충분히 드러낼 수 있다는 것인데, 이것이 바로 마케팅의 기본이기 때문입니다. 다음으로, SNS 마케팅은 기업의 마케팅 비용을 절감시킬 수 있습니다. SNS의 '다대다' 정보 전달 모델은 상호 작용성이 강하기 때문에 더욱 많은 사람들의 관심을 끌 수 있습니다. 그렇기 때문에 전통적 광고 형식과 비교해서 대량의 광고를 투입할 필요가 없으며, 이와 반대로 이용자의 참여성, 공유성, 상호 작용이라는 특성으로 아주 쉽게 브랜드와 상품을 인지시키고 깊은 인상을 남길 수 있습니다. 매체 가치의 측면에서 분석하면 전파 효과가 아주 좋다고 할 수 있습니다. 마지막으로, SNS 마케팅은 인터넷 이용자 수요에 맞는 마케팅 방식입니다. SNS 마케팅 모델의 급속한 발전은 인터넷 이용자의 실질적인 수요, 즉 참여, 공유, 상호 작용에 부합합니다. 이는 현재 인터넷 사용자의 특징을 나타내고, 온라인 마케팅 발전의 새로운 추세와도 부합하며, 어떠한 매체도 사람과 사람의 관계를 이렇게 긴밀하게 연결하지는 못했습니다.

05　세계 최고의 브랜드라고 해도 손색이 없는 코카콜라는 장기적인 전략적 안목을 갖고 있습니다. 오랫동안 중국의 소프트 드링크 시장에서 독보적인 지위를 지키기 위해 코카콜라의 광고 전략은 미국식 사고방식을 버리고 중국에 맞는 사고방식을 적극적으로 활용했습니다. 이러한 현지화 전략은 중국인들의 환영을 받았습니다. CCTV 리서치 센터의 데이터 분석에 따르면, 코카콜라는 시장 점유율과 브랜드 지명도에서 7년 연속 1위를 차지했으며 현재 중국 소비자의 90%가 코카콜라를 알고 있습니다. 코카콜라 광고의 현지화 전략은 중국 시장에 진출하려고 하는 모든 외국 브랜드에 귀감이 되고 있습니다. 이를테면 유니레버사의 럭스 비누 광고 모델은 과거에는 모두 해외의 유명 여배우였지만 지금은 리쟈신, 장만위, 슈치 등과 같은 중국의 유명 여배우를 캐스팅하고 있습니다.

제품 소개 및 마케팅

01 애플은 보편적인 Qi 무선 충전 표준을 채택하여 시중에서 가장 널리 사용되는 Qi 표준을 겸용할 수 있습니다. 삼성 노트8을 포함하는 대부분의 안드로이드 핸드폰과 스마트 하드웨어가 사용하는 것이 모두 이 표준입니다. 이 제품들은 통용될 것입니다. 또한 새로운 무선 충전 패드는 에어팟과 애플워치를 동시에 무선 충전할 수 있습니다.

02 중국의 자동차 시장은 왕성하게 발전하는 상승 단계에 있으며, 시장 경쟁 구조도 발전 단계에 있어 신제품 개발을 위한 무한대의 공간을 제공하였습니다. 또한 국내 시장 수요의 다양화와 개성화는 자체 브랜드를 차별화하기 위한 조건을 만들어냈습니다. 중국 자동차 시장은 장기적이고 안정적인 성장 잠재력을 갖고 있으며, 합자 브랜드와 자체 브랜드가 함께 발전하기 위해서 긍정적인 외부 조건을 만들었습니다. 합자 브랜드와 자체 브랜드 간의 적당한 경쟁은 상하이 자동차 전체 제품의 경쟁력을 높이는 데 도움이 되었습니다. 우리는 계속해서 차별화 전략을 유지하면서 자체 브랜드의 발전에 총력을 기울이는 동시에 계속적으로 흔들림 없이 합작·협력하고 시장에서의 선두적 우위를 공고히 하고 확대할 것입니다.

03 2017년 11월 12일-25일 7주년 대형 프로모션을 열었는데, 시기적으로도 좋았고 협조도 잘 되었으며, 게다가 인기 있는 계절성 상품과 프로모션 행사를 진행해 전체적으로 효과가 좋았습니다. 때문에 앞으로의 업무 전개에 아주 좋은 본보기가 되었습니다. 판촉 분야에서는 가정주부 소비층을 타깃으로 기대했던 효과를 거두었으며, 소비자 반응도 좋아서 인기를 끌고자 했던 목적을 성공적으로 달성하였습니다. 상품 분야에서는 계절에 맞추어 '엄청나게 신선한 식품이 오늘 하루만', '미친 특가, 한정 판매' 등의 상품 판촉 활동을 진행했습니다. 이를 통해 전체적으로 신속하게 수익을 얻었을 뿐만 아니라 상품을 이용해 인기를 끌어 판매하고자 했던 목적도 달성하였습니다.

04 상하이 자동차는 국내 선두의 캠핑카 브랜드로서, 캠핑카 시장에서 인기가 많습니다. 캠핑카 마니아 중 일부는 상하이 자동차 캠핑카로 국내에서 자동차 여행을 하고, 심지어 동남아, 유라시아 등 해외로 나가 자동차 여행을 하기도 합니다. 그 품질에 대해서는 이미 충분한 시간을 들여 다양하고 복잡한 도로 상황에 대한 검증을 받았습니다. 리양시 캠핑카 생산 기지가 착공되면서 상하이 자동차 캠핑카 브랜드는 새로운 국면을 맞이하게 되었으며, 대규모의 맞춤형 제작을 실시하여, 캠핑카 생산 규모를 확충해 국내에서 나날이 증가하고 있는 캠핑가 수요를 만족시킬 것입니다. 또한 수준을 높이고 비용을 절감하여 국내 소비자들이 하루빨리 '구매할 가치가 있는' 고품질의 캠핑카를 체험할 수 있도록 할 것입니다.

05 통슈와이는 하이얼 그룹이 인터넷 시대에 발맞추어 내놓은 주문 제작 가전 브랜드입니다. '당신이 디자인하고, 우리가 만듭니다, 당신이 필요로 하는 것은 우리가 보내드립니다'의 브랜드 이념과 '필요한 기능은 주문하고, 필요 없는 기능은 뺀다'라는 가치를 주장합니다. 통슈와이는 유형과 무형의 것이 융합된 모델로 온라인에서 고객의 개성화 수요를 빠르게 수용하고, 오프라인에서 고객의 요구를 신속하게 만족시키고 있습니다. 여기에서는 고객이 제품의 '설계자'입니다. 통슈와이 브랜드의 주요 공략 고객층은 개성, 트렌드, 간결한 생활 방식을 추구하는 젊은 소비자층입니다.

06 소비를 자극하기 위해서 기업은 종종 공휴일에 많은 이벤트를 벌인다. 소비자로 하여금 이 이벤트를 보자마자 이성을 잃어버리게 하여 돈을 꺼내 물건을 사도록 하려는 것이다. 예전에는 일반적으로 쇼핑몰이나 마트가 공휴일 기간에 판촉 이벤트를 벌여 소비자를 끌었다. 하지만 지역과 시간의 제약으로 인해 그 영향력은 미미했다. 전자 상거래의 발전으로 전자 상거래 업자들은 전통적 공휴일을 이용하여 소비를 자극할 뿐만 아니라 새로운 공휴일을 창조하기도 했다. 예를 들어 2009년 타오바오왕은 11월 11일을 '광군제(솔로데이)'로 이름 짓고 이날 대규모의 판촉 이벤트를 벌여 소비자들로부터 환영을 받았다. 그 후 매년 11월 11일에 소비자들은 적극적으로 '십일절' 판촉 이벤트에 참여하여 상품 거래액이 매년 높아졌다. 2013년 '십일절'의 거래액은 인민폐 350억 위안이었는데 2012년의 191억 위안을 크게 웃돌았다. '십일절'은 타오바오가 만든 인터넷 쇼핑 페스티벌이며 판매 이벤트의 극치를 보여줬다. 자세히 관찰해 보면 '십일절'의 판매 형태는 끊임없이 변화하고 있음을 알 수 있다. 2009년의 '십일절'은 단지 최저 할인 판매라는 방식으로 고객을 끌었는데 소비자들은 점점 이성적으로 변해서 더 이상 저가 상품에 흥미를 갖지 않았다. 2013년에 한 업체가 아주 재미있고 가치있는 이벤트를 만들었는데 예를 들어 '십일절' 여성복 판매 1위인 '인만'이 비둘기 날리기 게임과 꽈배기 엮기 시합을 진행한 것이다. 이 이벤트들은 많은 고객을 참여하게 했을 뿐만 아니라 브랜드도 효과적으로 홍보할 수 있게 했다.

CHAPTER 09 무역 업무1 - 협상 및 거래

01 A : 저희는 제품 품질 향상을 위해 많은 시간과 돈을 투자하였습니다. 저희는 품질을 대가로 폭리를 취하려고 하지 않았습니다. 이 모델은 품질이 같은 종류의 다른 모델보다 훨씬 뛰어납니다. 여러 시장에서 인기가 많을 뿐만 아니라 고객의 평판도 아주 좋습니다.
B : 네, 잘 압니다. 하지만 가격이 이렇게 높으니 판매가 어려울 것 같습니다.
A : 잘 아시겠지만 요즘 제품 원가가 계속 오르고 있습니다. 그래도 저희의 가격은 다른 컴퓨터 회사 가격과 비교했을 때 가장 좋은 가격이라고 할 수 있습니다. 그리고 저희는 컴퓨터의 효율성과 안정성 개선에 힘썼으며 최신 기능도 추가했습니다. 이로 인해 조작이 더욱 편리해져서 고객이 쉽게 사용할 수 있습니다.
B : 그렇다고 해도 귀사가 제시한 가격은 저희가 다른 회사로부터 제시받은 가격보다 더 높습니다.
A : 그럴 수도 있습니다. 하지만 저희의 품질이 더 좋다고 확신할 수 있습니다. 품질을 고려한다면 저희가 제시한 가격이 합리적이라는 것을 아실 겁니다.
B : 귀사의 컴퓨터 시스템이 뛰어나다는 점은 인정합니다만, 가격이 이렇게 많이 차이가 나면 곤란합니다. 귀사가 10% 가격 할인을 해주지 않으면 저희는 이번 거래를 취소할 수밖에 없습니다.
A : 10%나요? 요구 사항이 너무 높습니다. 최대 5%까지는 가능할 것 같습니다. 어떻습니까?
B : 귀사 제품의 품질을 고려해서 이 가격을 받아들이도록 하겠습니다.

02 A : 이것은 이미 최저 가격입니다. 가격 차이가 너무 커서 저희 가격을 귀사에서 제시한 수준으로 낮추기 힘들 것 같습니다.
B : 양측 모두 자기가 원하는 가격만 고수하는 것은 현명하지 않은 것 같습니다. 서로 조금씩만 양보할 수 없을까요?
A : 가격을 20% 더 내리자는 말씀입니까? 그렇게는 어려울 것 같습니다. 저희는 세트 당 10%까지는 내릴 수 있습니다. 이건 최저 가격입니다. 잘 아시다시피 최근 몇 년간 모든 비용이 계속 올라서 생산 원가

도 크게 올랐습니다. 그래서 가격도 부득이하게 조정할 수밖에 없었습니다.
B : 이 점은 저희가 이해합니다. 하지만 저희가 제시한 카운터 오퍼는 국제 시장의 시세에 맞습니다.
A : 만약 다른 요인들까지 모두 고려한다면 저희의 가격이 다른 곳보다 낮다는 것을 알 수 있을 것입니다.
B : 의류 관련 시세는 귀하께서 잘 아실 것입니다. 현재 이런 상품은 과잉 공급인데다 이런 상황은 한동안 지속될 것입니다. 만약 저희의 카운터 오퍼를 받아들이신다면 저희 바이어들에게 귀사의 제품을 구매하도록 하겠습니다.
A : 그러면 필요한 수량을 알려주시겠습니까?
B : 대략 1천 세트 정도입니다.
A : 좋습니다. 귀사의 1천 세트 카운터 오퍼를 받아들이겠습니다. 세트 당 미화 300달러 FOB 상하이입니다.

03 A : 만일 가격을 낮출 수 없으시다면 다른 혜택을 제공해 주실 수 있으신지요?
B : 어떤 혜택을 말씀하십니까?
A : 예를 들어 귀사에서 운송비와 광고비 등을 부담해 주시는 것입니다.
B : 일반적인 회사 관례에 따르면 운송비는 구매측이 부담하는데 광고비의 경우는 저희 쪽에서도 고려해 보겠습니다.
A : 귀사에서 만일 6개월 동안 신상품 출시 광고비를 지불해 주신다면 저희는 구매하고자 합니다.
B : 저는 이렇게 하면 좋을 것 같습니다. 광고 제작 비용은 모두 각자 50%씩 부담하기로 하고 귀사에서 200개 이상의 물품을 필히 주문해 주시는 것은 어떠십니까?
A : 만일 지불 기한을 한 달 연장하고 물품 인도시 결제 방식을 사용하지 않는다면 저희 쪽에서도 이 조건을 받아들일 수 있습니다.
B : 좋습니다! 하지만 반드시 한 달 내로 주문해 주셔야 합니다. 기한이 지나면 없던 일로 하겠습니다. 그러면 어떤 컴퓨터를 주문할 예정이십니까? 저희 제품은 가격과 품질 면에서 매우 경쟁력을 가지고 있습니다.
A : 좋습니다. 이렇게 합시다. 저희 회사는 제품 카달로그의 15쪽의 노트북을 구매할 의향이 있습니다.

04 A : 안녕하세요, 협의의 결과는 어떻게 되었습니까?
B : 어제 통화한 뒤, 귀사 쪽 제품 생산 일정을 앞당길 수 있는지에 대해 생산팀과 함께 논의해 보았습니다. 하지만 올해 금융 위기 때문에 중소 의류업체들이 많이 도산해서, 저희 같은 몇몇 대형 의류 회사에 오더가 한꺼번에 몰려 생산량이 너무 많습니다.
A : 그랬군요. 하지만 저희는 이미 십여 년 넘게 좋은 파트너 관계를 유지해 왔고, 이번에는 주문량도 많습니다. 그리고 앞으로 더 큰 오더가 있을 것입니다.
B : 저희도 잘 알지요. 우선 고객의 요구를 만족시키기 위해 다음 달부터 생산 라인을 하나 더 늘려 생산량을 높이기로 했습니다. 이렇게 하면 귀사에서 제시한 납품 날짜를 앞당기는 것도 가능할 것입니다.
A : 그렇습니까? 그럼 저희가 요구한 카운터 오퍼 내용을 전부 수락하시는 건가요?
B : 네, 그렇습니다. 저희는 오랜 파트너잖습니까.
A : 왕 사장님의 적극적인 협조에 감사드립니다. 이번 거래도 예전과 같이 유쾌하게 진행되기를 바랍니다.

05 귀하께서 지난주에 보내준 카달로그와 가격표를 모두 받았습니다. 컴퓨터 샘플도 어제 항공편으로 받았습니다. 감사합니다. 귀사의 제품 성능과 품질이 좋고 또한 쉽게 조작할 수 있어서 고객의 사랑을 받을 수 있다고 확신합니다. 다만 유일한 단점은 가격이 너무 높은 것으로 시장에서 경쟁하기가 다소 어려울 것 같습니다. 그래서 현재의 가격에서는 저희가 받아들이기가 어렵습니다. 시장 마케팅 전략에 맞추어 판촉할 수 있도록 20% 할인을 해 줄 수 있으신지요. 귀하의 생각이 어떠한지 빠른 시일 내에 회신 주시길 바랍니다.

06 저희 회사의 LXT1000 최신 휴대용 컴퓨터 250대를 주문해 주셔서 감사합니다. 제가 이 메일을 드리는 이유는 귀사의 주문서 A123호의 선불 계약금이 저희 양측의 동의를 거쳐 30%에서 20%로 낮아졌음을 확인하기 위해서입니다. 저희 회사의 관례에 따르면 모든 신규 고객이 처음 주문을 할 때 30%의 계약금을 미리 받아야 하지만 귀사의 신용이 늘 좋았고 주문 수량도 많았기 때문에 저희는 이러한 혜택을 제공하기로 했습니다. 지금 첨부해 드리는 수정된 판매 확인서 2부에 모두 서명을 하셔서 1부는 보관하시고 나머지 1부는 가능한 빨리 제게 보내 주시길 바랍니다. 감사합니다.

07 A : 이 사장님, 안녕하세요! 지난주에 보내 드린 프린터 샘플 10대 받으셨습니까?
B : 네, 이미 받아서 공장에 보냈습니다.
A : 테스트 결과가 어떻게 나왔습니까?
B : 저희도 방금 막 통보 받았습니다. 2개 업체 제품 중 저희 샘플이 가장 만족스럽다고 합니다. 그런데 테스트 과정에서 제품의 안정성을 높이기 위해 몇 가지 개선할 점을 건의했기 때문에 좀 더 완성도 있는 제품이 나오기를 기대하고 있습니다.
A : 정말 좋은 소식이네요. 2개월 동안 고생해서 만든 보람이 있습니다.
B : 왕 사장님도 정말 수고 많으셨습니다. 바이어가 나머지 두 업체 샘플도 참고하라고 보냈으니 저희 제품의 단점은 최소화하고 장점은 극대화할 수 있기를 바랍니다. 최종 샘플은 1주일 안에 나왔으면 좋겠습니다.
A : 좋습니다. 문제없습니다.
B : 최종 샘플이 확정되면 첫 오더는 대략 10만 대 정도이고, 가격도 이전에 출시된 동종 제품의 두 배 정도입니다.
A : 정말 좋은 소식이네요. 이 오더를 받을 수 있도록 저희가 더욱 분발하겠습니다.

CHAPTER 10 무역 업무2 – 문의, 오퍼, 카운터 오퍼

01 A : 저는 메이렌 회사의 사장입니다. TV 광고를 통해 귀사가 이곳에 참가한다는 것을 알고 직접 뵈러 왔습니다.
B : 저희 제품에 관심을 가져 주셔서 대단히 영광입니다. 이건 저희 회사 제품 카탈로그이니 한번 살펴보십시오. 저희 회사는 주로 현대식 교육용 전자 기기를 취급하고 있습니다. 어떤 제품에 관심이 있으십니까?
A : 최근 교육이 점점 더 현대화되면서 우리나라의 다양한 학교에서 서로 앞다투어 멀티미디어 교육을 시행하고 있습니다. 이 때문에 시장에서 모니터 수요가 배로 늘어났습니다. 그래서 저희는 교육용 모니터를 대량으로 수입하려고 합니다.
B : 사장님께서 시기를 정말 잘 맞춰 오셨습니다. 이 제품은 최근 개발한 교육용 모니터 A01입니다. 기술도 우수하지만 친환경 재질에다 사용도 편리해서 아마 틀림없이 마음에 드실 겁니다.
A : 괜찮네요. 만약 귀사의 거래 조건이 적당하면 1만 대를 주문할 생각입니다. 귀사에서 최대로 우대한 가격을 제시해 주십시오.
B : 이건 저희의 견적서입니다. 귀사의 주문량이 많은 것을 감안하여 5% 우대해 드릴 수 있습니다. 즉, FOB 상하이 1대당 5,000위안입니다.

02 A : 어제 문의하셨던 모니터 가격을 산출했습니다. 한번 보시지요.
    B : 네, 좀 보겠습니다.
    A : FOB 상하이 1대당 4,000위안입니다. 이게 저희가 최대로 우대해 드린 가격입니다. 귀사와 거래하기 위해 최대한으로 양보한 겁니다.
    B : 좋습니다. 가격 쪽은 문제없네요. 그 밖의 거래 조건은 어떠한가요?
    A : 잠시만 기다려주세요. 이건 당사의 정식 오퍼 내용입니다. 모니터 A01, 색은 블랙과 실버 두 종류, 지불 방식은 취소 불능 신용장입니다.
    B : 문제없습니다. 그런데 납품일은 어떻게 정합니까?
    A : 귀사에서 다른 의견이 없으시다면, 분할 선적 방식을 택하려고 합니다. 첫 오퍼 1,000대는 신용장을 받은 후에 선적하고, 나머지 1,000대는 12월 말에 선적하겠습니다.
    B : 좋습니다. 귀사의 오퍼 유효 기간은 얼마 동안인가요?
    A : 일반적으로는 3일입니다.

03 A : 저희는 귀사의 레이저 프린터에 관심이 있습니다.
    B : 감사합니다. 어떤 모델을 원하십니까?
    A : 여러 가지 모델을 봤는데요, 2018년형 모델로 결정했습니다.
    B : 2018년 모델은 최신 유행 디자인입니다. 기존의 2017년 모델에서 새로운 기능이 추가되었기 때문에 사용하기 편리하고 효율도 더욱 높습니다.
    A : 이것이 바로 저희의 가격 문의서입니다. 만약 귀사의 가격이 합리적이라면 저희는 1,000대를 주문할 생각입니다.
    B : 가격 면에서 보면 새로운 기술을 이용해 원가를 낮추었기 때문에 2018년 모델은 2017년 모델보다 8% 정도 더 저렴합니다.
    A : 물량 공급 상황은 어떻게 됩니까?
    B : 현재 물량은 다 확보되어 있는 상태입니다. 귀사의 신용장이 도착하면 바로 물건을 보내드릴 수 있습니다.
    A : 좋습니다. 그럼 상하이 도착 가격(CIF)과 부산 인도 가격(FOB)을 제시해 주세요.
    B : 알겠습니다.

04 A : 이건 CIF 가격이고 다음 장은 FOB 가격입니다. 귀사의 커미션 3%를 포함한 가격입니다.
    B : 만약 주문량이 많으면 할인받을 수 있습니까?
    A : 거래를 위해서라면 저희 측에서 어느 정도 양보할 수는 있습니다. 그러나 먼저 저희가 가격을 조정할 수 있도록 대략적인 주문량을 말씀해 주세요.
    B : 저희가 주문하려는 수량은 대부분 가격에 따라 결정되기 때문에 우선 가격 문제부터 해결했으면 합니다.
    A : 좋습니다. 만약 주문량이 많다면 2% 정도 할인해 드릴 수 있습니다.
    B : 거래를 위해서라면 최소한 5%는 할인을 해야 한다고 생각합니다.
    A : 만약 주문량이 5,000대가 넘는다면 최대 3%까지는 할인해 드릴 수 있습니다. 하지만 그 이상은 어려울 것 같습니다.
    B : 좋습니다. 제가 먼저 오퍼를 자세히 검토한 뒤 내일 답변해 드리겠습니다. 오퍼 주셔서 감사합니다.
    A : 저희가 드린 거래 조건이 받아들여졌으면 좋겠습니다. 저희가 협력해서 더 큰 사업을 할 수 있을 것이라고 믿습니다.

05 A : 가정용 보일러 한 대 가격은 어떻게 됩니까?
    B : 한 대당 350달러이며, 이건 FOB 부산 가격입니다. 물량 역시 이미 확보된 상태입니다.
    A : 가격이 너무 높습니다. 저희는 유사한 제품의 가격을 받았는데 훨씬 낮았습니다. 만약 가격을 조금 더 조정해 주신다면 저희는 즉시 주문도 가능합니다. 보십시오. 저희 측 바이어 한 분은 5,000대를 주문하고 싶어 하시는데 그쪽에서 제시한 가격은 한 대당 300달러 정도입니다.
    B : 한 대에 300달러라고요? 이 가격은 어려울 것 같습니다. 어디에서도 그 가격으로는 구매할 수 없을 겁니다.
    A : 300달러는 그분들이 희망하는 최저 가격이니 저도 어쩔 수 없네요. 귀사에서 다시 한번 고려해 주시길 바랍니다. 5,000대가 그리 작은 수량은 아니지 않습니까?
    B : 좋습니다. 큰 오더이니 저희도 기꺼이 5%까지 양보해 드리겠습니다.
    A : 제 생각에는 최소 10% 정도 할인해 주셔야 합리적일 것 같습니다.
    B : 10%요? 이건 절대 안 됩니다. 이윤은 말할 것도 없고 손해가 막대할 겁니다. 5% 양보해서 한 대당 332.50달러입니다. 이건 정말 굉장히 싸게 드리는 거라서 저희 측 이윤을 매우 적게 남기는 겁니다. 이 점 이해해 주시길 바랍니다.

06   오퍼 수정 제안서
귀사의 6월 23일자 일반 항목의 아동복 1,000세트에 대한 '오퍼 서신'을 잘 받았습니다. 감사합니다. 귀사의 의류는 종류도 다양하고 품질도 우수하여 고객들의 구매 의향이 매우 높습니다. 그러나 유감스럽게도 고객들은 귀사의 견적 가격이 다소 높은 편이라고 생각합니다. 이 때문에 저희는 현재의 오퍼 가격으로는 거래하기 힘들 것 같습니다. 저희가 고객들을 설득해 거래를 성사시킬 수 있도록 적당한 선에서 가격을 낮춰주셨으면 합니다. 이번 거래가 성사될 수 있도록 저희는 다음과 같이 귀하의 오퍼에 대해 수정을 제안하고 싶습니다. (귀사가 7월 15일 이전까지 답신해야 유효합니다.)
아동복 한 세트당 80위안(포장 비용 포함), CIF 인천항 도착 가격이며 저희 측의 수수료 3%가 포함된 가격입니다. 기타 다른 항목에 대한 조건은 귀측의 6월 23일자 내용대로 합니다. 귀사의 의견은 어떠신지요? 조속한 회신 부탁드립니다.

07   오퍼 수정 요청에 대한 답신
귀사가 7월 2일자로 보낸 '카운터 오퍼 서신'을 잘 받았습니다. 귀사가 저희의 견적을 받아들일 수 없다는 점에 깊은 유감을 표합니다. 저희 회사의 아동 의류는 품질이 뛰어날 뿐만 아니라 가격도 매우 합리적입니다. 현재 원자재 값 상승으로 인해 제작 원가도 많이 올라 본사의 이윤은 거의 없는 실정입니다. 가격을 더 낮출 경우 저희 쪽에서 이행하기 어려운 점 양해해 주시길 바랍니다. 하지만 저희는 이 거래를 성사시키기 위해 이사회의 협의를 거쳐 원래 견적 가격에서 2.5%를 낮추기로 결정하였으며(즉 한 세트당 100위안, 포장 비용 포함, CIF 인천항 도착 가격), 또한 귀측의 3% 수수료를 포함시켰습니다.
이와 같이 회신을 드리며 좋은 소식 기다리겠습니다.

무역 업무3 – 상품 검사, 포장, 발송

01 A : 위안 사장님, 우리가 거래 협상에서 합의한 내용을 근거로 마늘 판매 계약 초안을 만들었으니, 문제가 생기지 않도록 거래 조건을 다시 한번 자세히 검토하면 좋겠습니다.
B : 좋습니다. 품질 기준은 중국 마늘 분류 표준에 따르며, 반드시 품질이 규정된 기준에 부합해야 합니다.
A : 그 점에 대해서는 안심해도 좋습니다. 저희는 품질 제일, 신용 제일의 원칙을 고수하고 있으며, 무엇보다도 저희 역시 위약 배상금을 지불하고 싶지 않습니다.
B : 장 부장님의 말씀을 들으니 한결 안심이 됩니다. 납품일은 4월 말이고 한꺼번에 선적하는 걸로 해주십시오.
A : 적재 조항은 문제없습니다. 그럼 다음으로 지불 방식을 보시죠. 첫 거래이니 취소 불능 L/C로 지불해 주시고 선적 15~20일 전에 신용장을 개설해 주세요.
B : 좋습니다. 제가 자세히 좀 보겠습니다. 품질 조항에 품질은 중국 상품 검사국의 검사 증명서를 기준으로 한다고 되어 있네요.
A : 만약 한국과 중국 양측의 상품 검사 결과가 다를 경우에는 어떻게 처리해야 하나요?
B : 그런 상황에서는 당연히 제3국의 공인된 상품 검사 기관에 의뢰해서 재검을 해야지요. 관련 비용은 수출입상 양측이 균등히 부담하고요.
A : 좋습니다. 그럼 모든 거래 조건에 대해 의견 일치를 이룬 것이 맞지요?
B : 그렇습니다.

02 A : 종이 박스 크기가 어떻게 되죠?
B : 높이 26cm, 너비 32cm, 길이 37cm이고, 부피는 0.3m³입니다.
A : 무게는요?
B : 총 무게는 26.5kg이며 상품 무게는 25kg입니다.
A : 포장 무게가 1.5kg이라는 말씀이시군요.
B : 네. 포장은 세계 시장에서 많이 사용되고 있는 비닐 테이프로 단단하게 고정했는데, 테이프가 가볍고 튼튼해서 처리가 용이합니다.
A : 이번 운송은 장거리인데다 해상 운송이니 라벨에 특별히 신경을 써주십시오.
B : 저희는 국제 표준 화인을 사용하고 있으니 그 부분에 대해선 안심해도 됩니다.

03 A : 장 선생님, 상품 검사에 관해 문의드리고 싶습니다. 저희가 중국에서 사업을 하려고 하는데 수출입 화물 모두 상품 검사 신청을 해야 합니까?
B : 그렇습니다. 중국의 「상품 검사법」 규정에 의하면, 법정 검사 상품은 반드시 상품 검사를 신청해야 합니다. 대외 무역 계약서에 따르면 법정 검사 외 수출입 상품은 반드시 중국 현지 상품 검사 기관에서 검사를 해야 하며 관련 규정에 따라 검사 신청을 해야 합니다.
A : 어떤 상품이 법적으로 규정된 검사 상품입니까?
B : 「종류 목록」에 명시된 상품입니다.
A : 그렇다면 법적으로 검사 상품으로 규정되지 않은 상품은 상품 검사 신청을 하지 않아도 됩니까?
B : 일반적으로 그렇습니다만, 상품 검사 기관에서 샘플 검사를 하거나 감독 관리를 할 수 있습니다.
A : 장 선생님의 말씀을 들어보니 법으로 정하지 않은 일부 상품도 상품 검사 신청을 해야 하는 거군요?
B : 그렇죠! 법적으로 검사 규정이 없는 수입 상품은 수취인이 품질 불합격 또는 파손이나 총량 부족을 발견했을 때, 상품 검사증을 가지고 손해 배상을 청구해야 합니다. 그리고 상품 검사 기관에 검사증을 신청해야 합니다.

04　A : 이제 납품 일자에 대해 상의합시다. 최대한 빨리 언제쯤 선적이 가능하십니까?
　　B : 공장 상황을 감안해서 최대한 빨리 하면 5월 초에 가능할 것 같습니다.
　　A : 너무 늦습니다. 아시다시피 이 상품은 계절성 상품이라서 4월 말에는 출시해야 계절에 맞출 수가 있는데다 세관 수속도 시간이 많이 소요됩니다. 선적 일자를 2월로 앞당길 수 없을까요?
　　B : 현재 생산 공장에 받은 오더가 너무 많아 더 빨리 납품하기는 어려울 것 같습니다.
　　A : 저희는 3월에 납품하는 것이 매우 중요합니다. 만약 다른 수입 업체들이 먼저 상품을 판매해 수익을 올리는데 그제야 시장에 내놓으면 저희가 큰 손실을 입게 될 것입니다. 이 때문에 3월에 납품할 수 없다면 저희는 이번 오더를 취소할 수밖에 없을 것 같습니다.
　　B : 그럼 이렇게 하면 어떨까요? 저희가 다시 공장 측과 상의해서 납품일을 앞당기도록 하겠습니다. 3월이 힘들면 최소한 4월 초에는 가능하도록 하겠습니다. 그러니까 30일 또는 더 앞당길 수 있도록 하겠습니다. 이렇게 하려면 직원들은 3교대 근무가 불가피하지만 지금은 이 방법 밖에 없을 것 같습니다.
　　A : 좋습니다. 아무리 늦어도 4월 초로 맞춰주십시오. 꼭 그렇게 해 주셔야 합니다. 저는 회사에 도착하는 즉시 신용장을 개설하겠습니다. 기타 조항은 예전과 같습니다.

05　A : 안녕하세요, 통관 등록 수속을 하려 하는데, 어떤 서류가 필요한가요?
　　B : 직접 작성한 서면으로 된 신청서와 관련 기관의 영업 허가 서류와, 영업 집조 사본이 필요합니다.
　　A : 은행 재정 보증도 필요한가요?
　　B : 세관에서 필요하다고 하면 그때 제출하면 됩니다. 투자자의 이익을 보호하기 위해서 외국 투자 기업은 반드시 회계 사무소에서 발급한 자산 점검 보고서를 제출해야 합니다.
　　A : 네, 잘 알겠습니다.
　　B : 이런 서류들은 세관에서 검사를 거친 후 합격이 되면 등록을 하게 되는데, 그때 세관에서 회사의 통관 담당자에게 검은색 노트를 발급해 줄 것입니다.
　　A : 검은색 노트요?
　　B : 일종의「통관 등록 증명서」인데, '검은색 노트'라고 부르죠.
　　A : 그러니까, 검은색 노트가 있으면 통관 권한이 있다는 말인가요?
　　B : 그렇습니다. 하지만 반드시 전문 통관원이 통관을 해야 합니다.
　　A : 알겠습니다. 알려주셔서 감사합니다.

06　물품 발송 심사란 무엇인가? 창고 관리인은 고객 서비스 센터 직원에게 물품 발송에 관한 세부 사항을 고지하고,「물품 발송서」에 서명하여 팩스로 상무부 책임자에게 보낸다. 상무부 책임자는 물품을 발송하기 전에 고객과 다시 한번 물품의 금액, 상세 정보 및 안전하게 물건을 대신 받아줄 위탁인을 확인한다. 상무부 책임자는 심사에 이상이 없다고 확인되면「물품 발송서」에 서명 날인하여, 팩스로 물품 창고 관리인에게 보내어 물건을 발송시킨다. 창고 관리인은 서명 날인한「물품 발송서」를 통과 허가증으로 하여 제품을 발송한다.

07　안녕하세요. 귀하의 해운 회사에 최근 천진 신항구까지 가는 화물 선박이 있는지 알고 싶습니다. 저희 쪽 한 고객이 지금 급하게 운송해야 하는 화물이 있습니다. 설 연휴 전에 제품을 출시하길 원하는데 원래 예정됐던 태평양 기선 회사가 최근 항구 노동자 태업 문제로 인해 화물을 제시간에 운송할 수 없어 출시 날짜가 연기될 것 같습니다. 귀사의 항구 노동자들도 이 태업의 영향을 받나요? 우선 이메일을 보내드리니, 운항 날짜를 살펴봐 주시길 바랍니다. 오후에 회의를 마친 후에 제가 전화를 드리겠습니다.

08 A : 납부해야 하는 세금으로는 관세와 부가 가치세가 있습니다. 만일 국가가 장려하는 수입 설비라면 세금이 면제되지만 정부가 구매 동의를 한 제품이라면 관세만 면제됩니다.
   B : 제가 알기로는 중국은 미국과 국제 무역 분야에서 최혜국의 대우를 받아서 대다수 상품이 정부가 지정한 호혜 관세 조건에 부합한다고 하는데요. 관세가 어떻게 정해지는지 아십니까?
   A : 관세는 일반적으로 화물의 가치에 따라 징수되는데 수입하는 세관에서 확정되고 기본적으로 CIF 가격으로 징수됩니다.
   B : 관세가 정해지면 언제 어디에 가서 납부하나요?
   A : 수입 업체는 세관에서 발행한 세금서의 익일부터 근무일 기준 14일 내에 통관 수속을 한 세관에 가서 세금을 납부하시면 됩니다. 만일 근무일 14일(일요일과 휴일 제외)을 넘겼다면 15일째부터 납부하는 날까지 날수에 따라 계산해서 화물 가치 총액의 1/10,000의 체납금을 내야 합니다.
   B : 세관 일이 아주 복잡하군요. 그럼 이후에도 잘 부탁드리겠습니다.
   A : 괜찮습니다. 편하게 물어보십시오.

CHAPTER 12 무역 업무4 – 클레임, 사과, 손해 배상

01 A : 불미스러운 사건에 대해 이야기를 해야 될 것 같네요. 저희가 이번 일로 인해 막대한 경제적 손실을 입었습니다. 그래서 직접 뵙고 이야기하려고 방문했습니다.
   B : 저희 상품에 주시는 모든 비판을 받아들이겠습니다.
   A : 지난달 의료 기기가 항구에 도착했을 때, 재검사를 실시한 결과 15대가 심하게 녹이 슬어 있더군요. 저희 고객이 항의를 하며 귀사에 손실을 배상하라고 강력하게 요구했습니다.
   B : 화물 손실의 정확한 원인에 대해 설명해 줄 수 있으세요? 먼저 여러 원인으로 화물 파손이 발생할 수 있다는 점을 알아 두셔야 할 것 같습니다.
   A : 베이징 수출입 상품 검사국에서 발급한 검사 보고서입니다. 이 보고서를 통해 검사했을 때는 화물의 포장 상태가 양호했다는 것을 확인할 수 있습니다. 이는 선적 전에 기기가 이미 녹이 슬어 있었다는 것을 증명해 주죠.
   B : 하지만 이 화물은 선적 전에 분명 저희측 검사 기관의 엄격한 검사를 통과했는데 그쪽 대리인도 현장에 있었습니다. 만약 당시 화물이 녹이 슬어 있었다면 그쪽 대리인이 검사 서류에 기재를 했을 것입니다. 현재 상황으로 보아 이는 저희의 책임이라고 볼 수 없기 때문에 손해 배상 요구를 받아들일 수 없을 것 같습니다.
   A : 그러면 누가 책임을 져야 한다고 생각하시죠?
   B : 이번 거래는 FOB 조건으로 이루어졌고 귀사에서 선적 예약과 보험 업무를 맡았습니다. 제 생각에는 보험 회사나 선박 회사에 손해 배상 청구를 해야 할 것 같습니다.

02 A : 지난번 그쪽에서 발송한 화물을 보고 크게 실망하여 부득이하게 손해 배상을 청구하게 되었습니다.
   B : 무슨 문제가 있습니까?
   A : 화물이 항구에 도착하자마자 바로 재검사를 했는데, 놀랍게도 샘플과 너무 다를 뿐 아니라 표준에도 미치지 못하더군요.
   B : 저희는 제품 품질을 매우 중요시 여기는데, 매우 유감스럽네요.

A : 여기 검사국에서 준 검사 보고서가 바로 저희가 제기하는 문제점을 증명해 주고 있습니다. 저는 귀사가 이 문제를 처리하고 저희 측에 손해 배상을 해야 한다고 생각합니다.
B : 귀사의 입장을 잘 이해합니다. 제가 먼저 알아보고 난 뒤 만족할 만한 답변을 드리도록 하겠습니다. 하지만 그전에는 어떠한 약속도 할 수 없음을 이해해 주시길 바랍니다.
A : 좋습니다. 하루 빨리 해결해 주시길 바랍니다.

03 A : 이 선생님, 드릴 말씀이 있는데 단도직입적으로 말하겠습니다. 유감스럽게도 이번 거래에 예상 밖의 일이 발생했습니다. 저는 이 문제를 분명히 하러 왔습니다.
B : 저희는 늘 고객 서비스 개선에 최선을 다하고 있습니다. 특히 귀사와 같이 오랜 시간 거래해 온 고객들에게 말이지요.
A : 지난번 선적한 화물이 항구에 도착한 뒤 저희가 무게를 다시 달아보았는데 화물의 중량이 미달됐더군요. 계약서에 명시된 총 중량 100톤과 비교해 보았을 때 실제 화물 무게는 95.50톤 밖에 되지 않았습니다. 4.50톤이 차이가 납니다.
B : 정말 이해가 안 되는군요. 4.50톤이라면 적은 양이 아닌데, 운송 도중에 유실되었을 리도 없고요. 이 4.50톤은 대체 어디로 갔을까요?
A : 화물이 도착 가격(CIF) 조건으로 거래되었으니 귀사가 부족한 부분을 책임져야 한다고 생각합니다.
B : 증거가 있습니까?
A : 당연히 있습니다. 이것은 싱가포르의 유명한 실험실에서 발행한 보고서입니다. 여기서 무게가 4.50톤 부족했다는 것을 증명하고 있죠. 이 보고서에서는 중량 미달이 포장 방법이 적합하지 않아서 발생한 것이라고 설명하고 있습니다. 15자루가 운송 도중에 파손되어 자루에 담겨 있던 화물을 원상태로 복구할 수 없다고 합니다.
B : 조 팀장님, 우리가 거래를 한두 해 한 것이 아니기 때문에, 저희는 선생님의 말씀을 절대적으로 신뢰합니다. 저희의 우호적인 관계를 고려해 귀사의 부족한 중량 4.50톤에 대한 손해 배상 요구를 받아들이겠습니다.

04 먼저, 저희에게 문제점을 알려주셔서 감사합니다. 저희가 귀사를 만족시킬 만한 제품을 제공하지 못한 것에 대해 진심으로 사과드립니다. 즉시 검증을 거친 제품을 무료로 교환해서 보내드릴 것을 약속드립니다. 본사 영업부의 리위에한 선생이 되도록 빨리 연락을 드리고 관련 사항을 처리할 것입니다. 또한 관련 문제를 조사하여 원인을 밝혀내고, 동일한 불미스러운 일이 발생하지 않도록 최선을 다하겠습니다. 이번 일이 제품 출시 이후 처음 발생한 예상 밖의 사고임을 알아주셨으면 합니다. 저희는 제품의 품질과 명성을 높이도록 끊임없이 노력하고 있으며, 또한 선생님과 오랫동안 쌓아온 우정을 소중히 여기고 있습니다. 또한 귀사에 값이 저렴하면서도 뛰어난 품질의 제품과 애프터서비스를 제공하기 위해 끊임없이 노력하겠습니다. 만약 무슨 문제가 있으면 제게 연락 주시길 바랍니다.

05 A : 작년에 저희가 귀사로부터 수입한 밀이 귀사가 늦게 납품하는 바람에 5만 달러의 손실을 입었습니다.
B : 그럴 리가요?
A : 계약서에는 귀사가 7월 10일 전에 납품을 했어야 하고 총 금액은 25만 달러였습니다. 하지만 실제로 귀사는 8월 10일이 되어서야 납품을 했습니다.
B : 잘 이해가 안 되는군요.
A : 이 화물의 7월 10일 전 가격은 28만 달러이며, 만약 귀사가 제시간에 납품을 했다면 당사는 3만 달러의 이익을 낼 수 있었습니다. 하지만 7월 10일 이후 밀 시장 가격이 22만 달러로 하락하여 저희는 총 6만 달러의 손해를 보았습니다. 이는 모두 귀사가 제시간에 납품하지 않았기 때문에 발생한 일입니다.

B : 우리나라 법에 의하면 이런 시장 가격 차이의 손실에 대해서는 책임을 지지 않습니다.
A : 하지만 중국법에 따르면 귀사는 당연히 납기 지연의 손해 배상을 해야 할 책임이 있습니다.
B : 우리가 기준으로 하는 법이 다른데 어떻게 반드시 배상을 해야 한다고 규정할 수 있을까요?
A : 그렇다면 계약서대로 저희나라 중재 위원회에 중재 신청을 할 수밖에 없습니다.
B : 네, 그렇게 합시다.

06 귀사의 7월 5일 납품 연기 문제로 인해 저희 회사의 생산 일정과 고객에게 샘플을 발송하는 업무에 차질이 생겼습니다. 또 전체 프로젝트가 중단되어 심각한 결과가 발생했습니다. 저희는 특별히 다음과 같은 요청을 드립니다. 먼저 최대한 빨리 나머지 100kg의 제품을 출고시켜서 8월 20일까지는 물건이 도착하도록 안배해 주십시오. 두 번째로 생산 라인의 중단으로 인한 손실과 저희 측 소비자와 관련된 배상을 함께 정산해서 공식적으로 손해 배상을 청구하겠습니다.

07 국제 무역 상황은 복잡해서 분쟁과 클레임이 발생하는 원인도 아주 다양하다. 분쟁과 클레임은 구매자와 판매자 쌍방에만 국한되지 않는다. 어떤 것은 운송 또는 보험 등에서 발생해서 각각의 분야가 밀접한 관계를 맺고 있다. 때문에 반드시 실제 상황에 근거해서 원인과 책임 소재를 명확히 해야 한다. 클레임의 대상에 따라 몇 가지 원인을 나눠보면 다음과 같다.
구매자와 판매자 간에 발생할 수 있는 무역 클레임은 먼저 구매자가 위약한 경우이다. 예를 들어 정한 기일에 신용장을 발행하지 않거나 불완전한 신용장을 개설하거나 요구 사항이 지나친 신용장을 개설하는 경우이다. 이럴 때 판매자는 계약을 이행할 수가 없다. 그 외에 정해진 기한에 대금을 지불하지 않는 경우와 아무 이유없이 화물을 거절하고 받지 않는 경우가 있다. 혹은 구매자가 운송을 담당하는 경우 정해진 기한에 배를 보내어 화물을 수령하지 않는 경우도 있다.
둘째, 판매자가 위약한 경우. 예를 들면 정해진 기한에 화물을 납품하지 않는 경우이다. 또한 계약서에 명시한 품질, 규격, 포장, 수량, 중량을 무시하고 납품한 경우이다. 그리고 계약서와 신용장에서 정한 서류를 제공하지 않는 경우도 있다.
셋째, 계약서 조항이 명확하지 않아서 구매자와 판매자 양측이 계약서 조항에 대한 이해가 불일치할 때 분쟁과 클레임이 발생할 수 있다
이 밖에도 계약 운송자에게 클레임을 제기할 수도 있는데, 화물 중량이 미달된 경우이다. 중량 미달은 화물을 다 하역하지 않았을 경우와 화물을 다른 항구에 잘못 하역하여 중량이 미달된 경우가 있다. 또한 화물 운송 과정에서 도난을 당하거나 파손되어 유실됐을 경우 화물이 줄어든다. 운송업자의 책임에 해당하는 화품 손상으로는 파손, 오염 등이 있다.

CHAPTER 13 전자 상거래 (e-비즈)

01 전자 상거래는 상당히 광범위하여 일반적으로 기업 대 기업(B2B), 기업 대 소비자(B2C), 개인 대 소비자(C2C), 기업 대 정부, 온라인 대 오프라인, 비즈니스 기관 대 가정, 공급자 대 수요자 등의 모델로 구분할 수 있습니다. 국내 인터넷 이용자가 증가함에 따라 인터넷을 이용해서 온라인 쇼핑을 하고 은행 카드로 비용을 지불하는 소비 방식이 점점 유행하고 있으며, 시장 점유율도 급속하게 증가하여 전자 상거래 사이트도 끊임없이 생겨나고 있습니다.

02 조사에 따르면 중국의 인터넷 뱅킹 이용자는 1,700만을 넘었습니다. 최근 중국 인터넷 뱅킹은 이미 갈수록 많은 네티즌의 인정을 받고 있습니다. 인터넷 뱅킹의 장점은 고정 지점망을 줄이고 운영 비용을 절감할 수 있으며, 이용자는 공간과 시간의 제약을 받지 않고 컴퓨터 한 대, 전화선 하나만 있으면 집에서든 여행 중이든 은행에 로그인할 수 있어서 주 7일, 하루 24시간 동안 끊기지 않는 서비스를 받을 수 있다는 것입니다. 인터넷 뱅킹의 운영 비용이 비교적 낮은 편이라 절약한 비용을 고객과 나눌 수 있으며, 전통 은행보다 높은 예금 이율과 낮은 수수료, 일부 서비스 무료 등의 방법으로 고객을 확보하고 있습니다. 이뿐만 아니라 인터넷 확인 시스템을 통해 사기나 손실을 피할 수도 있습니다.

03 알리바바 그룹의 전자 상거래를 보면 거래량, 거래 횟수, 이용자 그룹 등 모든 면에서 우리는 이미 이베이, 아마존을 넘어섰습니다. 물론 알리바바든 아니면 타오바오든 급속한 발전을 이룬 것은 우리가 대단해서가 아니라 그 시대 중국의 수요에 들어맞았던 것입니다. 이에 비하면 미국에서는 전자 상거래가 쉽지 않은데, 미국의 전체 신용 시스템이나 물류 시스템, 그리고 오프라인 판매 월마트를 포함해서 이미 풀세트로 상품 유통 시스템이 잘 갖춰져 있기 때문에 전자 상거래는 미국 경제의 보조적인 역할을 할 뿐입니다. 중국은 신용 시스템, 물류 시스템이 아직 잘 갖춰져 있지 않고 전체 배송과 점포 체계도 낙후되어 있어서 전자 상거래가 짧은 기간 내에 기적을 만들어낼 수 있었습니다.

04 웨이상은 영어로는 We business라고 부릅니다. 웨이상은 모바일 인터넷 공간에서 SNS앱을 이용하여 사람이 중심이 되어 SNS로 연결시키는 새로운 산업입니다. 중국 전자 상거래 웨이상 위원회 사무총장인 펑링린은 2017년 4월 11일 제3회 세계 웨이상 대회에서 웨이상은 소비자, 전파자, 서비스 제공자 및 창업자를 내포하는 개념이라고 설명하였습니다. 웨이상은 최고의 속도, 최고의 상품, 최고의 브랜드 단계를 거쳐서 완벽한 생태계 시스템을 구축하고 완벽한 비즈니스 폐쇄형 순환 구조를 형성하려 하고 있습니다. 이에 원재료에서 완제품까지 각 단계에서 상호 협력하여 진행하고 있습니다. 중국 전자 상거래회 웨이상 위원회에서 발표한 「2016~2020 중국 웨이상 업종 전망 연구 및 발전 전략 연구 보고서」에 따르면, 2016년 말까지 웨이상은 3,000만에 달했으며, 웨이상 브랜드 판매액은 5,000억 위안에 달했다고 합니다. 2017년에는 70% 이상의 증가 속도를 유지할 전망이며, 8,600억 위안의 판매액이라는 기적을 달성할 것이라고 합니다.

05 타오바오로 물건을 사려면 먼저 타오바오 계정을 만들어야 합니다. 타오바오 첫 화면에 가서 '무료 회원가입'을 클릭하여 회원가입 화면으로 가서 안내에 따라 회원가입을 합니다. 그리고 또 쯔푸바오를 개설해야 하는데, 타오바오 로그인 화면에서 '쯔푸바오 로그인'을 클릭한 후 무료 회원가입을 클릭하면 쯔푸바오 계정 신청 페이지로 들어갈 수 있습니다. 역시 안내에 따라서 회원가입을 완료합니다. 회원가입은 인증을 거쳐야 활성화가 됩니다. 활성화 후 쯔푸바오와 은행 카드가 결합되는데 빠른 지불 기능을 개통하면 온라인 쇼핑 시 결제가 더욱 편리해집니다.

06 웨이보, 웨이신과 같은 대표적인 모바일 인터넷이 발전함에 따라, 웨이상이라는 새로운 단어가 생겼습니다. 많은 사람들이 어떻게 하면 웨이상이 될 수 있는지 알고 싶어 하는데, 친구들 사이에서 상품 사진을 보낸다고 해서 웨이상이 되는 것은 아닙니다. 웨이상이 되려면 어떤 조건이 필요할까요? 업계의 다크호스로 부상하고 있는 웨이상에 관심있는 친구들과 함께 교류하면서 도움을 드릴 수 있기를 바라며, 부족하나마 작은 의견을 드립니다. 먼저 홍보 분야로, 홍보는 선행되어야 할 작업이자 가장 중요한 부분으로 방법은 아주 간단합니다. 바로 더 많은 사람들이 당신에게 관심을 갖게 하는 것입니다. 그래서 온갖 방법을 다 써서 홍보를 해서 웨이보, 웨이신, QQ 등과 같은 하나 또는 여러 개의 플랫폼과 연계해야 합니다. 그 다음에 팬이 아주 중요합니다. 누구에게 팔까요? 팬은 우리에게 관심을 갖는 사람입니다. 일정량의 팔로워(혹은 팬)가 생기기만 하면 주문하는 사람이 생기게 됩니다. 팔로워 수가 많고 품질이 좋을수록 판매 성공률은

높습니다. 팔로워는 필터링을 거칠 필요가 있는데, 이렇게 해서 모인 팔로워가 진짜 팬입니다. 마지막으로 판매 분야입니다. 이 단계는 간단합니다. 팬들에게 상품을 보내고 팬들이 돈을 지불하면 비즈니스가 성사되는 것입니다. 판매는 비록 말은 간단하지만 관련된 작업을 마쳐야 물건을 팔 수가 있습니다. 가장 중요한 것은 좋은 품질인데, 이것은 가장 기본적인 것으로 그렇지 않으면 빨리 성공한 만큼 빨리 망하게 됩니다.

CHAPTER 14 비즈니스 서신1 - 일상적인 내용

01 진 선생님께

귀하께서 더후이 무역 회사에서 10년 동안 일하신 뒤 올해 5월에 스하이 상무 회사를 설립하셨다는 소식을 들었습니다. 선생님의 오랜 단골, 친구로서 매우 기쁩니다. 저는 톈이 의류 공장의 전 직원을 대표해서 귀사의 설립에 진심어린 축하 인사를 드립니다. 더후이에서 일하시는 동안 선생님께서는 명철한 두뇌와 진지하고 성실한 업무 태도로 회사의 임원들과 직원들로부터 좋은 평가를 받으셨고 더후이에서 일한 10년간 더후이에 큰 공헌을 세우셨습니다. 오늘 스하이 회사의 설립은 다시 한번 귀하의 능력과 패기를 증명하신 사건입니다. 저는 귀하의 경험과 인품과 능력에 비추어 볼 때 비즈니스계에 주목할 만한 성과를 내실 거라고 확신합니다. 저희의 협력이 앞으로도 순조롭고 유쾌하게 진행되길 바랍니다.
사업이 번창하시어 큰 수익을 얻으시길 기원합니다!

02 존경하는 고객 여러분께

원숭이가 모여 덕담을 나누고 금계가 봄을 알리는 새 봄이 소리없이 다가왔습니다. 지난 1년간 위통 통관 물류의 전 직원과 고객분들이 성심으로 협력하고 열심히 분투해 주셨기 때문에 위통이 더욱 발전하게 되었습니다. 새해 봄을 맞이하는 이 때 위통 통관 물류 전 직원들은 고객 여러분께 진심 어린 인사를 드립니다. 귀하와 귀하의 가족께서 새해에 복 많이 받으시고 건강하시며 바라는 모든 일들을 성취하시길 기원 드립니다!

03 왕 팀장님께

2012년 새해를 맞이하여 저희 회사는 귀사에 진심 어린 감사와 축복을 표하며 오랜 기간 저희에게 주신 지지와 신임에 감사의 말씀을 드립니다.
지난 1년간 저희 회사는 귀하의 지지와 격려, 그리고 비판으로 성장할 수 있었습니다. 미래의 중국은 서비스 왕국으로서 서비스의 참 의미를 아는 자가 천하를 얻을 것입니다. 저희가 서로 협력하여 차주에게 따뜻함과 조화로움과 열정을 더 깊이 체험할 수 있는 소비 공간을 만들어 냅시다. 귀하의 기준이 바로 저희가 노력하는 방향입니다. 비공식적으로 직언과 비평해 주는 사람이 저희의 진짜 친구입니다! 저희의 기준을 높여주시길 바랍니다! 우리가 서로 협력하여 내일을 창조합시다! 저희 회사는 아직 부족하기 때문에 가르침과 비평, 그리고 격려 등 다양한 성장 '영양분'이 필요합니다. 이것이 귀하께서 저희에게 주시는 가장 값진 선물입니다.
새 봄이 다가오고 만물이 새로워지고 있습니다. 쉰캉 전 직원은 귀사가 원대한 계획을 크게 펼치시고 사업이 번창하시길 기원드립니다! 새해 복 많이 받으시고 화목한 가정 되십시오!

쉰캉 무역 회사

04 손 사장님께
지난번 광주 교역회 이후로 계속 못 뵈었는데 그간 별고 없으셨습니까?
본 편지를 소지한 팡타오 선생을 귀하께 소개드리게 되어 영광입니다. 팡타오 선생은 저희와 오랜 기간 협력한 파트너로서 사람이 정직하고 신뢰할 만한 분입니다. 팡타오 씨는 이번에 상해 시장을 개척하고 업무 관계를 맺으려고 상해에 가는데 제가 귀사를 소개해 주었습니다. 만일 귀하가 관심을 가져주셔서 상해 방문 기간에 만남의 기회를 주시고 귀한 조언까지 주신다면 매우 감사할 것입니다.

05 회사 전 직원분들께
아름다운 5월 찬란한 '5월 1일'입니다. 만물이 새로워지는 봄에 저희의 날인 '5.1' 국제 노동절을 맞았습니다. 이 날을 맞이하여 회사 지도부에서는 근면 성실하게 묵묵히 기여한 각 업무 부서의 전 직원분들께 인사와 존경을 표합니다. 직원 여러분, 모두 수고하셨습니다!
올해 들어 회사 전 직원이 경제 건설 센터를 중심으로 생산 경영에서의 난제를 해결하였고 기업 관리 모델을 변화시켰으며 맡은 업무를 안정적으로 추진하였습니다. 또한 중요하고 어려운 프로젝트들을 잘 감당하였으며 건설과 생산이 잘 진행되어 만족할 만한 성과를 거두었습니다. 이 성과를 얻은 것은 전 직원의 노력과 땀으로 이루어진 것으로 모든 직원이 사적인 일과 자신의 가족을 포기하고 더 큰 가족을 생각해서 봉사하고자 했던 노력의 성과였습니다. 여러분들의 근면 성실과 지혜, 강인함과 신념, 의지력과 땀이 회사가 발전하는 국면을 만들어냈습니다.
노동은 위대하고 공헌은 영광스럽습니다. 책임을 다하여 여러분들은 늘 앞장서 왔습니다. 사업에 맞서 여러분들은 뒤돌아보지 않고 용감하게 전진했습니다. 어려움에 직면하여 굴복하지 않고 전진했습니다. 여러분들은 사심 없이 헌신하여 노동자들의 고귀한 품격과 시대정신을 만들어냈습니다.
과거에 찬란함을 만들었다면 오늘날에는 용감하게 전진해야 합니다. 2018년은 저희 회사가 한 차원 높은 단계에 발을 딛고 새롭게 도약하는 해로 만듭시다. 우리는 시공 건설할 황금 시기를 포착해서 '난제를 해결하고 변화를 촉진하며 한 단계 변모하자'는 이념을 실현해야 합니다. 또한 적극적으로 시장에 도전하고 기업 발전의 새로운 난제를 용감하게 직면하며 근로자들이 용감하게 창조해낸 영광스러운 전통을 발휘하여 사기를 진작시키고 전진해야 합니다. 또한 최선을 다해 각각의 소임을 다하고 금년도 업무 목표를 달성해야 합니다. 전 직원들이 함께 노력한다면 우리 샹다 회사는 반드시 더욱 찬란하고 아름다운 내일을 맞이할 거라고 믿습니다.
마지막으로 명절을 즐겁게 보내시고, 늘 하시는 일마다 순조로우시며 건강하시고 가정에 행복이 가득하길 기원합니다. 명절 동안 자신의 자리를 굳게 지킨 직원분들께 진심으로 문안을 드리고 경의를 표합니다.

06 기업은 매일 많은 편지와 문서를 읽어야 하므로 비즈니스 서신은 화려한 미사여구를 쓸 필요가 없습니다. 그래서 비즈니스 메일은 간단명료하게 핵심을 나타내고, 짧지만 함축적인 의미를 포함하며, 정확한 요점을 나타내고 있어야 합니다. 시간, 장소, 가격, 화물 번호 등과 같은 데이터나 구체적 정보를 언급할 때는 언어 사용을 명확히 해야 교류의 내용이 더 정확해지고, 비즈니스 활동의 과정에도 도움을 줍니다. 비즈니스 서신은 진정성과 예의를 충분히 나타낼 수 있어야 하는데 무슨 말을 하든지 성의 있게 말해야 합니다. 이곳에서의 예의란 단순한 인사말이 아니라 다른 사람을 배려함으로써 상대의 마음과 상황에 대해 이해하는 태도로 드러나는 것입니다.

07 이 선생님께
안녕하세요!
저는 이번 달 17일에 집에 잘 도착했습니다. 이번 귀국의 방문 기간 동안 선생님의 친절한 도움을 받아 제가 업무를 순조롭게 완수할 수 있었습니다. 선생님께 진심으로 감사하다는 말씀을 드립니다.
귀국에서 체류하는 동안 귀하께서 업무적으로 제게 많은 도움을 주셨을 뿐만 아니라 생활면에서도 사소한 부분까지 관심 가져주시고 보살펴 주셨습니다. 특히 바쁘신 와중에도 시간을 내어 주셔서 공장 시찰과 관광명소에도 동행해 주셨습니다. 또 출발하기 전에 사모님께서는 성대한 만찬을 준비해 주셨습니다. 그래서 다시 한번 선생님과 사모님께 진심으로 감사드립니다.
앞으로 연락을 유지해서 다시 한번 사업으로 협력할 기회가 있으면 좋겠습니다. 또 선생님과 사모님께서 한국에 오실 기회가 있다면 여기서 모실 수 있는 날이 오기를 바랍니다.
이에 인사드립니다.

우찌엔동
2005년 10월 20일

08 존경하는 조 선생님께
오늘 신문에서 선생님께서 메이다 회사 중국 북방 지역 최고 경영자로 승진하셔서 9월 1일 베이징으로 부임해 오신다는 소식을 보고 기뻤습니다. 진심으로 축하드립니다.
조 선생님께서는 학창 시절에 베이징 대학의 인재로 유명하셨고 가장 짧은 기간에 박사 학위를 받으셨습니다. 20여 년 동안 줄곧 국제 무역 분야에서 종사하시면서 많은 성과를 거두셨습니다. 2000년 선생님과 함께 한 이래 선생님의 업무 정신은 저에게 깊은 인상을 주었습니다.
다음 달이면 곧 베이징으로 오시는데, 앞으로 저희가 더 협력할 수 있기를 진심으로 바랍니다. 베이징에서 하시는 일이 순조롭기를 바라며, 가까운 시일 내에 뵐 수 있기를 기대합니다.
그럼, 평안하시길 바랍니다.

홍교 무역 회사 사장 마쳰쥔
2007년 6월 2일

CHAPTER 15 비즈니스 서신2 – 업무 관련 내용

01 한국 삼광 무역 회사 귀하
저희는 국영 기업으로 의류 수출입 업무를 담당하고 있습니다. 저희는 무역 관련 경험이 매우 풍부하며 세계 각국의 많은 회사들과 오랫동안 무역 관계를 맺었습니다. 저희는 제조 공장과 오랜 시간 직접적으로 연락을 취하고 있기 때문에 제품의 품질이 좋고 가격이 합리적입니다. 그래서 저희 제품은 항상 판매율이 높고 평판이 좋습니다. 저희가 취급하는 제품에 대한 이해를 도울 수 있도록 당사의 수출 가능한 의류 목록을 첨부해 드립니다. 만약 구매 의향이 있으시면 알려주시기 바랍니다.
귀사의 의견과 요구 및 건의 사항에 대해 경청하겠습니다. 또한 호혜 평등을 원칙으로 쌍방이 함께 노력하여 장기적이고 안정적으로 서로에게 도움이 될 수 있는 비즈니스 관계를 맺길 바랍니다.
답변 기다리겠습니다.

중국 동방 무역 회사
2013년 12월 3일

02 한국 세계 무역 회사

귀사가 저희 회사에 보내주신 지지와 신뢰에 매우 감사드립니다.

성탄절이 가까워 옴에 따라 미국으로 출발하는 비행기 항로 스케줄이 가득 차고 화물 운송량이 많아 도착 시간이 지연되고 있습니다. 귀사에서 저희 상황을 양해해 주시길 바랍니다. 저희는 귀사의 소포를 수시로 주목하고 있으며, 새로운 소식이 있으면 바로 알려드리겠습니다.

다시금 귀사의 신뢰와 이해에 감사드립니다! 하시는 일들이 순조롭기를 바랍니다!

상해 국제 무역 회사
2011년 12월 20일

03 친애하는 선생님께

메이다 회사 왕 사장님의 추천을 통해 귀사의 이름과 주소를 알게 되었습니다.

귀사는 귀국에서 가장 잠재력이 있는 수입 업체 중 하나로 인정 받아왔습니다. 저희가 이렇게 귀사에 편지를 드리는 것은, 귀사와 진지하게 비즈니스 관계를 맺는 기회를 갖고 싶기 때문입니다.

저희 회사는 한국에서 컴퓨터 부품 제조를 수년간 해왔으며 뛰어난 품질과 경쟁력 있는 가격을 바탕으로 국내외에서 호평을 받고 있습니다. 저희 회사의 자료와 웹 사이트 주소를 첨부 자료로 보내드리니 참고하시길 바라며, 관심 가지실 만한 제품을 찾을 수 있기를 바랍니다. 저희는 귀사에게 가장 좋은 가격과 납품 일자를 제공하겠습니다.

더 자세한 정보를 원하시면 알려주시기 바랍니다. 귀하의 호의에 감사드리며, 빠른 시일 내에 회신해 주시기를 바랍니다.

한국 국제 컴퓨터 회사
2017년 11월 29일

04 한국 무역 회사

지난달 웨이하이에서 열린 제2회 국제 낚시 도구 박람회에서 귀사가 한국에서 규모가 가장 큰 낚시 도구 수출입 회사라는 것을 알게 되었습니다. 이에 당사의 상품 카탈로그를 송부합니다.

저희 회사는 산동에서 규모가 가장 큰 낚시 도구 생산 업체로, 유럽과 미국, 일본 등으로 제품을 수출하고 있으며 좋은 품질과 저렴한 가격으로 바이어들 사이에서 큰 호평을 받고 있습니다. 만약 저희 제품에 관심이 있으시다면 즉시 샘플을 보내드릴 것이며 가장 합리적인 조건으로 정식 오퍼를 내도록 하겠습니다.

귀사의 회신을 기다리겠습니다. 아울러 귀사의 무궁한 발전을 기원합니다!

하이타오 낚시 도구 유한회사
2016년 5월 4일

첨부 : 하이타오 낚시 도구 제품 카탈로그 1부

CHAPTER 16 계약서

01   합작 경영 협의서

갑 측 :   을 측 :

갑을 양측은 정부가 허가한 합법적인 절차에 따라 자산과 신용을 갖추었으며 사회적으로나 경제적으로 이익을 창출하고 있다. 갑을 양측은 평등하고 자발적인 원칙 아래 우호적인 협상을 거쳐 합작 경영을 하기로 의견을 모아 본 협정서를 체결한다.

1. 갑 측의 직원이 일을 하고 이에 대해 을 측은 동의하며, 어떠한 이의도 제기하지 않는다.
2. 을 측은 갑 측 잡지사의 직원 모집 업무와 경영에 자발적으로 참여하고, 갑 측 산하의 계열 기관으로서의 역할을 하며, 갑 측은 이에 동의한다.
3. 갑을 양측은 갑 측이 필요한 도장, 서류, 잡지, 증명서, 편지를 제공하여 협조하는 것에 동의한다.
4. 합작 경영 기한 내에 을 측은 반드시 갑 측의 관리 감독을 받아야 하며, 합작 기한은 2년으로 한다.

02   5. 을 측의 성과급 공제
(1) 정상 가격으로 거래가 성립되었을 때, 총 금액의 10%(세전)는 성과급으로 을에게 지급한다.
(2) 정상 가격에서 상승된 가격으로 거래가 성립되었을 때, 상승된 부분은 을의 소유로 한다.
6. 합작 경영 기한이 만료된 후 만약 양측이 계속해서 합작을 원한다면, 합작 기한은 다시 2년을 연장할 수 있다. 한쪽이라도 합작에 동의하지 않으면, 본 협의를 종료하고 종료 후 양측은 반드시 규정에 따라 재무 결산을 한다.
7. 양측은 합작 경영 기간 동안 진행하던 일을 다 끝내지 못했을 경우 우호적인 협상으로 의견을 모아, 보충 협의를 체결할 수 있으며, 이 협의도 동등한 법률적 효력을 가진다.
8. 본 협정을 이행할 때 만약 양측 의견이 대립되면 협상으로 해결하도록 노력하고, 협상으로도 해결이 안 되면 양측 모두 법에 따라 해결할 권리를 갖는다.
9. 본 협정은 한 가지 양식으로 두 부를 작성하며 양측이 서명 날인하면 효력이 발생한다. 갑을 양측이 한 부씩 가지는데 동등한 법률적 효력을 갖는다.

갑 측 : (서명 날인)   을 측 : (서명 날인)

03   수입 계약서

계약서 번호(Contract No.) :
계약일(Date) :
구매자와 판매자 양측은 다음과 같이 본 계약을 체결한다.

1. 물품 명칭, 규격 및 품질 :   2. 수량 : 5% 과부족 허용
3. 단가 :   달러(USD)   4. 총액 :   달러(USD)
5. 인도 조건 : FOB 칭다오 항구 / CIF 인천 항구
6. 원산지 국가 및 제조사 : 중국 성리 주식회사
7. 포장 기준 : 화물은 반드시 습기, 부식, 외부 충격으로부터 안전해야 하며, 원양 운수에 적합한 포장을 해야 한다. 포장 불량으로 인해 발생하는 파손이나 분실은 모두 판매자가 책임진다. 판매자는 모든 포장 박스에 변색 우려가 없는 색깔로 사이즈, 박스 번호, 화물의 총중량, 실제 중량을 기입해야 하며 '표기한 면을 위로', '방습', '취급 주의' 등도 함께 표기해야 한다
8. 화인 : 선적 화인은 구매자가 제공한다.
9. 선적 기한 : 신용장 수령 후 4주

04 10. 선적항 : 중국 칭다오 항구
   11. 도착항 : 한국 인천 항구
   12. 보험 : 판매자가 송장 금액의 110%로 일체 위험 담보 보험과 파손 위험 특약에 가입한다.
   13. 지불 방식 : 신용장 지불 방식(구매자는 반드시 선적 30일 전에 판매자가 수익자로 된 일람불 취소 불능 신용장을 개설해야 한다. 신용장은 선적 후 15일 이내를 기한으로 한다.)
   14. 증빙 서류 :
   (1) 화물을 받는 사람이 정확히 명시되어 있고, 이미 선적되었으며 '운임 비용 지불 완료'라고 표기되어 있는 선하 증권
   (2) 계약 번호, 신용장 번호(신용장 지불 조건) 및 화인이 표기되어 있는 상업 송장 5부
   (3) 생산 업체 측에서 발행한 포장 명세서 또는 중량 명세서 2부. 보이지 않는 화물의 총 중량과 실중량, 사이즈가 표기되어 있어야 한다.
   (4) 생산 업체에서 발행한 품질 증명서 2부
   (5) 생산 업체에서 발행한 수량 증명서 2부
   (6) 보험 증권 원본 1부(CIF 인도 조건)
   (7) 생산 업체에서 발급받은 원산지 증명서 2부
   (8) 포장 성명서 2부
   15. 선적 조항 : CIF 인도 조건(수출업자는 반드시 약속한 선적 기한 내에 화물을 선적항에서 선적하여 도착항까지 운송해야 한다.)

05 16. 선적 통지 : 선적이 완료되면 판매자는 48시간 이내에 팩스로 구매자에게 계약서 번호, 품명, 선적 수량, 송장 총액, 총중량, 선박명/차량/항공기 번호 및 출발 일자 등을 통보한다.
   17. 품질 보증 : 화물의 품질과 규격은 반드시 계약서와 품질 보증서의 규정에 부합해야 한다. 품질 보증 기한은 도착항에 화물이 도착한 날로부터 12개월 이내로 한다. 품질 보증 기한 내 설계 및 제조 과정에서 제조상 과실로 발생하는 결함과 손해는 판매자가 배상 책임을 진다.
   18. 검사 : 판매자는 선적 전에 제품 검사국에 위탁해 본 계약서의 화물에 대한 검사를 받고 검사 증명서를 발급받는다. 화물이 도착항에 도착한 뒤 구매자는 한국 정부의 검사 검역 기관에 위탁해 재검을 받는다.
   19. 클레임 : 구매자는 자사에서 위탁한 검사 기관에서 발급한 증명서를 근거로 판매자에게 손해 배상 청구를 할 수 있다(화물 교환 포함). 이로 인해 발생하는 모든 비용은 판매자가 부담한다. 만약 판매자가 손해 배상 청구서를 수령한 뒤 30일 이내에 회신을 하지 않으면 구매자의 손해 배상 청구를 수락한 것으로 간주한다.
   20. 납기 지연 및 벌금 : 계약서 21조 불가항력의 사항을 제외하고, 판매자가 계약서에 명시한 시일 내 물품을 정상적으로 납품하지 못한 경우, 구매자는 판매자가 벌금을 지불하는 조건 하에 납품 기한을 연기하는 것에 동의해야 한다. 벌금은 매입은행에 화물 대금 매입 시 공제받을 수 있다. 벌금률은 매일 0.015%로 계산한다. 만약 판매자가 물품 납품일을 계약서에 명시한 날로부터 60일 이상 초과할 경우, 구매자는 계약을 철회할 권리가 있다. 이 경우에도 판매자는 지체하지 말고 규정에 따른 벌금을 지불해야 한다.

06 21. 불가항력 : 생산 또는 환적 운송 도중 불가항력으로 인해서 물품의 납품이 지연되거나 혹은 납품할 수 없을 경우에는 판매자가 책임지지 않는다. 상기의 상황이 발생했을 때 판매자는 반드시 구매자에게 즉시 그 상황을 통보해야 하며 14일 내에 특급 우편으로 구매자에게 현지 민간 상인 단체에서 발행하는 사고 증명서를 발송해야 한다. 이 경우 판매자는 필요한 모든 조치를 취해 물품 인도를 서둘러야 한다. 불가항력적 상황이 90일 이상 지속될 시 구매자는 본 계약을 취소할 수 있다.
22. 분쟁 조정 : 본 계약으로 인해 발생하는 모든 분쟁은 반드시 양측이 협상을 통해 조정해야 한다. 만약 협상으로 해결할 수 없다면 한국 국제 무역 중재 위원회(KITAC)에 의뢰하여 해당 기관의 중재 규칙에 따라 중재한다. 중재 판결은 최종 결정으로 양측 모두에게 구속력을 갖는다.
23. 통보 : 모든 통보는 영문으로 작성하여 팩스/특급 우편을 이용하여 아래 주소로 각 당사자에게 발송해야 한다. 만일 주소가 변경되었을 경우 변경 후 30일 내에 서면으로 상대방에게 알려야 한다.
24. 본 계약서 내 사용된 FOB, CFR, CIF 등 전문 용어는 국제 상회의「2000년 국제 무역 전문 용어 해석 규칙」에 의거한다.
25. 추가 조항 : 본 계약서의 상기 조항이 추가 조항과 저촉될 경우 추가 조항을 기준으로 한다.
26. 본 계약서는 총 2부로 작성되며, 양측 대표자가 서명 날인한 날로부터 효력이 발생한다.
구매자 대표(서명) :   판매자 대표(서명) :

CHAPTER 17 시사

01 사회적 이슈는 사회의 프리즘과 같아서 그 시대의 급변하는 정세에 집중시킬 수 있을 뿐 아니라, 더 나아가 사회 모순의 흥망과 시대의 변천을 반영시킬 수 있다. 사회적 이슈를 더 잘 파악하고 민심을 이해하기 위해서, 국가적 필요에 의해 최근 완성된 상하이 제5차 대중 안전감 표본 조사에 따르면, 시민들의 9가지 사회적 이슈에 대한 관심도가 몇 년 전과 비교해서 상승한 것도 있고 하락한 것도 있었다. 상위 3위를 차지한 것은 차례로 취업 및 실업 문제(23.8%), 사회 풍조(18.8%), 사회 치안(13.7%)이었고, 환경보호 등의 사회적 이슈의 관심도가 다소 높아졌다.
1. 취업 및 실업 문제는 여전히 1위를 차지했지만 많이 개선되었다. 통계에 따르면, 2005년 상하이시에서 새로운 취업 부서가 지속적으로 증가했는데, 2003년 46만 개에서 해마다 상승해서 65.1만 개까지 증가했다. 전체적인 취업 환경은 확실히 개선되있으며 취업 스트레스도 호전되었다.
2. 사회 풍조는 여전히 시민들이 관심을 갖는 문제이다. 점점 많은 시민들이 사회 풍조가 생활의 곳곳에 스며들고 있다고 인식하고 있다.
3. 사회 치안 문제는 이미 시민들의 첫 번째 관심사가 아니다. 상하이시가 사회 치안에 지속적으로 양호하고 안정적인 추세를 유지함에 따라 사회 치안 문제는 이미 더 이상 시민들의 첫 번째 문제로 여겨지지 않고 있다. (2002년 국민 안전감 조사에서는 사회 치안 문제가 1위를 차지했다.)
4. 환경보호 문제는 점점 많은 시민들의 관심을 받고 있다. 외래 유입 인구가 대량으로 늘어나고 상하이시 상주인구가 날로 증가함에 따라서, 도시 관리가 점차 어려워지고 있으며, 치안에도 영향을 미쳤고 환경 보호에도 영향을 미쳤다. 따라서 시민들은 도시 환경, 자신들의 삶의 질과 밀접한 관련이 있는 환경보호 문제에도 점점 관심을 갖게 되었다. 2005년 환경보호 문제는 2003년 9위에서 6위까지 상승했으며, 관심도는 7.1%로 2003년에 비해서 2.4퍼센트가 증가했으며, 관심 인구는 30% 증가하였다.

02 옷에 대해서 우리는 다섯 가지 착각을 진짜라고 믿고 있다. 우리는 이런 착각을 바로잡아야 한다. 첫째, 몸에 맞지 않는 옷의 사이즈를 바꿀 수 있다는 착각이다. 당신이 만약에 파리에서 살고 있거나 「보그」 잡지사에서 일한다면 당연히 가능할 것이다. 실제로 대부분의 상황에서 우리는 몸에 맞지 않는 옷에 대해 할 수 있는 게 없다. 둘째, 옷을 사는 것은 일종의 투자다. '루이비통'의 옷을 사는 것과 '루이비통 모엣 헤네시'의 주식을 사는 것은 별개의 일이다. 대부분의 옷은 계절이 지나면 가치가 크게 떨어진다. 셋째, 단지 보톡스를 맞거나 피부 레이저 시술을 받기 위해서 일부러 런던의 할리가에 가면서, 휴가를 보내기 위해서라고 스스로를 위로한다. 넷째, 나중에 날씬해질 것이라는 착각이다. 수많은 여성들이 자신의 실제 사이즈보다 한 치수 작은 옷을 기꺼이 사면서 살을 뺀 다음에 입을 것이라고 상상한다. 하지만 실제로 이런 옷들은 대부분 방치된다. 다섯째, 나뒀다가 나중에 입을 거라는 착각이다. 일부 여성들은 세일할 때 계절이 지난 옷을 산다. 하지만 6개월은 트렌드에 있어서 너무 긴 시간이다. 그 옷을 입을 때가 되면 유행은 이미 지나버린다.

03 최근 미국 항공 우주국(NASA)과 GM 자동차 회사가 제휴하여 제2세대 인간 로봇을 연구 제작하였다. 양측은 새로운 세대의 로봇이 자동차 제조와 항공 우주 영역에서 모두 중요한 역할을 발휘할 수 있기를 기대하고 있다. 선진적인 제어, 유도, 영상 기술의 응용을 통해서 GM 자동차와 NASA의 엔지니어 및 과학자들은 우주 행동 협의(Space Act Agreement)에 따라서 휴스턴의 존슨 우주 센터(Johnson Space Center)에서 공동으로 제2세대 인간 로봇 '기계 우주인 2호(약칭 R2)'를 개발해냈다. NASA의 국장 더그 쿠크는 "첨단 로봇 기술은 NASA뿐만 아니라 모든 국가에 광활한 미래를 열어줄 것이다. 우리는 이렇게 참신한 기회로 새로운 세대의 로봇을 연구 개발해냈다는 것에 감격했고, 앞으로 로봇이 더욱 광범위한 영역에서 응용될 수 있기를 희망한다"라고 하였다.

04 신화사에 따르면, G8 정상 회담이 8일 이탈리아 중부 도시인 라퀼라에서 막을 열었다. 미국 대통령 오바마, 독일 총리 메르켈, 프랑스 대통령 사르코지, 영국 수상 브라운 등이 함께 8개국 정상 회담 주회의장에 도착했다. G8에서 순서에 따라 정해진 의장인 이탈리아 총리 베를루스코니는 일전에 진행된 기자 초청 간담회에서 올해 라퀼라 정상 회담이 일부 의제에서 실질적인 성과를 거두기를 희망한다고 밝힌 바 있다. 식량 안전 문제에 있어서 G8은 '라퀼라 식량 안전 발의'를 제출하고, 빈곤 국가의 농업 발전에 사용될 100억에서 150억 달러의 원조를 제공할 것을 약속하였다. 그 외에도, 무역 문제에 있어서 G8은 중국, 브라질, 인도, 멕시코 그리고 남아프리카 공화국 등 개발 도상국인 5개국과 이집트는 무역 보호주의에 반대하는 데 의견을 모았으며, 2010년 도하라운드 협상에서 담판하기로 하였다. 하지만 분석가들에 따르면 기후 변화 등 일부 민감한 문제에 있어서 G8 내부, 그리고 G8과 개발도상국가들 간의 입장을 일치시키는 데는 여전히 어려움이 따를 것이라고 했다.

05 '지상의 천국'이라 불리는 항저우는 'G20 회담 개최 도시'로 선정되어 또 하나의 세계적인 영예를 얻었다. G20 회담 개최일이 다가오자 항저우 회의장 주변을 중심으로 한 도시 보수 작업이 한창이다. 한층 더 수려한 경관을 갖춘 도시로 변모한 항저우는 세계 정상급 경제 회의를 맞이할 준비를 하고 있다. 아울러 이번 회담에서 이용될 업무용 차량 준비도 한창인데 7월 22일 상하이자동차는 G20 회담 전용 차량을 제공하기로 했다. '국빈차'로서의 면모를 다시 한번 뽐내며 빛나는 세계 무대에 서게 될 상하이자동차는 2016년 항저우 G20 회담이 순조롭게 개최되는 데 큰 힘을 보태어 중국 자동차 업계의 발전된 모습을 보여줄 것이다. 올해 상하이자동차는 G20 회담 이외에도 APEC 정상 회의 전용 차량을 지원할 계획이며, 이로써 '국내에선 G20 회담 전용 차량을, 국외에선 APEC 정상 회의 전용 차량을' 제공하게 된다. 이는 상하이자동차의 자랑이자 더 나아가 중국 자동차 업계의 큰 자랑이다.

06 중국은 2016년 '혁신, 활력, 연동, 포용의 세계 경제 구축'이라는 주제로 G20 회담을 주최한다. 중국은 앞으로 세계 경제 발전에 큰 역할을 하게 될 것이며, 세계 각국의 역량을 모아 성장 방식의 혁신, 전 세계 경제 금융 거버넌스 완비, 국제무역과 투자 촉진, 포용적 연동식 발전을 추진할 것이다. 오늘날의 항저우에는 유일무이한 자연 경관을 자랑하는 시후(西湖)와 첸탕쟝(钱塘江)이 있다. 이뿐만 아니라 수천 년 동안 남북을 이어온 대운하와 중국 문화의 고전적인 정취를 느낄 수 있는 국내 일대(一代) 고찰 링인스, 인터넷 업계의 선두 기업인 알리바바가 있다. 항저우는 아름다운 경관과 역사와 문화 그리고 혁신적인 경제의 융합으로 중국 내 가장 매력과 실력이 있고 인기가 있는 도시 중 하나이며 2016년 G20 회담 개최 도시로 선정되었다.

07 신화통신 하얼빈 4월 6일 특전: 4월 7일은 세계 위생의 날이다. 올해 세계 위생의 날 주제는 '도시화와 건강'이다. 전문가들은 도시화 진행 속도가 빨라지면서 도시 쓰레기가 갈수록 환경의 주요 오염원이 되고 있다고 했다.
하얼빈 의과 대학 환경 위생 교육 연구실의 나샤오린 부주임의 소개에 따르면, 최근 중국 도시의 주요 오염 유형은 대기 오염, 고체 폐기물 오염, 수질 오염 그리고 소음 공해이다. 경제 사회의 급속한 발전과 도시화 진행의 가속화 그리고 국민 생활 수준이 성장함에 따라서, 도시 생활 쓰레기 생산량의 증가는 이미 환경을 오염시키고, 건강에 영향을 주고 있으며, 발전을 제약하는 중대한 사회 문제가 되었다. 최근 도시 쓰레기는 이미 주요 오염원 중의 하나가 되었다. 어떻게 적절하게 처리하는지가 생존 환경을 개선하고, 지속 가능한 개발을 실현하는 중요한 요인이 되었다. 화려한 도시 조성은 더욱 많은 쓰레기를 만들고, 쓰레기는 도시를 둘러싸고 있어 갈수록 사람들의 생활 환경을 위협하고 있다.
나샤오린 교수는 비록 도시 생활 쓰레기가 최근 몇 년간 지속적으로 증가하고 있지만, 무해화 처리량은 오히려 뚜렷한 증가를 보이지 않는다고 밝혔다. 도심의 아름다움을 유지하기 위해서, 대량의 쓰레기는 교외로 옮겨져 땅속이나 경작지 옆에 매장되어 독특한 도시 주변 쓰레기 지대를 형성하였다. 무해화 처리를 거치지 않은 도시 생활 쓰레기는 모기와 파리 등과 같은 사람의 건강을 위협하는 해충이 쉽게 생기게 할 뿐만 아니라, 대기, 토양, 지표수와 지하수의 심각한 오염을 유발할 수 있다. 따라서 도시 거주민은 반드시 불필요한 생활 쓰레기의 발생을 줄여야 한다.

CHAPTER 18 사교

01 중국에서 상대방을 부를 때는 성에 직함을 붙이는 것을 원칙으로 하고 상하 관계에 주의해야 합니다. 이러한 호칭 방식은 정중한 의미가 있으며 상황에 적합하다는 특징이 있습니다. 중국 사람들은 처음 만났을 때 악수를 하는 습관이 있는데 만약에 당신이 아랫사람이라면 먼저 손을 내밀면 안 됩니다. 일반적으로 윗사람, 상급자, 여성, 직위가 높은 사람이 먼저 아랫사람, 직위가 낮은 사람에게 손을 내밀어 악수를 청합니다. 악수할 때는 눈은 상대를 보고 얼굴에 미소를 띠어야 합니다. 악수하는 힘은 적당하게 하고 어떠한 상황에서도 악수를 거절해서는 안 됩니다.

02 비즈니스 교류는 말 그대로 비즈니스 활동에서 사람과 사람 사이의 사회적 교류를 말합니다. 비즈니스 교류 상황에서 손님을 접대할 때 접대하는 사람은 반드시 손님에게 '오시는 길에 고생 많으셨습니다.', '저희 회사에 방문하신 것을 환영합니다.' 등의 말로 인사를 합니다. 중국 사람들은 악수로 환영이나 감사, 또는 우정의 의미를 표현합니다. 손님과 주인이 만났을 때 주인이 먼저 손님에게 악수를 청해 인사를 해야 합니다. 이때 손님과 주인은 서로 명함을 교환하는데 다른 사람이 당신에게 명함을 줄 때는 두 손으로 받는 것이 예의입니다. 명함은 상대의 이름을 기억하는 데 도움이 될 뿐 아니라 나중에 서로 연락하기에도 편리합니다. 중국 사람은 명함을 건넬 때 '말씀 많이 들었습니다.', '잘 부탁드립니다.', '자주 연락합시다.'라고 말하거나 먼저 자기소개를 합니다.

03 중국의 비즈니스 파트너와 업무 회의를 시작할 때 어떤 화제를 선택해야 할까요? 이미 정해진 주제, 문화적인 내용, 교양 있고 속되지 않은 화제, 그리고 가벼운 화제가 훨씬 좋습니다. 또 회의를 할 때 쌍방 모두 집중하며 진지한 표정으로 완곡하고 간접적인 표현을 써서 상대방에게 예를 갖춰야 합니다. 그리고 혼잣말, 어색한 침묵, 말참견, 언쟁 등은 삼가도록 합니다. 또한 대화할 때는 이치에 맞는 말과 예의 바른 말을 사용해야 하며, 상대방을 존중하고 겸양한 태도를 가져야 합니다.

04 타인과 교제할 때 호칭을 부르지 않는 것은 예의에 어긋나며, 호칭이 적절하지 않으면 실례가 될 수 있습니다. 적절하게 신경 쓴 호칭은 상대에게 좋은 인상을 남길 수 있기 때문에, 의사소통이나 합작이 화기애애한 분위기에서 순조롭게 진행될 수 있습니다. 그러면 어떻게 부르는 것이 적절한 호칭일까요? 사전에 상대에 대해서 잘 알아두고 적합한 호칭을 선택해야 합니다. 일반적으로 국가 공무원이나 기업체 임원과 만날 때는 그들의 직함을 부르는 것이 가장 좋습니다. 예를 들면, '부장님', '단장님' 등입니다. 문화 교육계, 과학기술계, 의료계 인사들과 만날 때는 그들의 직업과 관련 있는 호칭을 부르는 것이 가장 좋습니다. 예를 들면, '교수님', '선생님', '의사 선생님', '기사님' 등입니다.

05 비즈니스 선물은 직업 관계가 우정의 의미인지 예의를 차리기 위함인지 또는 공무적인 성격인지를 나타냅니다. 고객과 거래할 때 선물은 '성공의 발판'이 될 수도 있지만 고별 선물이 될 수도 있습니다. 비즈니스 선물은 보통 받는 사람의 관심사나 취미에 맞출 필요는 없으며, 받는 사람의 지위나 역할에 맞으면 됩니다. 때로는 선물을 받는 사람에게 직접 전달할 필요가 없이 회식 자리에서 모든 사람의 자리에 놓아도 됩니다. 비즈니스 선물을 할 때는 어떤 선물을 하든지 성의가 가장 중요하며 어떻게 표현하느냐도 중요합니다. 선물을 할 때 보통 '작은 선물이지만 좋아하셨으면 합니다.', '작은 성의입니다. 받아주세요.'라고 말하거나 카드에 '많은 도움에 진심으로 감사드립니다.', '건강하시고 가내 평안하시며 만사가 순조로우시기를 기원합니다.', '저희 회사는 귀하와 지속적으로 협력하여 함께 미래를 열어나가길 바랍니다.'라고 씁니다.

06 이번 미팅을 통해서 어떤 회사와 협력하는 것이 향후 우리 회사 발전에 도움이 될지 알게 되었습니다. 저희는 귀사와 협력하기로 결정했습니다. 비록 귀사의 조건이 다른 회사보다 좋은 것은 아니지만, 김양이 미팅에서 보여준 친절하고 바른 자세는 저희에게 매우 깊은 인상을 주었습니다. 그래서 저희는 귀사를 선택했습니다. 중국 속담에 '근주자적, 근묵자흑(좋은 사람을 가까이 하면 좋게 변하고, 나쁜 사람을 가까이 하면 나쁘게 변한다)'라는 말이 있습니다. 앞으로 귀사와 함께 협력한다면 저희는 분명히 성공할 수 있을 것입니다.

여행/호텔/교통

01 여행은 형식에 따라 자유 여행, 단체 여행, 반 자유 여행으로 구분할 수 있습니다. 자유 여행은 독립 여행으로 본인이 가고 싶은 곳을 선택하고 시간도 자유롭게 사용할 수 있으나 여행 경험이 충분하지 않으면 많은 준비를 해야 해서 미리 일정 계획도 잘 짜야 합니다. 단체 여행은 여행 단체를 따라서 여행하는 것을 말하는데 가격이 저렴할 뿐만 아니라 여행하면서 숙식에 신경 쓸 필요가 없지만 일정이 좀 빡빡하고 자신이 관심 있는 곳을 선택해서 자유롭게 여행할 수 없습니다. 반 자유 여행은 두 가지 여행 방식을 절충한 것으로 여행사에 비행기 표와 호텔 예약을 맡기고 여행 일정은 직접 계획하는 방식으로 단일 항목 위탁 여행이라고도 합니다.

02 중국의 관광 산업이 발달함에 따라 호텔, 게스트 하우스, 요양 호텔, 온천 호텔, 스포츠 호텔, 홈스테이, 팜스테이, 일일 호텔 등 각종 유형의 숙박 형식이 생겨나고 있습니다. 여행자는 자신의 경제력이나 취향에 따라 투숙할 수 있습니다. 전통적인 분류법에 따르면 관광 호텔은 네 가지로 분류할 수 있습니다. 비즈니스 호텔은 비즈니스 활동으로 온 여행객들에게 숙소, 식사, 비즈니스 활동 및 관련 시설을 제공하는 호텔이고 장기 거주식 호텔은 장기 거주 여행객을 대상으로 하는 곳입니다. 리조트형 호텔은 주로 해변, 산 속, 온천 근처에 위치합니다. 컨벤션 호텔은 각종 비즈니스 회의, 무역 박람회, 학술 세미나 등에 참석하는 비즈니스 여행객들에게 숙소, 식사, 전시실 및 회의실을 제공하는 일종의 특수 목적 관광 호텔입니다.

03 승객 여러분께 안내 말씀 드립니다. 저희는 오늘 승객 여러분을 모시게 된 심양 철도국 진저우 열차 승무팀 G1226편 1조 승무원입니다. 저희 열차는 심양에서 상해로 가는 G1226편 열차입니다. 거리는 총 1,720km로 10시간 34분이 소요될 것으로 예상됩니다. 이어서 승객 여러분께 열차가 정지하는 주요 정류장과 정차 시간을 말씀드리겠습니다. 제남에 도착하는 시간은 14시 10분이며 5분간 정차하겠습니다. 종점인 상해 홍챠오 기차역에 도착하는 시간은 11월 21일 18시 42분입니다. 승객 여러분, 저희 열차는 고급석, 일반석, 그리고 식당칸으로 구성되어 있습니다. 열차 차장의 사무실은 1호차에 있으며 승객 여러분의 문의에 응대하는 업무와 기차표 보완 판매 및 승객 응대 및 안내 업무를 맡고 있습니다. 만일 승객 여러분께서 여행 중 멀미나 기타 건강 상의 불편함이 있으실 경우를 대비하여 2호차 의료실에 상비약을 구비해 놓았습니다. 긴급한 상황이 발생했을 때 도움을 드리도록 하겠습니다. 다른 도움이 필요하시면 언제든지 승무원들에게 알려주십시오. 저희가 최선을 다해 해결하도록 하겠습니다.

04 호텔에 도착한 후에 인터넷으로 예약한 방이라고 설명하면서 예약 시 기입한 투숙인의 이름을 말하면 호텔 프런트에서 바로 체크인 수속을 해줍니다. 국제관례에 따라, 일반적으로 호텔 체크인 시간은 14시, 체크아웃 시간은 정오 12시이며, 만약 일찍 체크인하거나 늦게 체크아웃하면 상황에 따라 추가 요금을 내야 합니다. 일반적으로 호텔은 예약된 방을 체크인 당일 18시까지 남겨 놓으며, 시간이 지나면 취소합니다. 인터넷으로 예약한 경우 방값은 프런트에서 직접 지불합니다. 몇몇 호텔은 예약할 때 예치금을 요구하기도 합니다. 일단 방값 결제가 끝나면 어떤 변동이나 취소도 할 수 없으므로 신중하게 결정해야 합니다. 방값에는 호텔 서비스 비용은 포함되지만 기타 비용, 세금 및 투숙객이 별도로 요구한 비용은 포함되지 않습니다.

05 기차표는 어떻게 구매할까요? 먼저 여행사를 통해 대신 예약할 수 있습니다. 외국인 여행객은 국내 기차표를 예매할 때 신뢰할 만한 정식 여행사를 선택하는 것이 편리하고 안심할 수 있습니다. 여행사를 통해서 기차표를 예매하면 서비스 요금을 지불해야 하지만 표를 확실히 구할 수 있고 안전하고 믿을 수 있습니다. 표를 예매할 때 승객은 성명과 여권 번호 등 유효한 신분증 번호를 알려줘야 합니다. 다음으로 기차역 매표소(자동 기차표 예매기, 기차표 구매 대행점 포함)에서 구입할 수 있습니다. 표를 사기 전에 반드시 사려는 열차의 날짜를 확인해야 합니다. 탄환 열차, 고속 열차, 직행 열차 등 고속 열차 종류는 일반적으로 출발 날짜의 10일 전에 표 판매를 시작하고, 급행 열차와 특급 열차는 5일 전에 표 판매를 시작합니다. 그 밖에 '중국 철도 고객 서비스 센터' 사이트에 로그인하셔서 온라인으로 기차표를 예매하실 수 있습니다. 승객은 온라인으로 회원가입한 후 타려는 열차 번호와 출발 시간을 선택해서 예약 주문을 하고, 45분 이내에 인터넷으로 결제해야 합니다. 결제 후에는 철도 고객 서비스 센터에서 이메일이나 핸드폰으로 구매한 표의 비밀번호를 보내줍니다. 비밀번호와 신분증을 가지고 기차역이나 기차표 구매 대행점으로 가면 기차표로 바꿀 수 있습니다.

06 버스는 도시 버스, 빠스 또는 따빠로 부르는데 객차 중에서도 대형과 중형에 속하는 차종입니다. 버스는 도시와 도시 교외 지역의 운송 문제를 해결하는 수단으로 설계되어 장착된 상업용 차량입니다. 초기에 도시 버스는 대부분 화물차 차대를 개조해서 만들었는데 현대의 도시 버스 차대는 승객 운송이라는 목적에 따라 설계되었습니다. 선진국의 도시 버스는 이미 무인 발권을 실시하여 요금 단말기나 검표기를 설치해 두었습니다. 중국의 버스도 도시 외곽 지역을 제외하고는 무인 발권 시설이 갖추어져 있습니다.

CHAPTER 20 쇼핑

01 기프트 카드는 식사와 물건 구매를 모두 할 수 있는 소비 카드로서 일종의 상품권입니다. 고객에게 증정하거나 직원에게 후생 복지로 발급할 때 쓰이며 100위안, 200위안, 300위안, 500위안, 1,000위안짜리가 있습니다. 일반적으로 대형 쇼핑센터와 마트는 자신들의 기프트 카드를 판매합니다. 예를 들면, 따룬파, 찐룬파, 쑤궈, 농공상, 찐잉 등 마트에서 기프트 카드나 상품권을 판매합니다. 다 쓰지 못하면 마트나 온라인에서 카드를 회수하는 곳이 있습니다.

02 동행 쇼핑은 새롭게 생겨난 직업으로 전문 스타일리스트가 과학기술을 이용해서 고객과 동행하여 쇼핑하고 가이드하는 일을 말합니다. 고객에게 어울리는 컬러, 스타일, 분위기에 맞는 옷과 액세서리를 골라주고 고객이 자신에게 맞는 스타일을 찾을 수 있도록 안내해 줍니다. 그들은 전문적이고 과학적인 방법으로 고객에게 어울리는 컬러와 스타일을 평가합니다. 개인별 컬러 및 스타일에 대한 감정 결과에 따라 고객의 쇼핑 습관에 맞는 쇼핑 환경을 선택하여 현장에서 개인 이미지를 만드는 일을 지도합니다.

03 쇼핑센터는 일반적으로 '쇼핑몰', 음역으로 '모얼' 또는 '샤오핀마오'라고도 하는데 새로운 유형의 복합 비즈니스 형태에 속합니다. 모얼은 특히 규모가 큰데 쇼핑, 레저, 오락, 식당 등이 한데 모여 있으며 백화점, 대형 할인 마트, 수많은 전문 프랜차이즈가 있는 초대형 비즈니스 중심지를 가리킵니다. 쇼핑센터는 수많은 비즈니스 자원이 집중된 부동산 항목으로서 업무 경영 방식을 통합하고 장기간 경영을 하는 방식으로 도시 또는 더 큰 범주에서의 비즈니스 중심지와 부동산 핵심 지역이 되었습니다. 이로 인해 도시 비즈니스의 주체적인 지위와 도시 소비 문화의 집합소 및 부동산 산업의 수요와 같은 다양한 가치를 생산해냈습니다.

04 휴대폰 결제는 모바일 결제라고도 하며, 모바일 이용자가 소비하는 상품이나 서비스를 휴대폰으로 결제하는 서비스 방식입니다. 휴대폰 결제 시장은 급속도로 성장하는 큰 시장으로 휴대폰 결제는 사용이 편리하기 때문에 이용자가 점점 많아지고 있으며, 즈푸바오, 바이두 치엔바오, 웨이신 즈푸 등 관련 모바일 결제 플랫폼 또한 아주 많습니다. 요즘은 휴대폰 결제가 아주 편리해서 외출 시 지갑을 챙길 필요가 없습니다. 하지만 편리해 보이는 휴대폰 결제는 사실 위험 요소가 도처에 있습니다. 보안을 강화하기 위해서 올바른 휴대폰 사용 습관이 필요합니다. 우선 지불을 할 때는 가능한 탈옥한 아이폰과 안전 장치가 없는 안드로이드폰을 사용해서는 안 됩니다. 다음으로 결제 로그인 시 '사용자 이름 기억하기', '10일 이내 자동 로그인' 등의 설정을 해제해야 합니다. 마지막으로 '한 가지 암호로 통일해서 사용'해서는 안 되고 각종 계정의 로그인 비밀번호와 결제 비밀번호는 숫자와 영문이 조합된 고급 단계의 비밀번호를 사용하는 게 가장 좋으며, 서로 다른 사이트의 암호는 다르게 설정해야 합니다.

05 인터넷이 나날이 발달함에 따라 인터넷 쇼핑은 현대인의 생활에서 빼놓을 수 없는 생활 방식이 되었습니다. 생활용품이든 식료품이든 사고 싶은 물건은 모두 인터넷으로 구매하면 집에서 택배로 받을 수 있습니다. 인터넷 쇼핑이 유행하게 된 첫째 이유는 가격이 상대적으로 저렴하다는 것이고, 두 번째 이유는 외출해서 물건 사는 시간을 절약할 수 있어서 바쁜 현대인의 생활에 편리함을 가져다주었다는 점입니다. 기업의 입장에서도 인터넷 상점은 일반 매장과는 비교할 수 없는 부가 가치를 생산하고 있기 때문에, 앞으로 해외 직구 등 다양화된 인터넷 쇼핑 방식으로 더욱 확대될 전망입니다.

06 베이징 교통 카드(베이징 이카통)는 베이징에서 보편적으로 사용되고 있으며 아주 편리합니다. 교통 카드 기능에 대해서는 많은 사람들이 알고 있기는 하지만, 다양한 부가 기능이나 사용 방법에 대해서 잘 알고 사용하는 사람은 많지 않습니다.
1. 버스 요금 결제 기능 : 버스를 탈 때 카드를 이용하면 요금의 5%가 할인됩니다. 카드로 하면 최저요금이 1위안인데 이용하는 버스 노선 거리가 길어질수록 버스 요금도 올라갑니다. 만일 교통 카드를 사용하지 않으면 가장 짧은 거리의 요금은 2위안입니다.
2. 지하철 요금 결제 기능 : 베이징의 지하철은 아주 편리한데 교통 카드로 요금을 낼 수 있습니다. 교통 카드로 요금을 지불하면 지하철표를 사는 것보다 훨씬 간편하며 기본 요금은 3위안입니다.
3. 물건 구매 기능 : 요즘 화롄, 우메이, 월마트 등과 같은 많은 대형 마트에서 교통 카드를 이용해 물건을 살 수 있어 편리합니다. 가지고 있는 현금이 부족할 때 교통 카드를 이용할 수 있습니다.
4. 음식 구매 기능 : 맥도날드, KFC 등과 같은 패스트푸드 식당이나 음식점에서도 교통 카드를 사용할 수 있습니다.
5. 병원 접수비 결제 기능 : 301병원과 같은 일부 병원에서도 교통 카드로 의료비를 결제할 수 있습니다.
6. 그 밖에 교통 카드를 사용할 수 있는 곳 : 위에서 말한 기능 외에도 백화점, 서점, 주차장, 공원, 약국 등의 장소에서도 교통 카드를 사용할 수 있습니다.

CHAPTER 21 비즈니스 문화 및 예절

01 전화가 와서 "안녕하세요! 장리리 씨 자리에 있습니까?"라고 물을 때, 받는 사람은 아래와 같은 상황을 연출할 수 있습니다. (1) 전화 받는 사람이 장리리 본인일 때, "안녕하세요! 제가 장리리입니다. 어디신가요?"라고 말합니다. (2) 장리리 씨가 자리에 없어 옆 사람이 받았을 경우, "죄송합니다만 장리리 씨는 지금 자리에 안 계십니다. 누구십니까? 장리리 씨에게 메모 남겨드릴까요?"라고 말합니다. 전화에서 먼저 상대가 누구인지를 물은 후 당사자가 부재중인 상황을 알리면 안 됩니다. 예를 들어 "안녕하세요! 누구십니까? 장리리 씨는 자리에 없습니다."라고 말하면, 상대방 전화를 받기 싫어하거나 속인다는 오해를 불러일으킬 수 있습니다.

02 1. 식사 초대 자리에서 비즈니스를 논할 기회 : 일반적으로 식사 초대는 쇼파가 있는 독채를 선택하는 것이 좋다. 만일 손님과 잘 모르는 사이인데 밥 먹기 전에 사람들이 다 도착하지 않았다면 우선 일에 대한 대화를 하면 된다. 이것의 좋은 점은 밥을 먹을 때 마음을 든든하게 해준다는 것이다. 만일 손님과 어느 정도 안면이 있고 복잡한 일이 아니라면 간단하게 입장만 밝히고 밥을 먹을 때 말하지 않도록 한다. 그리고 마지막으로 손님을 배웅할 때 "저 좀 도와서 처리해 주십시오."라고 한 마디만 하면 된다. 물론, 이 모든 것은 손님을 존중하는 태도가 전제되어야 한다.
    2. 자리에도 규율이 있다 : 출입구를 정면으로 바라보는 위치는 계산을 하는 위치이며 그 오른쪽은 귀빈, 그 맞은편에는 자신을 돕는 사람(부주빈)을 앉히는 것이 좋다. 왜냐하면 음식을 재촉하거나 심부름을 시킬 때 편리하기 때문이다. 만일 양측에서 온 인원 수가 비슷하다면 서로 섞어 앉아서 개인적으로 교제하도록 하는 것이 좋다. 우리 측끼리 같이 앉거나 상대 측끼리 같이 모여 앉게 하여 협상하는 분위기를 만들어서는 안 된다.
    3. 술을 권하는 규율 : 일반적으로 손님에게 술을 권할 때 많이 권하는 것은 무례한 행동이다. 그러나 중요한 손님인 경우 많이 권하는 것은 괜찮다. 다른 사람이 술을 권할 때 마음대로 끼어들지 말아야 한다. 그 밖에 부주빈이 술을 권하는 것도 좋은 방법이다. 일반적으로 "저희 사장님을 대신하여 술을 드립니다."라고 완곡하게 말하면 양측의 위치에 있는 아주 미세한 차이까지도 고려할 수 있다.

03 비즈니스 방문 시 다음 몇 가지 예의에 주의해야 합니다.
    ① 사전에 약속을 해서 불청객이 되지 않아야 한다 : 방문할 때는 시기를 잘 선택해야 하며, 사전에 예약하는 것은 다른 사람을 방문할 때 가장 중요한 원칙입니다. 일반적으로 방문 전 먼저 메일이나 전화로 연락해서 양측 모두에게 적합한 시간과 장소를 상의하고 방문 목적을 상대에게 알려야 합니다.
    ② 약속된 시간에 도착해서 약속을 어기는 손님이 되지 않는다 : 주빈 양측이 회의할 구체적인 시간을 정하면 방문자는 약속한 시간에 맞춰서 도착해야 합니다. 시간을 마음대로 바꿔서 상대 측에 혼란을 줘서도 안 되고 일찍 도착하거나 늦게 도착해서도 안 되며 정확한 시간에 도착하는 것이 좋습니다.
    ③ 예의를 잘 갖춰서 예의 없는 손님이 되지 않는다 : 사무실이나 거처를 방문할 때 '손님은 주인의 안내에 따른다'는 원칙을 지켜야 합니다.
    ④ 복장을 단정히 하여 불결한 손님이 되지 않는다 : 접대하는 측에 예의를 갖추기 위해 방문자는 복장을 단정하고 청결하게 해야 합니다.
    ⑤ 행동과 말을 예의 바르게 하여 교양 없는 손님이 되지 않는다 : 손님으로서 바르게 앉고 접대하는 사람과의 대화 태도가 진솔하고 자연스러워야 합니다.

⑥ 적당한 시간에 자리에서 일어나서 작별을 고하기 어려운 손님이 되지 않는다 : 방문 목적을 달성하기 위해서는 먼저 계획이 있어야 '마라톤' 방문을 피할 수 있으며, 만약 서로 상의할 일이 없으면 머무는 시간은 너무 오래 늦게까지 끌지 말아야 하고 30분을 넘기지 않는 것이 적당합니다.

04 비즈니스 전화를 할 때는 "안녕하십니까"로 시작하고 "~해 주시길 바랍니다"를 자주 사용하며 "감사합니다"로 끝맺어야 한다. 통화 태도는 친절하고 목소리 크기는 적당하여 시종일관 미소를 유지해야 한다. 통화할 때는 음식이나 물을 먹거나 다른 사람과 이야기하는 것을 절대 삼가야 한다. 비즈니스 전화는 3번 울리기 전에 받고 그러지 못했을 경우 "오래 기다리게 해 드려서 죄송합니다."라고 사과해야 한다.

05 첫째, 비즈니스 회의에서는 일찍 도착하는 것이 시간을 지키는 것입니다. 세상에는 의외의 일이 너무 많아서 차를 타느라 늦을 수도 있고 엘리베이터를 기다리느라 늦을 수도 있습니다. 그래서 충분한 시간을 남겨야 합니다. 제시간에 도착하는 것은 마지노선일 뿐이며 5분 일찍 도착하는 것이 시간을 지키는 것임을 기억하십시오.
둘째, 자리에서 안배를 기다립니다. 접대하는 사람이 안내하는 자리가 담당자를 만나는 자리가 아닐 수 있으니, 대기실과 접견실을 잘 구분하여 서류를 다 꺼냈는데 자리를 옮기는 상황이 발생하지 않도록 합니다. 회의실에 들어가게 되면 우선 문 옆자리에 앉아서 담당자가 와서 당신을 적당한 자리로 안내할 때까지 기다립니다.
셋째, 명함을 교환할 때는 신중해야 합니다. 명함을 잘못 꺼내서 다른 곳에서 받은 명함을 건네거나 할인카드를 꺼낸 적이 있으신지요? 이런 당혹스러운 상황을 피하기 위해서는 명함 케이스를 이용해서 받은 명함과 상대에게 줄 자신의 명함을 구분해 놓아야 하고, 명함에 메모를 하는 습관을 고쳐야 합니다. 명함은 그 사람의 얼굴과도 같아 얼굴 위에 글자를 쓰는 걸 원하는 사람은 없습니다.
넷째, 주의 깊게 경청합니다. 고객을 만났을 때 시선도 중요하지만 귀는 더 중요합니다. 상대가 무슨 말을 하는지 무슨 생각을 하는지 잘 이해하지 못하면 회의는 무의미하게 됩니다.
다섯째, 회의가 끝난 후에도 세심하게 주의를 기울여야 상대에게 좋은 인상을 남깁니다. 예를 들어, 떠나기 전에 의자를 원래 위치로 되돌려 놓는 것도 교양 있는 태도입니다. 고객이 당신을 엘리베이터 앞까지 배웅한다면 기회를 잘 이용해서 담소를 나누는 것도 개인적인 매력을 발휘할 수 있는 순간이 됩니다.

06 소개하는 순서는 젊은 사람을 연장자에게, 직위가 낮은 사람을 직위가 높은 사람에게, 남자를 여자에게, 본 회사 사원을 외부에서 온 다른 회사 사원에게 소개합니다. 일반적으로 "허락해 주신다면 제 소개를 하겠습니다.", "제 소개를 해보겠습니다.", "이쪽은…"이란 표현을 씁니다. 주로 이름, 출생지, 업무 부서, 직업, 직함, 취미, 특기, 출신 학교 등을 소개합니다.

ITT 예상문제 40 모범 답안

01 한국의료산업진흥원
광동성과 한국의료산업진흥원은 의료 위생 분야의 교류와 협력을 강화하여 더 깊이 이해하고 우의를 다지기 위해 한국산업진흥원, 국립서울대학교병원, Bobath Memorial Hospital(재활병원), 분당서울대학교병원, ID병원(성형외과), 서울아산병원, 삼성물산으로 구성된 대표단을 초청하오니 11월 26일~29일에 허남성을 방문해 주시길 바랍니다.

02 사업의 총 투자액은 약 4,500만 위안이 필요할 것으로 예상됩니다. 본 사업의 건설 자금은 지방 정부의 재정 지원을 받을 예정인데, 중앙 정부 및 성급 관련 기관으로부터 환경보호, 농업, 과학기술 혁신 등의 사업에 대한 보조를 받는 것으로 충당하고자 합니다. 현재 우리 나라에서 사용하고 있는 도시 쓰레기 처리와 자원화 기술은 대표적으로 위생 매립, 퇴비, 연소 및 무해 종합 처리 등의 방법이 있습니다.

03 최근 몇 년 동안 저희 나라 퇴비 기술이 급속히 발전하여 '2차 발효 공정'을 이용한 퇴비 생산이 점차 전문화되기 시작했습니다. 그러나 도시 쓰레기 퇴비는 현재 여전히 상품 비료의 효과가 낮고 품질이 떨어지며 판로도 좋지 않다는 등의 문제가 있어 기업 운영에 어려움이 있습니다.

04 김 사장님께
안녕하세요.
저는 상해 국제과학기술발전 유한회사의 CEO 황위룽입니다. 저희 회사는 1993년에 설립되었으며 보일러 및 중앙 에어컨 설비의 판매, 시스템 설계, 시공 설치, AS 업무를 주로 담당하고 있습니다. 저희는 96년부터 귀사(수국 연소기 회사)와 협력하여 수국 연소기를 대리 판매했습니다. 이 판매 과정에서 저희는 특별한 연소를 요구하는 연소기 프로젝트를 많이 접하였습니다. 이 프로젝트들을 실시함으로써 저희의 연소 기술력은 매우 빠르게 향상되었고 우수한 기술 인력을 양성하여 고객을 위한 시스템 및 설비의 설계, 제어 시스템의 제작, 제어 소프트웨어 프로그래밍(PLC 또는 DCS), 시스템 설비 공급(각종 연소기 및 보조 설비 및 부품 등을 포함), 설비 및 시스템의 성능 시험, 유지 관리 및 수리, 시스템 및 설비의 시공 설치, 그리고 국가 감찰 부서에 보고하여 심사받는 업무, 고객 응대 인력 양성 등의 서비스를 제공할 수 있게 되었습니다. 저희는 지난 20년의 노력으로 중국 특수 연소 분야인 수소 연소, 쓰레기 소각, 대규모 연소, Low NOx 연소, 저발열치 연료 연소(예를 들면 COG, BOG 등), 특수 가연성 가스 및 액체 연료 연소, 연료 특수 혼합 방식 연소 등에서 상해 국제 회사는 이미 상당한 인지도를 얻었습니다.

05 한 선생님, 안녕하세요. 제가 요즘 외부 출장을 갔다 오느라 이메일을 계속 확인하지 못했습니다. 바로 회신 드리지 못한 점 양해해 주십시오. 현재 구리섬유 시장의 상황이 그리 낙관적이지 않습니다. 이유는 다음과 같습니다.
1. 중국의 경제 상황이 좋지 않아서 전체적인 시장의 수요가 계속해서 하락하고 있습니다.
2. 구리섬유의 가격이 비싸기 때문에 들어가는 원가가 높습니다.
3. 구리섬유는 염색할 수 없어서 활용에 많은 제한을 받습니다.

06 한 선생님께

안녕하세요. 이메일 잘 받았습니다. 이번 주부터 출근해서 조금 분주했습니다. 바로 답장을 드리지 못한 점 양해 부탁드립니다.

현재 국내 방직 시장이 전체적으로 불경기를 겪고 있고 올해 설날이 늦은 관계로 대부분 공장은 이번 주에서야 작업을 시작했습니다. 때문에 구리섬유의 판매가 더디고 주문량이 적은 데다가 작년에 구매한 구리섬유가 다 팔리지 않아서 재고가 좀 남았습니다. 그래서 이번 달에는 당분간 주문 계획이 없고 다음 달쯤 추가 수요에 대한 40D 구리섬유 주문 여부를 결정하겠습니다.

현재까지 구리섬유 상품 가격이 비쌌기 때문에 원가가 상당히 높았습니다. 이 때문에 고객들은 오직 양말과 장갑에만 구리섬유를 사용합니다. 아직까지 구리섬유를 사용한 새로운 제품을 개발하려는 고객이 없으니, 만일 좋은 제품이 있으면 구리섬유 상품을 더 잘 판매할 수 있도록 샘플을 보내주시길 바랍니다.

궁금한 점이 있으시면 연락 주십시오. 감사합니다.

07 하반기 WG50의 사업 계획은 다음과 같습니다.

1. 연말까지 여러 성(省)에 판매 업체를 지정합니다. 현재 베이징, 텐진, 랴오닝, 상하이, 산동, 하이난, 선전에 이미 판매 업체가 있고, 후베이 및 후난은 협의 중에 있습니다. 그리고 연말까지 주요 성마다 WG50를 추진하는 중점 병원을 세울 계획입니다.
2. 연말까지 주요 성에 오프라인 매장을 운영할 것입니다. 현재 후난(오프라인 매장 5개), 하이난(오프라인 매장 4개), 우한(오프라인 매장 1개), 산동(오프라인 매장 20개), 광저우(오프라인 매장 1개)는 협의 중에 있습니다.

08 한국PSM회사 중국 내 가공 공장 설립

1. 공장 설비 풀가동일 경우 예산은 다음과 같습니다.
- 설비 5대를 2팀이 교대로 조작하면 매일 총 8명의 인원이 필요함. 한 사람이 매일 8시간 근무. 근로자 평균 월급은 약 3,000위안으로 책정. 공장 관리자는 1명으로 하고 월급은 한 달 8,000위안으로 책정. 판매자는 5명으로 하고 월급은 3,000위안으로 책정. 그 밖에 실적에 따라 보너스 지급.
- 설비는 월평균 25일 가동, 1년에 300일로 계산.
- 공장 임대 면적은 약 200m^{2}이며, 임대료는 1m^{2}당 1위안으로 계산.

09
- 시간 : 2012년 5월 18일~21일
- 장소 : 성도, 성도세기성신국제회잔중심
- 박람회 정보 : 본 의료 박람회에서는 '혁신적 과학기술로 IT 의료 분야를 선도하다'라는 주제로, 20여 개 국가 및 지역에서 오신 2,500여 참가 업체가 의료 과학기술 분야의 최신 기술 성과 및 혁신 상품을 전시할 예정입니다. 이는 전 세계 100여 개 국가 및 지역에서 오시는 연 15만 명의 전문가 관중들의 관심을 끌 것입니다. 또한 박람회와 동일한 기간에 2012년 중국 의학 영상 융합 전략 연구 포럼(CSSI 2012) 및 의료 분야의 혁신 기술과 상품을 아우르는 20여 회 주제 포럼과 학술 회의가 열릴 예정입니다.

10 아동희망구조재단은 중국 현지 비영리 민간 기관으로서 중국의 고아들과 어려움에 처한 아이들을 전문적으로 돕는 일을 하고 있습니다. 이 재단은 1992년에 아동 구조 사업을 최초로 시작했는데 2001년 정식으로 단체를 조직한 이후 정부 기관과 협력하여 5,000여 명의 장애를 가진 고아들과 빈곤 가정 아동들이 수술 치료를 받도록 도왔으며 뇌성 마비에 걸린 어린이 환자들에게 재활 훈련을 받도록 했습니다. 또한 나이가 많은 고아들에겐 직업 훈련을 받게 했을 뿐만 아니라 북경에서 치료받고 회복 중인 고아들은 위탁 양육을 받게 했으며 수천 명의 고아들이 후원자를 찾도록 도왔습니다.

11
- 이름 : 리요우
- 생년월일 : 2006년 6월 15일
- 성별 : 여
- 본적 : 안후이성 쑤송현
- 진단 결과 : 전신에 흉터가 있음, 화상 후 피부 이식 복원 수술을 받음

리요우는 올해 6살이며 안후이성 안칭시 수송현의 작은 마을에서 태어났다. 리요우의 아버지는 외지에서 일용직으로 일하며 생계를 유지하고 있고 어머니는 가사일을 돌보며 연세가 많은 할머니와 리요우 3남매를 보살피고 계신다. 리요우는 30개월 때 실수로 뜨거운 두유 통에 떨어져서 온몸의 40%에 화상을 입었다. 그 후 리요우의 아버지는 일을 그만두고 여기저기에서 돈을 빌려 리요우를 데리고 큰 병원을 전전하며 수술 치료를 받게 했다.

12 나노 입자 : 나노 입자, 또는 초미세 입자라고 하는 이것은 1~100nm의 미세 입자를 가리키는데 마이크로 원자, 분자군 또는 매크로 원자재와는 달리 매크로 고체와 분자 사이의 준안전 중간 상태에 있는 물질이다. 입자의 크기가 나노급(1~100nm)일 경우에는 입자 직경이 작을수록 나노 입자의 표면 원자와 총 원자 수의 비율이 급속히 커지기 때문에 강력한 소규모 효과, 부피 효과, 양자 효과 및 표면 효과가 나타난다.

13 대표님들께
모두들 안녕하십니까?
한 달간의 월드컵이 이제 곧 끝나니 조만간 다시 뵙겠군요. 월드컵의 열기가 저희의 사업에 성공을 가져다 줬으면 좋겠습니다. 대표님들께서 기울이신 노력을 봤으나 사업의 진전이 뚜렷하게 드러나지 않은 것 같아 시간이 지날수록 부담도 점점 커집니다. 다음 번에 뵐 때는 사업에 큰 진전이 있기를 바랍니다. 아래의 사업에 여러분의 지원과 협조가 필요합니다.

14 안녕하세요. 이메일 잘 받았습니다. 감사합니다.
1. 일조시 일정에 대해 저희 회사에서 논의 및 계획 중에 있습니다. 새로운 상황이 있으면 제 비서 차이란 엔씨가 연락드릴 겁니다.
2. 다음 분기 업무와 동북 고량주 문제에 대해 그분들의 이해가 서로 다른 것 같습니다. 현재 저희는 주류 회사와의 협상보다 동북 고량주 면세점 입점에 포커스를 맞춰야 한다고 생각합니다. 이렇기 때문에 그분들은 수익도 얻어 보지 못하고 혼란에 빠질 가능성이 있습니다.

15 동북 지역 각 회사 사장님들께
안녕하십니까? 최근에 인삼 사업을 진행하면서 동방 국제 무역 회사의 협조가 필요한 일들이 몇 가지 생겼습니다. 그래서 특별히 이메일을 보내어 사장님들과 자세하게 의견을 나누고자 합니다.
첫 번째 파트 : 업무 진행
7월 25일 새벽 심양 도착
7월 26일 오후 물품 및 광고 사진 정리, 둘째 날 고객 미팅 준비
7월 27일 오후 고객과 1차 미팅 진행
7월 28일 오후 고객과 2차 미팅 진행
고객 미팅에서 논의할 주제 : 포장 및 광고에 대해 논의
7월 29일 오전 식품 의약국과 미팅

16 정 사장님, 임 사장님께
안녕하세요. 지난번 이메일을 보낸 후 벌써 2주가 지났습니다. 이메일에서 언급했던 사항 즉 김 선생과 협력하길 요청했던 건은 잘 진행되고 있습니까? 제품 디자인에 있어 저희는 디자이너가 보내주신 파일을 받

고 하나씩 자세하게 비교하고 있습니다. 각 세부적인 사항은 저희의 의견을 정리해서 목요일까지 이메일로 보내드리도록 하겠습니다.

17 오 사장님, 황 사장님께
안녕하세요.
인삼 제품을 하루라도 빨리 출시하기 위해 한국 디자이너가 심양에 왔습니다. 디자이너가 이곳에서 작업하는 일주일 동안 심양 국제 무역 회사의 직원들은 각자의 업무를 잠시 멈추고 최선을 다해 디자이너와 협력했습니다. 이 기간 동안 디자이너와 7차례의 회의를 통해 끊임없이 소통하였고 디자인 안을 수정했습니다. 이러한 끊임없는 소통과 밤낮을 가리지 않는 노력으로 인삼 제품의 포장 디자인이 어느 정도의 진전을 이루었습니다.

18 오 사장님, 황 사장님께
안녕하세요. 인삼을 수입하는 일에 협조가 필요한 부분이 있어 귀사와 다시 연락하게 되었습니다.
1. 운송 업체와 협력에 관한 협상 내용 : 당사는 중국 국무원 산하 중앙 기업인 중국차이나트래블그룹 소속 중국 최고의 항공 운송 업체인 화마오(상하이 증권 거래소 상장 회사)와 합작 협의를 했습니다. 앞으로 화마오는 한국에서 중국 심양까지의 인삼 항공 운송을 비롯해 중국 항구에서의 통관 수속까지 전담하게 됩니다. 실력이 있는 운송·통관 업체를 선택하는 것이 성공을 향한 지름길입니다.
2. 문제점 및 관련 서류 : 이번 수입은 최초로 인삼을 수입하는 일입니다. 순조롭게 수입하기 위해 오 사장님께서는 아래의 사항을 처리해 주시길 바랍니다. : 한국 농협 인삼의 타 국가 및 지역의 수출 증명서류를 첨부해 주십시오.

19 존경하는 정 사장님, 임 사장님께
귀사와 한국 정부 측 공무원들의 방문을 매우 기대하고 있습니다. 그런데 여행사가 제공한 일정을 자세히 검토해 보니 다소 적절하지 않은 부분이 있었습니다. 귀측의 북경 여행이 보다 다채로우셨으면 하는 마음으로 사장님의 동의 하에 저희 회사는 주최측으로서 일정을 약간 조정했습니다.
첫째 날 : 2014년 12월 10일
10:05   KE887 서울에서 북경행
12:30   북경 도착
13:00 ~ 14:30   점심 식사 및 국제 범태평양호텔 숙박(저희 회사와 더 가까우니 여행사측에 이 호텔로 예약해 주세요.)
15:00 ~ 17:30   팡정그룹 투자회사 방문, 3자 회의 및 토론
18:00   팡정그룹 초청 만찬
20:00 ~ 21:00   만찬 후 산책 및 티타임, 호텔로 돌아가 휴식

20 오 사장님, 황 사장님께
저희는 인삼 사업 때문에 쉬지 않고 회의와 야근을 하느라 지금까지 바쁘게 지내고 있습니다. 이제 회의의 중요한 내용을 보내 드립니다.
김 선생님께서는 시간을 내서 되도록 빨리 번역을 해 주십시오. 그리고 사장님들께서는 이메일의 내용을 최대한 빨리 이해하셔서 문제를 해결하시고 저희와 계속적으로 연락을 유지해 주시길 바랍니다. 감사합니다.
첨부 파일을 확인해 주십시오.

장빈

21　진 여사님께
안녕하세요. 저는 마 사장님의 비서 ××(Sophie Shum)입니다. 여사님께서 동참해 주셔서 매우 기쁩니다. 앞으로 저희가 잘 소통하길 바랍니다.
마 사장님께서 산동성 일조시에 오셔서 '한국 영화 주간'에 참석하시는 일에 관해 제가 구체적인 일정을 세우고 있습니다. 주 이사장님과 마 사장님께서 허난성 낙양시 시장님의 초청으로 9월 말쯤 낙양시를 방문할 예정이니 낙양에서 산동으로 직접 가실 가능성이 매우 큽니다. 두 분께서 가시는 게 확정되면, 산동성에서 그분들을 모시는 일을 잘 부탁드리겠습니다.

22　진 여사님께
안녕하세요. 회신 주셔서 감사합니다.
산동 일정에 관한 몇 가지 사항을 확인하고자 합니다.
1. 호텔명을 조속히 알려주시길 바랍니다.
2. 싱글룸(킹사이즈룸)을 예약할 예정입니다. 하지만 여사님께서 첫 번째 메일에서 스위트룸을 언급하셨기 때문에 어떤 의견이신지 잘 모르겠습니다.
3. 마 사장님께서 조 선생님의 초청에 응해 중국 대륙 영화 주간을 시찰하는 것은 영화 주간에서의 한중 양측의 협력 및 분담 상황을 알아보기 위함입니다. 보통은 마 사장님 같은 위치에 있는 분을 초청하기로 하셨을 때 한국 측에서도 역시 이에 따른 계획과 생각이 있으셨겠지요.

23　안녕하세요. 업무 처리에 관한 내용은 다음과 같습니다.
마 사장님께서 금일 오후 회의에서 한국 수출입 서류가 제대로 번역되었는지를 물어보셨습니다. 저희는 여전히 귀하가 김 사장님께 보내드린 서류를 전달받지 못한 상태입니다. 그렇기 때문에 귀하의 스케줄 조율 실수로 문서 번역 및 전송이 지연될 것이 매우 걱정됩니다. 지금은 방송국과 긴급하게 상의해야 할 시기이기 때문에 마 사장님께서는 제때에 의사소통을 하지 못해 고객 간의 오해가 생기는 것을 가장 걱정하십니다. 그러니 최대한 빨리 번역해 주셔서 김 사장님께 저희 회사가 긴급회의 때문에 이제야 답장을 드리고 또 번역하는 데 좀 더 시간이 필요할 것이라고 설명해 주십시오. 반드시 회사 간에 오해가 생기지 않게 해야 합니다.

24　안녕하세요. 오늘 펑 교수님 비서에게 전화를 받고 일정을 확인했지만 그 분도 어느 호텔에서 묵을지를 전혀 모르고 있었습니다.
제 생각에는 산동에서 추석을 보낸 후 상하이로 이동해서 회의에 참석하는 게 좋을 것 같습니다. 왜냐하면 산동성 광전총국에서 저와 제 남편을 여러 번 초청했기 때문에 저희 남편하고 딸과 일조에 가서 영화 주간을 함께 참석한 후 지난으로 이동할까 합니다. 또한 산동성 광전총국에서 일조시에 있는 호텔을 이미 예약해 주셨는데 영화 주간과 같은 호텔인지 확실치 않습니다. 그래서 모두들 이 부분에 대해 매우 궁금해 하고 있습니다.

25　진 여사님께
안녕하세요. 여사님의 메일을 확인하고 매우 놀랍고 또한 안타까웠습니다. 오늘 점심에 저 대신 이 업무를 맡았던 담당자에게 문의해 봤고 또 사장님과 통화해서 상황을 이해했습니다. 제 생각에는 여사님께서 이 부분에 있어 많은 오해를 하고 계신 것 같습니다. 그리고 저희의 입장에서도 한 번 더 생각해 주시길 바랍니다. 저는 여기서 다시 한번 상황을 정리하도록 하겠습니다. 잘못된 부분이 있으면 말씀해 주십시오.

26 서울 설명회 인사말

범 주임님, 서 부장님, 왕 회장님, 조 이사님, 서울 여행업계, 신문업계, 문화 출판계 관계자 여러분께 안녕하십니까?

3월의 서울은 봄 향기가 가득하고 아름답습니다. 저희는 얼음이 녹기 시작한 중국 동북 지역에서 서울에 와서 '아시아의 매력 도시'의 화려한 정취를 느끼고 있으며 옛 친구와 새로운 친구를 만나는 기쁨도 누리고 있습니다. 오늘 이 자리에서 「중국·장춘」 한글 서적 발표회 및 장춘 여행 설명회'를 개최하는데 이것은 장춘시와 한국이 문화, 여행 교류에 있어 협력 분야가 더욱더 확대되고 있으며 앞으로의 양국 협력의 전망도 매우 밝다는 것을 보여줍니다.

27

강 과장님, 차 사장님 및 홍린(弘琳)의 여러 사장님께

안녕하십니까?

충북 농협이 2월에 수출하는 신선한 인삼 사업에 관해 저희는 최선을 다해 준비하고 있습니다. 현재까지의 진전 상황은 다음과 같습니다.

1. 신선한 인삼을 중국에 수입하기 위한 서류를 모두 준비했고 중국 세관 및 상품 검사 검역국에 제출하여 서류가 통과했습니다.
2. 흙이 묻은 신선한 인삼을 중국에 수입하는 것은 중국 법에 위반되어 상품이 불합격 판정을 받아 통과하지 못합니다.

28 일조시 한국 영화제 축사

저는 주중 한국 대사관을 대표하여 아름다운 산동성 일조시에서 개최하는 한국 영화제에 축하의 말씀을 올리고자 합니다. 이번 기회를 빌려 여러분들을 뵐 수 있어서 매우 기쁘게 생각하고 있습니다.

작년은 한중 수교 20주년이 되는 해였으며 양국의 관계는 전례 없는 발전을 거뒀습니다. 북경과 서울의 자매 결연 20주년을 맞이하여 양국은 다양한 기념 이벤트를 개최했습니다. 올해 6월 한국의 박근혜 대통령 취임 후 처음으로 중국을 방문하는 기간에 양국 고위급 관리자들은 우호적이고 신뢰 있는 대화를 나눴습니다. 또한 청화대학교 연설과 K-POP 등의 프로그램을 통해 한중 양국의 우호를 크게 다졌습니다.

29

광주녹색과학기술공정회사는 골재, 공업, 무역을 아우르는 시스템을 갖추고 생활 쓰레기의 처리 및 개발 사업을 진행하는 친환경 회사입니다. 인류의 삶의 질을 향상시키기 위해서 생산 과정을 통해 '3무(無) 관리 철학'에서 말하는 '2차 오염 무(無)', '에너지 낭비 무(無)' 및 '추가 비용 무(無)'라는 경영 취지를 완벽하게 보여주고 있습니다.

30

1.0 목적 : 불량품을 관리하여 불량 원자재, 반제품, 완제품의 생산 및 사용에 영향을 주지 않도록 합니다.

2.0 범위 : 회사 내 모든 불량품에 대한 처리

3.0 책임 및 권한 : 품질부에서 품질의 최종 확정을 책임집니다. 생산부 및 관련 기관에서는 불량품의 처리를 책임집니다.

4.0 내용

    4.1 모든 불량품은 「상품 표시 및 추적 가능 프로세스」에 따라 표시되어야 합니다.

    4.2 모든 불량품에 대해 해당 책임자는 검사 결과표를 작성해야 합니다.

    4.3 합격품과 불량품은 반드시 별도로 보관하여 분리시켜야 합니다.

    4.4 납품 받은 불량품의 원자재에 대한 검사 및 처리 방법 :

        A : 납품 받은 불량품의 원자재에 대한 책임은 전적으로 품질부 관리자에게 있습니다.

31   **추천서**

저는 2002년 서울에서 열린 제58회 국제 영화 자료관 연합 송년회에서 한국 영화 평론가 조××교수님을 처음 만났습니다. 그 때 조××교수님과 남편 분이신 김 교수님께서 저희 대표단을 초대해 주셔서 한강의 아름다운 야경을 구경했습니다. 그 기간 동안 저는 조 교수님과 함께 중국 영화의 역사 및 현황에 대해 광범위하게 토론했습니다. 대화를 통해 조××교수님이 중국통이시라는 것을 느꼈습니다. 조××교수님은 유창한 중국어 실력을 가졌을 뿐만 아니라 중국 영화에 많은 관심을 갖고 계시고 조예가 깊으실 뿐만 아니라 특히 저희 나라 유명 배우인 김연(金焰)의 작품에 각별한 애정을 가지고 계셨습니다.

32   **제품명 : 고주파 수술 시스템**

KFDA 출시 승인 공문에서 전기 저항 센서 범위의 개념을 명확히 하고, 중성 극판 접촉 불량이나 경보 기능과 같은 저항 모니터링 매커니즘이 설비에 탑재되어 있는지, 전기 저항 센서 범위의 개념을 명확히 해야 한다고 합니다. 또한 KFDA 출시 승인 공문에 따르면 이중 극 모드에서 IMP ON/OFF는 구별되어야 하니 분명하게 구별해 달라고 했습니다. 그리고 IMP ON모드일 경우 부하 저항 변화를 감측하여 자동으로 출력을 멈출 수 있으니 해당 저항 수치를 명확히 해 달라고 했습니다. 그리고 이 두 가지 저항 모니터링 기능이 동일한 기능인지도 확인해 주십시오.

33 (북경 SINOLIGHT 기술 인력에 대한 문의)

질문 : 붕소가 함유되어 있는 유리를 생산하십니까? 전자레인지용 유리를 생산한다면 붕소가 함유되어야 합니다.

대답 : 붕소가 함유되어 있지 않습니다. 일반 소다 석회 유리입니다.

질문 : 열을 차단시킨 후 얼마만에 원상태로 돌아갈 수 있습니까?

대답 : 일반 소각로에서 작업하면 열 차단 시간이 15분을 초과하면 안 됩니다. 열 차단 시간이 길어지면 유리 용해 품질에 영향을 줄 수 있기 때문에 적절한 조치를 취하지 않는다면 내화 벽돌에 균열이 생길 수도 있습니다.

34   **지정맥 인식 기술**

최근 카드 개인 정보 유출 사건을 통해 금융권 개인 정보 보안 프로그램에 허점이 드러났다. 뿐만 아니라 도서관, 사우나 등 공공장소에서 노트북, 스마트폰, 자동차, 오토바이 분실 사건도 잇달아 언론 매체에 보도되고 있다. 이러한 사건을 예방하기 위해 다양한 보안 프로그램이 등장했다. GPS 위치 추적 기능으로 분실된 노트북, 스마트폰의 위치를 확인할 뿐만 아니라 본인 식별을 하지 않으면 기밀 프로그램을 사용할 수 없게 되는 등 다양한 유형의 보안 시스템을 접하게 되었다.

35   **위탁 계약서**

1. 위탁 내용

갑은 중국에서 제품의 시장 연구 조사의 서비스 프로젝트를 을에게 위탁한다.

갑 브랜드 제품의 중국 판매에 대해 중국 식약품 관리 감독국의 규정에 부합하는지의 여부를 조사한다.

2. 요구 사항

1. 갑은 을에게 협조하여 시장 연구 조사에 필요한 모든 관련 자료를 제공할 의무가 있다.

(1) 재중국 신고 책임 기관의 권한 부여 문서 및 공증서

(2) 재중국 신고 책임 기관의 사업자 등록증 사본 또는 스캔본

(3) 갑이 중국 식약품 관리 감독국에 제품 신고 시 제출한 자료

36 　　　　　　　　　　　　　　　　중국의 경극
도광 시대에 북경에는 휘극 극단의 융합을 위해 기여한 예술가들이 있었다. 그들은 경극 형식의 기초를 다진 인물이라고 할 수 있다. 여기에는 연로 배우 3인으로 불리는 여삼승 선생님, 정장경 선생님, 장이규 선생님 등이 포함된다.
이 시기에는 북경을 중심으로 하는 희곡이 상해로 전파됐다. 이에 따라 상해 일부 지역에서도 휘극이 전해졌다. 상해와 북경의 희곡을 구별하기 위해 북경의 희곡을 경반 혹은 경극이라고 불렀다. 그 후 북경극을 경극으로 일컫는 이유도 역시 이 때문이다.

37 　　　　　　　　　　　　　한국 화장품 온라인 판매 협의서
갑 :　　　　　　　　　　　　　　　　　　을 :
주소 :　　　　　　　　　　　　　　　　　주소 :
책임자 :　　　　　　　　　　　　　　　　책임자 :
연락처/팩스 :　　　　　　　　　　　　　연락처/팩스 :
E-Mail :　　　　　　　　　　　　　　　 E-Mail :
을이 갑으로부터 '한국 화장품'의 온라인 판매 협력 대리점으로 권한 부여를 받은 일에 대해, 양측은 호혜 평등 및 공동 발전, 그리고 신용의 원칙에 입각하여 충분한 협의를 거친 후 본 계약서를 체결한다. 본 계약서를 체결한 후 갑은 을에게 보증금을 지불해야 한다. 권한 부여 기간은 2018년 3월 1일에서 2019년 2월 28일까지(만 1년)이며 계약 만료일 3개월 전까지 재계약을 하지 않을 경우 계약 만료 시점에서 판매 권한이 상실된다. 보증금은 계약 위반 사항이 없을 경우 계약 만료 후 7일 근무일 내에 갑에게 반환해야 한다. 만일 계약 기간 중 계약 내용을 위반하는 일이 발생할 경우에는 공제한 후에 금액을 반환한다.

38 메이다 식품은 칭따오 체육 학교, 안후이 공업 대학, 쯔뽀 직업 학교 등의 사업 운영을 통해서 학교 식당 경영 관리 경험을 풍부하게 쌓았습니다. 저희 회사는 학생 식음료 등의 물자 지원 업무 및 이에 따르는 긍정적인 효과에 더욱 관심이 있기 때문에 더욱 전문적이고 규범에 맞는 식음료 지원 서비스 관리 모델을 도입하려고 준비하고 있습니다.

39 장 : 다른 사람의 이야기를 들으면서 우리의 인생을 느낍니다. 지금은 〈서울 생활 주유소〉의 3번째 파트 〈나의 서울 일기〉입니다. 계속 청취해 주시길 바랍니다.
　손 : 오늘 이 자리에 나오신 손님은 풍부한 인생 경험이 있으시고, 또 한국에서 생활하고 있는 중국인의 대표적 인물이라고 해도 과언이 아닙니다. 자, 이제 박×× 선생님을 모시겠습니다.
　박 : (인사말)
　장 : 오늘의 게스트 저도 잘 압니다…….

40 이페이 국제 무역 회사
귀사의 전폭적인 지지에 감사드립니다. 저희 회사는 서비스, 품질, 구매 등의 분야를 개선하고 있습니다. 저희에게는 큰 격려가 되기 때문에 적극적으로 피드백을 남겨주신다면 감사하겠습니다.
저희의 도움이 필요하시다면, 주저하지 마시고 연락 주시기 바랍니다.
　　　　　　　　　　　　　　　　　　　　　　　　　　　　　　　　　　　황 부장 드림
　　　　　　　　　　　　　　　　　　　　　　　　　　　　　　　　　　　2016년 10월 3일

비즈니스 중국어 통번역

중·한·편

부록

비즈니스 중국어 통번역 핵심 문장 & 어휘

비즈니스 주제별 핵심 문장
주요 경제·무역 용어
중국 직함·부서 명칭
주요 시사 약어

CHAPTER 01 회사 소개

001 宝钢集团公司是中国最大、最现代化的钢铁联合企业。

바오강 그룹은 중국에서 가장 크고 현대적인 철강 연합기업입니다.

002 我们公司在成为中国市场主要钢材供应商的同时，产品也出口日本、韩国、欧美等四十多个国家。

저희는 중국 시장에서 주요 철강 공급 업체로 부상하고 있으며, 제품도 일본, 한국, 구미 등 40여 개 국가로 수출하고 있습니다.

003 我们公司不仅是目前全球钢铁企业中的最高长期信用等级，也是中国制造业中的最高等级。

저희 회사는 현재 전 세계 철강 기업 중에서 장기 신용 등급이 가장 높을 뿐 아니라 중국 제조업 중에서도 가장 높습니다.

004 我们公司是中国油气行业占主导地位的最大的油气生产和销售商。

저희 회사는 중국 오일 가스 업계에서 주도적인 위치를 차지하는 최대 오일 가스 생산 및 판매 기업입니다.

005 本公司注册资金3千亿人民币，资产规模达到万亿人民币，基站总数超过220万个，客户总数超过8亿户。

저희 회사는 자본금 3,000억 위안, 자산 규모 1조 위안, 기지국 220만 개 이상, 고객 수 8억 명 이상을 보유하고 있습니다.

006 我们公司是全球网络规模、客户规模最大的移动通信运营商。

저희 회사는 세계에서 글로벌 네트워크와 고객 규모가 가장 큰 이동 통신 운영 업체입니다.

007 本公司位居《财富》杂志"世界500强"排名第55位，并连续七年入选道琼斯可持续发展指数。

당사는 포춘지가 선정한 '세계 500대 기업'에서 55위를 차지했으며, 7년 연속 다우존스 지속 가능 경영 지수에 선정되었습니다.

008 我们是北京一家AAA级物流公司，能够承接发往世界50多个国家的大型设备及集装箱运输。

저희는 베이징 AAA급 물류 회사로서 세계 50여 개국을 대상으로 대규모 장비 및 컨테이너 운송 업무를 담당할 수 있습니다.

009 海尔集团创办于1984年，是全球大型家电第一品牌。

하이얼 그룹은 1984년에 설립된 세계 최고의 대형 가전제품 브랜드입니다.

010 现向贵公司介绍一下我们公司，我们公司专门经营轻工业品，并且经营这项业务已有多年。

이제 저희 회사를 소개하겠습니다. 저희는 경공업품을 전문적으로 취급하며 이 분야에서 수년간 경영해 왔습니다.

011 我们公司是中国受欢迎的网购零售平台，拥有近1亿的注册用户数。

저희 회사는 중국에서 인기 있는 인터넷 쇼핑몰로 1억 명에 가까운 회원 수를 보유하고 있습니다.

012 截至2017年年底，我们公司单日交易额峰值达到20亿元。

2017년 연말까지 저희 회사의 일일 거래액 최고치가 20억 위안에 달합니다.

013 中国海油已发展成为主业突出、产业链完整、业务遍及40多个国家和地区的国际能源公司。

회사는 주요 산업을 정상에 올려놓았고 산업 체인을 완비했으며 40개 이상의 국가 및 지역으로 업무를 확장하여 국제적 에너지 기업으로 발전하였습니다.

CHAPTER 02 구인 구직 및 인력 관리

014　本公司面向社会公开招聘，公开、公平、公正，择优录用。
저희 회사는 투명하고 공평하며 공정하게 우수한 인재를 공개 채용합니다.

015　招聘流程为按招聘公告个人报名、资格审查、笔试面试、体检、聘用等环节实施。
채용 과정은 채용 공고의 개별 지원, 자격 심사, 필기 및 면접, 신체검사, 채용 등의 순서로 실시합니다.

016　任职要求是思想品德好，具有坚定的理想信念，诚实守信，责任心强。
재직 요건은 생각과 인성이 바르고 확고한 신념을 가지며 정직하고 신용이 있고 책임감이 강해야 합니다.

017　在薪酬待遇方面，工资、保险及福利等待遇按本公司薪酬规定执行。
임금 및 대우에서 임금, 보험 및 복지 혜택 등의 대우는 본사의 임금 규정에 따라 처리됩니다.

018　具有良好心理素质，身体健康，体检符合国家公务员录用标准。
인성이 바르고 신체 건강하며 신체검사는 국가 공무원 채용 기준에 부합해야 합니다.

019　有较强手机、移动设备行业背景的优先。
휴대폰 및 모바일 설비 업계에서 탁월한 경력을 가진 분을 우대합니다.

020　公司尊重和保护员工的合法权益，为员工发展创造更大空间，促进员工和企业的共同发展。
본사는 직원의 합법적 권익을 존중하고 보호하며 직원의 발전을 위해 더 큰 공간을 만들며 직원과 회사의 공동 성장을 도모합니다.

021　公司从员工融合、团队合作、管理能力和领导力等多方面开展培训。
당사는 직원 간의 통합, 팀워크, 관리 능력, 리더십 등 다방면에서 교육을 하고 있습니다.

022　公司致力于建设多渠道的职业发展通道，帮助员工规划职业生涯。
당사는 다방면으로 경력 개발 루트 마련에 최선을 다하여 직원들이 직업 경력을 계획하도록 돕고 있습니다.

023　请查看主页发布的公告信息，然后直接登录主页并下载主页的"我的简历"样式，填写后提交。
홈페이지에 발표된 공고 내용을 확인하시고 직접 홈페이지에 로그인하여 홈페이지 상의 '나의 이력서' 양식을 다운로드한 뒤 작성 후 제출하십시오.

024　最终聘用前，您还必须通过体检和背景调查。
최종적으로 채용 전에 신체검사와 신원 조회를 통과해야 합니다.

025　您可以在本网站的"职位空缺"中找到相应的招聘信息。
본사 홈페이지의 '채용 공고'란에서 관련 채용 정보를 찾을 수 있습니다.

026　应聘人员必须符合以下条件：年满18周岁，能提供真实、有效的身份证、学历证等相关证明。
입사 지원자는 반드시 아래의 조건에 부합해야 합니다. 연령은 만 18세 이상으로 이를 증명할 효력이 있는 신분증, 학력 증명서 등을 제출합니다.

CHAPTER 03 경영 전략 및 기업 경영

027	公司的企业精神是与时俱进，开拓创新和科学发展。	회사의 기업 정신은 시대의 흐름에 맞춰 혁신하고 과학 발전을 도모하는 것입니다.
028	本公司坚持以人为本、共同成长的社会责任准则。	본사는 사람 중심, 동반 성장이라는 사회적 책임 규범을 지킵니다.
029	本公司坚持追求企业发展、社会服务和企业社会责任面面俱到。	본사는 기업의 발전, 사회에 대한 봉사, 그리고 기업의 사회적 책임을 철저히 추구합니다.
030	公司经营目标为到2020年，进一步巩固国内领先地位，国际化经营获得质的飞跃。	회사의 경영 목표는 2020년까지 국내 선도 기업의 위치를 더욱 공고히 하고 국제화 경영에 있어서 질적인 도약을 하는 것입니다.
031	公司谋求持续的市场主导地位，扩大高效市场，开拓战略市场，发展国际市场，不断增强在国内外市场的竞争能力。	회사는 지속적으로 시장에서 주도적인 위치를 확보하여 고효율 시장을 확대하고 전략적 시장을 개척하여 국제시장을 발전시킴으로써 국내외 시장에서의 경쟁력을 끊임없이 강화합니다.
032	本公司将实行稳健的经营策略，不断提升公司成长性，打造绿色、国际、可持续的中国石油。	본사는 앞으로도 견실한 경영 전략을 고수하여 기업의 성장을 도모함으로써 친환경적이고 국제적이며 지속 가능한 중국 석유를 만들 것입니다.
033	核心价值观是企业遵循的基本信仰和价值追求，体现了企业的经营哲学。	핵심가치란 기업의 가장 근본적인 신념이자 추구하는 가치이며 기업의 경영 철학을 나타냅니다.
034	本公司以以人为本的经营理念和企业的社会地位给员工带来的自豪感与满足感而倍受尊敬。	당사는 사람 중심의 경영 철학 및 기업의 사회적 지위를 통해 직원에게 자부심과 만족감을 갖게 하여 더욱 존경을 받습니다.
035	本公司培养员工能力，激发员工潜力，在企业中发展并实现自己的价值。	저희는 직원 역량을 키우고 잠재력을 끌어올려 기업에서 개인의 가치를 발전시키고 실현시킵니다.
036	本公司积极参与各类社会公益活动，自觉回报社会。	저희 회사는 여러 사회 공익 활동에 적극적으로 참여하여 자발적으로 사회에 보답합니다.
037	本公司面向未来发展，做好人才梯队建设。	저희 회사는 미래 지향적 발전을 위해 인재 양성에 힘씁니다.
038	我们通过组织各类专业知识与管理培训，以提升员工的经营管理技能与水平。	저희는 각 분야의 전문 지식 구축 및 관리 교육을 통하여 직원의 경영 관리 기술과 수준을 향상시킵니다.
039	我们期望通过"无边界"合作文化建立公平的人才选拔机制。	당사는 '경계가 없는' 협력 문화를 통해 공정한 인재 선발 메커니즘을 구축하고자 합니다.

CHAPTER 04 조직 관리

040　企业的核心部门有总经办和营销中心。　　기업의 핵심 부서는 총괄 경영 부서와 마케팅 부서입니다.

041　员工必须维护企业纪律。　　직원들은 반드시 기업의 규율을 지켜야 합니다.

042　企业为员工提供平等的竞争环境和晋升机会。　　회사는 사원들에게 평등하게 경쟁할 수 있는 환경과 승진할 수 있는 기회를 제공합니다.

043　公司为员工提供具有行业竞争力的薪酬和福利、舒适的工作环境及配套设备。　　회사는 직원에게 업계에서 경쟁력 있는 임금과 복리후생 및 편안한 업무 환경과 부대시설을 제공합니다.

044　中国政府法定的保险有养老保险、医疗保险、工伤保险、雇佣保险、生育保险、住房公积金。　　중국 정부가 법으로 정한 법은 연금 보험, 의료 보험, 산재 보험, 고용 보험, 출산 보험, 주택 기금입니다.

045　企业为员工提供收入和福利保证，并随着经济效益的提高逐步提高员工各方面待遇。　　회사는 직원에게 소득과 복지를 제공하고 경제적 이익이 높아짐에 따라 점차적으로 직원에게 다양한 분야의 대우를 향상시킵니다.

046　企业推行岗位责任制，实行考勤、考核制度，评先树优，对做出贡献者予以表彰、奖励。　　기업은 직무 책임제를 시행하여 출근 체크와 심사 평가 제도를 실행하고 우수한 부서를 선정하며 공헌한 사원에게 표창과 격려를 합니다.

047　人事考核通常是由三种考核项目组合而成的，包括绩效考核、操行考核和能力考核。　　인사 고과는 일반적으로 실적 고과, 품행 고과, 능력 고과라는 세 가지 고과 항목으로 이루어집니다.

048　国家法定节假日按规定放假，法定假日期间，薪资正常给付。　　국가 법정 휴일은 규정에 따라 휴가를 주며 법정 휴일 기간에 급여는 정상적으로 지급합니다.

049　病假全年累计不得超过30天，病假期间给予发放70%的基本工资。　　병가는 한 해에 누적 30일을 초과할 수 없으며 병가 기간에는 기본 급여의 70%를 지급합니다.

050　每位在职员工累计工作已满1年不满10年的，年休假5天。　　근무 기간이 1년 이상 10년 미만인 모든 재직자는 연차 휴가 5일을 쓸 수 있습니다.

051　凡请假者必须提前一天填写请假条。　　모든 휴가 신청자는 반드시 하루 전에 결근계를 작성해야 합니다.

052　企业的主要部门有销售部、培训部、客户部、市场部、采购部、人事部、财务部。　　기업의 주요 부서에는 판촉부, 인력 개발부, 고객 서비스부, 마케팅부, 구매부, 인사부, 재무부가 있습니다.

CHAPTER 05 비즈니스 회의

053	开幕式马上就要开始了，请各位来宾入场就坐，稍作等待。	개막식이 곧 시작될 예정이니 내빈 여러분께서는 입장 후 착석해 주시고 잠시 기다려 주시길 바랍니다.
054	大家先休息10分钟，会议室门口我们准备了一些茶点，11点开始继续开会。	여러분 10분간 쉬도록 하겠습니다. 회의실 입구에 다과가 마련되어 있으며 회의는 11시에 이어서 진행하겠습니다.
055	各位来宾，请注意！韩国大田市投资环境说明会马上就要开始了。	내빈 여러분께 안내 말씀드립니다. 잠시 후 한국 대전시 투자 환경 설명회를 시작하겠습니다.
056	感谢大家在百忙之中抽出时间来参加本次论坛。	바쁘신 와중에 시간을 내서 이번 포럼에 참석해 주셔서 감사합니다.
057	感谢上海第一服装公司对本次论坛的大力支持和赞助。	상하이 제일 패션에서 이번 포럼에 대대적인 지지와 후원을 주신 데 감사드립니다.
058	接下来我很荣幸地将嘉宾介绍给大家。请大家以热烈掌声欢迎。	이어서 여러분께 귀빈을 소개해 드리겠습니다. 모두 큰 박수로 환영해 주시길 바랍니다.
059	今天的论坛到此结束。衷心感谢今天的所有来宾。	오늘 포럼은 여기서 마치겠습니다. 오늘 참석해 주신 모든 내빈 여러분께 진심으로 감사드립니다.
060	原定于7月21日下午2点的会议，因时间冲突，调整至7月23日下午2点召开。	7월 21일 오후 2시에 개최하려 했던 회의는 시간이 중복되는 관계로 7월 23일 오후 2시에 개최하는 것으로 조정되었습니다.
061	我们在临时会议上决定本次会议被无限期延迟了。	우리는 임시 회의에서 이번 회의를 무기한 연장하기로 결정했습니다.
062	请通知所有人会议取消了。	모든 사람들에게 회의가 취소되었다고 알려주시기 바랍니다.
063	接下来15分钟由黄经理来说明我们的计划。	이어서 15분 동안 황 부장님께서 우리의 계획에 대해서 설명하겠습니다.
064	女士们先生们，如果你们有什么问题的话请随时提出。	신사 숙녀 여러분, 궁금한 점이 있으시면 언제든지 질문하시길 바랍니다.
065	为保持活动秩序，请各位将手机调至关机或静音状态，谢谢合作。	원활한 행사 진행을 위해 휴대폰을 끄거나 무음 모드로 바꿔주시기 바랍니다.
066	有特殊情况不能准时参加会议的，当事人应事先向会议主持人说明原因。	특별한 상황으로 인해 제시간에 회의에 참석하지 못할 경우 당사자는 반드시 회의 진행자에게 사유를 설명해야 합니다.

CHAPTER 06 시장 조사 및 기획

067　市场调查包括市场环境调查、销售可能性调查，还可对消费需求、企业产品、产品价格、销售渠道等进行调查。

시장 조사는 시장 환경 조사와 판매 가능성 조사를 포함하여 소비 수요, 기업 제품, 제품 가격, 판매 루트 등에 대한 조사를 진행합니다.

068　为了正确了解市场的现状及其发展趋势，要进行在线问卷调查。

시장의 현황과 발전 추세를 정확하게 이해하기 위해서 온라인 설문 조사를 실시해야 합니다.

069　中国化妆品市场是一个充满活力的市场。

중국 화장품 시장은 활기가 넘치는 시장입니다.

070　化妆品及美容行业在中国一直保持着快速增长的趋势，化妆品市场备受青睐。

화장품 및 미용 업계는 중국에서 줄곧 급성장 추세를 유지하고 있어서 화장품 시장은 크게 각광을 받고 있습니다.

071　按照消费者的经济情况、年龄、品牌爱好、个人价值观等等，对化妆品的需求层次不一致。

소비자의 경제적 여건, 연령, 브랜드 선호, 개인의 가치관 등에 따라 화장품의 수요 단계가 다릅니다.

072　报告显示，美国消费者在亚马逊网站上订购量最大的商品种类为电子产品。

보고에 따르면 미국 소비자가 아마존 사이트에서 가장 많이 주문하는 상품 종류는 전자 제품입니다.

073　据工信部的介绍，1月-11月，通信设备行业实现销售值同比增长13.9%。

공업 정보화부의 소개에 따르면 1월~11월 통신 설비 분야는 매출이 전년도 동기 대비 13.9%가 증가했습니다.

074　在当今的商业社会，倾听顾客的意见是很关键的。

오늘날 비즈니스 사회에서는 고객의 의견에 귀 기울이는 게 매우 중요합니다.

075　2017年上半年进口影片票房占国内票房的61%。

2017년 상반기 수입 영화 박스오피스는 국내 박스오피스의 61%를 차지합니다.

076　从顾客的意见和建议当中寻找解决顾客不满的针对性的方法。

고객의 의견과 건의에서 고객의 불만을 해결할 수 있는 정확한 방법을 찾을 수 있습니다.

077　产品策划可以分为两类：一类是产品研发策划，另一类是产品营销策划。

제품 기획은 제품 R&D 기획과 제품 마케팅 기획 두 가지로 구분할 수 있습니다.

078　虽然在技术、专利等实力上仍然难敌国际巨头，但是也已经发展成一股不容易小觑的力量。

비록 기술이나 특허 등의 실력에 있어서 아직 세계 최고를 제치지는 못했지만 무시할 수 없는 힘을 키워 냈습니다.

079　国际品牌化妆品主要采用广告开道，品牌专柜销售策略、自我销售策略和网络销售策略进行市场销售。

해외 브랜드 화장품은 광고를 주도하고 브랜드 전문 코너 전략, 셀프 마케팅 전략, 온라인 마케팅 전략으로 마케팅을 펼쳤습니다.

CHAPTER 07 기업 홍보 및 광고

080	现在做什么广告宣传效果最好？	지금은 어떤 광고를 하는 것이 효과가 가장 좋습니까?
081	针对理智购买的消费者，我们通过类似新闻报道的手段，让消费者能够获得有益于生活的信息。	이성적인 소비자를 대상으로 저희는 관련 뉴스 보도를 통해 소비자가 생활에 도움이 되는 정보를 얻을 수 있도록 합니다.
082	如果想在媒体上做广告的话，是应该找广告公司代理还是直接和媒体联系？	매체에 광고를 하려면 광고 회사에 대행을 해야 합니까 아니면 매체와 직접 연락을 해야 합니까?
083	广告语用富有感情色彩的语言来吸引受众，不仅使人们了解其商品，同时也成为一种社会文化。	광고어는 감정적인 언어로 대중의 눈길을 끌어서 사람들에게 상품을 이해시킬 뿐 아니라 일종의 사회 문화가 되기도 합니다.
084	植入式广告是随着电影、电视、游戏等的发展而兴起的一种广告形式。	간접 광고는 영화, TV, 게임 등이 발전함에 따라 생겨난 광고 형식입니다.
085	水溶C是能在水中溶解的一组维生素，包括复合维生素B以及一些其他维生素(如维生素C和维生素P)。	쉐롱C는 물에 잘 녹는 비타민으로서 복합 비타민B 및 다른 비타민(예를 들어 비타민C와 비타민P)을 포함합니다.
086	社交网络营销模式的迅速发展恰恰符合了网络用户的真实需求，参与、分享和互动。	SNS 마케팅 모델의 급속한 발전은 인터넷 이용자의 실질적 필요인 참여, 공유, 상호 작용에 꼭 부합합니다.
087	目前企业形象广告使用最为广泛的一种是社会公益型宣传。	최근 기업의 이미지 광고에서 가장 광범위하게 사용하는 것은 바로 사회 공익형 광고입니다.
088	企业标识不仅仅是一个图案设计，而是要创造出一个具有商业价值的符号，并兼有艺术欣赏价值。	고객은 바이두 지식 컨텐츠의 사용자이면서 창조자이기도 합니다. 이곳에 누적된 지식 데이터는 검색 결과에 반영됩니다.
089	我们公司主要通过报纸广告、电视广告、网络广告、招贴广告等各种传播媒体手段来进行广告。	우리 회사는 신문 광고, TV 광고, 인터넷 광고, 포스터 광고 등 각종 매체를 통해서 광고를 진행합니다.
090	百威啤酒的巨大成功，除了它是美国首屈一指的高品质啤酒外，与其卓越的广告营销策略也有着重要关系。	버드와이저의 대성공은 미국에서 으뜸가는 고품질 맥주라는 것 외에 뛰어난 광고 전략과도 밀접한 관련이 있습니다.
091	根据年报数据统计，近1,500家上市公司今年累计推广宣传费用在千亿元以上。	연간 보고서의 통계에 따르면 1,500개에 가까운 상장 회사의 올해 누적 광고 비용이 천억 위안 이상이라고 합니다.
092	最后还有一些户外宣传活动，在大城市的主要入口处竖立广告牌。	마지막으로 야외 홍보 이벤트도 있어서 대도시 주요 입구에 광고판을 설치할 예정입니다.

제품 소개 및 마케팅

093 本公司的产品质优价廉，一直受到业界的好评。
저희 회사 제품은 품질이 좋고 가격이 저렴하여 줄곧 업계의 호평을 받고 있습니다.

094 本公司近年来一直与中国电脑零件行业排名前几位的大公司保持着良好的合作关系。
저희 회사는 최근 중국 컴퓨터 부품 업계의 상위권 회사와 좋은 협력 관계를 유지하고 있습니다.

095 我们的产品出口到日本、新加坡、印尼等亚洲国家，以及其他欧洲国家。
우리 제품은 일본, 싱가포르, 인도네시아 등 아시아 국가 및 기타 유럽 국가에 수출하고 있습니다.

096 今天我们商场举行满300送50的促销活动。
오늘 저희 상점에서는 300위안을 구매하시면 50위안을 증정해 드리는 이벤트를 하고 있습니다.

097 中国汽车市场处在蓬勃发展的上升阶段，市场竞争格局处于发展阶段。
중국 자동차 시장은 왕성하게 발전하는 상승 단계에 있으며 시장 경쟁 구도도 발전 단계에 있습니다.

098 作为国内领先的房车品牌，上汽大通房车在市场上受到了极大的欢迎。
상하이자동차는 국내 선두의 캠핑카 브랜드로서 캠핑카 시장에서 인기가 매우 많습니다.

099 合资品牌与自主品牌之间适度的竞争，有利于提高上海汽车整体的产品市场竞争能力。
합자 브랜드와 자체 브랜드 간의 적당한 경쟁은 상하이자동차의 전체적인 제품 시장 경쟁력을 높이는 데 도움이 됩니다.

100 目前我们正在进行促销，如果你购买1000个产品，我们可以为您提供10%的折扣。
현재 저희는 할인 행사를 하고 있는데 제품 1,000개를 구입하시면 10% 할인해 드립니다.

101 国内市场需求的多样化和个性化为自主品牌走差异化道路创造了条件。
국내 시장 수요의 다양화와 개성화는 자체 브랜드를 차별화하기 위한 조건을 만들어냈습니다.

102 网红营销是当下比较热的一种营销方式。
왕훙 마케팅은 요즘 꽤 인기 있는 마케팅 방식입니다.

103 炒作营销比一般的宣传能够起到更好的广告效应。
노이즈 마케팅은 일반적인 홍보보다 광고 효과가 더 좋습니다.

104 最近越来越多的人都用手机来看电视、电影，还有购物，因此手机营销是必不可少的。
요즘은 점점 더 많은 사람들이 모두 핸드폰으로 TV 및 영화 감상, 쇼핑을 하기 때문에 모바일 마케팅은 필수적입니다.

105 淘宝网把11月11日命名为"光棍节"，并在这一天推出大量的促销活动，受到消费者欢迎。
타오바오왕은 11월 11일을 '광군제(솔로데이)'로 이름 짓고 이 날 대규모의 판촉 이벤트를 벌여 소비자들로부터 환영을 받았습니다.

CHAPTER 09 무역 업무1 - 협상 및 거래

106	从中国国际贸易促进会获悉，你们有意采购电器用品。	중국 국제 무역 추진회를 통해서 귀하께서 전기 용품을 구매하고자 한다고 들었습니다.
107	据了解，你们是家电潜在买家，而该商品正属于我们的业务经营范围。	귀하께서는 가전제품의 잠재 구매 고객이라고 알고 있는데 이 상품은 마침 저희가 취급하는 품목입니다.
108	我们欣然寄出这封自荐信，希望能成为我们建立互利关系的前奏。	기쁜 마음으로 저희를 소개하는 편지를 보내드리며, 이번 기회가 상호 이익 관계를 맺는 서막이 되기를 바랍니다.
109	我们有幸自荐，盼望能有机会与你们合作，扩展业务。	저희를 소개하게 되어 행운으로 생각하며 귀사와 협력하여 업무를 확장할 수 있는 기회가 있기를 바랍니다.
110	我们价格虽然是贵一点儿，但是品质比别的厂商好，而且我们产品的外形美观，公司的信誉很好，过去二十年从来没有出过问题。	가격이 다소 비싸지만 다른 업체에 비해 품질이 좋고 게다가 상품의 외관도 아름다울 뿐만 아니라 회사의 신용도 아주 좋아서 과거 20년간 아무런 문제도 일어나지 않았습니다.
111	我们专门经营中国美术工艺品的出口业务，希望能与你们建立交易关系。	저희는 전문적으로 중국 미술 공예품 수출을 하고 있으며 귀사와 거래할 수 있기를 희망합니다.
112	我们愿意在平等互利、互通有无的基础上与贵公司建立业务关系。	저희는 호혜 평등, 유무상통의 원칙 위에 귀사와 업무 협력 관계를 맺고자 합니다.
113	相信以我们公司的对外贸易经验以及对国际市场情况的熟悉，可以使我们有资格得到你们的信任。	우리 회사의 대외 무역 경험과 국제 시장 정세에 대한 이해가 귀하의 신뢰를 얻을 만한 자격이 된다고 생각합니다.
114	本公司与此地可靠的批发商有密切联系，能与贵公司进行可观的进口业务往来。	저희 회사는 이 지역의 믿을 만한 도매 업체와 긴밀한 관계를 맺고 있어서 귀사와 기대할 만한 수입 업무를 진행할 수 있습니다.
115	承蒙贸易协会的介绍，获悉你们是中国具有代表性的进口商之一。	무역 협회의 소개를 받아 귀사가 중국의 대표적인 수입 회사 중 하나라는 것을 알게 되었습니다.
116	有关电脑产品打折一事，我们公司恐怕很难遵办，主要是因为生产成本高、利润低，实在无法削价出售，恳请谅解。	컴퓨터 제품의 할인에 관한 일은 저희 회사가 그대로 처리하기가 다소 어려울 듯합니다. 생산 원가가 높기 때문에 이윤이 낮아서 가격을 낮추어 판매할 수가 없는 점을 양해해 주시길 바랍니다.
117	我们的价格与其他电脑公司相比是最优惠的。	저희 가격은 다른 컴퓨터 회사 가격과 비교했을 때 가장 우대해 드린 것입니다.

CHAPTER 10 무역 업무2 - 문의, 오퍼, 카운터 오퍼

118	您对我们的产品感兴趣，我们不胜荣幸。这是我们公司的产品宣传样本，请您过目。	저희 제품에 관심을 가져 주셔서 영광입니다. 이것은 저희 회사 제품 홍보 카탈로그인데 한번 살펴봐 주시길 바랍니다.
119	如果贵公司的交易条件合适的话，我们打算要一万台，希望贵公司能报最优惠的价格。	만약 귀사와의 거래 조건이 맞는다면 1만 대를 주문할 생각이니, 최대로 우대한 가격을 제시해 주십시오.
120	考虑到贵公司定量比较多，我们可以给5%的优惠，即FOB上海每台5000元。	귀사는 주문량이 많으니 5% 우대해 드릴 수 있습니다. 즉 FOB 상하이 1대당 5,000위안입니다.
121	库存大约2000台，其余的我们可以在12月装船。	재고가 2,000대 정도 있고 나머지는 12월에 선적할 수 있습니다.
122	请注意，这是我方的最优惠报价，我们不接受任何还盘。	이것은 저희 쪽에서 가장 할인해 드린 견적이기 때문에 어떠한 카운터 오퍼도 받아들일 수 없다는 점을 유념해 주십시오.
123	感谢您的询盘。正式发盘我们会在明天提出。	귀사의 문의에 감사드립니다. 정식 오퍼는 내일 내겠습니다.
124	为了能够与贵公司达成交易，我们做出了最大的让步。	귀사와의 거래를 성사시키기 위해 저희는 최대한 양보했습니다.
125	谢谢你的询价。我们将仔细研究贵方需求单，并尽量满足贵方要求。	가격 문의에 감사드립니다. 저희는 귀사의 요구서를 상세하게 검토해서 귀사의 요구를 최대한 만족시킬 수 있도록 하겠습니다.
126	贵公司发盘的有效期一般是多长时间？	귀사의 오퍼 유효 기간은 보통 얼마인가요?
127	就价格而言，2018型比2017型还要便宜8%。因为我们采用新技术降低了成本。	가격으로 봤을 때 새로운 기술을 이용해 원가를 낮추었기 때문에 2018년 모델은 2017년 모델보다 8% 더 저렴합니다.
128	我们考虑一下，会在三天之内予以答复。	저희가 생각을 좀 해 보고 3일 이내에 답을 드리겠습니다.
129	我们公司与贵公司合作以来一直非常顺利，非常感谢贵公司对我们公司的支持与信任。	저희 회사와 귀사는 협력한 이래 계속 순조롭게 거래해 왔습니다. 귀사의 저희 회사에 대한 지지와 신뢰에 감사드립니다.
130	因目前原材料的上涨，致使成衣制作的成本费用提高，我们的利润已经是微乎其微了。如若再降低价格，我方恐怕很难遵办，恳请谅解。	현재 원자재 값 상승으로 인해 제작 원가도 많이 올라 본사의 이윤은 거의 없는 실정입니다. 가격을 더 낮출 수 없는 점 양해해 주길 바랍니다.

부록 241

CHAPTER 11 무역 업무3 - 상품 검사, 포장, 발송

131	我们公司要在中国做生意，进出口货物是不是都要报请商检？	저희 회사가 중국에서 사업을 하려고 하는데 수출입 화물 모두 상품 검사를 신청해야 합니까?
132	如果中方和韩方商检的结果不一致的话，我们应该如何处理呢？	만약 한국과 중국 양측의 상품 검사 결과가 다를 경우에는 어떻게 처리해야 하나요?
133	我们将在承诺的2天内发货，发货后，我们将告知你货运单号。	우리는 약속대로 2일 내에 상품을 발송할 예정이고 상품 발송 후 운송장 번호를 알려드리겠습니다.
134	您的产品将通过EMS的方式，在7天后到达您那里。	귀하께서 구입하신 제품은 EMS를 통해 7일 후에 배송될 예정입니다.
135	您的产品正在被悉尼邮局派送。您的物流单号为ABC12345，您可以在www.abc.com查询物流信息。	귀하의 상품은 시드니 우체국에서 배송 중에 있습니다. 운송장 번호는 ABC12345이고, www.abc.com에서 물류 정보를 확인할 수 있습니다.
136	如果你们公司的产品已经获得了CCC认证标志就没有必要报请商检了。	만약 귀사의 제품이 이미 CCC 인증마크를 획득했다면 상품 검사를 신청할 필요가 없습니다.
137	请你放心，我们采用的是国际标准运输标志。	저희는 국제 표준 화인을 사용하고 있으니 그 부분에 대해선 안심하셔도 됩니다.
138	要办理报关注册登记手续，需要什么文件？	제가 통관 등록 수속을 하려 하는데 어떤 서류가 필요합니까?
139	贵方订购货物的出口许可证已获批准。	귀하께서 주문한 물품의 수출 허가증이 이미 비준을 받았습니다.
140	质量标准是依据中国大蒜分类标准进行，一定要确保质量符合规定的标准。	품질 기준은 중국 마늘 분류 표준에 따르며 반드시 품질이 규정된 기준에 맞아야 합니다.
141	我们一直秉承质量至上，信誉至上的原则。	저희는 품질 제일, 신용 제일의 원칙을 고수하고 있습니다.
142	包装的材料有很多种，比方有纸箱、木箱、板条箱、瓦楞纸盒、泡沫材料等等。	포장 재료는 여러 가지인데 종이 상자, 나무 상자, 틀 나무 상자, 골판지 상자, 스티로폼 재료 등이 있습니다.
143	我们公司的运费可以按重量计算，也可按体积或尺码计算。	저희 회사의 운송비는 중량에 따라 계산할 수도 있고 부피 또는 길이에 따라 계산할 수도 있습니다.

CHAPTER 12 무역 업무4 – 클레임, 사과, 손해 배상

144 对贵公司的损失，本公司再次深表歉意。
귀사의 손실에 대해서 다시 한번 깊이 사과를 드립니다.

145 本公司将以最快的速度按实际损失给予无条件赔偿。
저희 회사는 최대한 빨리 실제 손실에 대해 조건 없이 배상하겠습니다.

146 本公司将采取一定的法律途径维护我公司的合法权益及相应经济损失。
저희 회사는 일정한 법적 절차를 취해서 저희의 합법적인 권익과 상응하는 경제적 손실을 보호할 것입니다.

147 你们上次发运的货太令人失望，我不得不向贵方提出索赔。
귀사에서 지난번 발송한 화물을 보고 크게 실망하여 부득이하게 귀사에 손해 배상을 청구하게 되었습니다.

148 我认为你应当处理这一问题并给我们赔偿。
저는 귀사가 반드시 이 문제를 처리하고 저희 쪽에 손해 배상을 해야 한다고 생각합니다.

149 我们一直在努力改善对客户的服务。
당사는 늘 고객 서비스 개선에 최선을 다하고 있습니다.

150 考虑到我们之间的友好关系，我们准备满足贵方4.50公吨短重索赔。
우리의 우호적인 관계를 생각하여 귀사의 4.50톤 중량 미달에 대한 손해 배상 요구를 받아들이겠습니다.

151 我们因此遭受了巨大经济损失。
당사는 이번 일로 인해 막대한 경제적 손실을 입었습니다.

152 我们的客户表示不满，强烈要求你们赔偿损失。
저희 고객이 불만을 표하여 귀사에게 손해를 배상하라고 강력하게 요구하고 있습니다.

153 按目前的情况看，这不属于我们的责任，我恐怕只能拒绝贵方索赔。
현재의 상황으로 봐서 이는 저희의 책임이라고 볼 수 없기 때문에 귀사의 손해 배상 요구를 받아들일 수 없을 것 같습니다.

154 我们会研究有关问题，找出问题的原因，及尽力避免同样不幸的事再次发生。
저희는 관련된 문제를 연구하여 원인을 밝혀내고 동일한 사고가 재차 발생하지 않도록 최선을 다하겠습니다.

155 对双方的违约责任及相关赔偿进行了明确约定。
양측의 위약 책임 및 관련 배상에 관해서 명확하게 약정되어 있습니다.

156 争议和索赔并不局限于买卖双方，有的还涉及运输、保险等方面，而且各方往往有着密切的关系。
분쟁과 클레임은 구매자와 판매자 쌍방에만 국한되지 않습니다. 어떤 것은 운송 또는 보험 등에서 발생해서 각각의 분야가 밀접한 관계를 맺고 있습니다.

157 很抱歉听到发给您的货物有残损，我在发货时再三确定了包装没有问题才给您发货的。
귀사로 발송된 제품이 훼손되었다는 보고를 받고 매우 죄송스럽게 생각하고 있습니다. 저희는 제품을 발송할 때 제품을 거듭 살펴보고 문제가 없음을 확인한 후 귀사에 발송했습니다.

CHAPTER 13 전자 상거래 (e-비즈)

158	现在越来越流行网购，但是还是有大部分的人不知道怎么在网上买东西。	요즘 온라인 쇼핑이 갈수록 유행하고 있지만 아직 많은 사람들이 온라인에서 어떻게 물건을 사는지 모릅니다.
159	从数据来看，电子商务的确已经很火热了。	데이터를 보면 전자 상거래는 확실히 아주 인기가 많아졌습니다.
160	人们不再是单单用微信聊天了，有的用微信发红包，有的用微信付款。	사람들은 위챗으로 대화만 나누지 않고 어떤 사람은 홍빠오를 나눠주고 어떤 사람은 위챗으로 결제합니다.
161	使用淘宝购物，首先要注册一个淘宝账号。	타오바오로 물건을 사려면 먼저 타오바오 계정을 등록해야 합니다.
162	随着网络与生活水平的提高，现在越来越多的商店与购物中心都可以使用支付宝与微信付款。	인터넷과 생활 수준이 향상됨에 따라 최근 갈수록 많은 상점과 쇼핑센터에서 쯔푸바오나 웨이신 결제를 사용할 수 있습니다.
163	目前中国的网上银行用户超过1700万。	최근 중국의 인터넷 뱅킹은 이용자가 1,700만을 넘었습니다.
164	网络银行的用户可以不受空间、时间的限制，无论在家里，还是在旅途中都可以登陆银行。	인터넷 뱅킹 이용자는 공간과 시간의 제약을 받지 않고 집에서든 여행 중이든 은행에 로그인할 수 있습니다.
165	滴滴出行降低空驶率，最大化节省司机与乘客双方资源与时间。	띠띠추싱은 공차율을 낮췄고 기사와 승객 간의 자원과 시간을 최대한 절감하였습니다.
166	2017年中国电子商务市场交易规模预测，将达24亿元，增长16.7%。	2017년 중국 전자 상거래 시장 규모는 24억 위안에 달해 16.7%가 증가할 것으로 예측됩니다.
167	滴滴出行优惠券红包的领取方法：下载安装滴滴出行，在领取红包界面输入手机号就可以领取了。	띠띠추싱 할인 쿠폰 수령 방법: 띠띠추싱을 다운로드해서 설치하고 홍빠오 수령 페이지에서 휴대폰 번호를 입력하면 받을 수 있습니다.
168	利用互联网进行网络购物并以银行卡付款的消费方式已日渐流行。	인터넷을 이용하여 온라인 쇼핑을 하고 은행 카드로 결제하는 소비 방식이 점점 유행하고 있습니다.
169	无论是交易量、交易笔数、用户人群，我们都已经超越了亚马逊。	거래량, 거래 횟수, 이용자군 등 모든 면에서 우리는 이미 아마존을 넘어섰습니다.

CHAPTER 14 비즈니스 서신1 - 일상적인 내용

170	随着信息技术和网络通讯的发展，电子邮件在经贸、商务交往中的作用已被人们认识。	정보 처리 기술과 인터넷 통신망의 발달에 따라 경제 무역 및 비즈니스 거래에서 이메일의 역할이 중요하게 인식되고 있습니다.
171	承蒙您的热情帮助，我顺利完成了任务。	귀하의 열정적인 도움을 받아 제가 순조롭게 업무를 완수할 수 있었습니다.
172	回复对方邮件时，应当根据回复内容需要更改标题，不要RE一大串。	상대방에게 회신할 때는 반드시 회신 내용에 따라 제목을 다시 작성하고 RE를 길게 달지 않도록 합니다.
173	这些成绩的取得都应当归功于展会为我们公司和客户之间搭建了这个交流的平台。	이 성적을 얻은 것은 모두 전시회 측이 저희 회사와 고객 간에 교류할 수 있는 장을 마련해 주셨기 때문입니다.
174	值此新年来临之际，请允许我和我的夫人向您及贵处全体工作人员表示新年的祝愿。	신년을 맞이하여 저와 제 아내는 귀하와 귀측의 모든 임직원들에게 신년의 축복을 기원합니다.
175	企业每天都要阅读大量信函文件，商务信函不需要用华丽的词句。	기업은 매일 많은 편지와 문서를 읽어야 하므로 비즈니스 서신은 화려한 미사여구를 쓸 필요가 없습니다.
176	如有更进一步信息，请让我们知道。感谢您的好意，并望尽早回复。	만약 새로운 소식이 있으면 알려주십시오. 귀하의 호의에 감사드리며 빠른 시일 내에 회신해 주시길 바랍니다.
177	9月15日来函收悉，我很高兴收到你的邮件。	9월 15일자 편지 잘 받았습니다. 귀하의 편지를 받고 매우 기뻤습니다.
178	首先感谢贵司对本公司的信任，并给予工作上的大力支持。	먼저 저희 회사에 대한 신뢰와 사업상의 적극적인 지지에 감사드립니다.
179	非常荣幸能够代表我公司与您联系。	저희 회사를 대표하여 귀사와 연락을 취하게 되어 매우 영광입니다.
180	愿进一步加强联系，并候复音。	한걸음 더 가까워지는 관계가 되기를 희망하며 답장을 기다리겠습니다.
181	谢谢贵公司多年惠顾，盼继续合作。	귀사에서 보내주신 다년간의 지지에 감사드리며, 계속적으로 협력하기를 바랍니다.
182	公司领导班子谨向辛勤耕耘、默默奉献在各个工作岗位上的全体员工致以节日的问候和崇高的敬意！	회사 지도부에서는 근면 성실하게 묵묵히 공헌한 각 업무 부서의 전 직원분들께 문안과 경의를 표합니다.

CHAPTER 15 비즈니스 서신2 – 업무 관련 내용

183	该商品质地优良、制作精细。此外，我方可提供世界各地的售后服务。	당사 제품은 품질이 우수하고 정밀하게 가공했으며 그 밖에도 저희는 전 세계 어디에서나 A/S를 제공합니다.
184	请允许我方为贵方提供最近研发的新产品报价。	당사에서 최근 개발한 신제품 견적서를 보내드립니다.
185	奉上该货品报价单，敬希查照。	해당 상품의 견적서를 보내드리니 살펴봐 주시기 바랍니다.
186	我们希望早日接到贵方试购订单，我方定将迅速而妥善地予以处理。	저희는 조속히 귀사의 시험 주문서를 받기를 기대합니다. 저희가 신속하고 적절하게 처리하도록 하겠습니다.
187	感谢您的积极评价，我们真诚地希望能有更多的机会为您服务。	귀사의 긍정적인 평가에 감사드리며 귀사를 위해 서비스할 수 있는 기회가 더 많아지기를 진심으로 희망합니다.
188	若这次交易成功，我们会有长期大量订购，期待贵公司成为我们长久的合作伙伴。	만약 이번 거래가 성사된다면 저희는 장기적으로 귀사의 제품을 대량 구매할 것입니다. 귀사가 저희의 오랜 협력 파트너가 되기를 바랍니다.
189	今天将您所感兴趣的我公司产品报价及相关介绍发送给您，请您查阅！	오늘 귀사에서 관심 있어 하신 본사 제품 견적서와 관련 소개서를 보내드리니 살펴봐 주시기 바랍니다!
190	劳烦之处，感激不尽，并保证对贵方的答复保密。	귀사의 협조에 진심으로 감사드리며 귀사의 답변은 비밀로 할 것임을 약속드립니다.
191	希望贵方能试用样品，并期待贵方的订单。	샘플을 시범적으로 사용해 주시길 바라며 귀사의 주문을 기다리겠습니다.
192	请尽早赐知，以便早作准备，款待贵客。	저희가 귀하를 맞이할 준비를 미리 할 수 있도록 가능한 한 빨리 알려주십시오.
193	感谢贵方10日来函，欣悉贵方对我厂的A73感兴趣。	귀하가 10일에 보내주신 편지에 감사드리며 아울러 저희 A73 제품에 관심을 보여주셔서 기쁘게 생각합니다.
194	我们要求在8月30日之前收到信用证修改。否则，我们无法如期装运货物。	당사는 8월 30일 이전에 신용장 수정안을 받고 싶습니다. 그렇지 않으면, 저희는 기한 내에 물건을 납품할 수 없습니다.
195	若贵公司对我公司的产品感兴趣，请告知，我们会即刻发送样品，并将以最优惠的条件正式发盘。	만약 귀사가 저희 제품에 관심이 있다면 즉시 샘플을 보내드릴 수 있으며 가장 합리적인 조건으로 정식 오퍼를 내도록 하겠습니다.

CHAPTER 16 계약서

196	甲乙双方在平等的原则下，经过友好协商，就双方合作，取得了一致意见，特签订本协议。	갑을 양측은 평등한 원칙 하에 우호적인 협상을 통해 합작 경영을 하기로 의견을 모아, 본 협정서에 서명한다.
197	本协议自签订之日起生效。	본 협정은 서명한 날로부터 효력이 발생한다.
198	在履行本协议时，如发生分歧，双方尽量协商解决，如协商不成，任何一方均有权依法解决。	본 협정을 이행할 때 만약 양측 의견이 대립되면 양측은 협상으로 해결하도록 하고, 협상으로도 해결이 안 될 경우 양측 모두 법에 따라 해결할 권리가 있다.
199	甲方签订本合同当日以现金预付总价款的30％为定金。	갑 측은 본 계약서에 서명한 당일 현금으로 총 대금의 30%의 계약금을 지불한다.
200	甲乙双方各执一份，具有同等法律效力。	갑을 양측이 각각 한 부씩 가지며 이것은 동등한 법적 효력을 가진다.
201	本协议一式两份，由双方签订盖章后生效。	본 협정은 같은 양식으로 2부를 작성하여 양측이 서명 날인하면 효력이 발생한다.
202	合作经营期满，如双方均表示愿意继续合作，本合同可再延续二年。	합작 기간이 만료되었는데 만약 양측이 계속해서 합작을 원하면 합작 기한은 2년 더 연장할 수 있다.
203	合同的签章部分一般自然人直接签字或按手印即可。	계약서의 서명 부분에 자연인은 일반적으로 직접 서명을 하거나 지장을 찍는다.
204	协议书与合同同属一大类的经济文书，都具有法律效力，联系也很密切。	협정서와 계약서는 큰 의미에서 같은 분류에 속하는 경제 문서로서 모두 법적 효력을 가지고 관계도 아주 밀접합니다.
205	简单的合同当事人可以自己去写，但对于一些复杂的合同或者标的额较大的合同，最好向专业人士咨询。	간단한 계약서는 당사자가 직접 써도 되지만 복잡하거나 목표액이 큰 계약은 전문가에게 의견을 구하는 것이 좋습니다.
206	双方签订合同时要根据订立合同的目的以及双方的情况来综合考虑，做到粗细相宜。	양측이 계약을 할 때 체결한 계약의 목적 및 양측의 상황에 근거해서 종합적으로 고려하여 꼼꼼하고 알맞게 처리해야 합니다.
207	合同的正文一般由合同目的、合同的履行程序、双方的权力义务、违约责任、争议的解决、合同的变更和解除部分组成。	계약서의 본문에는 보통 계약 목적, 계약의 이행 절차, 양측의 권리와 의무, 위약 책임, 분쟁의 해결, 계약서의 변경과 해지 부분으로 구성됩니다.
208	凡在制造或转船运输过程中，因不可抗力致使卖方不能或推迟交货时，卖方不负责任。	생산 또는 환적 운송 도중 불가항력으로 인해서 물품의 납품이 지연되거나 혹은 납품할 수 없을 경우에는 판매자가 책임지지 않는다.

CHAPTER 17 시사

209	专家认为，随着城市化进程加快，城市垃圾日趋成为环境的主要污染源。	전문가들은 도시화 진행 속도가 빨라지면서 도시 쓰레기가 갈수록 환경의 주요 오염원이 되고 있다고 합니다.
210	近日美国宇航局(NASA)和通用汽车公司联手研制出第二代人形机器人。	최근 미국 항공 우주국(NASA)과 GM 자동차가 제휴하여 제2세대 인간 로봇을 연구 제작하였습니다.
211	据新华社，八国集团首脑会议8日在意大利中部城市拉奎拉正式拉开帷幕。	신화사에 따르면 G8 정상 회담이 8일 이탈리아 중부 도시인 라퀼라에서 정식으로 막을 열었습니다.
212	在哥本哈根气候大会上，主办方倡导世界各国应该遵守《联合国气候变化框架公约》及其《京都议定书》的协议，减少温室气体排放。	코펜하겐 기후 회의에서 주최측은 세계 각국이 모두 「유엔 기후 협약」과 「교토 의정서」 협의를 준수하고, 온실가스 배출을 줄이자고 제창하였습니다.
213	为了一点儿经济利益，人们乱砍乱伐使得水土大量流失，导致了荒漠化现象的出现。	약간의 경제적 이익을 위해 사람들은 함부로 벌목을 하여 물과 토양을 크게 유실시켰고 사막화 현상을 초래했습니다.
214	因为荒漠化现象，自然环境和农业生产都出现了恶化的趋势。	사막화 현상 때문에 자연환경과 농업 생산이 모두 악화되는 추세가 나타났습니다.
215	科技变化的确给我们带来了更为舒适的生活，但它可能也会给我们带来危险，甚至是灾难。	과학 기술의 변화는 분명 우리에게 더 편안한 생활을 가져다줬지만 위험과 심지어는 재난을 가져다줄 수도 있습니다.
216	其实不只是电子产品，自从纳米技术问世以来，我们的生活发生了巨大的变化。	사실 전자 제품뿐만 아니라 나노 기술이 세상에 나온 이후로 우리의 생활에 엄청난 변화가 생겼습니다.
217	随着G2这个概念的提出，人民币升值的潜力会很大。	G2라는 개념이 나오면서 위안화 절상 잠재력이 매우 커졌습니다.
218	纳米技术可以说是21世纪最重要的科学技术之一，它的影响不会低于计算机、微米技术给人类带来的影响。	나노 기술은 21세기 가장 중요한 과학 기술 중 하나로 그 영향력은 컴퓨터, 마이크로 기술이 인류에 가져온 영향력에 뒤지지 않습니다.
219	现在的科技真是太发达了，很多电子产品更新换代特别快。	현재의 과학 기술은 정말 굉장히 발달해서 수많은 전자 제품의 세대교체가 빨라졌습니다.
220	这两年全球的经济持续低迷，今年的经济前景也不明朗。	최근 전 세계의 경제 불황이 계속 이어지면서 올해 경제 전망도 밝지 않습니다.

CHAPTER 18 사교

221	欢迎您到我们公司来，这是您第一次访问本公司吗？	저희 회사에 오신 것을 환영합니다. 이번이 저희 회사 첫 방문이십니까?
222	我是上海华联电子公司的王晓明，认识你很高兴，这是我的名片。	저는 상하이 화롄 전자의 왕샤오밍입니다. 만나서 반갑습니다. 제 명함입니다.
223	原来您就是王总，久仰大名，请多多指教。	왕 사장님이셨군요. 말씀 많이 들었습니다. 많이 가르쳐 주십시오.
224	中国人习惯用握手来表示欢迎、感谢或者友好。	중국 사람은 악수로 환영이나 감사, 또는 우호의 의미를 나타냅니다.
225	宾主见面的时候，主人应该首先跟客人握手表示问候。	손님과 주인이 만났을 때 주인이 먼저 손님에게 악수를 청해 인사를 나누어야 합니다.
226	我很高兴听到你那样说，您慢慢看，也欢迎您随时去我们厂里看一下。	선생님께서 그렇게 말씀하시니 기쁩니다. 천천히 둘러보십시오. 저희 공장을 보러 가시는 것을 언제든지 환영합니다.
227	中国人递名片给他人时，可以说"久仰大名"、"请多多关照"、"常联系"。	중국 사람은 명함을 건넬 때 "말씀 많이 들었습니다.", "잘 부탁드립니다.", "자주 연락합시다."라고 말합니다.
228	与中国合作伙伴开始商务交谈时，应该选什么样的话题比较好呢？	중국의 협력 파트너와 업무 대화를 시작할 때 어떤 화제를 선택하는 게 좋을까요?
229	在赠送商务礼品的时候，不管送什么，心意最重要，而且表达也很重要。	비즈니스 선물을 할 때 어떤 선물을 하든 성의가 가장 중요하며 어떻게 표현하느냐도 중요합니다.
230	送礼品时一般说"虽然这只是一件小礼物，但是我希望您喜欢它"、"这是一点儿心意，请收下"。	선물을 할 때 보통 "작은 선물이지만 좋아하셨으면 합니다.", "작은 성의니 받아주십시오."라고 말합니다.
231	贴切而讲究的称呼能够给对方留下一个良好的印象。	적절하게 신경 쓴 호칭은 상대에게 좋은 인상을 남길 수 있습니다.
232	与人打交道，不称呼是不礼貌的，称呼不当则会有失礼。	타인과 왕래할 때 호칭을 부르지 않는 것은 예의에 어긋나며 호칭이 적절하지 않으면 실례가 될 수 있습니다.
233	在交谈中要做到言之有理，注意运用礼貌用语，力求尊重对方和谦让。	대화할 때는 이치에 맞는 말과 예의 바른 말을 사용해야 하며, 상대방을 존중하고 겸양한 태도를 가져야 합니다.

CHAPTER 19 여행/호텔/교통

234 团队旅游是指跟随旅行团出游，价格优惠，不用为旅途的食宿费心。
단체 여행은 여행 단체를 따라서 여행하는 것을 말하며 값이 저렴하고 숙소와 식사에 신경 쓸 필요가 없습니다.

235 商务考察是企业经营活动中一项必不可少的商务活动。
비즈니스 시찰은 기업 경영 활동에서 없어서는 안 될 비즈니스 활동입니다.

236 我们是五星级宾馆，档次比较高，一个晚上一千元人民币。
저희는 5성급 호텔로 등급이 높은 편이라 하루에 인민폐 1000위안입니다.

237 我们需要看您的护照，并请您填写住房登记表。
저희에게 여권을 보여주시고, 숙박 신고서를 작성해 주십시오.

238 我们宾馆的商务中心不但有传真服务，而且有电脑，还可以用复印机。
저희 호텔의 비즈니스 센터는 FAX 서비스뿐 아니라 컴퓨터가 있고 복사기도 사용할 수 있습니다.

239 旅游住宿形式主要有：饭店、招待所、保健旅馆、温泉旅馆、家庭旅馆、农家院住宿、日租房等等。
여행 숙소의 종류에는 호텔, 게스트 하우스, 요양 여관, 온천 여관, 홈스테이, 팜스테이, 일일 대여방 등이 있습니다.

240 一般酒店的入住时间为14点，退房时间为中午12点。
일반적으로 호텔의 체크인 시간은 14시, 체크아웃 시간은 정오 12시입니다.

241 如果提前入住或推迟退房，均须酌情加收一定的费用。
만약 일찍 체크인하거나 늦게 체크아웃하게 되면 상황에 따라 추가 요금을 내야 합니다.

242 起飞时间准时吗？班机延误多长时间？
제시간에 이륙하나요? 비행기가 얼마나 연착할 것 같은가요?

243 我想订两张今天韩亚航空公司到西安的机票。
저는 오늘 시안으로 가는 아시아나항공 티켓 2장을 예매하고 싶습니다.

244 通过旅行社订购火车票，需要支付一定的服务费，但是购票有保证，安全可靠。
여행사를 통해서 기차표를 예매하면 서비스 요금을 지불해야 하지만 표를 확실히 구할 수 있고 안전하고 믿을 수 있습니다.

245 您可以登陆"中国铁路客户服务中心"网站在线预订火车票。
'중국 철도 고객 서비스 센터' 사이트에 로그인하셔서 온라인으로 기차표를 예매하실 수 있습니다.

246 "前往仁川的旅客请注意，您乘坐的507次航班，现在开始办理乘机手续，请您到值机柜台办理。谢谢。"
"인천으로 가시는 승객분들께 안내 말씀 드립니다. 귀하께서 탑승하실 507편 항공편이 현재 탑승 수속을 시작합니다. 탑승 수속 카운터에 오셔서 수속을 밟으십시오. 감사합니다."

247 动车、高铁和直达车等高速列车一般发车前10天开始售票，快车和特快列车提前5天出售。
탄환 열차, 고속 열차, 직행열차 등 고속 열차 종류는 일반적으로 출발 날짜의 10일 전에 표 판매를 시작하고, 쾌속 열차와 특급 열차는 5일 전에 표 판매를 시작합니다.

쇼핑

248 购物卡是集餐饮和购物于一体的消费卡，是代金券的一种。

기프트 카드는 식사와 쇼핑을 모두 할 수 있는 소비 카드로서 일종의 상품권입니다.

249 如今手机支付真方便，出门连钱包都不用带。

요즘 휴대폰 결제는 정말 편리해서, 외출 시 지갑조차도 챙길 필요가 없습니다.

250 手机支付市场是一个快速增长的大市场，使用手机支付的用户越来越多。

휴대폰 결제 시장은 급속도로 성장하는 큰 시장으로서 휴대폰 결제 이용자가 점점 많아지고 있습니다.

251 各种账号的登录密码和支付密码最好用数字和字母组合的高级密码。

각종 계정의 로그인 비밀번호와 결제 비밀번호는 숫자와 영문이 조합된 고급 단계의 비밀번호를 쓰는 게 가장 좋습니다.

252 随着互联网的日益发展，网购已经成为现代人生活中不可缺少的生活方式。

인터넷이 나날이 발달함에 따라 인터넷 쇼핑은 이미 현대인의 생활에서 없어서는 안 되는 생활 방식이 되었습니다.

253 无论是生活用品还是食材，想买的物品都可以在网上购买后快递到家。

생활 용품이든 식료품이든 사고 싶은 물건은 모두 인터넷으로 구매하면 집에서 택배로 받을 수 있습니다.

254 陪同购物的好处是，为顾客节约购买时间，买对衣服和饰品，避免不必要的浪费。

동행 쇼핑의 장점은 고객을 위해서 시간을 절약해 주고 옷과 액세서리를 잘 사게 하고 불필요한 낭비를 막아줍니다.

255 一般一些大型商场、超市都会销售自己店的购物卡。

일반적으로 대형 쇼핑센터와 마트는 모두 자신들의 기프트 카드를 판매합니다.

256 根据客户的意见，适当安排娱乐购买等活动。

고객의 의견에 따라 오락이나 쇼핑 등의 활동을 적당하게 안배합니다.

257 有些客户希望去采购中国特色的商品，如丝绸、茶叶、瓷器等等。

어떤 고객은 실크, 차, 도자기 등과 같은 중국 특색의 상품을 사고 싶어 합니다.

258 购物中心通常说"shopping mall"，特指规模巨大，集购物、休闲、娱乐、饮食等于一体的商业中心。

쇼핑센터는 일반적으로 '쇼핑몰'이라고 하며, 특별히 규모가 크고 쇼핑, 레저, 오락, 식당 등을 한데 모은 상업의 중심지를 가리킵니다.

259 购物中心包含百货店、大卖场以及众多专业连锁零售店在内的超级商业中心。

쇼핑센터는 백화점, 대형 할인 마트, 수많은 전문 프랜차이즈를 포함하는 초대형 상업 중심지입니다.

260 手机支付也称为移动支付，是指允许移动用户使用手机对所消费的商品或服务进行账务支付的一种服务方式。

휴대폰 결제는 모바일 결제라고도 하며, 모바일 이용자가 소비하는 상품이나 서비스를 휴대폰으로 결제하는 서비스 방식입니다.

CHAPTER 21 비즈니스 문화 및 예절

261　拜访时务必选好时机，事先约好，这是拜访别人的首要原则。

방문할 때는 시기를 잘 선택해야 하며 사전에 약속하는 것은 다른 사람을 방문할 때 가장 중요한 원칙입니다.

262　拜访前应先写信或打电话联系，商量好双方都合适的时间和场所，并把访问的意图告诉对方。

방문 전 먼저 메일이나 전화로 연락해서 양측 모두에게 적합한 시간과 장소를 상의하고 방문 목적을 상대에게 알려야 합니다.

263　若是进入会议室，先坐在靠近门的位置，等负责人来，再由他带你到适当的位置。

회의실에 들어가게 되면 우선 문 옆자리에 앉아서 담당자가 와서 당신을 적당한 자리로 안내할 때까지 기다립니다.

264　会谈结束后也要留心细节，给对方印象更好。

회의가 끝난 후에도 세심하게 주의를 기울여야 상대에게 좋은 인상을 남깁니다.

265　为了对接待方表示敬重之意，拜访做客要仪表端正，衣着整洁。

접대하는 측에 예의를 갖추기 위해 방문자는 복장을 단정하고 청결하게 해야 합니다.

266　离开前先把椅子推回原位，这也是有教养的表现。

떠나기 전에 의자를 원래 위치로 되돌려 놓는 것도 교양 있는 태도입니다.

267　商务乘车遵循一个原则就是"把客人放在最安全的位置"。

비즈니스 상황에서 승차 시 지켜야 할 원칙은 '손님을 가장 안전한 자리에 앉게 한다'입니다.

268　商务乘车座次的安排根据车型和驾车人身份的不同，座位的尊卑也是不一样的。

비즈니스 상황에서 승차 시 좌석의 안배는 자동차 종류와 운전하는 사람의 신분에 따라 다르며 좌석의 상석과 말석도 달라집니다.

269　商业会晤时，早到等于守时。

비즈니스 회의에서 일찍 도착하는 것이 시간을 지키는 것입니다.

270　介绍的先后顺序则是将年青介绍给年长的，将职位低介绍给职位高的。

소개하는 순서는 연소자를 연장자에게, 직위가 낮은 사람을 직위가 높은 사람에게 소개합니다.

271　接待客户时，首先敲定客户访问时间、航班、访问人员名单、职位等信息，以便安排相应的接待。

고객을 접대할 때는 상응하는 접대를 할 수 있도록 먼저 고객의 방문 시간, 항공편, 방문자 명단, 직위 등의 정보를 결정합니다.

272　宾主双方约定了会面的具体时间，作为访问者应履约守时如期而至。

주인과 손님 양측이 회의할 구체적인 시간을 정했으면 방문자는 약속한 시간에 맞춰서 도착해야 합니다.

273　正对门的位置是买单的位置，右手是贵宾，对面最好坐自己的助手，催个菜跑个腿什么的方便。

출입구를 정면으로 바라보는 위치는 계산을 하는 위치이며 그 오른쪽은 귀빈, 그 맞은편에는 자신의 조수를 앉히는 것이 좋습니다.

TERM 01 주요 경제·무역 용어

ㄱ

한국어	中文	拼音
가격 인상	提价	tíjià
가격 인하	降价	jiàngjià
가격 제시, 오퍼	报价 / 报盘	bàojià / bàopán
가격 조정	调价	tiáojià
가격 조회	询价	xúnjià
가격표	价格单	jiàgédān
가격 협상	讨价还价	tǎojiàhuánjià
가계약서	草约 / 临时契约	cǎoyuē / línshíqìyuē
가공 무역	来料加工	láiliàojiāgōng
가교은행	过渡银行	guòdùyínháng
가용 외환 보유고	可动用外汇储备	kědòngyòngwàihuìchǔbèi
가중치	加权值	jiāquánzhí
가처분 소득	可支配收入	kězhīpèishōurù
감원	裁员	cáiyuán
개런티	出场费	chūchǎngfèi
개별 계약	单项合同	dānxiànghétóng
개설 은행	开证银行	kāizhèngyínháng
개인 계정	个人账户	gèrénzhànghù
거래세	周转税	zhōuzhuǎnshuì
거시적 경제 모델	宏观经济模式	hóngguānjīngjìmóshì
검사 증명서	检验证明书	jiǎnyànzhèngmíngshū
견본, 카달로그	样本	yàngběn
견본, 샘플	样品	yàngpǐn
경기 부양	刺激景气	cìjījǐngqì
경기 침체	景气衰退	jǐngqìshuāituì
경기 호전	景气回升 / 经济情况好转	jǐngqìhuíshēng / jīngjìqíngkuànghǎozhuǎn
경매	拍卖	pāimài
경상 수지	经常收支	jīngchángshōuzhī
경영진	管理团队	guǎnlǐtuánduì
경제 바로미터	经济晴雨表	jīngjìqíngyǔbiǎo

경제 대공황, 경제 침체	经济大萧条	jīngjìdàxiāotiáo
계약 철회, 계약 파기	撤销合同	chèxiāohétong
계약	合同/契约	hétong / qìyuē
계열사	子公司	zǐgōngsī
계좌	账户	zhànghù
고객, 바이어	顾客 / 客户	gùkè / kèhù
고금리	高利率 / 高息	gāolìlǜ / gāoxī
고도 성장	高速增长	gāosùzēngzhǎng
고정 환율	固定汇率	gùdìnghuìlǜ
공공적립금	公积金	gōngjījīn
공급 과잉	供过于求	gōngguòyúqiú
공급 부족	供不应求	gōngbùyìngqiú
공동 해손	共同海损	gòngtónghǎisǔn
공동 구매	团购	tuángòu
공동 출자자	合股人	hégǔrén
공시 가격, 정찰 가격	牌价 / 标价	páijià / biāojià
공인 회계사	注册会计师	zhùcèkuàijìshī
공정 거래	公平交易	gōngpíngjiāoyì
공정 거래법	公平交易法	gōngpíngjiāoyìfǎ
공정 금리	法定利率	fǎdìnglìlǜ
과세 제품	应税产品	yìngshuìchǎnpǐn
과소비	过度消费 / 消费过热	guòdùxiāofèi / xiāofèiguòrè
관세	关税	guānshuì
관세 장벽	关税壁垒	guānshuìbìlěi
구상 무역, 보상 무역	补偿贸易	bǔchángmàoyì
국민 총생산	国民生产总值	guómínshēngchǎnzǒngzhí
국채	国债	guózhài
규격	规格	guīgé
규제 완화	放宽管制	fàngkuānguǎnzhì
근무 연한	工龄	gōnglíng
근속 수당	工龄补贴	gōnglíngbǔtiē
금리	利率	lìlǜ
금리 인하	降息(降低利息)	jiàngxī(jiàngdīlìxī)

금융 선물 거래	金融期货交易	jīnróngqīhuòjiāoyì
금전 출납부	流水簿 / 流水账	liúshuǐbù / liúshuǐzhàng
금지품	违禁品	wéijìnpǐn
기금, 펀드	基金	jījīn
기술 이전	技术转让	jìshùzhuǎnràng
기업 인수 합병(M/A)	企业并购	qǐyèbìnggòu
기준 금리	标准利率	biāozhǔnlìlǜ
기한부신용장	远期信用证	yuǎnqīxìnyòngzhèng
길드	同业公会	tóngyègōnghuì

ㄴ

낙찰	中标 / 得标	zhòngbiāo / débiāo
납기	交货期限	jiāohuòqīxiàn
납부	缴纳	jiǎonà
납품, 인도	交货	jiāohuò
네고 뱅크, 매입 은행	议付银行	yìfùyínháng
노동 인구	劳动人口	láodòngrénkǒu
노하우	专有技术 / 技术秘诀	zhuānyǒujìshù / jìshùmìjué

ㄷ

다단계 판매	传销	chuánxiāo
다자간 무역	多边贸易	duōbiānmàoyì
단가	单价	dānjià
단골손님	常客 / 老客	chángkè / lǎokè
단독 해손	单独海损	dāndúhǎisǔn
담당자, 책임자	经办人 / 负责人	jīngbànrén / fùzérén
담보 대출	抵押贷款	dǐyādàikuǎn
담보물	抵押品 / 押头 / 担保物	dǐyāpǐn / yātou / dānbǎowù
당기 순이익	本期纯利	běnqīchúnlì
당좌 계정	活期账户	huóqīzhànghù
당좌 예금	活期存款	huóqīcúnkuǎn
대금 상환, 물품 인도후 결제	交货付款	jiāohuòfùkuǎn
대리점	代理店 / 代销店	dàilǐdiàn / dàixiāodiàn
대차 대조표	资产负债表 / 借贷对照表	zīchǎnfùzhàibiǎo / jièdàiduìzhàobiǎo

대출 이자	借贷利息 / 贷款利息	jièdàilìxī / dàikuǎnlìxī
덤핑	倾销	qīngxiāo
도매	批发	pīfā
독점	垄断 / 独占	lǒngduàn / dúzhàn
돈세탁	洗钱	xǐqián
등록 상표	注册商标	zhùcèshāngbiāo
디플레이션	通货紧缩	tōnghuòjǐnsuō

ㄹ

라벨	标签(儿)	biāoqiān(r)
라이선스 계약	专利许可使用合同	zhuānlìxǔkěshǐyònghétong
레저 산업	休闲产业	xiūxiánchǎnyè
리베이트	回扣	huíkòu
리셉션	招待会	zhāodàihuì
리스 산업	租赁产业	zūlìnchǎnyè
리스크	风险	fēngxiǎn
리콜제	(把有缺陷的商品)召回制度	zhàohuízhìdù

ㅁ

마이너스 성장	负增长	fùzēngzhǎng
마케팅	市场营销 / 推销	shìchǎngyíngxiāo / tuīxiāo
매출 총이익	毛利	máolì
매출액	营业额	yíngyè'é
명세서	清单 / 明细表	qīngdān / míngxìbiǎo
명예퇴직	荣誉退职 / 提前退休	róngyùtuìzhí / tíqiántuìxiū
모델 넘버	型号	xínghào
모조품	假货 / 仿造品	jiǎhuò / fǎngzàopǐn
물류	物流	wùliú
미불금, 외상매입금	应付账款	yīngfùzhàngkuǎn
미수금	应收账款	yīngshōuzhàngkuǎn
밀수	走私	zǒusī

ㅂ

반덤핑 관세	反倾销关税	fǎnqīngxiāoguānshuì
반송 운임	回程运费	huíchéngyùnfèi

반제품	半成品	bànchéngpǐn
배상	赔偿	péicháng
배상을 요구하다, 클레임	索赔	suǒpéi
벌금 조항	罚款条款	fákuǎntiáokuǎn
벌크선	散装船 / 散装货轮	sǎnzhuāngchuán / sǎnzhuānghuòlún
벤처 기업	风险企业	fēngxiǎnqǐyè
변동 환율	浮动汇率	fúdònghuìlǜ
보너스	奖金	jiǎngjīn
보세 구역	保税区	bǎoshuìqū
보증인	保证人 / 担保人	bǎozhèngrén / dānbǎorén
보험	保险	bǎoxiǎn
보험 증권	保险证券	bǎoxiǎnzhèngquàn
보험 증서	保险单 / 保单	bǎoxiǎndān / bǎodān
본선 인도 가격	船上交货价 / 离岸价	chuánshàngjiāohuòjià / líànjià
부가 가치	附加价值	fùjiājiàzhí
부가 가치세	增值税	zēngzhíshuì
부도	拒付 / 倒闭	jùfù / dǎobì
부동산	房地产	fángdìchǎn
부두	码头	mǎtou
부실 채권	不良贷款 / 不良债券	bùliángdàikuǎn / bùliángzhàiquàn
부채	负债	fùzhài
부채 상환	偿还债务	chánghuánzhàiwù
분할 납부	分批付款	fēnpīfùkuǎn
분할 선적	分期装货 / 分批装船	fēnqīzhuānghuò / fēnpīzhuāngchuán
불가항력	不可抗力	bùkěkànglì
불황, 불경기	不景气 / 低迷 / 衰退 / 萧条	bùjǐngqì / dīmí / shuāituì / xiāotiáo
브랜드	品牌	pǐnpái
비상금	私房钱 / 贴己	sīfangqián / tiējǐ
비수기	淡季	dànjì

ㅅ

사본	副本	fùběn
사이즈	尺寸	chǐcun
사재기	抢购 / 囤积	qiǎnggòu / túnjī

산업 재해	工伤 / 职业灾害	gōngshāng / zhí yè zāi hài
상속세	遗产税 / 继承税	yíchǎnshuì / jìchéngshuì
상장 회사, 주식회사	上市公司	shàngshìgōngsī
상한가	上限价 / 涨停板价	shàngxiànjià / zhǎngtíngbǎnjià
생산 원가	生产成本	shēngchǎnchéngběn
서류	单据	dānjù
선급금	预付账款	yùfùzhàngkuǎn
선물	期货	qīhuò
선적	装船	zhuāngchuán
선측 인도, 본선으로부터의 인도	船边交货	chuánbiānjiāohuò
선하 증권	提单 / 提货单	tídān / tíhuòdān
성수기	旺季	wàngjì
세관	海关	hǎiguān
세수	税收	shuìshōu
소득세	所得税	suǒdéshuì
소매	零售	língshòu
손실	亏损	kuīsǔn
손익 계산서	损益表 / 盈亏清账	sǔnyìbiǎo / yíngkuīqīngzhàng
손익 분기점	损益平衡点 / 盈亏临界点	sǔnyìpínghéngdiǎn / yíngkuīlínjièdiǎn
송장, 인보이스	运单 / 送货单 / 发票	yùndān / sònghuòdān / fāpiào
송장 가격	发单价格	fādānjiàgé
수수료	回扣 / 佣金	huíkòu / yòngjīn
수요	需求	xūqiú
수입 관세	进口税	jìnkǒushuì
수입	进口 / 输入	jìnkǒu / shūrù
수출 신고서	出口报单	chūkǒubàodān
수출입	进出口	jìnchūkǒu
수출	出口 / 输出	chūkǒu / shūchū
수취인, 수하인	收货人	shōuhuòrén
순손실	净损	jìngsǔn
순수입	净收入	jìngshōurù
순중량	净重	jìngzhòng
시가 총액	市价总额	shìjiàzǒng'é

시세	行情 / 市场价 / 市价	hángqíng / shìchǎngjià / shìjià
시장	市场	shìchǎng
시티은행	花旗银行	Huāqíyínháng
신용 어음	信用汇票	xìnyònghuìpiào
신용장	信用证	xìnyòngzhèng
신용 카드	信用卡	xìnyòngkǎ
신입 사원	新职员	xīnzhíyuán
실명제	实名制	shímíngzhì
실업 인구	失业人口	shīyèrénkǒu
실적	业绩	yèjì

ㅇ

암시장	黑市	hēishì
애프터서비스	售后服务	shòuhòufúwù
양도	转让	zhuǎnràng
양도 가능 신용장	可转让的信用证	kězhuǎnràng de xìnyòngzhèng
양도 불능 신용장	不可转让的信用证	bùkězhuǎnràng de xìnyòngzhèng
엥겔 계수	恩格尔系数	ēngé'ěrxìshù
여신	信贷	xìndài
연간 성장률	年增长率	niánzēngzhǎnglǜ
연간 이익	年利润	niánlìrùn
연금	年金	niánjīn
연봉제	年薪制	niánxīnzhì
연체금, 체납금	滞纳金	zhìnàjīn
예금	存款	cúnkuǎn
온라인	联机 / 在线 / 线上	liánjī / zàixiàn / xiànshàng
옵션	选择权	xuǎnzéquán
완제품	成品	chéngpǐn
외환 보유액	外汇储备额	wàihuìchǔbèi'é
외환	外汇	wàihuì
운송 업체	承运商	chéngyùnshāng
운임 포함 가격(C&F)	包运价格	bāoyùnjiàgé
운임, 보험료 포함 가격(CIF)	到岸价格	dào'ànjiàgé
운임	运费	yùnfèi

원가 절감	降低成本	jiàngdīchéngběn
원금	本金	běnjīn
원본	原件	yuánjiàn
원산지	原产地	yuánchǎndì
원산지 증명서	原产地证明书	yuánchǎndìzhèngmíngshū
원자재	原材料	yuáncáiliào
위탁 가공	委托加工 / 来料加工	wěituōjiāgōng / láiliàojiāgōng
위탁 판매 상품	委托代销商品	wěituōdàixiāoshāngpǐn
유급 휴가	带薪假期 / 带薪休假	dàixīnjiàqī / dàixīnxiūjià
유동 자금	流动资金	liúdòngzījīn
유망 산업	朝阳产业	zhāoyángchǎnyè
유효 기간	有效期	yǒuxiàoqī
이윤	利润	lìrùn
이익 배당	利润分配	lìrùnfēnpèi
이중 관세	双重关税	shuāngchóngguānshuì
인건비	人工费 / 劳务费	réngōngfèi / láowùfèi
인도, 납품	交货	jiāohuò
인세	版税	bǎnshuì
인수 어음	已承兑汇票 / 已承兑票据	yǐchéngduìhuìpiào / yǐchéngduìpiàojù
인수하다	收购 / 承兑	shōugòu / chéngduì
인트라넷	企业内部网	qǐyènèibùwǎng
인플레이션	通货膨胀	tōnghuòpéngzhàng
일람 출급, 일람불	见票即付	jiànpiàojífù
일람 출급 신용장	即期信用证	jíqīxìnyòngzhèng
임금 체불	欠薪	qiànxīn
임대 가격	租赁价格	zūlìnjiàgé
임대차 계약	租约	zūyuē
입찰하다	投标	tóubiāo

ㅈ

자금 조달	资金筹集	zījīnchóují
자금 회전	资金周转	zījīnzhōuzhuǎn
자산 가치	产值	chǎnzhí
잔고	余额 / 余款	yú'é / yúkuǎn

재고	库存 / 存货	kùcún / cúnhuò
재무제표	财务报表	cáiwùbàobiǎo
재테크	理财	lǐcái
저당	抵押	dǐyā
적재량	装载量	zhuāngzàiliàng
적하 목록	舱单	cāngdān
전손 담보	全损险	quánsǔnxiǎn
전손	全损	quánsǔn
전신환	电汇	diànhuì
전 위험 담보	一切险 / 综合险	yíqièxiǎn / zōnghéxiǎn
제2금융권	非银行金融机构	fēiyínhángjīnróngjīgòu
제휴	合作	hézuò
조회	询盘	xúnpán
주거래 은행	主办银行	zhǔbànyínháng
주문 제작	定制	dìngzhì
주문서	订货单	dìnghuòdān
주문하다, 발주하다	订货	dìnghuò
주식, 증권	股票	gǔpiào
증빙	凭证	píngzhèng
증여세	馈赠税 / 赠与税	kuìzèngshuì / zèngyǔshuì
지급 어음	应付票据	yīngfùpiàojù
지급하다	付款 / 支付	fùkuǎn / zhīfù
지식 재산권	知识产权	zhīshichǎnquán
직불 카드	现金卡	xiànjīnkǎ
징수하다	征收	zhēngshōu
★		
착공	开工	kāigōng
채용	录用 / 录取	lùyòng / lùqǔ
청산 계정	赊账	shēzhàng
체납	滞纳	zhìnà
총중량	毛重	máozhòng
총파업	总罢工	zǒngbàgōng
최소 주문량	起定量	qǐdìngliàng

최저 임금	最低工资	zuìdīgōngzī
추징하다	追缴	zhuījiǎo
출입국	出入境	chūrùjìng
출하하다	发运 / 发货	fāyùn / fāhuò
출하인, 선적인	发货人	fāhuòrén
출하항, 선적항	装货口岸	zhuānghuòkǒu'àn
취소 불능	不可撤销	bùkěchèxiāo

ㅋ

카운터 오퍼	还盘	huánpán
컨베이어 시스템	输送机系统 / 流水作业	shūsòngjīxìtǒng / liúshuǐzuòyè
컨설팅	咨询	zīxún
컨테이너	集装箱	jízhuāngxiāng

ㅌ

통관	报关	bàoguān
통관 절차	海关手续	hǎiguānshǒuxù
통관	通关	tōngguān
통장	存折	cúnzhé
투자	投资	tóuzī
특허	专利	zhuānlì

ㅍ

판로	销路	xiāolù
펌 오퍼, 실제 가격	实价 / 实盘	shíjià / shípán
평가 절상	升值	shēngzhí
평가 절하	贬值	biǎnzhí
포장	包装	bāozhuāng
포장 명세서	装箱单	zhuāngxiāngdān
폭등하다	暴涨	bàozhǎng
폭락하다	暴跌 / 大跌	bàodiē / dàdiē
품질	质量	zhìliàng

ㅎ

| 하인 | 唛头 | màtóu |

하적항	到货港 / 目的口岸	dàohuògǎng / mùdìkǒu'àn
하주	货主	huòzhǔ
할인	折扣	zhékòu
합병하다	合并 / 兼并	hébìng / jiānbìng
합자 기업	合资企业	hézīqǐyè
항공 화물 운송장	空运单	kōngyùndān
항구	口岸	kǒu'àn
해고하다	解雇	jiěgù
해관 신고	海关申报	hǎiguānshēnbào
해상 보험	海上保险	hǎishàngbǎoxiǎn
현물	现货	xiànhuò
확인 신용장	保兑信用证	bǎoduìxìnyòngzhèng
환어음	汇票	huìpiào
환율	汇率	huìlǜ
환적	转船	zhuǎnchuán
환차익	汇兑收益	huìduìshōuyì
회계 연도	财政年度 / 会计年度	cáizhèngniándù / kuàijìniándù
화환어음	跟单汇票	gēndānhuìpiào

02 중국 직함·부서 명칭

기업체 직함

董事长 이사장
总经理 사장
副总经理 부사장
总裁 총재, 총수, CEO
财务总监 CFO, 최고 재무 관리자
技术总监 CTO, 수석 기술관
总监 본부장
常务理事 상무, 전무
董事 이사

独立董事 사외 이사
部门经理 부장, 매니저
处长 처장, 부장
厂长 공장장
股长 계장
组长 팀장
主管 팀장, 대리
员工(职工) 사원
工程师 엔지니어

정부기관 직함

部长 장관
副部长 차관
司长 국장
局长 국장, 서장
处长 처장

科长 과장
主任 주임(기관이나 조직에 따라 차이가 있음)
一等秘书(一秘) 1등 서기관
二等秘书(二秘) 2등 서기관

부서명

总公司 본사
分公司 지사
企划部(企业策划部) 기획부
人事部 인사부
人力资源部 인사 관리부
财务部 재무부
营业部 영업부
销售部 판매부

国际部 국제부
出口部 수출부
进口部 수입부
公共关系部 홍보부, PR부
广告部 광고부
采购部 구매부
市场部 마케팅부

TERM 03 주요 시사 약어

4H(Head, Heart, Hands, Health) 4H활동 4H俱乐部

AA시스템(Automatic Approval System) 수입자동승인제 自行承认制, 自动化审批系统

AA회의(Asian-African conference) 아시아아프리카회의, 반둥회의 亚非会议

AAA(American Arbitration Association) 미국중재협회 美国仲裁协会

AACM(Afro-Asian Common Market) 아시아, 아프리카 공동시장 亚非共同市场

ABC무기(Atomic, Biological and Chemical Weapons) 원자, 생물, 화학무기 ABC武器(原子武器、细菌武器或生物武器和化学武器)

ABM(Anti-Ballistic Missile) 탄도탄 요격 미사일 反弹道导弹

ABU(Asian pacific Broadcasting Union) 아시아 태평양 방송연합 亚太广播联盟

ACC(Arab Cooperation Council) 아랍협력위원회 阿拉伯合作委员会

ACM(Arab Common Market) 아랍 공동시장 阿拉伯共同市场

ACU(Asian Clearing Union) 아시아 청산 동맹 亚洲清算联盟

AD(Assistant Director) 조연출자 副导演

AD(Automatic Depositor) 현금 자동 입금기 自动存款机

ADB(Asian Development Bank) 아시아 개발은행 亚洲开发银行

ADB(African Development Bank) 아프리카 개발은행 非洲开发银行

ADF(Asian Development Fund) 아시아 개발기금 亚洲发展基金

ADIZ(Air Defense Identification Zone) 방공식별지대 防空识别区

AE(Account Executive) 광고대행사와 광고주 사이의 연락 및 기획업무를 담당하는 대행사의 책임자 客户代表

AEW(Airborne Early Warning) 공중조기경계 空中预先警报

AFKN(American Forces Korea Network) 주한미군방송국 驻韩美军通信网

AFP(Agence France Presse) 프랑스 국영통신사 法国新闻社

AI(Artificial Intelligence) 인공지능 人工智能

AI(Amnesty International) 국제사면위원회 国际特赦组织

AID(Agency for International Development) 미국 국제개발국 国际开发总署

AIDMA(Attention, Interest, Desire, Memory, Action) 광고의 일반적인 원칙 AIDMA模式(注意、兴趣、欲望、记忆、行动)

AIDS(Acquired Immune Deficiency Syndrome) 후천성 면역결핍증 获得性免疫缺损综合征, 艾滋病

AIQ시스템(Automatic Import Quota system) 자동수입쿼터제 自动获准进口配额制

ALC(Autoclaved Lightweight Concrete) 경량 기포 콘크리트 蒸压轻质加气混凝土

ALCM(Air Launched Cruising Missiles) 공중발사 순항미사일 空中发射的弹道导弹

ALM(Assets and Liabilities Management) 자산부채관리기법 资产负债管理

AM(Amplitude Modulation) 진폭변조 调幅

AMEX(American Stock Exchange) 미국 증권거래소 美国证券交易所

AMU(Asian Monetary Unit) 아시아 통화단위 亚洲货币单位

ANC(African National Congress) 아프리카 민족회의 非洲民族会议

ANCOM(Andean Common Market) 안데스 공동시장 安第斯共同市场

ANOC(Association of National Olympic Committee) 국가 올림픽 위원회 연합 国家奥林匹克委员会协会

ANZUS(Australia, New Zealand and the United States) 태평양 안전 보장 조약 澳新美安全条约

AP(Associated Press) 미국연합통신사 〈美〉联合通讯社

AP(Air Pollution index) 대기오염지수 空气污染指数

APEC(Asia-Pacific Economic Cooperation) 아시아태평양경제협력체 亚洲太平洋经济合作组织

APO(Asian Productivity Organization) 아시아 생산성기구 亚洲生产力组织

ARAMCO(Arabian American Oil Company) 아랍미국 석유회사 阿美石油公司

ARCRU(Arab Currency Related Unit) 아랍통화계산단위 阿拉伯联合货币单位

ARI(Acid Rain Index) 산성비 농도지수 酸雨指数

ARS(Automatic Response System) 전화 자동응답시스템 自动应答系统

ASAT(Anti-Satellite) 공격위성 反卫星武器

ASBM(Air to Surface Ballistic Missile) 공중발사 전략미사일 反舰弹道导弹

ASEAN(Association of Southeast Asian Nations) 동남아 국가연합 东南亚国家联盟

ASIC(Application Specific Integrated Circuit) 주문형 반도체 专用集成电路

ASPAC(Asian and Pacific Council) 아시아 태평양 협의회 亚洲与太平洋理事会

ATM(Automated Teller Machine) 현금 자동입출금기 自动取款机

ATS(Automatic Train Stop) 자동열차 정지장치 自动停车装置

AT&T(American Telephone and Telegraph corporation) 미국전화전신회사 美国电话电报公司

AWACS(Airborne Warning And Control System) 조기경보관제기 机载报警与控制系统

AV교육(Audio-Visual education) 시청각교육 视听教育

BAS(Building Automation System) 빌딩 자동화 시스템 建筑物自动化系统

BASIC(Beginner's All-purpose Symbolic Instruction Code) 초보자용 기초 컴퓨터 용어 初学者通用符号指令代码

BBC(British Broadcasting Corporation) 영국방송회사 英国广播公司

BBS(Buddhist Broadcasting System) 불교방송국 佛教广播系统

BC(Bills for Collection) 대금수금어음 托收票据

BDR(Bearer Depositary Receipt) 무기명 예탁증서 无记名受托保管(证券)收据

BE(Bill of Exchange) 환어음 汇票

BIE(Bureau International des Exposition) 만국박람회 사무국 国际展览局

BIS(Bank for International Settlements) 국제결제은행 国际结算银行

B/L(Bill of Landing) 선하증권 提单

BOA(Bank Of America) 아메리카 은행 美国银行

BOD(Biochemical Oxygen Demand) 생물화학적 산소요구량 生物需氧量

BOE(Bank Of England) 잉글랜드 은행 英格兰银行

B/S(Balance Sheet) 대차대조표 资产负债表

BOJ(Bank Of Japan) 일본은행 日本银行

BP(Bills Payable) 지급어음 应付票据

BR(Bills Receivable) 추심환어음 应收未收票据

BTN(Brussels Tariff Nomenclature) 브뤼셀 관세품목분류표 布鲁塞尔关税商品分类

BWI(Business Warning Indicators) 경기예고지표 经济警告指标

C/A(Capital Account) 자본계정 资本项目

C/A(Current Account) 당좌계정 活期账户

CAAC(Civil Aviation Administration of China) 중국민영항공총국 中国民用航空总局

CACM(Central American Common Market) 중앙아메리카 공동시장 中美洲共同市场

CAD, CAM(Computer Aided Design, Computer Aided Manufacture) 컴퓨터 이용 설계/제조 计算机辅助设计、计算机辅助制造

CAFTA(Commission on Asian and Far Eastern Affairs) 아시아 극동문제위원회 亚洲及远东事务委员会

CAT(Credit Authorization Terminal) 크레디트 카드의 신용도를 문의하는 단말기 信贷授权终端

CA TV(Cable Television) 케이블 TV 有线电视

CAPM(Capital Asset Pricing Model) 자본자산 평가모델 资本资产定价模型

CARICOM(Caribbean Community) 카리브 공동체 加勒比共同体

CB(Convertible Bond) 전환사채 可调换公司债

CBE(Computer Based Education) 컴퓨터를 이용한 교육 计算机辅助教育

CBR(Chemical, Biological and Radiological warfare) 가스, 세균, 방사능을 사용한 전쟁 化学、生物和辐射战

CBS(Columbia Broadcasting System) 미국 컬럼비아 방송국 哥伦比亚广播公司

CBT(Chicago Board of Trade) 시카고 상품거래소 芝加哥商品交易所

CCC(Custom Cooperation Council) 관세협력이사회 关税合作理事会

CCD(Charge Coupled Device) 전하결합소자 电荷耦合拾

CCTV(Closed Circuit Television) 폐쇄회로 TV 闭路电视

CCUS(Chamber of Commerce of the United States) 미국 상공회의소 美国商会

CCU(Communication Control Unit) 통신제어장치 通信控制装置

CD(negotiable Certificate of Deposit) 양도성 예금증서 可转让定期存款证

CD(Cash Dispenser) 현금자동인출기 自动柜员机

CDE(Conference on Disarmament in Europe) 유럽 군축회의 欧洲裁军会议

CDI(Conventional Defense Initiative) 비핵방위구상 常规防御倡议

CD-I(Compact Disc Interactive) 대화형 콤팩트 디스크 光盘对话

CDP(Career Development Plan) 직능개발 프로그램 职业发展规划

CEA(Council of Economic Advisers) 미국 대통령 경제자문위원회 〈美〉经济顾问委员会

CENTO(Central Treaty Organization) 중앙조약기구 中央条约组织

CEO(Chief Executive Officer) 최고경영자 首席执行官

CF(Commercial Film) 광고용 영화 商业广告影片

C&F(Cost and Freight) 본선인도가격에 주문지까지 운임이 포함된 가격 成本加运费

C.F.A(Cout, Fret, et Assurance) 운임, 보험료 포함 가격 成本加运费及保险费价

CFC(Rok-US Combined Forces Command) 한미연합사령부 韩国/美国联合部队司令部

CFCs(Chlorofluorocarbons) 프로판가스 氯氟烃

CFO(Chief Financial Officer) 최고재무책임자 首席财务官

CFRC(Carbon Fiber Reinforced Concrete) 탄소섬유보강 콘크리트 碳纤维混凝土

CFTC(Commodity Futures Trading Commission) 미국 상품선물거래위원회 商品期货交易委员会

CI(Composite Index) 경기종합지수 复合指标

CI(Coporate Identiry) 기업이미지 홍보 公司标志

C.I(Cost and Insurance) 보험료 포함가격 成本加保险价

CIA(Central Intelligence Agency) 미국 중앙정보국 美国中央情报局

CIF(Cost, Insurance and Freight) 보험료 및 운임포함가격 到岸价格

CIM(Computer Integrated Manufacturing) 컴퓨터에 의한 통합생산시스템 计算机集成制造

CIP(Corporate Identity Program) 기업이미지 통합 작업 企业形象综合计划程序

CIS(Commonwealth of Independent States) 독립국가연합 独立国家联合体

CITO(Charter of International Trade Organization) 국제무역기구 헌장 国际贸易组织宪章

CKD(Completely Knock Down) 완전현지조립 全散装件

CM(Commercial Message) 광고방송 商业咨文(广告)

CMA(Cash Management Account) 어음관리계좌 现金管理账户

CMEA(Council for Mutual Economic Assistance) 경제상호원조회의, 코메콘 经济互助委员会

CMS(Cash Management Service) 현금관리서비스 现金管理服务

CNA(Central News Agency) 대만 중앙통신사 中央社(台湾)

CNC(Computer Numerical Control) 컴퓨터 수치제어 计算机数字控制系统

CNG(Compressed Natural Gas) 압축천연가스 压缩天然气

CNN(Cable News Network) 미국 뉴스 전문 방송망 有线新闻网

COBOL(Common Business Oriented Language) 코볼, 컴퓨터 프로그램 언어의 하나 COBOL语言

COCOM(Coordinating Committee for Export Control) 대공산권 수출조정위원회 巴黎统筹委员会

COD(Chemical Oxygen Demand) 화학적 산소요구량 化学需氧量

COM(Coal Oil Mixture) 석탄, 석유, 물을 혼합해서 만든 합성연료 油煤浆

COMECON(Council for Mutual Economic Assistance) 공산권 경제상호원조회의 经济互助委员会

COMSAT(Communications Satellite Corporation) 콤새트(미국 통신위성회사) 〈美〉通信卫星

COL(Cost Of Living) 생계비 生活费用

CORE(Congress Of Racial Equality) 미국 인종평등회의 〈美〉争取种族平等大会

CP(Commercial Paper) 신종기업어음 商业票据

CPA(Certified Public Accountant) 공인회계사 会计师

CPT(Consumer Price Index) 소비자물가지수 消费者物价指数

CPU(Central Processing Unit) 중앙연산처리장치 中央处理器
CPS(Consumer Price Survey) 소비자물가조사 消费者价格调查
CR(Consumer's Research) 소비자 조사 市场调查
CRB(Central Reserve Bank) 미국 중앙준비은행 中央储备银行
CRS(Computerized Reservation System) 컴퓨터 예약시스템 计算机预订系统
CRT(Cathode-Ray Tube) 음극선관 브라운관 阴极射线管
CS(Communication Satellite) 통신위성 通信卫星
CS(Consumer Satisfaction) 고객만족 消费者满意度
CSCE(Conference on Security and Cooperation in Europe) 유럽안보협력회의 欧洲安全和合作协会
CT(Cable Transfer) 전신송금 电汇
CT(Computed Tomography) 컴퓨터 단층촬영법 计算机断层扫描
CTS(Cold Type System) 컴퓨터 사식 조판방식 冷式系统
CTS(Central Terminal System) 중앙수송방식 中央终端系统
CVP분석(Cost-Volume-Profit analysis) 손익분기점 분석 成本-产量-利润分析
CVS(Convenience Store) 편의점 便利店
CVT(Continuously Variable Transmission) 무단변속기 无级变速器
D/A(Documents against Acceptance) 인수인도 承兑交单
DAC(Development Assistance Committee) 개발원조위원회 开发援助委员会
DB(DataBase) 데이터베이스 数据库
DBS(Direct Broadcasting Satellite) 직접방송위성 直接广播卫星
DC(Debit Card) 즉시 결제카드 借记卡
DD(Demand Draft) 일람불 어음 即期汇票
DDD(Direct Distance Dialing) 장거리 자동전화 长途直拨
DDP(Distributed Data Processing) 분산형 데이터 처리 分布数据处理
DH(Designated Hitter) 지명타자 指定击球员
DHC(District Heating and Cooling) 지역냉난방 区域供冷供热
DI(Diffusion Index) 경기확산지수 扩散指数
DI(Discomfort Index) 불쾌지수 不安指数
DI(Disposable Income) 가처분소득 可支配收入
DINKS(Double Income No Kids) 아이가 없는 맞벌이 부부 丁克家庭
DLF(Development Loan Fund) 개발차관기금 开发贷款基金
DM(Direct Mail) 다이렉트 메일 直接邮件
DMZ(Demilitarized Zone) 비무장지대 非军事区
DNA(Deoxyribo Nucleic Acid) 디옥시리보핵산 脱氧核糖核酸
DO(Dissolved Oxygen) 용존산소량 溶解氧
DOHC(Double Overhand Camshaft) 1개의 실린더에 캠이 2개씩 붙어 있는 엔진형식 双架空凸轮轴

D/P(Documents against Payment) 지급 인도 조건 付款交单

DPP(Direct Products Profitability) 직접상품이익 直接产品利润

DPT(Diphtheria, Pertussis and Tenanus vaccine) 디프테리아, 백일해, 파상풍 백신 白百破疫苗

DR(Depositary Receipts) 주식예탁증서 证券托存收据

D-RAM(Dynamic Random Access Memory) 동적 램 动态随机存取存储器

EBRD(European Bank for Reconstruction and Development) 유럽 부흥개발은행 欧洲复兴开发银行

EBIC(European Bank of International Company) 유럽국제은행 欧洲国际银行

EC(European Communities) 유럽 공동체 欧洲各共同体

ECA(economic Commission for Africa) 아프리카 경제위원회 非洲经济委员会

ECE(Economic Commission for Europe) 유럽 경제위원회 欧洲经济委员会

ECAFE(Economic Commission for Asia and Far East) 유럽아시아 극동경제위원회 亚洲及远东经济委员会

ECLA(Economic Commission for Latin America) 라틴 아메리카 경제위원회 拉丁美洲经济委员会

ECO(Economic Cooperation Organization) 이슬람 경제협력기구 经济合作组织

ECSC(European Coal and Steel Community) 유럽 석탄철강공동체 欧洲煤钢联营

ECU(European Currency Unit) 유럽통화단위 欧洲货币单位

ECWA(Economic Commission for Western Asia) 서아시아 경제위원회 西亚经济委员会

EDC(European Defense Community) 유럽 방위공동체 欧洲防御共同体

EDCF(Economic Development Cooperation Fund) 대외경제협력기금 对外经济合作基金

EDF(European Development Fund) 유럽개발기금 欧洲开发基金会

EDI(Electronic Data Interchange) 전자정보거래 电子数据交换

EDPS(Electronic Data Processing System) 전자정보처리장치 电子数据处理系统

EEA(European Economic Area) 유럽경제지역 欧洲经济区

EEC(European Economic Community) 유럽경제공동체 欧洲经济共同体

EEZ(Exclusive Economic zone) 배타적 경제수역 专属经济区

EFF(Extended Fund Facility) 확대 신용 공여 제도 扩大融资

EFTA(European Free Trade Association) 유럽 자유무역연합 欧洲自由贸易联盟

EIB(European Investment Bank) 유럽투자은행 欧洲投资银行

EMA(European Monetary Agreement) 유럽통화협정 欧洲货币协定

EMI(Electro-Magnetic Interference) 전자파 장해 电磁干扰

EMS(European Monetary System) 유럽통화제도 欧洲货币体系

EMU(Economic and Monetary Union) 유럽 경제 및 화폐통합 经济和货币同盟

EPA(Environmental Protection Agency) 미국환경보호국 环境保护局

EPU(European Payment Union) 유럽지불동맹 欧洲清算同盟

ERM(Exchange Rate Mechanism) 유럽통화제도의 환관리 시스템 汇率机制

ESC(Economic and Social Council) 유엔 경제사회이사회 联合国的经济社会理事会

ESOP(Employee Stock-Ownership Plan) 종업원 지주제도 员工持股计划

EU(European Union) 유럽연합 欧盟
EURATOM(European Atomic Energy Community) 유럽원자력 공동체 欧洲原子能联营
EUREKA(European Research Coordination Action) 유레카 계획 尤里卡(欧洲研究协调行动)
EUROSAT(European Satellite) 유럽통신위성 공사 欧洲卫星公司
EXPO(international exhibition; world exposition) 만국박람회 世界博览会
FA(Factory Automation) 공장자동화 工厂自动化
FAO(Food and Agriculture Organization of the United Nations) 국제연합식량농업기구 联合国粮食及农业组织
FA제(Foreign exchange Allocation system) 외화자금자동할당제 外汇分配制度
FAQ(Fair Average Quality) 표준품 良好平均品质
FAS(Free Along-side Ship) 선측 인도가격 船边交货价
FBI(Federal Bureau of Investigation) 미연방 수사국 联邦调查局
FCA(Foreign Currency Authorization) 외화 승인 外币授权
FCBP(Foreign Currency Bills Payable) 외화지급어음 可付外币
FDA(Food and Drug Administration) 미국 식품의약품 안전청 食品与药物管理局
FIAT(Fabbrica Italiana Automobile di Torino) 피아트, 이탈리아 자동차 회사 菲亚特
FICS(Fast Industrializing Counties) 급성장공업국가군 快速工业化的国家
FIFO(First-In, First-Out) 선입선출 先进先出
FM(Frequency Modulation) 주파수 변조방식 调频
FMS(Foreign Military Sale) 미국 대외군사판매 对外军事销售
FOB(Free On Board) 본선인도가격 离岸价格
FOBS(Fractional Orbital Bombardment System) 궤도폭탄 部分轨道轰击系统
FOQ(Free On Quay) 부두인도가격 码头交货价
FOT(Free On Truck) 트럭인도가격 货车交货价
F.P(FIre Policy) 화재보험증권 火险单
FORTRAN(Formula Translation) 과학기술 계산용 프로그래밍 언어 公式翻译程序语言
FRB(Federal Reserve Bank) 미국 연방준비은행 联邦储备银行
FRN(Floating Rate Note) 변동 금리부 채권 浮动利率债券
FRP(Fiber Reinforced Plastics) 섬유강화 플라스틱 纤维增强塑料
FRS(Federal Reserve System) 미국 연방준비제도 美国联邦储备系统
FTC(Federal Trade Commission) 미국 연방통상위원회 联邦商务委员会
FX계획(Fighter Experimental) 한국 차세대 전투기 구매 및 생산계획 FX计划
FY(Fiscal Year) 회계연도 会计年度
GAB(General Agreement to Borrow) 일반차입규정 借款安排
GATT(General Agreement on Tariffs and Trade) 관세 및 무역에 관한 일반협정 关税及贸易总协定
GCC(Gulf Cooperation Council) 걸프 협력 회의 海湾合作委员会
GCP(Good Clinical Practice) 의료품의 제조 및 품질관리에 관한 기준 临床试验规范

GD(Good Design) 우수 디자인 优良设计

GDP(Gross Domestic Product) 국내총생산 国内生产总值

GEMS(Global Environment Monitoring System) 지구환경 모니터링 시스템 全球环境监视系统

GIF(Global Infrastructure Fund) 세계공동투자기금 全球基础建设基金

GIS(Geographic Information System) 지리정보시스템 地理信息系统

GLCM(Ground Launched Cruise Missile) 지상발사 순항미사일 地面发射的巡航导弹

GMP(Good Manufacturing Practice) 의약품 제조와 품질관리에 관한 기준 药品生产质量管理规范

GMS(General Merchandise Store) 일용품을 판매하는 대형 점포 大型综合超市

GMS(Geostationary Meterological Satellite) 정지기상위성 静止气象卫星

GMT(Greenwich Mean Time) 그리니치 표준시 格林尼治标准时间

GN(Global Negotiation) 포괄적 교섭 全球(性)谈判

GND(Gross National Demand) 국민 총수요 国民总需求

GNE(Gross National Expenditures) 국민 총지출 国民总支出

GNI(Gross National Income) 국민 총소득 国民总收入

GNS(Gross National Supply) 국민 총공급 国民总供给

GNW(Gross National Welfare) 국민 총 복지 国民总福利

GOP(Grand Old Party) 미국 공화당의 별칭 美国共和党的别称

GRAS(Generally Recognized As Safe list) 미국 식품의약품 안전청에서 인정한 식품 목록 美国FDA评价食品添加剂安全性指标

GSI(Giant Scale Integration) 거대규모 집적회로 大功率计算机

GSP(Generalized System of Preferences) 일반 특혜관세제도 普遍优惠制

GT(Gross Tonnage) 총 톤수 总吨位

HA(Home Automations) 가정자동화 家庭自动化

HABITAT(UN Commission on Human Settlement) 유엔인간거주위원회 联合国人类住区委员会

HB(Home Banking) 홈뱅킹 家庭银行业务

HDI(Human Development Index) 인간성 개발지수 人类发展指数

HD TV(High Definition Television) 고선명 텔레비전 高清晰度电视

HDPE(High-Density Polyethylene) 고밀도 폴리에틸렌 高密度聚乙烯

HE(Human Engineering) 인간공학 人体工程学

HGH(Human Growth Hormone) 성장호르몬 HGH人类生长激素

Hi Fi(High Fidelity) 고 충실도, 하이파이 高保真

HIV(Human Immunodeficiency Virus) 후천성 면역결핍 바이러스 人类免疫缺陷病毒

HLT(Highly Leveraged Transaction) 과다차입금부거래 高杠杆交易

hPa(hector-pascal) 헥토 파스칼 百帕

HS제도(Harmonized commodity description and coding System) 통일상품 분류체계 协调商品名称与编码制度

HST(Hyper-Sonic Transportation) 극초음속 여객기 特超音速飞机

HUGO(Human Genome Organization) 인간유전자 해석기구 人类基因体组织
HWR(Heavy Water Reactor) 중수로 重水反应堆
IAAF(International Amateur Athletic Federation) 국제아마추어 육상연맹 国际业余田径联合会
IACD(International Association of Clothing Designers) 국제의류디자인 협회 国际服装设计师协会
IAEA (International Atomic Energy Agency) 국제원자력기구 国际原子能机构
IARC(International Agency for Research on Cancer) 국제 암 연구기관 国际癌症研究署
IARU(International Amateur Radio Union) 국제아마추어 무선연맹 国际业余无线电联盟
IAS(International Accounting Standard) 국제회계기준 国际会计标准
IATA(International Air Transport Association) 국제항공운수협회 国际航空运输协会
IB(Incubation Business) 인큐베이션 사업 孵化企业
IBC(International Broadcasting Center) 국제방송센터 国际广播中心
IBF(International Boxing Federation) 국제복싱연맹 国际拳击联合会
IBI(International Broadcasting Institute) 국제방송협회 国际广播学会
IBM(International Business Machines corporation) 미국 IBM사 国际商用机器公司
IBRD(International Bank for Reconstruction and Development) 세계개발은행 世界银行
IBS(International Broadcasting System) 국제방송협회 国际广播系统
IC(Integrated Circuit) 집적회로 集成电路
ICAO(International Civil Aviation Organization) 국제민간항공기구 国际民间航空组织
ICBM(International Ballistic Missile) 대륙간탄도탄 洲际弹道导弹
ICC(International Chamber of Commerce) 국제상공회의소 国际商会
ICFTU(International Confederation of Free Trade Unions) 국제자유노동조합연맹 国际自由劳工联盟
ICJ(International Court of Justice) 국제사법재판소 〈联合国〉国际法院
ICPO(International Criminal Police Organization) 국제형사경찰기구 国际刑事警察组织
ICRC(International Committee of the Red Cross) 국제적십자위원회 红十字国际委员会
ID카드(Identification Card) 신분증 身份证
IDA(International Development Association) 국제개발협회 国际开发协会
IDB(Inter-American Development Bank) 미주 개발은행 美洲开发银行
IDCA(International Development Cooperation) 미국 국제개발협력국 国际发展合作
IDD(International Direct Dialing) 국제다이얼 통화 国际直拨
IDO(International Disarmament Organization) 국제군축기구 国际裁军组织
IDPS(International Data Processing System) 종합데이터 처리 시스템 国际数据处理系统
IDR(International Depositary Receipt) 국제예탁증권 国际存券收据
IDU(International Democrat Union) 국제민주연합 国际民主联盟
IE(Industrial Engineering) 산업공학 工业工程
IEA(International Energy Agency) 국제에너지기구 国际能源署
IECOK(International Economic Consultative Organization for Korea) 대한국제경제협의체 对韩国际经济协议体

IFAD (International Fund for Agricultural Development) 국제농업개발기금 国际农业发展基金

IFC(International Finance Corporation) 국제금융공사 国际金融公司

IFJ(International Federation of Journalists) 국제언론인연맹 国际新闻工作者联合会

IIF(Institute of International Finance) 국제금융협회 国际金融研究所

IISI(International iron and Steel Institute) 국제철강협회 国际钢铁公会

I/L(Import Licence) 수입승인 进口执照

ILO(International Labour Organization) 국제노동기구 劳工组织

IMF(International Monetary Fund) 국제통화기금 国际货币基金组织

IMO(International Meterological Organization) 국제기상기구 国际气象组织

INMARSAT(International Marine Satellite Organization) 국제해사위성기구 国际海事卫星组织

INP(Index Number of Prices) 물가지수 物价指数

INS(Information Network System) 고도정보통신시스템 信息网络系统

INTELSAT(International Telecommunications Satellitic) 국제전기통신기구 国际通信卫星组织

I/O장치(Input/Output) 입출력장치 输入/输出(I/O)设备

IOC(International Olympic Committee) 국제올림픽 조직위원회 国际奥林匹克委员会

IOCU(International Organization of Consumers Union) 국제소비자 기구 国际消费者联盟组织

IOM(International Organization for Migration) 국제이주기구 国际移民组织

IOU(I Owe You) 차용증서 借据

IPC(Intellectual Property Committee) 미국 지적재산권위원회 知识产权委员会

IPI(International Press Institute) 국제언론인협회 国际新闻学会

IPTC(International Press Telecommunications Committee) 국제신문통신위원회 国际新闻电讯委员会

IPU(International Parliamentary Union) 세계의원연맹 国际议会联盟

IQ(Import Quotas) 수입할당제 进口配额制

IQ(Intelligence Quotient) 지능지수 智商

IR(Investors Relations) 투자자 관계 投资者关系

IRA(Irish Republican Army) 아일랜드 공화국 군대 爱尔兰共和军

IRC(International Red Cross) 국제적십자사 国际红十字会

I/S(Income Statement) 손익계산서 损益表

ISA(International Sugar Agreement) 국제설탕협회 国际食糖协定

ISIC(International Standard Industrial Classification) 국제산업분류기준 国际标准分类

ISO(International Organization for Standardization) 국제표준화 기구 国际标准化组织

ITC(International Trade Charter) 국제무역헌장 国际贸易宪章

ITC(International Trade Commission) 미국 국제무역위원회 国际贸易委员会

ITU(International Telecommunications Union) 국제전기통신연합 国际电信同盟

IWA(International Wheat Agreement) 국제소맥협정 国际小麦协定

IWC(International Whaling Commission) 국제포경위원회 国际捕鲸委员会

IWS(International Wool Secretariat) 국제양모사무국 国际羊毛秘书处

JCC(Junior Chamber of Commerce) 청년회의소 青年商会

JCL(Job Control Language) 작업제어언어 作业控制语言

JCS(Joint Chiefs of Staff) 미국 합동참모본부 美国参谋长联席会议

JETRO(Japan External Trade Organization) 일본무역진흥회 日本贸易振兴会

JIS(Japanese Industrial Standards) 일본 공업규격 日本工业标准

KABC(Korea Audit Bureau of Circulation) 한국발행부수공사기구 韩国发行量稽核机构

KAERI(Korea Atomic Energy Research Institute) 한국원자력연구소 韩国原子能研究所

KAF(Korea Asia fund) 코리아 아시아펀드 韩国亚洲基金

KAIST(Korea Advanced Institute of Sceience & Technology) 한국과학기술원 韩国高等科技大学

KD(Knock Down) 부품수출 현지조립 판매방식 散装

KDI(Korean Development Institute) 한국개발연구원 韩国开发研究院

KIST(Korea Institute of Science & Technology) 한국과학기술연구원 韩国科学技术研究院

KKK(Ku Klux Klan) 미국 비밀테러단체 三K党

KOC(Korean Olympic Committee) 한국올림픽위원회 大韩民国奥林匹克委员会

KOTRA(Korea Trade Promotion Corporation) 대한무역진흥공사 大韩贸易振兴公社

KR(Kennedy Round) 케네디 라운드(관세 일괄 인하 협정) 肯尼迪回合

KRC(Korean Red Cross) 한국적십자사 韩国红十字会

KS(Korean Standards) 한국공업표준규격 韩国工业标准

KT(kiloton) 킬로 톤, 핵무기의 폭발력을 표시하는 단위 千吨(指炸药的爆炸力)

KTA(Korean Traders Association) 한국무역협회 韩国贸易协会

KTC(Korean Trade Commission) 한국무역위원회 韩国贸易委员会

LA(Laboratory Automation) 실험의 자동화 实验室自动化

LAN(Local Area Network) 근거리 통신망 局域网

LASO(Latin American Solidarity Organization) 라틴아메리카 단결기구 拉丁美洲团结组织

LB막(Langmuir-Blodgett film) 랭뮤어-블로드젯막 LB膜

LBO(Leveraged Buyout) 기업을 인수 합병할 때 자금조달 방법의 하나 杠杆收购

LBP(Laser Beam Printer) 레이저 광을 활용한 프린터 激光束印刷机

L/C(Letter of Credit) 신용장 信用证

LCD(Liquid Crystal Display) 액정 디스플레이 液晶显示

LDC(Least Development Countries) 최빈국 最不发达国家

LDDC(Least Developed among Developing Countries) 후발개발도상국 最不发达的发展中国家

LDPE(Low-Density Polyethylene) 저밀도 폴리에틸렌 低密度聚乙烯

LED(Light Emitting Diode) 발광다이오드 发光二极管

LF음료(Low Fat drink) 저지방성 음료 低脂肪饮料

L/G(Letter of Guarantee) 신용보증서 信用保证书

LIBOR(London Inter-Bank Offered Rate) 런던 은행간 콜금리, 리보 금리　伦敦同业拆借利率
LIFFE(London International Financial Futures Exchange) 런던 금융선물거래소　伦敦国际金融期货交易所
LIFO(Last-In, First-Out) 후입선출법　后进先出法
LL식품(Long Life food) 장기보존식품　LL食品
LME(London Metal Exchange) 런던 금속거래소　伦敦金属交易所
LNG(Liquefied Natural Gas) 액화천연가스　液化天然气
LPG(Liquefied Petroleum Gas) 액화석유가스　液化石油气
LSI(Large Scale Integration) 대규모 집적회로　大规模集成
LTD(Company Limited) 유한회사　有限公司
M&A(Merger and Acquisition) 기업인수합병　收购兼并
MAP(Military Assistance Program) 군사원조계획　军事支援计划
MARISAT(Maritime Satellite) 해상통신위성　海事卫星
MATV(Master Antenna Television) 공시청 설비　共用天线电视
MBA(Master of Business Administration) 경영학석사　工商管理硕士
MBS(Mutual Broadcasting System) 미국 방송회사　〈美国〉相互广播公司
MCO(Miscellaneous Charges Order) 교환증　杂项收费单
ME(Micro Electronics) 마이크로일렉트로닉스　微电子技术
METO(Middle East Treaty Organization) 중동조약기구　中东条约组织
MFA(Multi-Fiber textile Arrangement) 국제섬유협정　多边纤维协定
MFN(Most Favored Nation) 최혜국　最惠国
MFO(Multinational Force and Observers) 다국적 감시군　多国部队与观察员
MIGA(Multinational Investment Guarantee Agency) 국제투자보증기구　多边投资担保机构
MIRV(Multiple Independently Targetable Reentry Vehicle) 개별 유도식 다탄두 미사일　多目标重返大气层载具
MIS(Management Information System) 경영정보시스템　管理信息系统
MMA(Money Market Account) 금융시장 예금계좌　金融市场账目
MMU(Manned Maneuvering Unit) 유인 조종장치　人控机动装置
MNE(Multinational Enterprises) 다국적 기업　多国企业
MNLF(Moro National Liberation Front) 모로 민족해방전선　摩洛伊斯兰解放阵线
MODEM(Modulator and Demodulator) 변복조 장치, 모뎀　调制解调器
MPC(Main Press Center) 방송보도본부, 메인 프레스센터　主新闻中心
MPS(Marginal Propensity to Save) 한계소비성향　边际储蓄倾向
MRA(Moral Rearmament) 도덕 재무장 운동　道德重整运动
MRBM(Medium Rage Ballistic Missile) 준 중거리 탄도미사일　中程弹道导弹
MRV(Multiple Re-entry Vehicle) 다 핵탄두 미사일　多弹头重返大气层运载工具
MTN(Multilateral Trade Negotiation) 다각적 무역교섭　多边贸易谈判
MVP(Most Valuable Player) 최우수 선수　最优秀的运动员

NAFTA(North American Free Trade Agreement) 북미자유무역협정 北美洲自由贸易协定
NASA(National Aeronautics and Space Administration) 미국 항공우주국 美国国家航空航天局
NATO(North Atlantic Treaty Organization) 북대서양조약기구 北大西洋公约组织
NBC(National Broadcasting Company) 미국 내셔널 방송사 〈美〉全国广播公司
NC(Numerical Control) 수치 제어 数字控制
NCNA(New China News Agency) 중국 신화 통신사 新华通讯社
NHK(Nippon Hoso Kyokai) 일본방송협회 日本广播协会
NI(National Income) 국민소득 国民收入
NICS(Newly Industrializing Counties) 신흥 공업국 新兴工业化国家
NIDL(New International Division of Labour) 신 국제분업 新国际劳动分工
NIEO(New International Economic Order) 신흥 공업경제체제 新的国际经济秩序
NNP(Net National Product) 국민 순 생산액 国民生产净值
NNE(Net National Expenditure) 국민 순 지출 国民净支出
NNW(Net National Welfare) 순 국민복지 国民净福利指标
NOC(National Olympic Committee) 국가 올림픽 위원회 国家奥林匹克委员会
NOPEC(Non OPEC petroleum exporting countries) 비 오페크 석유수출국 非OPEC石油输出国组织
NRC(Nuclear Regulatory Commission) 원자력규제 위원회 〈美〉核管制委员会
NPT(Treaty on the Non-Proliferation of Nuclear Weapons) 핵확산금지조약 不扩散核武器条约
NSA(National Security Agency) 미국 국가 안전국 美国国家安全局
NSC(National television System Committee) 미국 방송위원회 国家电视系统委员会
NTC(Non Trade Concerns) 비교역적 관심 非贸易关注
OA(Office Automation) 사무자동화 事务工作自动化
OAEC(Organization for Asian Economic Cooperation) 아시아 경제협력기구 亚洲经济合作组织
OAPEC(Organization of Arab Petroleum Exporting Countries) 아랍 석유수출국기구 阿拉伯石油输出国组织
OAS(Organization of American States) 미주 기구 美洲国家组织
OAU(Organization of African Unity) 아프리카 통일기구 非洲统一组织
OCA(Olympic Council of Asia) 아시아 올림픽평의회 亚洲奥林匹克理事会
OCOG(Organizing Committee of Olympic Games) 올림픽 조직위원회 奥运会组委会
OCR(Optical Character Reader) 광학문자 판독장치 光符阅读机
OECD(Organization for Economic Cooperation and Development) 경제협력개발기구 经济合作与发展组织
OEM(Original Equipment Manufacturing) 주문자 상표 부착 생산 定点生产, 代工生产
OIEC(Organization for International Economic Cooperation) 국제경제협력기구 国际经济合作组织
OIT(Office of International Trade) 국제무역사무국 〈美国商务部〉国际贸易局
OJT(On the Job Training) 직장 내 훈련 在职训练
OMA(Orderly Marketing Agreement) 시장질서유지협정 有秩序销售协定
OMR(Optical Mark Reader) 광학마크 판독장치 光学标记阅读器

OOC(Olympic Organization Committee) 올림픽 조직위원회 奥林匹克组织委员会
OPEC(Organization of Petroleum Exporting Counties) 석유수출국기구 石油输出国组织
OPIC(Overseas Private Investment Corporation) 미국 해외민간투자공사 海外私人投资公司
OPTAD(Organization of Pacific Trade And Development) 태평양 무역개발기구 太平洋贸易与发展组织
OR(Operations Research) 오퍼레이션 리서치 运筹学
OSCE (Organization for Security and Cooperation in Europe) 유럽안전협력회의 欧洲安全和合作组织
OTC(Organization for Trade Cooperation) 국제무역협력기구 贸易合作组织
PAFTA(Pacific Free Trade Area) 태평양 자유무역지대 太平洋贸易自由区
PANA(Pan Asia Newspaper Alliance) 범아시아 통신연맹 泛亚新闻社
PATA(Pacific Area Travel Association) 태평양지역관광협회 太平洋地区旅游协会
PBEC(Pacific Basin Economic Council) 태평양경제평의회 太平洋盆地经济理事会
PCC(Pure Car Carrier) 자동차전용 수송선 汽车运输船
PCM(Pulse Code Modulation) 펄스 부호변조방식 脉冲编码调制
PCT(Patent Cooperation Treaty) 특허협력 조약 专利合作条约
PD(Producer) 프로듀서, 제작자 制片人
PEC(Pacific Economic Community) 태평양 경제공동체 太平洋经济共同体
P/E Ratio(Price Earnings Ratio) 주가 수익률 市盈率
PFC(Priority Foreign Countries) 우선협상대상국 重点国家
PFLP(Popular Front for the Liberation of Palestine) 팔레스타인 인민해방전선 解放巴勒斯坦人民阵线
PI(Price Index) 물가지수 物价指数
PKF(Peace Keeping Forces) 유엔 평화유지군 联合国维和部队
PKO(Peace Keeping Operation) 유엔평화유지활동 联合国维和行动
P/L(Profit and Loss statement) 손익계산서 营业损益表
PLA(Palestine Liberation Army) PLO 정규군 巴勒斯坦解放军
PLF(Palestine Liberation Front) 팔레스타인 해방전선 巴勒斯坦解放阵线
PLO(Palestine Liberation Organization) 팔레스타인 해방기구 巴勒斯坦解放组织
ppm(Parts Per Million) 함유물질의 비율을 나타내는 단위 分率
PNC(Palestine National Council) 팔레스타인 민족평의회 巴勒斯坦全国委员会
POP광고(Point Of Purchase advertisement) 구매시점 광고 POP广告
POS(Point Of Sales) 판매시점 정보관리 销售点情报管理系统
POST(Pacific Ocean Security Treaty) 태평양 안전보장조약 太平洋安全保障条约
POW(Prisoner Of War) 전쟁포로 战俘
PPP(Polluter Pays Principle) 오염자부담원칙 污染者承担原则
PQS(Percentage Quota System) 비례할당제 不分比定额制
PR(Public Relations) 홍보활동 公共关系
PSDN(Public Switched Data Network) 공중정보통신망 公共交换式数据网络

PST(Pacific Standard Time) 태평양 표준시간 太平洋时间
PVA(Polyvinyl Alchohol) 합성수지 聚乙烯醇
QA(Quality Assurance) 품질보증 质量保证
RAM(Random-Access Memory) 임의기억장치 随机存取存储器
RADAR(Radio Detecting and Ranging) 전파탐지기 无线电探测
R&D(Research and Development) 연구개발 研究与开发
REM(Roentgen Equivalent Medical) 이온화 방사선량 단위 雷姆
R.I.(Reinsurance) 재보험 再保险
RIMPAC(Rim of the Pacific Exercise) 환태평양 훈련 环太平洋军事演习
RNA(Ribonucleic Acid) 리보핵산 核糖核酸
rpm(Revolutions Per Minute) 1분간의 회전 수 每分转数
ROM(Read Only Memory) 출력전용기억소자 只读存储器
RSC(Referee Stop Contest) 심판의 시합 중지 裁判停止比赛
SA(Store Automation) 무인화 점포 商店自动化
SADM(Special Atomic Demolition Munitions) 특수원자파괴탄 特种原子爆破弹药
SAINT(Satellite Inspector) 인공위성 추적용 비행체 卫星监视器
SALT(Strategic Arms Limitation Talks) 전략무기제한 협정 战略武器限制谈判
SAM(Surface to Air Missile) 지대공 미사일 地对空导弹
SCM(Security Consultative Meeting) 한미 안보협의회의 美韩安全协商会议
SDI계획(Strategic Defense Initiative) 미국 우주전략방위계획 战略防御倡议
SDR(Special Drawing Rights) 특별인출권 特别提款权
SE(System Engineering) 시스템 공학 系统工程
SEACEN(South East Asian Central Banks) 동남아 중앙은행기구 东南亚中央银行组织
SEATO(South East Asia Treaty Organization) 동남아시아조약기구 东南亚公约组织
SF(Science Fiction) 공상과학 科幻
SFX(Special Effects) 특수시각효과 特技
SI(Socialist International) 사회주의 인터내셔널 社会主义国际
SIBOR(Singapore Inter-Bank Offered Rate) 싱가포르 은행간 금리 新加坡银行同业拆放利率
SITC(Standard International Trade Classification) 국제표준무역분류 标准国际贸易商品分类
SLBM(Submarine Launched Ballistic Missile) 잠수함 발사탄도 미사일 潜射弹道导弹
SLSI(Supper Large Scale Integration) 초대규모 집적회로 超大规模集成电路
SNF(Short-range Nuclear Forces) 단거리 핵전력 短程核力
SOC(Social Overhead Capital) 사회간접자본 社会间接资本
SOFA(Status Of Forces Agreement) 한미행정협정 驻韩美军地位协定
SONAR(Sound Navigation And Ranging) 수중 음향탐지기 声纳
SOS(Save Our Soul) 구난신호 紧急求救信号

SRBM(Short Range Ballistic Missile) 단거리 탄도미사일 近程弹道式导弹

SRT(Special Representative for Trade negotiations) 미국 통상교섭특별대표부 〈美国〉贸易谈判特别代表署

SSA(Social Security Act) 사회보장법 社会保障法

SSI(Small Scale Integration) 소규모 집적회로 小规模集成电路

SSM(Surface to Surface Missile) 지대지 미사일 地对空导弹

START(Strategic Arms Reduction Talks) 전략무기감축회담 削减战略核武器会谈

TAB(Tax Anticipation Bills) 납세국채 税收共付票据

TAC(Technical Assistance Committee) 기술원조위원회 技术援助委员会

TC(Traveler's Check) 여행자 수표 旅行支票

T.E.(Transnational Enterprise) 다국적 기업 跨国公司

TEE(Trans Europe Express) 유럽횡단 열차 欧洲特快车

TKO(Technical Knock Out) 주심의 승패 선언 技术击倒

TGV(Trans de Grande Vitesse) 프랑스 고속열차 法国高速铁路系统

TL(Total Loss) 전손 全部损失

TNC(Tansnational Corporations) 다국적 기업 跨国公司

TNT(Trinitrotoluence) 강력한 폭발력을 가진 화약 三硝基甲苯

TOB(Take-Over Bid) 주식공개매수제도 要约收购

TQC(Total Quality Control) 종합품질관리 全面质量管理

TRT(Trademark Registration Treaty) 상표등록조약 商标注册条约

TSCA(Toxic Substances Control Act) 독성물질 규제법 有毒物质控制法

TSM(Transportation System Management) 교통체계 종합관리 交通系统管理

TSS(Time Sharing System) 시분할 처리 시스템 分时操作系统

TT(Telegraphic Transfer) 전신송금 电汇

TVA(Tennessee Valley Authority) 테네시강 유역개발공사 田纳西河流域管理局

UCC(Universal Copyright Convention) 세계저작권협약 世界版权公约

UFO(Unidentified Flying Object) 미확인비행물체 不明飞行物

UHF(Ultra High Frequency) 극초단파 特高频

UIP(United International Pictures) 미국 다국적 영화배급사 联合国际影业

ULSI(Ultra Large Scale Integration) 극초대규모 집적회로 甚超大规模集成电路

UN(United Nations) 국제연합 联合国

UNCHE(United Nations Conference on the Human Environment) 유엔 인간환경회의 联合国人类环境会议

UNCTAD(United Nations Conference on Trade and Development) 유엔 무역개발회의 联合国贸易和发展会议

UNDC(United Nations Disarmament Commission) 유엔 군축위원회 联合国裁军委员会

UNDP(United Nations Development Program) 유엔 개발계획 联合国开发计划署

UNDRO(Office of the United Nations Disaster Relief Organization) 유엔 재해기관 联合国救灾组织

UNEP(United Nations Environment Program) 유엔 환경계획 联合国环境规划署

UNESCO(United Nations Educational, Scientific and Cultural Organization) 유엔교육과학문화기구, 유네스코 联合国教科文组织

UNFPA(United Nations Population Fund) 유엔인구기금 联合国人口活动基金会

UNHCR(Office of the United Nations High Commissioner for Refugees) 유엔 난민기구 联合国难民事务高级专员公署

UNICEF(United Nations International Children's Emergency Fund) 유엔 아동기금 联合国国际儿童紧急救助基金会

UNIDO (United Nations Industrial Development Organization) 유엔공업개발기관 联合国工业发展组织

UNSC(United Nations Security Council) 유엔 안전보장이사회 联合国安全理事会

UNSF(United Nations Special Fund) 유엔 특별기금 联合国特别基金

UNTC(United Nations Trusteeship Council) 유엔 신탁통치이사회 联合国托管理事会

UNU(United Nations University) 유엔대학 联合国大学

UPI(United Press International) 미국 국제합동통신사 美国合众国际新闻社

UPU(Universal Postal Union) 만국우편연합 万国邮政联盟

USASI(United States of America Standards Institute) 미국표준협회 美国标准研究所

USIA(United Sates Information Agency) 미국해외공보처 美国新闻署

USIS(United States Information Service) 미국문화원 또는 미국공보원 美国新闻处

USS(United States Standards) 미국표준규격 美国标准

USTR(United States Trade Representative) 미국무역대표부 美国贸易代表署

VAN(Value Added Network) 부가가치 통신망 附加价值网络业务

VAT(Value Added Tax) 부가가치세 增值税

VCR(Video Cassette Recorder) 녹화재생기 录像机

VE(Value Engineering) 가치공학 价值工程法

VHF(Very High Frequency) 초단파 特高频率

VHS(Video Home System) 가정용 비디오 방식 家用视频系统

VHSIC(Very High Speed Integrated Circuit) 초고속 집적회로 超高速集成电路

VIP(Very Important Person) 중요인사 贵宾

VP(Vice-President) 부통령 副总统

VTOL(Vertical Take-Off and Landing Airplane) 수직이착륙기 垂直起落飞机

VTR(Video Tape Recorder) 자기녹화재생장치 录像机

WAC(World Aeronautical Chart) 세계 항공도 世界航空图

WAY(World Assembly of Youth) 세계청소년회의 世界青年大会

WBA(World Boxing Association) 세계권투협회 世界拳击协会

WBC(World Boxing Council) 세계권투평의회 世界拳击理事会

WCC(World Council of Churches) 세계교회협의회 世界基督教会联合会

WFC(World Food Council) 세계식량이사회 世界粮食理事会

WFTU(World Federation of Trade Unions) 세계노동조합연맹 世界劳工组织

WHO(World Health Organization) 세계보건기구 世界卫生组织

WIPO(World Intellectual Property Organization) 세계지적재산권기구 世界知识产权组织
WMO(World Meteorological Organization) 세계기상기구 世界气象组织
WPC(World Peace Council) 세계평화협의회 世界和平理事会
WPI(Wholesale Price Index) 도매물가지수 批发价格指数
WR(Warehouse Receipt) 창고증권 仓单
WTC(World Trade Center) 세계무역센터 世界贸易中心
WTO(Warszawa Treaty Organization) 바르샤바 조약기구 华沙条约组织
WTO(World Trade Organization) 세계무역기구 世界贸易组织
W/S(Working Sheet) 정산표 工作底稿
WTUC(World Trade Union Congress) 세계노동조합회의 世界工会会议
YMCA(Young Men's Christian Association) 기독교 청년회 基督教青年会
YNA(Yonhap News Agency) 한국연합통신 韩国联合通讯社
YWCA(Young Women's Christian Association) 기독교 여자청년회 基督教女青年会
ZBB(Zero Based Budgeting) 영기준 예산제도 零基预算
ZD운동(Zero Eefected campaign) 무결점 운동 零缺陷运动

좋은 책을 만드는 길, 독자님과 함께하겠습니다.

하이패스 비즈니스 중국어 통번역 [중한편]

초판7쇄 발행	2024년 05월 15일 (인쇄 2024년 04월 15일)
초 판 인 쇄	2018년 01월 05일 (인쇄 2017년 12월 07일)
발 행 인	박영일
책 임 편 집	이해욱
공 저	김정은 · 타임스미디어
편 집 진 행	신명숙
표지디자인	김도연
본문디자인	임아람 · 하한우
발 행 처	(주)시대고시기획
출 판 등 록	제10-1521호
주 소	서울시 마포구 큰우물로 75 [도화동 538 성지 B/D] 9F
전 화	1600-3600
팩 스	02-701-8823
홈 페 이 지	www.sdedu.co.kr
I S B N	979-11-254-4147-2 (14720)
정 가	22,000원

※ 이 책은 저작권법의 보호를 받는 저작물이므로 동영상 제작 및 무단전재와 배포를 금합니다.
※ 잘못된 책은 구입하신 서점에서 바꾸어 드립니다.

읽으면 저절로 외워지는 기적의 암기공식!

"한자 3박자 연상 학습법"
으로 중국어 한자 완벽 마스터!

<중국어 한자암기박사2>
새롭게 개정 되었습니다.

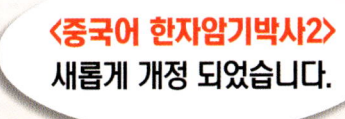

★ '3박자 연상 학습법'으로 HSK 3.0의 고급 필수한자 1,500자 저절로 암기!

★ 직접 읽어주는 어원 풀이+원어민 녹음 단어를 들으면서 언제 어디서든 복습 가능!

★ HSK 3.0의 고급 필수어휘 전체 수록으로 어휘 완전정복!

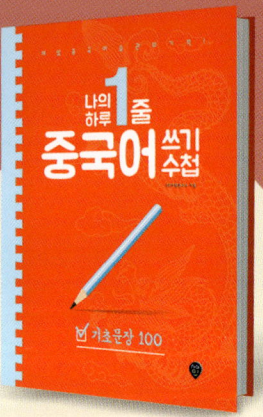